Albert Paris Gütersloh

Der innere Erdteil

SERIE PIPER
Band 798

Zu diesem Buch

1966, vier Jahre nach der Publikation des großen Romans »Sonne und Mond«, erschien im Piper Verlag der Band *Der innere Erdteil*. Der Untertitel *Aus den ›Wörterbüchern‹* ließ erkennen, daß hier nur Ausschnitte gezeigt werden konnten – Segmente eines episch-philosophischen Kosmos, wie er in der Literatur zumindest dieses Jahrhunderts einmalig ist. In der mit diesem Band vorliegenden völlig überarbeiteten Neuausgabe finden sich gegenüber den 146 Artikeln der Ausgabe von 1966 272 Stichworte – der Umfang ist damit fast auf das Doppelte angewachsen. Zugleich erschließt der Kommentarteil mit präzisen Hinweisen die Wechselbeziehungen zwischen Güterslohs »*Innerem Erdteil* und seinem planetarischen Universum *Sonne und Mond*« (I. Hutter).

Sonne und Mond, dieses »europäische Resümee«, wie Walter Jens es charakterisierte, gewinnt durch die Neuausgabe des *Inneren Erdteils*, die sich nun *Das Wörterbuch zu ›Sonne und Mond‹* nennen darf, eine nochmals gesteigerte, imponierende Dimension.

Albert Paris Gütersloh (Albert Conrad Kiehtreiber), 1887 in Wien geboren, war zunächst Schauspieler, trat aber schon seit 1906 als Schriftsteller, seit 1909 als Maler hervor und gehörte auf beiden Gebieten zur Avantgarde. 1938 erhielt er Lehr-, 1940 Berufsverbot. Nach 1945 lehrte er an der Wiener Akademie der Bildenden Künste. Er starb 1973 in Baden bei Wien.

Albert Paris Gütersloh

DER INNERE ERDTEIL

Das Wörterbuch zu »Sonne und Mond«

Aus dem Nachlaß vervollständigt und
mit einem Nachwort und Kommentar
herausgegeben von Irmgard Hutter

Piper
München Zürich

Von Albert Paris Gütersloh liegen in der SERIE PIPER
bereits vor:
Sonne und Mond (305)
Der Lügner unter Bürgern (335)
Eine sagenhafte Figur (372)
Die Fabel von der Freundschaft (460)
Die Menschenfreunde (559)

Allegorie und Eros
Texte von und über Albert Paris Gütersloh
Hrsg. v. Jeremy Adler (682)

Weitere Werke sind in Vorbereitung

ISBN 3-492-10798-2
Erheblich erweiterte Neuausgabe des 1966 bei Piper
erschienenen Bandes »Der innere Erdteil«
März 1987

Umschlag: Federico Luci, unter Verwendung eines
Gemäldes von Albert Paris Gütersloh
Gesamtherstellung: Clausen & Bosse, Leck
Printed in Germany

Inhalt

Da fingen an Sadrach, Mesach, Abed-Nego und sprachen zum König Nebukadnezar: Es ist nicht not, daß wir dir darauf antworten. Siehe, unser Gott, den wir ehren, kann uns wohl erretten aus dem glühenden Ofen, dazu auch von deiner Hand erretten.

Daniel 3, 16–18

Non est recurrendum ad causam primam, ubi sufficiunt causae secundae.

Benedikt XIV., »De servorum Dei beatificatione et beatorum canonisatione«

Die heilige Teresa von Avila lehrt, daß man jenen Erscheinungen Christi oder seiner Heiligen, die uns vom Satan vorgetäuscht würden, nicht mit Verachtung begegnen dürfe; vielmehr müsse man ihnen entgegentreten wie einem heiligen Bilde, das von einem Gottlosen gemalt worden.

Unkörperlich aber und immateriell heißt er die Engel in Beziehung auf uns. Denn verglichen mit Gott, dem allein Unvergleichbaren, erscheint alles grob und stofflich. Wahrhaft unstofflich und unkörperlich ist eben nur das göttliche Wesen.

Johannes Damascenus, »Darlegung des orthodoxen Glaubens«

Essentia involvit existentiam. *Spinoza*

Adel Man ist nicht kurzerhand, wie die *misera plebs*, der, der man ist. Man ist, ohne es eigentlich zu sein – aber zu übernächtiger Stunde der Epoche hat ihres Morgens frische Wäsche schon die schönsten barocken Falten –, eher umständlich, förmlich, metaphorisch. Man ist, zum Beispiel, wenn geizig, nicht eigentlich geizig, sondern sparsam, und wenn sparsam, nicht eigentlich sparsam, sondern fast asketisch. Die Eigenschaften gehen ineinander über wie die Spektralfarben, die Zwischentöne sind die Haupttöne, und auf das, was schließlich herauskommt, kommt es nicht an. Die Gesellschaft, von der – sie habe wann immer geherrscht, aber sei nur eine gewesen – Talleyrands Wort gilt »Wer nicht vor 1789 gelebt hat, kennt nicht die Süßigkeit des Daseins«, ist der szenisch dargestellte Selbstzweck an sich, das *l'art pour l'art* des *l'homme pour l'homme*. Der Pöbel, natürlich, konnte so nackte Kunst nicht sehen, ohne blutig zu erröten, und stellte, um seine *pudenda* vor weiteren Angriffen zu schützen, die Paravents der Guillotine und der Menschenrechte auf, in deren langen Schatten er noch heute liegt, sommers sich erfreuend der Kühle des dialektischen Materialismus, winters die Eisblumen der sozialen Frage auf das Fenster seines russisch überheizten Oberstübchens schwitzend.

Alter Das Bild des Narziß verläßt das Wasser und vereinigt sich mit dem Original. Wenn dieses nun wieder sich spiegeln wollte, erschiene es in dem Wasserspiegel nicht. Das natürliche Setzen von Umwelt hat sein natürliches Ende gefunden. Die Tag und Nacht arbeitende Dialektik des gemußten und des gesollten Ich, die immer etliche Stücke von jenem und von diesem losgerissen und in einen fruchtbaren Elektronenpendelverkehr gesetzt hat, steht still. Man ist man selbst geworden. Die für unsere objektivierte eigene Person gehaltene zweite Person (die Geliebte), das zum Schein – o schönster Schein der Welt! – Du genannte Ich, enthüllt sich vor dem versteinten

Blick – nun kann sie's ja wagen – als ein ebenso totales Subjekt, wie wir eins sind. Wir sehen – sofern man sehen nennen mag, was ein gespensterhaft mühloses Durchdringen, Durchschaun fast schon stofflosen Mediums ist –, daß an diesem nun gleichfalls totalen Subjekte nichts, gar nichts von dem totalen Blütenstaube haftet, den wir zur Schwarmzeit mit soviel Leidenschaft übertragen haben. Der Illusionscharakter alles Sich-mit-wem-Identifiziert-Habens wird erkannt und mit dieser Erkenntnis schwillt der Phallus des Seelenleibes ab.

ANDREE Unmittelbar nach dem Sturze aus dem warmen Bette setzt eine asketische Lebensführung ein, nicht aber als ein wirklich gemeinter Gegensatz, der so gut selbst zudiktierte Strafe wie Therapie zu sein vermöchte, sondern als der durch eine geraume Zeit weitergetragene Augenblick einer schreckhaften Erstarrung. Die Katalepsie vor dem Haupt der Meduse. Das später moralisch Genannte, vom Individuum selbst zu Bewerkstellende, noch von den großen, natürlichen, phänomenalen Mitteln erzeugt. (Irrtum bei Betrachtung der Antike: daß etwa die Taten des Herakles sittlicher Natur gewesen seien oder eine solche hätten setzen wollen! Vielmehr: die *nomina* werden erlebt, ich möchte sagen, der ganze Umkreis und Rauminhalt des Wortes Löwe, Hydra, Hesperus etc., durchaus entsprechend dem noch blühenden Dichtungzustand der Sprache. Diese »Taten« sind die Realitätserweisung des Wortes.) Daher das Sonderling- und Maskenhafte. (Siehe dagegen die »spätere« kasuistische Lebendigkeit, wenn das ursprüngliche große Mittel, das Medusenhaupt, unter den Horizont gesunken ist und das so verlassene Individuum die heilsamen Schrecken selber hervorzubringen sowohl die Notwendigkeit fühlt als die Kühnheit hat.) Ein tiefes, ganz ausgeleertes Reservoir füllt sich wieder. Dank dem Areligiösen des Malers geschieht diese Füllung unter keinem moralischen Zeichen, zu keinem (schon bekannten) Zwecke, sondern als stille Heilung des gebissenen, unter der Ofenbank seine Wunde leckenden Hunds, weil Bedeutung, wenn überhaupt noch möglich nach so flachem Vorleben, nur über das Mittel einer neuen Sexualität (so sehr die Frommen dies bedauern mögen) in aller Stille und bei Wegschaun des Subjekts entstehen kann. Deswegen haben alle Äußerungen und Verhaltungen Andrees keine Eigenbedeutung, sondern sind unselbständige Blüten der Pubertät. Das zu Beachtende: daß ein sich bildender Charakter der ersten Skizze zu einem Gemälde gleicht, also dem Einfall, nicht der Ausführung. Alles ist erstmalig und originell und klappt hart wie ein frischer Schalter.

Ansichten des Herrn von Wissendrum Die wahre Autarkie, nämlich die einzig mögliche Unabhängigkeit von Politik, ist durch die Stände erreicht worden, durch den Soldaten-, Beamten-, Priesterstand; ich sage, die einzig mögliche, für uns, für fast alle, weil nur die Regierenden und die Empörer gegen diese Regierenden – und das sind, solange es Stände gibt, nur wenige gewesen, gerade so viele als nötig, daß im Hintergrunde nicht der Urkampf fehle und das männliche Bild von Treue und Gehorsam, von Herrschen und Dienen nicht zu lebenfälschender Idylle entarte – von der einzigen Wohltat, die Staat vermitteln kann, ausgeschlossen bleiben. Keine politisierte Zeit wird noch zu begreifen vermögen, welch ein Opfer der Monarch damit bringt, daß er über dem Staate steht; keine, daß echte Politik entpersönlicht. Denn die Nichtperson, die Masse, die entpersönlichte Person hat dieses Opfer längst und leicht gebracht und hält's sogar für Gewinn. Wenn wir alle regieren, was wir in der Demokratie tun oder zu tun scheinen, bringen wir uns um das einzige, wozu Regiertwerden frommt: um das Freisein von Politik. Wir bauen ein Schiff, auf dem wir nicht fahren können oder, wenn wir fahren können, nicht wissen wohin oder, wenn wir's wissen, dortselbst nie ankommen; denn inzwischen hat, bei längerer Reise, die Parabel ihr Absteigen begonnen, das heißt: die konsequent durchgedachte Demokratie zweifelt am Staat überhaupt, wird Anarchie und fällt vor der utopischen Küste ins Meer.

Ob die Masse auf die Politik eines Einzigen, der ihr Exponent ist, ausgerichtet wird, ob sie, die Nichtperson, unter drei, fünf oder hundert Parteiprogrammen die Wahl hat, es handelt sich im autoritären wie im demokratischen Regime immer um denselben Erbfehler und die von ihm dependierenden Fehler: eben um die Masse, daß sie nicht zu Fragezeichen geworden, daß sie politisiert wird statt entpolitisiert.

Die Versetzung der Masse mit Politik, gleichgültig mit welcher, ob mit einer oder mit vielen Politiken, das läßt den autoritären wie den demokratischen Staat als das ein und selbe Krankheitsbild erscheinen. Nur die spitzfindigen Theologen der Göttin Vernunft sehen Unterschiede zwischen beiden Arten von Ordnung und schlagen einander wegen wieder eines *filioque* die Schädel ein. Es ist der säkularisierte Religionskrieg.

Im autoritären wie im demokratischen Staat darfst du Gott lästern und die Königstreuen verfolgen; du darfst sogar gegen diese oder jene Politik Einwendungen machen; du darfst aber nie und niemals *die* Politik verdammen: das ist das eigentliche *crimen laesae maiestatis*. Du darfst dem Buckligen, der seine Ressentiments für gesunde Vorurteile hält, nicht sagen, daß er einen Buckel hat, und dem Knoblauchesser nicht, der die Rosengerüche schildert, daß er aus dem Munde stinkt. Du vergingest dich gegen Schlafwandler, die, angeredet, vom Dache fallen und dich erschlagen.

Jeden, den es zu Politik zwingt, zu fast asketischer Beschränkung seiner Freiheit, zum sakralen Opfer von Person, sollte sich fragen, ob es der König in ihm ist, der sein Noviziat antreten will, ob er, um Herr zu sein, solchen Bedingungen sich unterwirft. Wer Politik treibt und Untertan bleibt, ja, um desto bequemer Untertan bleiben zu können wie in der Demokratie, gehört zur Masse.

Antinomie Unser grammatisches Bemühen – dem ehrlich seinen Stoff aufarbeitenden Belletristen lächerlich, dem uns bloß zusehenden Leser Schweißtropfen erpressend – geht, offen gestanden, dahin, eine Sprache zu sprechen, aus der zwar nicht alles verstanden, in der aber nichts mißverstanden werden kann, kurz: eine Konzilsprache. Das Absurde bleibt absurd und hütet sich, Vernunft anzunehmen, das Unklare bleibt unklar und will um keinen Preis aus seiner Trübe heraus. Wenn ein Schelm ist, der mehr gibt, als er hat, so ist ein Schelm, der so sich gibt, wie er ist, keiner, oder das Sprichwort hat Unrecht. Die Folgerichtigkeit jedoch, womit wir unsern Faden sowohl spinnen wie gelegentlich verlieren, dependiert von der Folgerichtigkeit des Lichtes, das nicht anders kann als über Gerechte und Ungerechte scheinen, ohne von jenen glänzender, von diesen fahler gemacht zu werden. Das Licht dependiert nicht von den Dingen, die es bestrahlt, sondern von dem geheimnisvollen Urgrunde, der es beamtet hat zu strahlen, auch wenn es nichts zu bestrahlen gäbe. Und vermag es ein gewisses Dunkel nicht vollends zu erhellen, so zeugt seine Schwäche eben für dessen Stärke. Und für den einen Wert, der im Augenblick weniger wert ist, bekommt man einen andern, der sichtlich sich bestrebt, den seinen zu erhalten. Die Unklarheit einer Rede kann unter Umständen – den Umstand ausgenommen, der den Philosophen bedingt – von ebensolcher Bedeutung sein wie ihre Klarheit. Es muß nur der Redende, an dem Faden seiner Folgerichtigkeit entlanggleitend, also auf dem gradesten Wege, dorthin kommen, wo er ihn verliert, seiner Denkfähigkeit nach verlieren muß, bei gleichzeitiger und gänzlicher Bewahrung der Fähigkeit, dieses Verlieren darzustellen. Niemand, so hoffen wir, erwartet von uns eine neue philosophische Lehre, etwa Materiologie genannt, weil wir unsere künstlerische Methode – mehr ist sie nicht, aber auch nicht weniger – eine »materiologische« genannt haben. Dieses Hoffen wäre so unsinnig wie jenes, aus den Evangelien alles ziehen zu wollen, was die katholische Kirche den katholischen Christen zu glauben vorstellt und zu befolgen gebietet. Die solches wollen, vergessen des Geistes, des schöpferischen wie des heiligen, der einerseits wohl dem Buchstaben sich einhaucht, andrerseits aber nicht an ihm klebt, wohl das ewige Leben mit ihm verbindet, aber auch behauptet, daß er töte.

APRÈS Jedermann weiß, daß die besten Witze ein Verzweifelter macht, der tiefste Humor von der Höhe des Galgens kommt, die Morgenfrühe nach schlafloser Nacht das Gold der abgeknirschten Zähne im Munde hat und, wer Glück im Wortspiel, Unglück in der Liebe. Das Lächeln ist nur ein gut ausgetrocknetes Weinen, der Adler des Gedankenflugs ein olympisch getarnter Pechvogel, der nach dem vielen Nachsehen, das er da unten gehabt hat, nun in einer von keinem Pfeil zu erreichenden Höhe das eigentlich nicht mehr nötige Sichvorsehen spielt, und der gefürchtete Satiriker ein armer Mann, der mit reich gefüllter Bettlerschale an den Ecken seines anstößigen Werkes steht und die Leute, die satt zu sein glauben, bittet zuzugreifen. Ja, ja, so steht die Welt auf dem Kopf, in dem sie nichts hat, und wer – weh ihm! – gekommen ist, sie einzurenken, muß sie bei den schmutzigen Füßen packen, die – weiß Gott wie – in der reinen Denkgipfelluft so schmutzig geworden sind, und ihnen herzhaft zureden, das Philosophieren doch lieber wieder dem Antipoden zu überlassen. Nein, das Geschäft eines Narren an einem Hofe ohne Königin trägt außer Rückschlägen in den Hundeernst nichts ein, und hätt' der Verlustträger des Verstandes seine Königin am Ende wieder, verlöre er mit dem Gewinn wahrscheinlich den Humor. Jetzt, als geprüfter und diplomierter Hiob, erfreut er die Leute durch sein fiebrisches Sichwälzen von der einen auf die andre Seite seines Wesens, welches Wesen aber nur eine hat, nämlich die komische, und das ist das Komische. Es gibt also Leidende von Beruf, solche, die eine solche Übung im Leiden haben, daß die Providenz gut dran tut, sie gleich auch für andre leiden zu lassen. Das geht – wie man zu sagen pflegt – in einem Aufwaschen, und Stümper im Fach des Gekreuzigtwerdens sind, aus leicht begreiflichen Gründen, der Gottheit ein Greuel. Es ist allerdings ein Hohn auf die ehdem so heiß gewünschte Koinzidenz zweier Sachen oder Personen, daß just dieselben, die uns leiden machen, so herzlich über uns lachen. Das mischt in den profunden Folterschrei ein dermaßen oberflächliches Wollustgeschrei, daß der ohnehin schon genug Gequälte, ob so boshaften Dissonierens, außer den vielen Wunden auch noch die Ohren sich zuhalten muß. Ein wahres Wunder, wenn er da noch eine Hand frei hat, die Noten aufzuschreiben, nach denen er gemartert wird! Da gehen in der venezianischen Traumstadt die Tauben von San Marco unter den Blinden von Jericho spazieren, und es scheint nicht, nein, es ist so, daß man die Scheingebreste in der Leihanstalt sich holt für das makabre Karnevalstreiben auf der Piazzetta. Nun ja, dereinst, wenn fünf Uhr eines jüngsten Tages die Geistesstunde schlägt, werden die Pfropfen aus den Ohren springen und die Schuppen von den Augen fallen, und was mein gewesen ist, also mein, daß ohne es ich nicht Ich gewesen bin, nur ein wehmütig' Echo von Ich an einer Felswand von Abneigung, wird wieder mein sein und den Kelch der Unsterblichkeit zu dem unbedingt notwendigen Überfließen bringen; denn ein halbgefüllter hat keine Aussicht, von der Ewigkeit hinter die Binde gegossen zu werden. Bis dahin müssen wir Zölibatäre wider Willen mit unsern unfrommen Bettschwestern, den Weibern, eben Geduld haben! Ertraget einander! sagt der Apostel! Besseres, wahrlich, kann man uns nicht raten, aber Schlechteres über unsere liebsten Feinde auch nicht (*implicite*) behaupten.

AQUARIUS Da bettelt einer, dem der Reichtum aus den Augen schaut, und wundert sich, daß die Leute ihm nichts schenken. Sollte er nicht lieber heimkehren und nach dem Maße seiner Schätze sich ein Mahl bereiten, statt auf die Jagd nach Brotrinden zu gehn, die nur von den Mühen dieses Weidwerks ihm so lecker gemacht werden? Muß man denn gegen den Strich leben, der nun einmal durch eine falsche Rechnung gezogen worden? Kann denn im Eigensinn Größe liegen? Heldenhaftigkeit im Sichdummstellen eines scharfen Verstandes? Und: die ungetreue Geliebte fürder lieben, treffen das, gelegentlich, nicht auch die Heiden? Siehst du denn nicht, daß das so schöne, so edle, so heroische, so tief- wie vielsinnige Heidnische – ein wahres Danaidenfaß für unentwegte Interpreten! – reichlich von vorgestern ist, endgültig aus der Mode, kein Wert, um den man einen andern Wert einzuhandeln vermöchte auf dem

Markte, wo mit gerecht verbundenen Augen die jeweilige Epoche sitzt und die ihr zusagenden Kunden wittert und ihnen schenkt, was unverkäuflich? Erfolg, vielleicht sogar den, den du wünschest, wirst du – gesetzt, Gott läßt ihn deines Heiles wegen zu – nur mit den gegenwärtigen Mitteln haben, und das sind, obwohl die Bankers noch nicht Notiz von ihnen nehmen, die evangelischen. Ehdem hat das evangelische Verhalten eine ihm zwar nicht notwendig innewohnende (wie mit einem bestechenden Schein von Recht oft angenommen wurde), wohl aber akzidentiell eigentümliche, zerstörerische Wirkung geübt auf den, der seiner sich unterfangen, wie eine nur episodäre oder geringe oder gar keine auf das Objekt des Sichunterfangens, und zwar wegen der Applikation eines solchen Arkanums auf eine dieses Arkanum zu apperzipieren noch nicht vollbefähigte Welt: wie die des abgelaufenen Aions. Nun aber die eben anlaufende ohne unser verdienstvolles Hinzutun, aus dem einfachen Grunde der großen Stunde, die ihr geschlagen hat, von dem Pneuma gefüllt wird, stehen der Christ und der Nichtchrist (auch der getaufte) einander nicht mehr als reiner Satz und reiner Widersatz gegenüber. Der Applizierende tritt heraus aus dem Sfumato eines Quacksalbers, wirft das widerborstige Fell eines heiligen Kynikers ab, entschlägt sich des Genusses gerösteter Heuschrecken, und jene, die der Applikation schon immer bedurft, das Bedürfnis danach aber bei den Wundermännern der Gegenseite befriedigt haben, erwarten sie nun, und von dir, und hätten doch für kein Geld des verewigten Aions auch nur eine Zehe in den aufwallenden Teich Bethesda gesteckt.

L'ART POUR L'ART »Es ist nicht so sehr mein Bild als Dein Bild, o Gott, das ich hinterlasse, ich Ebenbild der Gottheit, wenn ich aus meinem in Deinen Rahmen falle, in *articulo mortis*. Von Deiner Vollkommenheit ein halbwegs vollkommenes Beispiel zu geben, deswegen wandle ich auf der Schärfe des Ausdrucks, am Rande der Verständlichkeit, im scheinbaren Eis der heißen Gefühle, in der Hitze des angeblich kalten Verstandes; und um zu lehren, wie Deine Vorsehung lenkt, komme ich immer anders daher, als der Mensch mich denkt. Die gewissen Leute allerdings – um ihrer Unansprechbarkeit durch Dich sicher zu bleiben –, diese gewissen Leute, die sonst gar nichts erfinden können (ausgenommen ihre kleinen Lügen), haben mit ihrer großen Phantasie, die sie haben, wenn es gilt, von Dir ein Afterbild zu malen oder gar ein abstraktes, in dem dann niemand mehr Dich erkennt, eine Götzin gefunden, die Kunst, der sie unstillbaren Hunger nach Menschenopfern zuschreiben, und einen Götzenpriester, der diese Opfer dadurch darbringt, daß er sich selber immer besser entmenscht, den Künstler, der also ein Narr ist, wie Du dann der Wahn eines Narren bist. So dient, was ich tue, Dich zu verherrlichen, ihnen dazu, Dich zu schmähen, und verkehren sie das Beispiel oder Gleichnis, das ich von der Weise Deiner Vorsehung gebe, in ihr Gegenteil, indem sie die Sache anders lenken, als Du sie denkst, Weltvernunft, die man überzeugend widerlegen kann, solange man so lebt, wie ihr lebt, doch nur solange ihr lebt – und deswegen lebt ihr so gerne und lang, ihr kunstvollen Ehrabschneider des so vollkommen als nur möglich kunstlosen, weil pneumatischen Worts!«

Gebet eines Schriftstellers (um auf verlorenem Posten ausharren zu können)

Asket Achtung! Asket! Unbekehrbarer Umkehrer der Werte! Verführer der nicht mehr Verführbaren! Man kann auch über sein Nichts größenwahnsinnig werden! Welch eine Aussicht für Megalomanen, die es im Etwas zu nichts gebracht haben!

Weltlicher Atheismus Das Vacuum schreit nach Füllung. Aber es schreit umsonst. Es wird, früher oder später, gezwungen werden, seine süchtige Leere aufzugeben, die wider das Gesamtetwas geübte Spannung aus seinen Wanten zu ziehen, der gewohnten Füllung durch den selektierten Teil zu entsagen und mit irgendeinem vorliebzunehmen, und das ist der, der zuerst aus dem rings sich gestaut habenden Etwas hereinbricht. Diesen immer deplorablen Vorgang nennt man Heilung der Wunde durch die Zeit. Solange diese Wunde noch offen ist und ihre ganze Tiefe zeigt, kann man – wenn man ehrliche Augen hat – tief hinunter in die Physik sehn, deren Prozesse einen wir oben kurz und ohne Wertung beschrieben haben. Ist sie aber einmal narbenlos geschlossen, schämt sich der Mensch, das Individuum, so Patient wie Zeuge eines gesetzmäßigen, überindividuellen Prozesses gewesen zu sein, und begräbt die eine wie die andere Schmach, der Verwundung wie der Heilung, unter dem Altar einer neuen, wieder allein wahren Gottheit. Nicht er, der Wahrheit- oder Gottsuchende, nein, sein Leben, daß es lebe und ihm, zu suchen, die nötigen Kräfte gäbe, fordert diesen ununterbrochenen Zug der Götzen, der jeweils wahren und der jeweils wieder falschen Baale, der Ideale und der Idole, und erst, wenn er zu leben resigniert und infolgedessen auch zu suchen, bekennt er sich zu jenem weltlichen Atheismus, der mit den falschen auch die echten Götter verwirft, doch nicht aus dem oberflächlichen Grunde der gewonnenen Gewißheit über eine nie zu gewinnende, sondern aus einem viel subtileren: weil er, mit Nicht-mehr-Lieben unabtrennbar verbunden, des Nicht-mehr-Liebens oder -Liebenkönnens gültiger materiologischer Ausdruck ist. Ob dieser komplexe weltliche Atheismus besser, verzeihlicher, gescheiter als der einfache geistliche, bleibt noch zu untersuchen. Wir glauben schon heute sagen zu können, daß jeder Atheismus, ob auf Götzen oder auf Gott, auf die Aphrodite Urania oder Pandemos bezogen, aus der ein und selben Seelenverfassung hervorgeht beziehungsweise dieselbe Seelenverfassung erzeugt, und daß die wahre Frömmigkeit, als der Ausdruck eben der gerade entgegengesetzten Seelenverfassung, und nur die Nichtverletzung dieser im Auge habend, vor dem oder einem göttlichen Wesen nicht prinzipiell oder *primo loco* nach empirisch oder transzendental fragt, ob es dämonische Vorspiegelung oder »objektiv« wahr, sondern anbetet, vor allem einmal anbetet, und erst *secundo loco*, wenn es dieser ihrer vordringlichsten Pflicht genüge getan hat, und dieser Pflichterfüllung zufolge entweder formvoll glücklich oder formvoll unglücklich geworden ist, sich – dann allerdings *legitime* – in die Theologie begibt.

Atheos Wenn einer mit dem Hüben grollt, weil es nur noch aus den Motten besteht, die alles Appetitliche aufgefressen haben, richtet er seinen Blick nach drüben, wo es Schätze geben soll, an die kein Rost sich setzet. Aber: eher fliegt ein zweiter Eliaswagen gen Himmel, als einer dort aufgenommen würde, der, von einem niederen Wesen verstoßen, mit dem höchsten vorliebnehmen möchte. Ein solcher treibt abscheulichen Mißbrauch mit einem Reste von Frömmigkeit, der wahrscheinlich schon immer nur ein wunder Rest gewesen ist. Die Strafe folgt denn auch dem sinnlichen Freier um das Übersinnliche auf dem Pferdefuße. Er entdeckt, anläßlich des objektiven Gebrauches, den er von der Subjektivität macht (was in der mechanischen Welt ein Fehlgriff, in der metaphysischen ein Verbrechen), entweder, daß es den Gott, von dem er immer, auch während des Sündigens, gewußt hat (besser: geglaubt hat zu wissen), gar nicht gibt, denn: die Wirklichkeitsqualität Gottes ist ja des Menschen von Ihm Reintegriertsein, und dieses schließt als ein Ganzes jeden Teil ein, also auch die Objektivität, und hebt sie als solche, als Wissen, als rationales Setzen, auf; oder er erkennt, über die Wasserwüste hinschauend nach einer Arche oder nach einem Brette und, dergleichen nirgendwo erblikkend, dann zum Himmel seine Augen richtend, daß der Gott, den er jetzt brauchte, noch nicht existiert, was ihn zwingt, einen wie gebrauchten heftig zu postulieren. Ob die Gottheit nun so gut wie nicht vorhanden, wegen des Fehlens eines passenden Schlüssels zum Heiligtum, oder gar nicht vorhanden, wie die offene Leere des Heiligtums dartut –: jeden Falles entsteht im subjektiven Nichts so was wie ein Atheos, ein Wesen, das ist, wie es nicht sein soll, demzufolge es also auch nicht sein kann (nämlich nicht als höchstes), oder eines, das sein sollte, aber bedauerlicherweise nicht ist. Immer aber wird, ob seiend, doch nicht sein sollend, oder nicht seiend, aber sein sollend, ein Wesen gedacht, das, je nachdem, die eine oder die andere Eigenschaft besitzt und weil besitzt, auch ist, sein relatives Sein also aus der Unvollkommenheit desselben Denkens empfängt, das auch ein absolutes Nichtsein nicht zu denken vermag. Wenn die Fackel des Prometheus bis zu jenem tiefsten Grunde hinableuchtet, wo, wie die Auster an dem Pfahle, das unteilbare ἕν sitzt, in welchem ἕν das Ja und das Nein zwillingshaft verkeilt sitzen, verbreitet sich durch das unbegottete All ein feiner Seinsgeruch, ein Geruch wie von verbrannten unersetzlichen Schriften, der, zu Wolke sich ballend im *otium* (*sine dignitate*) von Jahrhunderten, eines ältesten Tages den alten Dekalog wieder ausspeien wird und das ἕν spalten unter Donner und Blitz.

AUFRICHTIGKEIT »Du sagst: ich lüge nicht. Und, bei Gott, es ist wahr, daß du nicht lügst. Besser aber wäre, du hättest nicht nötig, die Wahrheit zu sagen. Wenn ein Dieb gesteht, daß er gestohlen hat, sag mir: sagt der die Wahrheit? Sag mir: kann die Wahrheit etwas Schlechtes sein? Ja, wenn du sagtest: ich habe dem Bettler gegeben; ich habe dein Haus vor Feuer bewahrt; ich bin im innersten Gemache verschlossen gewesen vor dem Versucher, der durchs Schlüsselloch geflüstert hat, dann, ja dann sagtest du die Wahrheit. Denn nur das Gute ist auch wahr.«

Till (in Gedanken) zu Melitta

AUSSAGE Ein Schriftsteller sage nie, daß etwas unsagbar sei. Ist es aber wirklich (für ihn) unsagbar, so verschweige er seine Schande. Als Mensch möge er, soviel er wolle, sich verdemütigen. Als Mann von Amt ehrt ihn nur das Gekonnte, nie das Unterlassene.

AUSSAGE (des Prosaisten) Aussagen ist Weissagen. Oder Geschwätz. Oder Polizeibericht. Die meisten Erzähler, die besten unter ihnen so gut wie die schlechtesten, berichten ihrer Behörde, dem Publikum, was wo mit wem warum und wie sich zugetragen hat, ein Basedowsches Auge auf den Tatbestand geheftet, die Schreiberhand an die Hosennaht gepreßt (statt in den eignen dunklen Busen gesteckt). Und um der Objektivität ja recht zu dienen, bedienen sie sich der Subjektivität, wie die Theologen, um ihr Geschäft zu betreiben, Gottes. Das sind gleich zwei Sünden auf einmal. Erstens wird dem *publico* ein Beamtencharakter verliehen, den, bei der tiefeingewurzelten Sucht nach einem solchen, es nicht mehr sich absprechen läßt, zweitens wird die doch selbst schöpferische Subjektivität zu Ammendienst an fremdem Kinde genötigt. Durch diese zwei Mißbräuche entsteht eine falsche Kunstwirklichkeit beziehungsweise eine falsche Wirklichkeitskunst.

Autor, der Er hat durch viele Werke des Pinsels und der Feder, vor sich selber, der Unbestechliche, und vor den zwei andern Zeugen, die mit ihm ein Kollegium bilden, bewiesen, daß er ein Künstler ist. Ob ein großer oder ein kleiner, erweitert oder verengt nur den Ort, auf dem er steht, mindert aber nicht die zu tragen freiwillig übernommene Last und verkürzt nicht den längsten aller Wege, den, auf dem Platze tretend zurückzulegen, er sich unterfangen hat. Wen der Verlust von Zeit und Raum so paradigmatisch, als ob er bereits als Hadesstrafe erlitten würde, betroffen hat, der muß, will er nicht nur Entsetzen erregen bei den geselligen Menschen, auch seine empirische Person aus der Endlichkeit ziehn. Er darf weder die Bekanntheit anstreben, noch die Unbekanntheit beklagen, weder der Gegenwart genugtun wollen, noch für eine rühmliche Zukunft sorgen. Es ist ja die Lust, die er trägt, die schöpferische Fiktion von einer relativ unendlichen Dauer seines Seins und von der absoluten Vergeblichkeit seines Tuns. Es ist dies sein Leben eben das Hadesleben, in dem als einziger aus den Lebenden er zu figurieren hat. Wie auch sonst könnte er, guten, besten Gewissens, einer nie zu Ende kommenden Akribie sich ergeben, der lebendigsten Beschreibung des Dings weit über den Tod des

Dings hinaus, und wie der Spannung entsagen, die mit den Begriffen von Zeit und Raum auf die der seinen genau entgegengesetzten Art fertigzuwerden sucht?!

AUTOR, DER Du hast mir, o Herr, eine herrische Stimme verliehen, eine Stimme, die keinen Widerspruch duldet, die, wenn sie nicht in einem sterblichen Leib wohnete, bis ans End' der Zeiten schallen würde, so lang also wäre wie die Posaune in der Hand Deiner Engel. In Deiner abgründigen Weisheit jedoch hast Du dieses am Mund des Lügners so gefährliche Instrument durch seines Bläsers Gewissenhaftigkeit nicht nur unschädlich gemacht, sondern auch untauglich zum täglichen Gebrauche. Ja, zum Stotterer hast Du mich gemacht, zu einem, der wegen seines unaufhörlichen Zweifelns an den so vielen Wahrheiten sogar die einzige Wahrheit nicht mehr über die Lippen bringt. Ich muß also bei allem, was auszusprechen notwendig wäre und der Kunst nicht entbehren würde, Deiner erstaunlich wunderlichen und erfindungsreichen, immer wieder anderen Art nachdenken, womit Du den zum Schweiger umbildest, den, im nämlichen schöpferischen Atem, Du zum Redner gebildet hast, welchem Meisterstücke Deiner Allmacht zufolge keiner, und wenn er's noch so gerne sagte, zu sagen vermag, ich sei kein Dichter, ich selber nicht. Unerforschlich bleibt, daß der Baum, den Du aushöhlest und der Wurzeln beraubest, doch nicht aufhört zu blühen und Frucht zu tragen, und warum Du den Schein gewählt hast, obwohl er von der Wirklichkeit nicht zu unterscheiden ist.

AUTOR, DER Ehdenn er Dichter geworden, hat er auf allen Meeren Schiffbruch gelitten. Ob Poseidon wider ihn gewesen war, ob das Fahrzeug nichts getaugt hat, ob er nicht zu segeln und zu steuern vermocht hatte –: was die Unklugen schon nach einigem Nachdenken wissen, er soll's nicht wissen. Gerade die Ursache soll ihm, der das reine Gewirkte ist, scharf aus dem Webstuhl geschnitten, für Lebzeit abgeschnitten von allen begrenzenden Rändern, Geheimnis bleiben. Nicht also forsche er nach der Feindschaft des Gotts, nicht nach einem Stümper von Bootsbauer, und vor allem nicht erfinde er als seine Schuld den Dilettantismus. Unter seinen Händen wird auch er der echte nicht sein. Und die wahren, die unverwandelbaren Dilettanten, die sich nicht beschrieben fühlen von ihm, werden seiner Goldmacherkunst lachen.

BABETTE Wir würden unseren Augen nicht trauen, wenn wir eines schönen Tages die milesische Venus wieder im Besitze ihrer echten Arme sähen. Warum trauen wir unseren Augen, wenn wir ein vollerblühtes hübsches Weib wie Babette, deren westliche Weltgewandtheit aus der deutschen Hinterweltlerei heraussticht wie ein heutiges rationalistisches Einhorn aus einem Märchenwalde von vorgestern, wenn wir Babette als die Gattin des Herrn Ganswohl antreffen? Warum finden wir das nicht auch wunderbar, wenn auch wunderbar traurig? Warum haben wir so vieles, das des Staunens wert wäre, zu den Selbstverständlichkeiten geworfen? Warum den Kreis der zu bedenkenden Dinge so enge gezogen? Will die platonische Philosophie der Zeit denn durchaus, daß an ihrem Hochmute die Sophisten der Zeit, nämlich die Journalisten, als Leute voll edlen Mutes erscheinen? Wer holt denn die sagenhaften Kastanien aus dem äußersten Feuergürtel der Erscheinungen, wenn nicht der arme Soldschreiber, der von eben denen Kunststükken lebt, die den saturierten Gauklern als ebenso unwürdige wie gefährliche erscheinen, wie etwa des neapolitanischen Bettlerjungen Tauchen nach der Kupfermünze? Bringt er sie aufs Trockne, ist er kein Held, und ersäuft er, ist kein Schad' um ihn. Und natürlich dünkt ein Leben, das für einen geringen Preis geführt wird, etwa für ein Witwenscherflein, evangelischer als eines, das um gar keinen Preis geführt werden möchte: das des letzten Schmocks nämlich vom ersten Schriftsteller des nämlichen Landes. Eine rauhe Tugend gibt es, deren Unbestechlichkeit ihre Unchristlichkeit ist. Eine personseigene sittliche Höhe gibt es, die auf einer fremden sittlichen

Tiefe sich erhebt, neben der Schuld als Unschuld sich etabliert, statt über derselben sich zu wölben, so gut als die immanente Überwindung ihrer wie als die immanente Möglichkeit des Ein- und Absturzes. Und nun, mit schärferen Reagenzien versehen, als bei unserem Eintritte in diese kleine sokratische Versuchung sie uns zu Gebote gestanden sind, betrachten wir Babette und, was den geeigneten Zeitpunkt anlangt, etwa zwischen Tills Absitzen vom hohen Rosse des Phoibos Apollon und Ergreifen der Zügel von sechs scheugewordenen Personen. Kein Zweifel: die gewiß gut befriedigte Babette (wir kennen Herrn Ganswohl und seinesgleichen, die Molche, Bären, Sperlinge, so mit dem Pfahl im Fleische schlüpfen, klettern, fliegen, daß es seine Art hat, kurz: das Problem nie kennenlernen, das sie dauernd lösen), aber nicht befriedete Babette (und hier sieht man, welch eine von zwei Schenkeln gebildete Kluft zwischen Frieden und Frieden klafft, zwischen homolog und identisch) möchte gerne untreu werden, dem Gastwirten mit dem Landwirten; weil es aber beim Möchten bleibt, bleibt Babette treu. Und nun male ein rechter Expressionist das eherne Dastehn auf tönernen Füßen einer solchen Erzgaunerin! Da drängt sich dem Kenner und Liebhaber eines welchen Bildes, das wegen seiner unverbindbaren Elemente eigentlich in sich zusammenfallen sollte, jedoch der Physik, die es verherrlicht, ein Schnippchen schlägt, das sie noch mehr verherrlicht – wie der Scheintote das irdische Leben, weil er zu ihm, nicht zu dem himmlischen erwacht –, da drängt sich dem die paradoxe Behauptung auf die Lippen: umso mehr Dieb, je weniger einer stiehlt! Und hat er nicht recht, der (heitere) Kenner und (unglückliche) Liebhaber! Denn (im Ernst): man soll gar nicht stehlen können!! Nur an der baren Unmöglichkeit, zum Schuft zu werden, erwärmt sich ein bißchen die Möglichkeit, ein Ehrenmann zu sein! Die kleinen Anständigkeiten, mit denen die Leute so groß tun, daß das Verdecken der echten Maße fast gelingt, soll ebenso der Teufel holen wie die kleinen Unanständigkeiten, aus welchen allen, auf einen Hügel geworfen, doch nie jemals auch nur ein halbwüchsiger Hügel für den Siebensitz der babylonischen Hure sich erhebt. Und nun lege man die

Elle solcher Worte an ein Weib wie Babette (das als Weib unser Maß ist und unserer Maße spottet)! Nein, nein, da kann man alle Ellen nur an die Wand lehnen, das bißchen Schmetterlingsstaub, das man der lieblichen Erscheinung all unserer Unzuständigkeiten beinahe gänzlich abgestreift hätte (durch den bloßen Versuch zu denken, daß man sie auch denken könnte), aus den Händen klatschen und davongehn, nicht nur jetzt und von dem »Taler« da, sondern ein für allemal und von jedem Orte, wo auf schlanken Beinen und in lackroten Pantöffelchen eine Sphinx steht und einem Prüfling, der vor der Ehre, durchzufallen, bescheiden zurücktritt, das kostbare Rätsel zum halben Preise nachschleudert. Sehen Sie jetzt vielleicht, verehrter Leser unserer nur scheinbar geschriebenen Rede, in welch einer Welt von vollkommen runden Halbheiten wir uns bewegen (solange wir, kraft unseres noch nicht dezidiert aufgehobenen Entschlusses, zu ihr geboren werden zu wollen, uns, Ja denkend, wenn auch Nein sagend, in ihr bewegen) und wie wenig diese mit der zu tun hat, die Halbwelt heißt, aus lauter (wenn auch unlauteren) Ganzheiten besteht und ausschließlich von Leuten bewohnt wird, die, weil sie nichts als Ja sagen, das Nein gar nicht mehr denken können? Und sehen Sie: weil der so keusche Till nur mit Melitta Unkeuschheit treiben will – und das ist die nackte Wahrheit! die ihre Scham hinter der großen Liebe und hinter der eisernsten Treue, kurz: hinter einem Feigenblatt vom Kunstschmied verbirgt! –, statt der Paarung überhaupt abzusagen, ohne zugleich der Liebe (durch welches Ausschließen und Nichtausschließen er erst in jene hoffnungslos-hoffnungsvolle Situation geriete, die ihn als einen christlichen Ganymedes zeigte, der von den Adlerhänden des Pneumas über dem fehlenden Mittelstücke der Brücke zwischen den zwo Ufern schwebend gehalten wird), entsteht zwischen Till und Babette, wegen der nichtigen, bloßen Unmöglichkeit, derzeit (nicht: zu gar keiner Zeit) miteinander in die horizontale Lage zu kommen, eine Art oder Unart von sittlicher Beziehung. Nun verdient keine Beziehung – wie jedermann weiß oder wissen sollte – den vollen Namen einer sittlichen, die ihre Qualitas aus der auf das minimste zurückgedrängten Quantitas von Unsittlichkeit gewinnt, und sei damit wirklich das Menschenmöglichste im Kampfe gegen die Versuchungen getan und scheine noch so einwandfrei erwiesen, daß ohne eine, je nach Personsbedarf bald größere, bald kleinere, ja sogar mikroskopisch kleine Dosis exemter Unsittlichkeit, *ab initio* auch im reinsten Tranke enthalten oder, wenn nicht enthalten, diesem eben beizumischen, weder Leben statthaben könnte, noch – und das versteht sich am Rande keines Lebens von selbst – Setzen von gegen dieses Leben gerichteten Akten. Aber: wer vom Gewicht eines Haares sich nicht zu Boden drücken lassen will, der lasse sich nicht mit dem Denken ein, und nicht mit dem Leben, wer nicht entschlossen ist, durch einen meisterhaft gespielten Dilettantismus im Beherrschen des Lebens es bis zum zornigen Zerreißen des Majaschleiers und bis zur Entblößung seiner *secreta* und *pudenda* zu reizen.

BEDEUTUNG (Laetitia-Melitta) Von einem Weibe – an einem solchen nämlich kann der Sachverhalt weit deutlicher demonstriert werden als an einem Manne – behaupten, es sei eine außerordentliche Person, heißt nicht, es schriebe Bücher, malte Bilder, natürlich gleichnishafte, schwer durchschaubare (was trotz aller Ungewöhnlichkeit des Gebotenen doch heißt, den Genius auf dem gewohnten Wege schreitend zeigen); sondern gerade ohne dies oder das zu tun oder einmal getan zu haben, unter gleichsam ostentativer Ermanglung der Hände eines Raffael, aus dem Schlafe eines Homer, ohne Leinwand und Papier zu andern denn privaten Zwecken zu gebrauchen, errege es im Nebenmenschen die dezidierte Verwerfung ursprünglicher Pläne oder ihre jähe Vollendung. Die auf dem Sockel einer gewissen Verewigung schon erstarrt Gewesenen beginnen sich zu bewegen, ob einem Gipfel oder einem Abgrund zu –: die Gorgo vollzieht, womit die Ananke sie beauftragt hat. Die Uhr, deren Zeiger ein aus der Zeitlosigkeit des Glücks oder des Unglücks gestreckter Finger irgendwann einmal angehalten hat, wird wieder in Gang gesetzt; die gespenstischen Beamten des ἔσχατον, die geschlafen hatten, arbeiten fieberhaft; die Akten fliegen von ihren Schreibtischen, die Gerechten gen Himmel, die Bösen in die Hölle; etliche Unschuldige kommen unter die Räder, und der Doktor Torggler rollt den dornenvollsten Abhang seines Lebens hinab. Es ist teils eine Lust, teils ein Malheur zu leben, und gelegentlich sogar ein Vergnügen, tot zu sein. Und dieses ganze Durcheinander von Zechern und Zechprellern, Berauschten und Ernüchterten, hinausgeworfenen und hereingerufenen Hochzeitsgästen wird von der bedeutenden Person verursacht, die gar nicht weiß, was sie verursacht, die, wüßte sie's, keine wäre, sondern eine geniale; die aber steht, in innigem Vereine mit den Unbedeutenden und Ungenialen, zu diesem Durcheinander im Verhältnis des Erleidenden zum Leidenmachenden. Bedeutung ist sonach ein Kommissariat und kann als solches aus der Psychologie seines Trägers, die in der Regel eine ganz gewöhnliche, nicht erklärt werden. Die etlichen vorhandenen Ringe und Reckstangen dienen ja nur dazu, den unsichtbaren Begriff die turnerischen Kunststücke ausführen zu lassen, solange er als eine feurige Zunge über dem schönen, Heil wie Unheil pythisch verkündenden Haupte weilt, das nicht weiß, was auf ihm lodert; denn wüßte es das, schwupp! wäre die Flamme weg.

Begleitung Jeder höhere Geist, wenn er in Ordnung, wird von einem Stück Materie begleitet: der echte Faust von einem Pudel, der wahre Mann von einem Weibe; und zu einer bewohnten Welt gehört nicht nur eine Sonne – die versteht sich von selbst –, gehört auch, doch nicht weniger, ein Mond. Daß der grundsätzlich dialogische, dialektische Charakter des vom Schöpfer so gewollten Lebens wenigstens *theoretice* gewahrt bleibe, muß hinter dem Geist immer ein Etwas auf dem Posten sein, in welches mit ganz gemeinem Getöse rückzufallen, dieser Geist Gefahr läuft.

BEINAHE »Als ich glaubte, meine Zeit sei gekommen, war sie um. Jetzt lebe ich in die Epoche hinein, die ich hätte machen sollen. Ein Eremit auf tausenden von Füßen, die niemand mehr gehen hört, und mit hunderten von Köpfen, die nicht mehr als solche gelten! Eine Frau wäre beinahe die meine geworden, ein Schloß beinahe mein Haus. Dies Beinahe verurteilt mich. Es ist das Kainsmal des Dilettanten!«

(Ein späterer Ausspruch Tills)

BENITA Wer ist Benita? Die allein auf einem Wagen in unsere Erzählung hineinfährt, um gleich, und nicht mehr allein, wieder aus ihr hinauszufahren? Wie sich's gehört für eine vom Geschlecht der Reisenden im eigenen, sowohl sächlichen wie sachlichen Artikel, auf zufälligen Wegen, deren einzger zweiter *de jure* Bewandler der torkelnde Schmetterling. Und wie's am heilsamsten für den Mann, der nicht länger und anders mit dem drolligen Wesen sich beschäftigen soll als mit einem Buch. Denn: Liebe ist versetzte Lektüre. Noch nicht gebundne (geschriebne und bekanntgemachte) Dichtung. Man erfährt aus ihr, was ein großer Autor, der nicht nur bei Abfassung kanonischer Schriften der Feder sich bedient hat, einer Taubenfeder, in Heniden, in einer bald Musik, bald Lärm, nie aber Sprache zu nennenden Sprache über uns denkt. Genug, Wind davon bekommen zu haben, woher er weht! Und fort mit dem nächsten Zuge! Und daß man ja nicht vergesse, das Buch, das jeweilige Lieblingsbuch, in diesem Zuge zu vergessen! So hat's (immer) Lunarin gemacht, das ins Weibchen passende Männchen, der Spieler mit dem Spielzeug, der Vertraute aller berufsmäßigen Enttäuscherinnen des Vertrauens, der die von sich unwissende Unwissenheit ihrer wissend besitzt, die Alpengipfelhöhe ihrer qualitätlosen Unschuld (am Bösen) durch Häufung von Schuld (saftigster Qualität!) erreicht – welche Schuld auf solcher Höhe in Unansprechbarkeit umschlägt, in eine halkyonische Ruhe des Gewissens, in eine wahrhaft nicht grundlose Interessantheit –, und dem die Bösen nicht böse sein können, ohne Gefahr zu laufen, ihre Natur erkennen und verdammen zu müssen, was aber dank dem Bösen, der die Seinen schon nicht im Stiche läßt, nicht vorkommt. Und ist der Verräter der Verräterin, oder die Verräterin dem Verräter, immer um einen Schritt voraus, von Anfang an – wer als erster ihn tut, wann, wo, unter welchen Umständen, entschuldigenden, belastenden: über all das entscheidet gerecht die Physik, gerecht auch im totalen Unrecht, aber einer Verdienstlichkeit bar –, so nicht deswegen, weil etwa das Reich des Beelzebub in sich uneins wäre, sondern weil das Einanderzuvorkommen zweier Renner von gleichem Start und gleicher Chance die signifikante Art des Bösen, sich als das Böse zu manifestieren. Lang, ach, flitterwochenlang – kaum ist sie zu ertragen gewesen, die reine Freude! –, hat es mit Engelsstimme das ihm in der rauhen Kehle steckende Chorgebrüll der Hölle dissimulieren, den Anschein erwecken müssen mit jener Liebe, die auch den Heiden eigen, als vermöchte es, wirklich zu lieben, als bliebe, was es jetzt besitzt, Gegenstand der Sorge, auch wenn es ihn nicht mehr besäße, und wäre ein solcher, auch wenn es ihn nie besessen haben würde. Eine ziemliche Weile ja hat es unter dem frenetischen Beifall aller Bewunderer der natürlichen Kräfte, mit wahrhaft titanischen Armen, den Himmel auf die Erde gezogen, aber nur, um das dem erhabenen und erhebenden Schauspiel folgende Satyrspiel, die Etablierung der Unterwelt auf einer zum Schindanger gewordenen Elfenwiese, mit dem überzeugenden Nachdruck des vollendeten Gegensatzes darstellen zu können und mit dem großartigsten Erfolge, den das Ruhmesblatt des Nihil verzeichnet: der absoluten Wirkungslosigkeit des von der Lüge interpretierten Wahren. Wenige nur – es sind jene, denen die Gnade die Augen für die Kunst der diabolischen Protagonisten, das Wahre glaubhaft zu machen und zugleich um seinen Stachel zu bringen, verschlossen hat – verlassen ergriffen das Theater des fünften Akts, mit dem festen Vorsatze, es nie mehr zu betreten. Die andern aber, die meisten, auf die, wegen ihrer offenen Augen, das Schauspiel so wirkt wie es wirken soll, nämlich nicht, besuchen es immer wieder als jene wohl seltsamste Schule, in die man fleißig geht, um nichts zu lernen, ja, wo man lernt, nichts zu lernen, jene hohe Schule der Dummheit, die mit Auszeichnung zu absolvieren, fast die ganze Intelligenz kostet; je größer der Einsatz, umso verläßlicher und dauerhafter die erworbene Unansprechbarkeit; je voller der Kopf gewesen ist, der entleert worden, desto prächtiger der Doktorhut.

Wer nun ist Benita, von der wir nicht mehr wissen als unsere Leser? Trotzdem sollen und müssen wir über unsere Nebenpersonen genausoviel in Erfahrung zu bringen suchen wie über unsere Hauptpersonen. Auf der Leinwand eines Malers gibt es keinen unbedeutenden Fleck, so wenig die Bedeutung desselben der Laie erkennen wird. Was aber kümmert uns der Laie? Schreiben oder malen wir für ihn? Tun wir dies nicht vielmehr zur Beruhigung des Gewissens, um unsre seltsame Art, das Leben zweimal zu erleben, das eine Mal in der Gegenwart, das andere Mal in der Erinnerung und in dieser erst mit jener Intensität, die jener gefehlt hat – sehr zum Schaden des Komplizen unserer Tat, sicher aber zu unserem Heil –, durch eine Anstrengung zu rechtfertigen, die der geduldigste Zughund nicht, ohne zu beißen, sich zumuten ließe? Unsere Genauigkeit an Schreibtisch und Staffelei ist der hohe Preis, den wir für unsere Ungenauigkeit am Modell, als es noch nicht Modell war, und an uns selber, als wir, statt zu malen oder zu schreiben, im Leben dilettierten, und zwar notwendig dilettierten – wie könnten wir sonst außerhalb seiner und wider es Meisterschaft anstreben, wie könnte solches uns überhaupt beifallen? –, bezahlen wollen, ja müssen, insoferne nämlich der freie Wille, um kein Verdienst sich zuzusprechen vor Gott an einer eigentlich unverständlichen, uneigentlich aber für schön geltenden Handlung als Zwang auftritt und sogar den täuscht, der die undurchdringliche Maske vorgebunden hat. Wer also ist Benita? Eines ist sicher: nicht Melitta. Oder: wenn Melitta die Sonne, dann der Mond. Ein Kind, das die bösen Kinder von ihren Spielen ausgeschlossen haben und das nun abseits, gleich weit entfernt von den faden Erwachsenen und den braven Kindern mit den aus Holz, nicht aus Haar geflochtenen Zöpfen, an dem Parkbaum des heiligen Sebastian lehnt, gemartert für das nur ein bißchen Bessere, während die so ziemlich vollkommen Guten ungestraft an der Hand ihrer Mütter gehn. Es schmerzt Beniten, von denen ungerecht behandelt zu werden, die, wenn sie objektiv unrecht tun, subjektiv recht tun; und noch viel mehr schmerzt sie, nicht teilnehmen zu dürfen an den Mysterien des prästabilisierten und privilegierten Unrechttuns, in welche ebenfalls eingeweiht zu werden, sie das natürliche Anrecht des Weibes hätte, wenn sie dasselbe nicht wieder verloren haben würde durch einen mysteriösen Mangel an natürlicher Neigung zu Bösheit. Seit jener bittern Kränkung auf dem Kinderspielplatz ist die Arme auf der Jagd nach dem ihr vorenthaltenen Bösen, nach dem tückisch immer wieder entflatternden Losungswort, das die dichte *testudo* der ihr zugewendeten Esoterikerinnenrücken ein wenig lockerte, nach dem Stein der Weisen, den die Unweisen zu besitzen scheinen, nach dem Fehler, den sie für einen Vorzug achtet. Ihr Gesicht fragt jeden, von dem sie glaubt, daß er ein Lianenmesser zwischen den Hosentaschen trage, ob sie vielleicht gar schon im herzhaften Urwald sich befände, und es schmollt dann sichtlich mit der noch immer vorhandenen Zivilisation, wenn verruchte Pfadfinder das, was so gerne sie Abenteuer genannt gehört hätte, belächeln. Dies Fragen in der verfänglichsten Situation beweist, daß der dichteste Höllenforst ihr nicht den, ach, so ersehnten Eindruck macht (sie hingegen, wie vor einem Bild des Rembrandt stehend, den einer die Kunst hoffnungslos Liebenden), und das Schmollen verrät jedem geborenen Knecht der Sünde, daß er's eigentlich mit einer Freifrau von der ihn peinigenden Sinnlichkeit zu tun hat; mit einer, die es nie zu einem ordinären Fluch wider die Tugend und zu einer echten Komplizenfreude an der Schweinerei bringen wird. Sie ist von dem Stoffe, aus dem die Natur Hausmütterchen bildet, und wäre unter Bauern oder Kleinbürgern auch eins geworden; ein liebliches, wo wenig zu lieben, sehr liebendes, rasch verblassendes, früher oder später an die Mauer gepreßtes Blümchen. In der Klasse, der sie von Geburt und durch Heirat angehört, in jener vornehmen, kraft eigener Leistung (die immer unvornehm) vornehmen Welt, die, intelligent genug, vom Adel der Arbeit nichts zu halten, und genügend inkonsequent, den faulenzenden Adel zu verachten, das Adligsein säkularisiert und zu einem neuen Stil gemacht hat (wie die Renaissance den griechischen, aber ohne wie diese zu glauben, er sei unter ihren Händen der nämliche geblieben), zu einer neuen Atmosphäre, die man wie Parfum herstellt, verkauft und aufs Taschentuch schüttet, in dieser Klasse ist Benita eine Dame geworden, das heißt, eines jener hybriden Wesen ohne jeden Grund zu Hybris, denen die sonst so natürliche Neigung zu Sklaverei nun natürlich nicht mehr ansteht, und der sie weiterhin nur unter dem schamlos gelüfteten Deckmantel der sexuellen Hörigkeit nachgehen dürfen, das Nichtzunennende straflos tuend im weltlich heiligen Namen des Pathologischen. Die Wissenschaft des neunzehnten Jahrhunderts hat ja immer ein nettes Wort für die Sünde, und in ihrem diensteifrigen Bestreben, das durch eine affektlose, langweilige Gottlosigkeit schal gewordene Leben zu würzen bis zum Erröten der Pfeffernelken, verleiht sie auch dem Natürlichen und, wenn es legitim vollzogen wird, Erlaubten jenen angenehm widerlichen Geschmack, der den abgelegenen Rehbraten und den gärenden Käse auszeichnet. Wenn nun eine wie beschriebene Dame mit nur wenig oder mit so gut wie keinem Unterleib auf die Welt kommt oder gar mit einem, der nur zu gerne ein Tempel der Einehe geworden wäre, in Ermanglung eines Priesters aber, unter dessen Händen das täglich selbe Opfer sich täglich wunderbar erneut – und in dieser wunderbaren Erneuerung der einen, ein für allemal vollzogenen, auf der Ebene, auf der zum ersten Male sie vollzogen wurde, begreiflicherweise nicht wiederholbaren, nur auf der der Verklärung und Erinnerung, wohl *de facto*, doch nicht minder *symbolice*, zu wiederholenden Hingabe, haben wir, dünkt uns, das tiefste Geheimnis (wenn auch nur wie in einem Spiegel) der ehelichen Liebe zu sehen –, ungereicht und unbenützt geblieben ist oder von einem zwar bestallten, doch pflichtvergessenen und nur gelegentlich und zu einem kurzen Abendgebet betreten wird, so findet sich diese Dame ungeschriebenen Forderungen gegenüber, Pflichten ihres phantasmagorischen Standes, die sie, bei sonstigem Verlust der eingebildeten Würde, erfüllen muß und, weil kurz von Verstand, auch erfüllen will, obwohl die Natur mit noch ziemlich starker und Gott mit schon sehr leiser Stimme sagen, daß jene luschen Verhältnisse mit jenen vielen luschen Männern in so gar keinem Verhältnisse zu dem einen Manne stehen, den, weil er nicht erschienen, für ein Fabelwesen zu halten besser, als alle Männer, diesen inbegriffen, für Tiere, von denen dreizehn aufs Dutzend gehn; wer nicht krank noch Apotheker, für den hat die Arznei keinen Wert. So treffen wir denn in der sogenannt guten Gesellschaft, deren Kerntruppe die Lunarins und die Mendelsingers bilden, zu der aber nicht, zum Beispiel, die von Rudigiers gehören, die Soldaten so wenig wie die Beamten, weil man nicht zugleich draußen und drinnen, der Staat und zugleich der *nucleus* des Staates sein kann, die Karyatide und der Balkon, den sie trägt, gleichgültig, welche Leute der Balkon trägt, treffen wir also wohl nicht oft, doch öfter, als eine echte Ausnahme sich treffen lassen würde, Frauen, die ein offenkundig heimliches Geschlechtsleben nur zu führen scheinen, um bei hellem Tages- oder Kerzenlicht die unbezweifelbare Tatsache, daß sie es führen, mit einer Unschuld aus der Welt zu schaffen, die dieser Welt den Kopf wirbeln und den schärfsten ihrer Blicke flimmern macht. Wie, die Taube soll eine Schlange sein? Diese holde Unfähigkeit, auch nur bis drei zu zählen, schon mit dem hundertsten Liebhaber abgerechnet haben? Das glaube, wer mag! Auch zum Glauben an das absolut Unglaubliche gehört ein bißchen Wahrscheinlichkeit, und die geht einem Engel, der, statt uns zu erscheinen, vor unserm Erscheinen schon immer hier zu Hause gewesen ist, Null zu Null ab. Wir glauben dem Engel das Fleisch nicht, nicht etwa aber, weil wir noch keinen Engel fallen gesehen hätten, sondern aus einem Grunde, der bisher für gar keinen gegolten hat: weil nämlich wir der Logik des puren Augenscheins, und mit tiefstem Rechte, mehr folgen als dem unanschaulichen Verdachte unseres psychologischen Wissens oder gar dem immer ausgetretenen Wege – und wenn nur eine Fee, die keine gewesen, ihn beschwebt haben würde – unserer bösen Erfahrung mit dem Gelichter des himmlischen Lichts. Wir leugnen einen Menschen in dem Engel, der nur nach dem Sprachgebrauche einer ist, auf daß wir nicht Gefahr laufen, in dem wirklichen Engel, sofern er einmal uns entgegentreten sollte, einen Menschen zu erblicken. Unsere Leichtgläubigkeit ist eine pfundschwere Gläubigkeit. Wir halten die Begriffe so rein, daß da, wo sie miteinander vermischt, also verunreinigt vorkommen, was die Regel, wir wider die Regel und zugunsten der Ausnahme, uns für den einen oder den andern entscheiden, wohlwissend natürlich, daß die in der Subjektivität vollzogene Operation die objektive Verzwillingtheit nicht durchschneidet.

BENITA Benita gehört zu jenen Frauen, die man liebt, solange man sie sieht, und vergißt, wenn man sie nicht mehr sieht. Ein Fließband bringt sie herbei – der männliche Handgriff geschieht an ihnen – und schon rollen sie, gleich den Werkstükken, die laufend ergänzt werden, ohne dessen ermangelt zu haben, wessen sie plötzlich bedürfen, dem nächsten Arbeiter zu. Ein unsichtbarer Ingenieur hat – müssen wir annehmen – ein größeres Ganzes erfunden und die kleineren Ganzen zu Teilen degradiert. Begreiflich, daß die also herabgewürdigten Frauen zwielichtern zwischen ihrem wahren und dem ihnen aufgezwungenen Sein, daß sie von menschlichen Wesen auf elfische eingehn, über versumpften Wiesen tanzen, für Gnome, Dryaden, Nymphen, böckelnde Halbgötter, und in den Träumen der Schlechtgepaarten als die natürlichen Beischläferinnen erscheinen, die es aber nach dem Sündenfalle in die Liebe nicht mehr gibt. Welcher Mann nun wird nicht nach dem Paradies der sachlichen, von Sentiments und Ressentiments gereinigten Geschlechtlichkeit sich zurücksehnen? Welcher nicht gerne – wenn der Wachengel sein Bier trinkt – den Beatricen und Lauren zu entwischen trachten, die mit ihrer Unnahbarkeit ja nur die Vernachlässigung der Nahbaren rächen? Zum Handhaben jener ausgleichenden Gerechtigkeit bestimmt sind, die unter Nichtansehung der persönlichen Schuld oder Unschuld an irgendeinem Orte und an irgendwem ein Exempel statuiert, das der einen Gattung genugtut und der andern den abgeschlagnen Kopf, neugeordnet, wieder aufsetzt?

BETEN Für jemanden beten, insbesonders für eine uns nahestehende Person, erfordert – daß dies Beten begriffsgerecht verrichtet werde – des Betenden größtmögliche Entfernung von jenem Jemand. Sie wider die glücklich oder unglücklich machende Nähe der geliebten Person durchzuführen bis zu dem archimedischen Punkte, von wo aus mittels des Hebels der gefalteten Hände Wahn oder Unheil aus den Angeln gehoben werden können, ist das vor dem Eintritt in die heilige Handlung des Betens unbedingt darzubringende Opfer. Wie schwer es fallen wird und soll, ersehe man aus folgendem: Es muß dieser geliebte Jemand, der in der empirischen Welt auf einem prächtigen Thron sitzt, über unser Herz gebietet, unser tägliches Brot bricht, Recht spricht und begnadigt, dem Auge des Geistes also klein, ja nichtig, also hoffnungslos krank, ohnmächtig, unbegnadet, mit Blindheit oder mit Dummheit geschlagen erscheinen, daß dieses Auge außer dem Gebet kein anderes Hilfsmittel erblickt. Erst wenn wir diesen Gipfel der Verzweiflung erstiegen, diese Tiefe des Verachtens erreicht haben, dürfen wir Erhörung unseres Gebetes zu hoffen wagen. Warum nur wenige so zu beten vermögen, hat seine Ursache in dem untersten unbewußten Wissen der Leute von der schließlich tödlichen Wirkung des nur beim echten Gebet unglücklicherweise glükkenden paradigmatischen Sichentfernens von der sowohl geliebten wie wahrscheinlich zu Unrecht geliebten Person auf unsere Gefühle für dieselbe. Es fürchten also die vielen zu beten wegen des mit dem Gebete notwendig verbundenen Erkennens von Wahrheiten, die nicht zu erkennen, das übliche Leben erst ermöglicht.

BETEN Je schrecklicher es mit den Frauen sich verhält, desto mehr Grund haben wir, für sie zu beten. Wer aber für jemanden betet, der hat den innigen Umgang mit ihm, als einen nicht zum letzten Ziele führenden, entweder aufgegeben oder diesem Umgange wenigstens alles Lehrhafte entzogen, damit das Heilmittel höchsten Ranges, das Wort, nicht zuschanden werde an einer unheilbaren Krankheit. Durch sein insgeheim reserviertes Benehmen die genaue Mitte also bewahrend zwischen Hitze des Liebenden und Kälte des Arztes, das Unmögliche zu tun versuchend, um den, bei dem alles möglich, zu versuchen, für ihn einzutreten, bekundet der Betende, daß der gegenwärtige Fall von Unansprechbarkeit nur von jenem Manne mit Erfolg behandelt werden kann, der zum Ohre des Taubstummen gesagt hat: Ephphatha! Ferner bekundet er durch den Appell an die oberste Instanz, daß der zum menschlichen Vermögen exemte Fehler in der Idee des Weibes sitzt, nicht in dessen empirischer Person, die, wie das Kunstwerk einer vergangenen Epoche, nicht jetzt verbessert, nur durch ein künftiges überwunden werden kann. Er gebraucht auch das Wort »Fehler« im vollen Bewußtsein der Unziemlichkeit solcher Benennung, aber auch der Unfähigkeit unserer Sprache, eine andere zu finden für den Umstand, daß ein Wesen oder eine Sache zwar in sich vollkommen ist, doch es nicht an sich ist. Der Betende erbittet also ein Doppeltes: daß er wie bisher das herrschende Mißverhältnis zwischen zwei Menschen, die von ihrer Menschlichkeit einen so grundverschiedenen Gebrauch machen, auch weiterhin in demütiger Übereinstimmung mit dem so und nicht anders sich offenbarenden Willen Gottes ertrüge, trotzdem aber nicht unterließe, den Herrn stürmisch zu bedrängen, es möge Ihm gefallen, durch ein Fortschreiten auf dem nie aufhörenden Gebiete der Schöpfung nicht unser, die wir leiden, und daher schon vom noch bittern Glück der Ansprechbarkeit genießen, sich zu erbarmen – was zu wünschen freventlich wäre –, sondern des Weibes, das in seiner wie jetzt beschaffenen Natur keinen Anlaß findet zu leiden, ja im Vermeiden eines dem unsern gleichen Schmerzes, und zwar unter Zuhilfenahme jedes ihn abwehrenden Mittels, auch des verwerflichsten, seine eigentliche Aufgabe sieht.

BILDUNG Wenn eine so naturgescheute, morgenfrisch witzige, von Kunst (ohne den sie hervorbringenden Mann), von Landschaft (ohne einen hineingedachten Satyr) so tief zu erregende, von den Hypotheken auf ihre Luftschlösser wie mit phantastischem Schmuck schwer beladene, doch gar nicht götzenhaft thronende, sondern leicht wie eine (allerdings verschuldete) Tänzerin sich bewegende Person, wenn also Melitta nichts liest, keine Zeitung, was begreiflich, was nur sauber, was nur ehrenhaft, aber auch kein Buch, doch nicht unterschiedlos keines, sondern vor allen andern Büchern gerade die besten nicht, mit einer Unkenntnis, die genaue Kenntnis, bleibt dem Materiologen, zur verblüffenden Sache zu sagen, nur das eine: daß eine Frau wie Melitta, wenn sie jetzt läse, auch einmal würde lesen müssen, was Schwarz auf Weiß zu lesen sie weder jetzt willens ist, noch jemals willens sein wird, nämlich die in diese Blätter gut eingewickelte Psychologie Melittas, weswegen auf einem mythisch grauen Henidenkonzil sie sich entschlossen hat, alles Geschriebene (auch das von ihrer Hand) und insbesonders alles Gedruckte zu anathemisieren. Männer gehen ihrer künftigen Kehr (auf dem Weg nach Damaskus, der mit Büchern gepflastert ist) ahnungslos entgegen. Sie lesen, ob viel oder wenig, oberflächlich oder genau, immer mit stillschweigendem Consensus zum verpflichtenden Worte, ja, sie treiben in den an sich harmlosen Spezialwissenschaften unwissenden und daher ungeschützten Umgang mit der stets lauernden Universalität und laufen so jederzeit Gefahr, dem Koran zu begegnen, der sie auf den Schildkrötenrücken wirft, gen Himmel zappeln und ärger denn vorher zur Erde gravitieren läßt. Das Weib ist gescheuter als die gescheutesten Männer. Es sieht in der Bildung den Engpaß der Sphinx, das Fuchseisen von Scylla und Charybdis, die mit den Palmwedeln des österlichen Geschlechterfriedens dissimulierte Falle, die der Großwildjäger Geist den Löwen und natürlich auch den Löwinnen legt, und weiß, obwohl es sonst so gut wie nichts weiß, alles über Bildung und Geist, zwar nur *in nuce*; aber die *nux* enthält ja den ganzen Nußbaum. Wie also könnte die größte Quantitas von Gelesenem je gegen die zu Explosionskraft verdichtete Qualitas solchen Nichtlesens aufkommen? Jetzt sieht man endlich deutlich, was wahres Wissen ist: das Nichtwissenwollen. Dieses nämlich setzt das Wissen um das, was Bildung eigentlich will, voraus, infolgedessen es mehr weiß, als die gebildetste Bildung je wissen kann. Und nun komme uns noch einer mit der Behauptung des alten Bacon, daß Wissen Macht sei! Das gerade Gegenteil ist der Fall!! Mit begründeter Hoffnung auf Verständnis sei jetzt gesagt: das Wissen um die Macht des Nichtwissens ist Macht.

BILDUNG Wer wüßte, ob die Metaphysik, so in dem Wagen der Sprache fährt, ein selbständiges Wesen ist, das dann mit Recht zu seiner Beförderung eines Vehikels sich bediente, oder nur ein mechanischer Bestandteil des Wagens, neben anderen Bestandteilen, die dem Vehikel dienen, daß es zur Beförderung diene; wer wüßte, wieviel bei Gebrauch der Sprache bloßer Sprachgebrauch ist, einesteils schöpferische Fiktion, andernteils gemeinverständliches Argumentieren; was Bildungsgut, immer ererbt, was Tatbestand, immer nur zu erwerben; wo jene Aufrichtigkeit des Selbstporträtisten beginnt, zu der aber kein Zwang besteht, nur Talent gehört, und wann jene von jedem ohne eigenes Dazugetanhaben zu begreifende Schönheit (die deswegen nur Lüge sein kann) aus dem Schaum sich gehoben hat, um, kaum an Land, schon als Wahrheit sich zu etablieren, auch *in ethicis*; wer also so wenig Ästhet, Artisan, von Geschmacksneurosen gequälter Marktschreier wäre – ein fast nie zu erreichendes Ziel bei dem Raubfischcharakter der Sinnlichkeit, die mit dem kleineren Fische auch die Angel verschluckt, an der er hängt –, daß die vorsichtigste, bescheidenste, magerste Aussage ihm die einzige dünkte, mit der er nicht ins Gericht seines feinen Gewissens käme, und verarmte ob solcher Gottesfurcht ohne Gott das Barock der Religiosität und ob solcher Kunstlosigkeit die Kunst: wer jenes wüßte, dieses zu sein vermöchte, der leistete der Menschheit den vielleicht nötigsten Dienst.

Die Jahrtausende haben ihre Dauer gut überstanden (die Monumenta beweisen's), nicht so die Leute. Die Jahrtausende sind, je älter sie geworden, immer jünger geworden: Die graueste Vorzeit hat Pfirsichwangen bekommen, und der jüngste Tag schmückt sich, Emporkömmling, der er ist, mit den wohlerhaltensten antiksten Ringen. Aber die Leute, diese seit Jahrtausenden aus den Jahrtausenden nicht mehr abstrahierten Leute, diese mit dem Urwuchs verwachsenen, nie beschnittenen, ausgerodeten Leute, stapfen, unbewußt ihrer kentaurischen Bildung, mit der Unsterblichkeit von gebildeten Kentauren durch die sterblichen Epochen. Als private Individuen natürlich gehen sie tiefgebeugt unter der Last des Erbes, und der Genius der Geschichte (oder der *primus movens*, oder sonst ein Sinngeber des Lebens) sitzt noch obendrauf auf der Schatzkiste und stößt zu mit dem Elefantenstachel. Vorwärts! ruft er, aber rückwärts geht es, immer tiefer hinein in die Bildung, auf Fortschrittsbeinen. Und Bildung, von jedem Augenblick aus gesehen, an dem in jedem Augenblick das Leben hängt, ist Rückschritt.

Kann einer heute mit der ach so nötigen Schärfe distinguieren zwischen dem, was er denkt, und dem, was der Vorfahr in ihm denkt? Mit Bestimmtheit sagen, er habe den Gott, zu dem er betet, im eigenen Kämmerlein gefunden und nicht im Nachlaß seines Vaters? Das Weib, das er freit, nicht schon in der Mutter geliebt? Den Staat, den er gründet, nicht den Trümmern eines untergegangenen enträtselt?

Briefmuster »Wie kühl Du bist, Aphrodite! Kühl wie das Schießeisen und nur ein bißchen warm von der Wärme meiner hinteren Hosentasche. Die abendlichen Wasser, aus denen Du stiegst, haben Deinem heißen Blute eine Kälte zugesetzt, die nun immer wiederkehren muß wie unter den Gezeiten der Winter. Weh dem, der ohne Holz vom Überwinderbaum in ihn gerät! Ich mißtraue Dir, Braunhäutige, Feuerblickende, Schlitz- und Schlittschuhäugige unter dem Sombrero, unter der Sonne Mexikos und Ägyptens! Während ich verschmachte, schmilzt in Deiner Hand die unsichtbare Eiseskeule nicht, mit der Du mich erschlagen wirst, ohne mich, das nur mir bekannte Ich, erschlagen zu wollen, denn: Du bist ja blind wie die Natur, wenn sie nicht gerade mit dem Hervorbringen von Augen beschäftigt ist. Gedenkst Du noch der Schilfhütte am

Ufer des Sees, in die Du mich zogst, Du, noch feucht von Deiner Geburt, doch innen so trocken wie der Ofen des Töpfers, in dem er seine Töpfe brennt? Nein, Du gedenkst ihrer und was in ihr geschehen, so wenig wie die Uhr der unzähligen Sekunden, die sie schon abgezählt hat mit einem silbernen Schlag auf ihre schmalen Schultern. O Geschichte, Braut, der man so gerne untreu worden wäre! O Geschichtslosigkeit, Hure, der man so gerne sich vermählt haben würde, wenn sie nicht von Berufswegen untreu hätte werden müssen! Damals schon hörte ich des Nebenbuhlers Horn in den dichten Wäldern der umliegenden Adelssitze, in den gehegten Urwäldern, aus denen diese siegreichen Pseudowilden zu brechen pflegen, die eine Eleganz zu derangieren haben und einen vom Coiffeur gemachten Häuptlingskopfputz tragen. Sie sind die einzigen, die Barbarei und Hellenentum so kunstvoll zu vermengen verstehn, daß jener widerliche Mischtrank zustande kommt, der auch Göttinnen bezaubert, die Ihr des Himmels satt seid und auf der Erde eine Art von Himmel etablieren wollt! Wo immer es Begriffe zu verfälschen gibt, da muß man nach Euch fragen, dort wird man Euch finden. Jedermann kennt die Hebamme und die Wahrsagerin seines Dorfes.«

(Paris-Till an Aphrodite-Melitta)

BROMBEER Bist du von der geliebten Frau verlassen worden und fühlest du nach Jahren, nach zehn, nach zwanzig Jahren noch immer dich von ihr verlassen, so ist sie eine teure Tote geworden, die lebt, und weil du nicht ihr Grab bekränzen kannst, mußt du ihr mit guten Taten wohltun. Glücklicher bist du als der Sohn eines Pharao, der dem verstorbenen Vater nur Schiffe beigeben kann, die nicht segeln, und Weizenkörner, die niemand zu Brot macht.

BROMBEER Du darfst eines andern Weibes wegen nicht deiner Mutter Blut vergießen. Sie hat dir's nur für dich gegeben und würde es fordern von dem andern Weibe. Hat es dich nicht erhört, käm's unschuldig ins Gericht. Ist es nach vieler Liebe deine Feindin geworden, mußt du für sie beten. Nirgendwo steht geschrieben, daß das Gebiet der Liebe ausgenommen sei vom Gebot der Nächstenliebe.

Brombeer Wolken türmen sich auf meinem Haupte, überquellen Stirn und Wangen und ballen sich auf dem Kinn; nur mein Aug' ist noch ein bißchen blauer Himmel. Ich sehe eine große Verfinsterung kommen. Menschgewordene Satane werden Heilige foltern und morden; aber die Menschen werden sie als Menschen sehn und mit den andern Opfern der Satane herzählen. Und das ist die Verfinsterung: der Sinn ihrer Opferung wird nicht erkannt. Die Gleichmenschlichkeit, die Brüderlichkeit ohne die gemeinsame Vaterschaft verschlingt alles Höhere. Eine hohe Stufe, wenn man die niedere ansieht, gewiß. Aber man kann auch auf sie zurückfallen, soferne es eine noch höhere gibt.

Brombeer Ihr Revolutionäre für die Demokratie reicht, unbewußt, nur die Bomben den Revolutionären für die Theokratie weiter.

Brombeer Sie werden doch nicht glauben, daß ich Brombeer heiße! Wie könnte denn ein Mensch anders als nach seinem Vater heißen? Wie durch einen Wald gehn, wenn nicht ein Baum hinter dem andern stünde? Sie wissen ja, daß vor etwa zweihundert Jahren den Juden geboten wurde, einen sogenannten bürgerlichen Namen anzunehmen, und daß ihnen, wenn sie keinen oder einen zu schönen wußten, oft ein recht lächerlicher aufs Gesicht geklatscht wurde. Nun hat alles, was der Herr der Welt, gelobt sei Er, tut oder zuläßt, zwei Seiten, wie jede auf die Erde geworfene Münze: die eine sieht, weil sie gen Himmel blickt, nur Er, die andre, weil sie auf der Erde liegt, nur sie. Der Träger eines entwürdigenden Namens ist dann zwiefach als Jude gebrandmarkt und hat es schwer, dem Glauben seiner Väter untreu zu werden; denn auch das Wasser der Taufe ist durchsichtig, und was auf dem Grunde liegt, schaut oben heraus, wie einer, der größer ist als das Gebäude, in dem er steht, noch den Schornstein überragen wird. Leichter hat's der Träger eines Namens, gleichgültigen oder gar schönen, auf den die arischen Gassenbuben nicht mit Fingern deuten können. Hat er auch eben noch wie der Schmierenschauspieler die Zettel ausgetragen, kann er doch hinter der spanischen Wand aus dem Schlafzimmer des Wirts oder Wirtsvolks, hinter diesem Namen, auf einen deutschen, Christi, Mitbürger sich umschminken und, ohne an sich zu glauben, das Publikum dieses Theaters verführen, an ihn zu glauben, glaubt es doch auch dem Herrn Maier den König Lear. Dem Komödianten sind Wege geöffnet, die der Wahrheit gesperrt bleiben. Ich gebe zu, daß des Erstern Bewahren seiner Jüdischkeit kein Verdienst ist, weil's unter unwiderstehlichem Zwang geschieht, des Zweiten Löcken gegen den Stachel der Unglaubwürdigkeit keine Schuld, sondern eine Kunst. Die eigentliche Schuld wäre, daß er sich selber glaubte. Das aber kann er nun und nimmer. Man kann übers Evangelium springen, aber nicht über die Thora. Die ist früher und kennt kein Später. Springt er doch, prallt er wie die Stubenfliege ans Fensterglas, das sie für die Luft hält, weil Durchsichtigkeit und Undurchdringlichkeit in ihrem Köpfchen nicht gepaart liegen. Auch dann, wenn ein Jude Christum sieht, kann er ihn nicht anrufen. Er ist jenseits des Fensterglases.

BROMBEER Es genügt nicht, Jude zu sein, man muß auch noch Jude werden wollen. Die Gabe ist nicht auch schon die Aufgabe. So einfach geht's, wenigstens bei Israel, nicht zu. Der Herr der Welt, gelobt sei Er, hat, als es am Sinai die Thora nahm, Volk und Lehre in eins getan. Und so unmöglich als da ist, Volk und Lehre zu trennen, was die Ungläubigen nur zu gut wissen, so notwendig für Israel ist, es ab da immer wieder zu versuchen, daß vom Unteren zum Obersten aufgestiegen werden könne. Die Gabe muß zu Aufgabe werden, das im damaligen Heute Geschenkte im dauernden Morgen erdient werden. Alle andern Völker haben es leichter (oder auch schwerer, wie man's nimmt). Sie haben ihren Weg nicht von Anfang in sich und brauchten nicht nur die Füße der Seele zu regen, um von ihm aufzuschweben, sondern viele Wege außerhalb ihrer, unter allen natürlich auch den wahren, aber: wenn sie ihn finden, ist er nicht das Korn, das von der blinden Henne gefunden wird, und, wenn sie ihn nicht finden, wer kann ihnen groß Vorwürfe machen? Fallen sie, was die Regel, in eine der zahlreichen Götzendienereien, verraten sie nicht den einen Gott – denn Verrat setzt den abgelegten Schwur der Treue voraus. Sie irren, weil der Mensch nun einmal irrt, aber sie sündigen nicht. Sie können nicht die Auserwähltheit verlieren, denn sie sind nicht auserwählt worden. Ihre Gabe ist schon die Aufgabe. Die Unmöglichkeit, diese von jener zu trennen, liegt daher in ihrer Einheit *ab initio mundi* und nicht in der erst ab Sinai, und so kann denn auch der Versuch, sie zu trennen, der eine immerhin mögliche Dialektik voraussetzt, gar nicht unternommen werden. Es langt daher bei diesen Völkern nur zu einem Nationalismus ohne eigentlichen Sinn und, wenn sie sich einer Religion ergeben, nur zu einer ohne Wurzel in ihrer Nationalität. Weswegen jede über kurz oder lang zu Philosophie entartet. Und schließlich kann ihr voraussetzungsloses Gewissen nur durch den Atheismus befriedet werden.

BRUNO In des Abbas Bruno Gesicht reißt der Zug zum Humor die andern Züge so stark hin, daß sie alle, entweder wie die Splitterstrahlen einer durchschossenen Fensterscheibe zum Kugelloch, so zum Loch des Mundes, auch wenn er geschlossen bleibt, hinweisen oder, wenn er einmal übergeht wie ein See der Heiterkeit nach den Regengüssen aus lange schon gehäuften Wolken, geballt voll von den Blitzen des Miteinander-Identifizierens der entlegensten Denkgegenden und der applaudierenden Donner der nun möglich gewordenen Wortspiele, auf seiner Wölbung stehn wie vom Abendwind schräg in die Abendsonne zum Vergolden hingestellte Segel. Weil dem nun so ist bei unserm Abbas, wird, wenn es ernst wird (also mystische Nacht, in der das Licht an seine schwerste Aufgabe, nämlich nicht zu leuchten, herantreten muß, die Ahnung von keiner Bestimmtheit gestört werden darf und den aus eigner Kraft geschaffnen Platz des überwinderischen Lachens wieder das lautlose Weinen der Kreatur nach nicht selbstbewirkter Erlösung einnimmt), sein eben noch so lebendig, wendig, witzig gefunkelt habendes Antlitz zu tragischer Maske. Durch was andres denn durch jache Vereisung kann er das feurig rollende Rad seines zwar zölibatären, von der Enge des Habits nur in die Höhe getriebenen statt in die Breite zerlassenen, wohl übersinnlichen, doch deswegen nicht weniger sinnlichen Anschauns der Wesen und Dinge, der sichtbaren und der unsichtbaren, das an allen Ecken und Enden die Welt wie die Überwelt zu Bildern und Versen entzündet, nicht aufhalten. Der Abschied, den er für einige Stunden dem Humore gibt, ist an sich einer für immer, wie nur ein eherner Charakter einen geben kann, der auch dem geliebtesten heimlichen Feind, wenn er offen die abgemachte Grenze überschreitet, den Fehdehandschuh hinwirft. Kurz: er ist, weil immer aus dem vollen Gegensatz zum ebenso vollen Satz lebend, das Gegenteil des Herrn Adelseher, der nur ein sichres Organ für den Anfang, aber gar keins fürs Ende hat, der, flammende Sonne bis Punkt Mittag, aber ab dem hartnäckig sich weigert unterzugehn, weswegen ihm, was er nicht vollziehen will und doch soll, der Freitod im Westen, als langsam hinmordende Melancholie kommt. Denn des Menschen kosmologisch verfaßte Natur besteht mit unüberwindlicher Gewalt auf dem Ausfahren auch ihrer Planetenbahn und hat, wenn er aus seiner wirklichen springt, eine zu dieser parallellaufende, schattenhafte bereit, die in den Hades hinunterführt, wo die Unwirklichkeit nie endet oder das Ende nie wirklich wird.

In die Sakristei – wenn ein levitiertes Amt gelesen werden soll – steckt, immer nur wenige Minuten vor dem Ziehn der blechernen Glocke, das der einzige Zivilist des Klosters, ein

Herr von Wolzogen, besorgt, der Abbas einen wie zufällig gerade dahinein schauenden Kopf, der dann ganz natürlich die größte Überraschung zeigen muß, einige sonst recht umgängliche Herren beim ernsthaften Sichverkleiden in goldstrotzende, unnahbare Hierophanten zu entdecken. Durch dieses Benehmen distanziert sich er, der Hauptakteur im Drama der Messe, der Zelebrant, von den Chargenspielern, die, je kleiner ihre Rolle, desto früher in der Garderobe eintreffen und desto gründlicher Maske machen, um im ihnen spärlich zugemessenen Rampenlichte die möglichst größte Aufmerksamkeit zu erregen. Der Abbas aber, als Genius, muß das immer falsche Gehabe der Bedeutung (auch der wirklichen) erst vorbildlich desavouieren, der Gnade, die ihn würdigt, wie ebensogut sie einen andern hätte würdigen können, erst sein Nichts entgegenhalten, ja mehr noch: seine Unwürdigkeit zu so heiligem Berufe bis zu fast zynischen Angriffen auf die unerläßlichen Äußerlichkeiten desselben steigern. Wie die Schulbuben, ehdenn es zur gefürchteten Latein- oder Mathematikstunde schrillt, um so höher lärmen, je tiefer ihre Angst, so entfernt sich der Abbas bis zum Possenreißer vom Tragöden, weil sein Weg der Rückweg ist, wie der Wille des elastischen Bandes nicht die Gespanntheit zum Ziele hat, sondern das Zurückschnellen. Des Abbas die Zwischentöne bevorzugendes Ohr und sein auf die *minutiae* der Philosophie spezialisierter Geist vertrügen nicht ohne einen zuvorigen ferialen Galopp über die Augenweide des derbsten Naturalismus und ohne langsam modulierenden Übergang der Orgel pathetisches Vonsichstrekken aller Pfeifen und das stilisierte Ziegelherbeitragen zum vollkommen von der Welt abschließenden Gemäuer der Gregorianik. Am indigniertesten über des Abbas vor dem offenen Fenster des innersten Innern, in einer fast rationalistischen Luft vorgenommene gymnastische Etüden ist immer der Herr von Wolzogen, der als Brücke von Welt zu Kloster, weder zu jener noch zu diesem gehörend, aber eben voll dem Schwung des in zwei Sprachen denkenden und in keiner bis zu Unansprechbarkeit beheimateten Übersetzers, natürlich am besten weiß, was die über derselben Hin- und Hergehenden in ihren

Socken fühlen und meinen, die Brüder und die Pfarrkinder. Er, der größte Bewunderer des Abbas, fürchtet nämlich, dieser Abbas könnte doch einmal bei einer seiner illegalen Grenzüberschreitungen erschossen auf dem Niemandslande liegen bleiben.

BRUNO Würde wohl in echter Seelennot wer von dem Pater Bruno sich steuern lassen? Kann eine Figur eine Figur führen? Einen, der ebenfalls von eigenen Erfindungen strotzt? Wird jener diesen, statt ihn zu reinigen mit glühendem Bimssteine (*calculo ignito*, wie's in der Messe heißt) von allzu eigentümlichen, im Innern bereits vorhanden gewesenen und im Außen erworbenen Gebilden, nicht zu Spiritualisierung seines Bestandes an Empirie verleiten? Wenn einer seine Leidenschaften auch bis zu Schatten an der Wand verdünnt hat –: ist er nicht immer noch ein Künstler, zwar kein voller Maler mehr, aber ein Freskant, der die dritte Dimension opfert, um in zwei Dimensionen sie wieder zu errichten? Der also ein dermaßen sublimes Verhältnis mit der Illusion unterhält, daß fast niemand es merkt? Der also lehrt, wie man satt wird, ohne gegessen zu haben? Ein solcher umschreibt die sinnliche Welt mit einem sehr feinen Kreise, aber doch die Welt. Er gleicht dem Liebenden, der von der Geliebten den Abschied bekommen hat, aber von der Liebe selber nicht Abschied nehmen will. Zu zartem Sande zerstößt er in dem Mörser der Askese den Stein des Anstoßes und weißigt und mildert mit diesem Pulver, das dem Schießpulver von einst nur ähnelt, nicht gleichkommt, die rauhen Pfade seiner zölibatären Einsamkeit. Geist, der nicht dezidiert allem Vergeistigen absagt, ist nicht religiöser Geist. Man muß ein vollkommen neues, ein ganz anderes Land betreten, und sei es oder scheine es noch so gröblich, wie auch der Felsen, auf dem die Kirche steht; wenn nur von der Erde des negierten und verlassenen Bodens die Sandale kein Krümelchen in den neuen tritt, ist er schon des Geistes. Denn: wir können innerhalb des Hier und Jetzt das Ganz-Andere nur darstellen durch Reduktion des Ganz-Einen auf Null. In ein Bündel gepackt, muß es ins Meer geworfen werden, obwohl wir wissen, daß Meer und Bündel von derselben Materie sind, nur getrennt voneinander durch die verschiedenen Weiten der verschiedenen Quantensprünge. Daß die geschehenen Verwandlungen nicht zurück zur ursprünglichen Einform laufen werden, die Fäden des Majaschleiers nicht wieder auf die Spindel kommen, dafür bürgt der erste aller Chemiker und Weber, Gott. In festem Vertrauen darauf, daß das Auseinanderhalten des Ganz-Andern und des ebenso Ganz-Einen er mit den Mitteln dieser seiner durch und durch dinglichen Schöpfung besorgt – wie der nämliche Zaun den Nichteigentümer vom Eigentümer eines Grundstückes trennt und umgekehrt, aber sowohl diesem wie jenem denselben Aspekt bietet –, dürfen, und sollen wir auch, der eigenmächtigen Setzung von Unterschieden uns entschlagen. Wenn der Herr für gut befunden hat, das *punctum saliens* außerhalb unser zu setzen, zu Arena des legitimen Agon die Objektwelt zu machen, so genügt, die materielle Schwelle eines Klosters zu überschreiten und alle bis zu diesem entscheidenden Augenblicke aufgehäufte Innerlichkeit, und sei sie bis zu Kunstwerk spiritualisiert worden, vor derselben zu lassen. Bruno begeht den allerdings konditionalen Fehler aller Dichter weltlichen wie geistlichen Standes, zu glauben, Vergeistigung führe zu Geist und es gäbe neben dem reinen Geiste noch einen gereinigten.

BRUNO (Des Abbas Bruno Brief an Till) »Wenn Sie heute auf einem Schlosse sitzen, aber ohne die Schloßherrin, für die aus seinem baufälligen Zustande Sie es erhoben haben, ja sogar Besitzer desselben sind, weil des Baron Enguerrand Erbe es Ihnen, dem wahren Erben, geschenkt und mit diesem großartigen Geschenke die von Ihnen geliebte Frau für sich erobert hat, so kommen sowohl Ihr Glück wie Ihr Unglück – denn Gott gibt nicht, ohne zu nehmen, das heißt, stützt Bereicherung und Beraubung höchst gleichgewichtig auf unsere Vorzüge und Fehler, deren beider Elongaturen erst in Ihm, also im Ewigen, zusammenlaufen und vielleicht sogar mit verkehrten Vorzeichen – von der einen, während des Setzens als leidige leider nicht erkannten Tatsache her, daß Sie, sehr verehrter Herr Adelseher, weit über Ihrem Stande zu heiraten versucht haben. Ich sage: zu heiraten. Denn zu lieben, dem gewöhnlichen wie dem außergewöhnlichen Sinne nach, versuchen alle Wesen, mit natürlichem Erfolge oder unnatürlichem Mißerfolge: die tierischen insgesamt, die menschlichen in der Regel, von welcher Regel, sie zweifelhaft machend, es Ausnahmen gibt. Über die menschliche Liebe nun, die, wegen des kentaurischen Charakters der aus Geist und Stoff zusammengegossenen Person, die nämliche Gesprenkeltheit aufweist und das Zerfallenkönnen oder -wollen in ihre zwei Elemente als drohende oder beseligende Möglichkeit deutlich zu Schau trägt, den Aufbaumeister oder den Abbrucharbeiter herbeirufend (wen eigentlich, bleibt bis zum *fait accompli*, wegen der Unverständlichkeit so untergrammatischen Mitteilens, ungewiß), entscheidet die Intention, mit der man an sie herantritt. Ehe das erste Wort gewechselt wird, stehen Dauer und Ende des Gesprächs schon fest. Wir müssen also die Intention, mit der einer sein ihm gemäßes Schicksal sich bereitet, ohne zu wissen, ein welches es sein wird, ja oft sogar in der unbewußten Absicht, gerade diesem zu entgehn, für jenen kostbaren Akt erkennen, dem allein Würde und Bedeutung des sogenannten freien Willens zugeschrieben werden dürfen. Mit diesem nur ein einziges Mal zu setzenden Akt sagt der Mensch Ja zu seiner Person, sie sei wie immer, einfach oder vielfach, gut oder böse, dezidiert oder undezidiert. Weil dem so ist, kann zum Beispiel kommen, daß einer, der, auf der höheren Ebene gemessen, dekalogischen Schritts seinem gewissen Heil entgegengeht, auf der niedereren, also nicht der wirklich seinen, ins Unheil der unglücklichen Liebe rennt und dieses Rennen nur deswegen erstaunlich lange durchhält, weil er den Atem von oben holt. Sie nun, lieber Till, sind auf der agonalen Bahn rühmlichst verunglückt. Sie haben den Lebenskampf verloren, aber nicht das Leben. Sie sind nämlich dort Sieger geblieben, wo der eigentliche Gegner, der schemenhafte, gestanden ist, der Tod, den niemand sieht wegen des körperlichen Aufwands, den der uneigentliche treibt, und weil Sie gegen Ihren determinierten Willen, aber kraft Ihres freien hätten siegen müssen, für so bedauerlich Sie diesen Sieg jetzt auch halten. Sie leben, werden noch lange leben, wahrscheinlich sogar uralt werden, nicht aber, weil Sie gerne leben, sondern weil die Vorsehung Ihre Zeugenschaft zugunsten des so viel verlästerten Lebens braucht. Märtyrer wie Sie, die mit der Fähigkeit ausgerüstet sind, auf der Folter nicht sterben zu können, bestreiten durch ihren Unernst im Ernst erfolgreich jene vom echten Heroismus, der dem Unmaß genau entsprechend leidet und solche Unmäßigkeit selbstverständlich mit dem Tode bezahlt, verbreitete falsche Meinung, ein gleiches Leiden sei nur für wenige, nämlich Edle und Auserwählte, erduldbar. Christ, der Sie sind, auch in den scheinbar unchristlichen Situationen, erklären Sie das Überleben welchen Leidens immer für eine von jedermann zu übende Tugend. Allerdings werden Sie nie, niemals vergessen. Die Masse Ihrer Erinnerungen und das Bedeutungsgewicht einer jeden – oder Sie hätten das Vergängliche nicht unsterblich malen dürfen! – halten die Montgolfiere Ihrer Seele vom Aufsteigen in der Niemandsluft zurück. Bis in Ihr höchstes Alter, noch junger Freund, werden Sie des Baumes pflegen, der neben Ihnen oder genauer, aus dem gesprengten Gehäuse Ihres Selbst, in den Himmel gewachsen ist, weil Sie den verrucht praktischen Sinn nicht gehabt haben, rechtzeitig ihn zu Brennholz zu verkleinern. Ich sagte auch: weit über Ihrem Stande! Ihren vier Gymnasialklassen zu Trotz wie Ihrer kleinen, zerlesenen und erlesenen Bibliothek – ein Harmonikaspieler kann sie ermessen –, die das sagt, was Sie, wenn Sie befähigt wären zu schreiben, sagen würden (die Ihnen also nur um einige Jahrhunderte oder Jahrzehnte früher das ureigene Wort aus dem Munde genommen hat), sind Sie ein Bauer, ein reicher Bauer, oder, wenn Sie's so lieber hören, ein sehr vermöglicher Agronom. Wohl: Sie sind Schloßherr geworden. Sie hätten aber ebensogut auch König werden können, ohne deswegen was Besseres zu werden. Es ist uns möglich, jeden Punkt in der äußeren Welt zu erreichen, denn der Stoff bereitet dem Stoffe so wenige oder so geringe Schwierigkeiten wie das Meer dem

Schiffskiel; man muß nur ein Schiff haben und die Kunst zu navigieren verstehn, und die lernt man vom flüssigen Elemente, das die Nautik, mit der man's überwältigt, ja enthält, aber nichts darüber. Hingegen ist unmöglich oder nur mit unglücklichem Ausgange möglich, uns weiter von Vater oder Mutter zu entfernen als bis zum Grase unterm Stammbaum. Die innere Welt, so groß sie dem Denkenden scheint, verengt sich sofort zum schmalen Pfade zwischen Sphinx und Abgrund, wenn wir zu einer Tat schreiten. Dieser Umstand zeigt, daß wir zum Orte nur einen winzigen Punkt haben und uns besser gar nicht bewegten, was die Säulenheiligen ein bißchen zu deutlich oder zu kindisch lehren. Gott, der in einem bestimmten Stande uns geboren werden läßt, gibt mit solcher Urfügung zu erkennen, erstens, daß er auch die ständische Ordnung zu den Ordnungen des Universums zählt, zweitens, gerade unsere Person für geeignet findet, die Fortdauer dieses Standes zu bewirken, wiewohl auch ohne uns er dauerte, dann allerdings nur, um uns anzuklagen und in die Wüste gar keines Standes zu verbannen. Das einzige also, was der Herr, der alles geschaffen hat, nicht geschaffen hat, sind die Revolutionäre. Sie sind, weil nirgendwo verortet, für das absolute Auge nicht da. Oder halten Sie Fata Morganen für geschaffene Dinge? Und nun bedenken Sie, lieber Till: eine Aristokratin! Eine Oberstentochter! Eine Städterin von reinstem Asphalt! Eine überzeugte Atheistin! Eine – und nun verzeihen Sie mir, daß ich die von Ihnen geliebte Frau so nenne, wie sie selbst sich genannt hat beim Blitzlicht jener einzigartigen, unverhoffbaren Einsicht, deren Seltenheitscharakter den gemeinen Charakter des Eingesehenen vergoldet, Babylon aller Schrecken und bis zum nackten Wunder seiner Architektur entkleidet –, eine Hure! Und dieses Wesen, in seiner Unordnung durchaus in Ordnung, sollte ohne Verrat an seinem Stande, ohne Hinterlassung einer Schlangenspur von aus- und einweichenden Fehltritten, ohne Mißgetön der gleich Kerkergittern auseinanderverbognen Saiten des wohlgestimmten Instruments, das bis zu Ihrem Auftritte es gewesen, ohne Krachen und Brechen weise grenzender Geländer und ohne das abkürzende Holterdipolter steilen Weges, hinunter zum Bauernstande des Herrn Adelseher gelangt sein? Das Fräulein von Rudigier ist Ihnen ebensoweit entgegengekommen, wie Sie ihm entgegengekommen sind, und so und deswegen habt Ihr einander auf dem Niemandslande getroffen, auf dem nur zu denkenden, nicht aber existenten Orte jener zwei Geraden, die erst im Unendlichen einander schneiden, also in der Endlichkeit niemals. Erinnern Sie jetzt ein weit zurückliegendes, aber, wie der ganzen geschichtshungrigen Umgegend, auch Ihnen bekanntgewordenes Ereignis, den ebenso natürlichen wie symbolischen Sturz eines gewissen Doktor Torggler von der Höhe der »Laetitia«, Villa wie Weib, über seinen Hang zu diesem und hinunter zu sich selbst. Er erlitt gleich anfangs, was Sie am End', erst jetzt erleiden. Die geflügelte Seele hatte das Rollfeld der Empirik noch gar nicht verlassen. Schon auf dem Boden machte er Holz. Deswegen blieb's bei den Dornen der Himbeeren und Brombeeren, bei den stacheligen Kräutern und den spitzen Steinen, bei zerrissener Hose und geschundener Haut und einem Mund voll Lachen oben. Die Götter waren nämlich mit dem Doktor. Sie jedoch, lieber Till, haben, zum atemlosen Staunen der armen Seelen, die schon beim ersten Lecken der reinigenden Flamme nichts mehr von der Sünde wissen wollen, das doch unmißverständliche Fegefeuer des dauernden Kämpfens zweier Liebenden wider ihre Freiheit und für ihre Versklavung oder umgekehrt – unterbrochen von den faulen Friedensschlüssen in einem, theoretisch, allgemein zugänglichen Bette –, der immer berechtigten Eifersucht und der immer sinnlosen Kraftvergeudung, den drohenden Betrug aus der Möglichkeit hinauszudenken, unheimlicher und rätselhafter Weise, mit unversengter Sohle durchschritten und erst dort zu leiden begonnen, wo das Feuer schon zu seiner Idee, die unverzehrbare Seele zu seiner Nahrung geworden war und die meisten Leute überhaupt nichts mehr spüren. Erinnern Sie, bitte, ferner den Schrecken, der von oben bis unten Sie gespalten und in jene zwei Teile zerlegt hat, deren Nebeneinanderschlottern und nicht mehr Zusammenwachsenkönnen die Urvorgänge der verzweifelten Dialektik sind, mit der Sie Ihren absoluten Unglauben an miteinander unversöhnbare Gegensätze zu begründen versuchten, als Sie, von Ihrer Dame Bruder, dem Herrn René, dem menschlichsten, nettesten Teufel, den ich kenne, durch die wieder einmal leerstehende »Laetitia« geführt, auch Melittens Schlafzimmer besichtigen mußten. Mußten! Denn der von einem abgründigen Hasse gegen jedermanns Subjektivität – welche, nach seiner Aussage, die keusche Seele in dauernd erigiertem Zustande zeige – erfüllte und daher bis zu einer fast unbeschreibbaren Harmlosigkeit sich selber ausgeblaßt habende René hätte seine boshafte Wissenschaft von den Fäkalien des Geistes als Baustoffe der weltlichen Welt an einem monströseren Geschwüre und Belege und vor einem leichter niedergeschlagenen Auge wohl kaum aufleuchten lassen können. Und zu dem Stolz auf die objektivste Objektivität, eine welche der Gelehrte aus seinem engstverwandtschaftlichen Verhältnisse zu der bloßgestellten Person in seltener Reinheit gewann, kam noch der des Gebrauchs Ihrer beider Freundschaft zum Zwecke der Vivisektion. Oder glauben Sie, daß die Wahrheit – gesetzt, sie sei eine – auch gegen den ersten oder eigentlichen Sinn eines solchen Bundes gefunden werden dürfe? Daß das Vehikel, in dem wir zu zweit (ein Wunder, gemessen am einzig Wirklichen, der Einsamkeit eines jeden) und gut einen halben Meter hoch über der gemeinen Straße dahinfahren, sein höheres Ziel im In-die-Brüchegehen habe? Ich frage rhetorisch, was Sie längst mit einem Nein beantwortet haben. Denn schon in jenem maßgeblichen Augenblicke erkannten Sie, lieber Till, der Sie immer größer sind als das, was gegen Sie groß sein will – weil Sie eben zum Überleben bestimmt worden –, daß ein dezidierter, heroischer Nichtmann oder Nichtmensch wie René die uns armen Männern und schwachen Menschen so heilige und daher jeden noch so wahren psychologischen Befund weit überragende Diskretion, das heißt, die freiwillig blinde Parteinahme auch für die subtilste, letzte, axiomatische, nicht mehr rückführbare Niedrigkeit des lieben Nächsten, aus einer andern Art von Heiligkeit heraus einfach nicht zu wahren vermag. Sie sahen seine Gleise entlang und daß sie gleichfalls in die Unendlichkeit führten – was die beruhigende Hauptsache –, aber auch, daß noch niemals ein Zug Güte oder Liebe über sie geglitten ist. Ohne ein Wort gegen ihn haben Sie damals ziemlich gut mit den roten und violetten Tinten Ihrer Aufgeregtheit mir die wie aus dem Schlaf eines schon Jahrhunderte alten Schlosses redende Teilnahmslosigkeit des schlechtbezahlten Kustoden desselben, nämlich unseres René, geschildert, der, genau in der Mitte des Zimmers stehend – um gleich weit von jedem Punkt dieses *orbis pictus* entfernt zu sein – und, die weisenden Hände kaum von der Hosennaht und über Kniehöhe erhebend, Sie gleichsam schutzlos den kaltbrennenden Strahlen der obszönen Bildwerke, von rechts, von links und von oben, ausgesetzt hat. Zu Ihrer vollen Pein hat damals gefehlt, daß er Ihnen, blöden Christen, diese Bilder auch noch erklärt hätte mit einer evangelisch milden Stimme und wie einen in Wahrheit sehr langweiligen Text, der nur so interessant-verschroben tut. Sie wären dann in geradezu schamloser Unschuld am Prangerpfahl des Phallus gestanden. Und würden erkannt haben, wie weit doch der eine von zwei Körpern, die im Beischlafe zur teilweisen Widerlegung des Ursatzes, daß zwei Körper denselben Raum nicht einzunehmen vermögen, zusammengekommen sind, trotzdem vom andern entfernt sein kann. Gejagt von dem Schrecken, den ein vernunftbegabter Ochse empfände, der, in den Kühlraum des Schlachthofes sich verirrend, dort die blutigen Stücke seiner Brüder hängen sähe und die seinen schon bei jenen, sind Sie über Berg und Tal zu mir Exiliertem gerannt und nicht zum näheren Arzt, von dessen unsauberer Macht, die gestörte Lust am Weibe wieder einzurenken, Sie, Gott sei Dank, nichts gewußt haben. In den Stummeln Ihrer Sätze erkannte ich unschwer die Splitter von Melittens Bild, eines bäuerlich einfachen Glasbilds der Gottesmutter oder Ihrer Mutter oder sonst einer heiligen Frau, welches Bild wir Christen, wir unbelehrbare Apperzeptionsverweigerer, immer wieder der niedrigen Erfahrung entgegenhalten, daß sie nicht gemacht werde. (Am Rande bemerkt, glaube ich, daß die frommen Griechen, in deren Gesellschaft ich mich über die unfrommen Christen tröste, eine gleiche Wirkung von dem

Schilde der Athene sich versprochen haben.) Nun, und diesen wundertätigen, bebilderten Schild, der die giftigsten amorischen Pfeile an sich zieht, haben Sie aus Ihrem Stande erhoben, unwillkürlich, als das Selbstverständlichste von Ihrer Welt, ohne der abschirmenden Bewegung ein sie verursachendes Denken vorausgehen zu lassen, so wie Sie beim Betreten der Stube zwei Finger in das Weihwasserkesselchen tunken und sich kreuzweise besprengen, ohne recht zu wissen, warum; aber die Dämonen wissen's, und das ist die Hauptsache: sie fliehen oder sind – wegen der schon ein gutes Jahrtausend im Schwange befindlichen Übung – nicht mehr da. Den nämlichen erkennerischen Lufthieb gleichwie mit einem blitzenden Spiegel, der das die Atmosphäre durchschwirrende fledermäusige Zeug, sonst unsichtbar, sichtbar und so weniger gefährlich macht, führt auch, bald kräftig, bald matt, aber doch, auch jedes heiratsfähige und gläubige Weib Ihres Standes, also unter wenigstens anfänglicher Hintansetzung all der Empirik des nur sich selbst bedeutenden Geschlechts. Die Christenheit als das Vollzugsorgan der Erlösung – und als dieses so ungern von der Welt gesehen wie vom säumigen Schuldner der Exekutor – hat in Verfolg des an sie ergangenen ungeheuerlichen, widernatürlichen Befehls – dem ähnlich, der an Abraham, sein eigen Fleisch und Blut zu schlachten und zu vergießen, ergangen –, alle Weiblichkeit nach dem unerreichbaren Vorbild Mariae und alle Männlichkeit nach dem ebenso unerreichbaren Josephi auszurichten, diesen Befehl natürlich nicht zu erfüllen vermocht – der ja auch nur die zum Aneignen der Erlösung unabdingbar notwendige Neigung zu paradoxalem Verhalten feststellen sollte –, wohl aber ein bis zu ihrem Auftreten unmöglich oder unmöglich dekretierbar Gewesenes der Potentialität entrissen, die gegen alle Wirklichkeit zu Glauben verpflichtende Gleichheit Mannes und Weibes, von welch erreichter Höhe des reinen Geistes erst man wieder rechtsverbindlich, das heißt, dezidiert antichristlich, in den heidnischen Kampf der Geschlechter hinunterstürzen kann, aus der gewaltsamen Vereinfachung um des Heiles willen in die vorgegebene Kompliziertheit um ihrer selbst willen, mit einem Wort: in den Naturalismus. Denn die Vorsehung hat nicht gestattet, daß innerhalb der Christenheit eine Enklave auch ethnisch und historisch richtigen Heidentums sich erhalte, wie den seit bald zweitausend Jahren schon toten Juden sie gestattet hat, sehr lebendig unter uns zu leben. Es schlug also die unchristliche Gesellschaft nach ihrem heroischen Sturze aus dem Kirchenfenster auf keinem Boden auf, weil dieser Boden, der recht antikische, der auch einem modernen Antaios die Kraft verliehe, das Rad der Zeit zurückzudrehen, trotz der großen Sprachgewalt seiner Beschwörer oder Beschreiber nur phraseologisch existiert, nur aus dem an sich formlosen und daher willkürlich bildbaren Stoffe der Bildung besteht, die das in zu weit von ihrem legitimen *hic et nunc* entfernten Köpfen verortete Nirgendwo darstellt, eine Art von Paradies, aber ohne Sündenfall und doch mit dem schmerzlichen Luxus der Hölle ausgestattet. Es werden daher die Weltkinder unser geflissentliches Übersehen der Empirik, dieser vollständigen Sammlung aller Ursachen und Wirkungen, zwischen denen sie als begeisterte Museumsdiener hin- und herlaufen, um demonstrierend und demonstrativ sich puffen und quetschen zu lassen, töricht oder für ein Zeichen schlechten Gewissens, für der Kellerassel Scheu vor dem Licht, vor allem aber – und da fällt das ärgste Schimpfwort der alles Begreifenden und Verzeihenden – ungebildet finden. Und in der Tat nehmen wir von den großartigen Fortschritten der sogenannten Psychologie der Geschlechter keine Kenntnis oder sie nur so *ad notam* wie durchs geschlossene Fenster den Stand des draußen angebrachten Barometers, ohne uns vom jeweiligen Wetter im Unglauben in der Beschäftigung, zu glauben, stören zu lassen. Ich will die Gelegenheit dieses meines Sendschreibens an Sie und an Ihre mir und Ihnen annoch unbekannten Schicksalsbrüder nützen – wer weiß, wann oder ob je wieder eine solche sich bieten wird –, meine nähere Meinung über die Bildung darzulegen und zwar so, wie der besondere Stand, dem ich angehöre, mir gebietet, vom Gesichtspunkte des Noah aus, der gegen seine Liebe zu allem, was da kreucht und fleucht, genötigt gewesen ist, nur zween Exemplaren jeder Tierart Zutritt zu seiner Arche zu gewähren. Das heißt soviel als: er traf keine kritische Auswahl, die ja erst Scylla und Charybdis der Antikritik hätte heil passieren müssen, um Rechtsgültigkeit zu erlangen, sondern er – dezimierte. Das Urteil war ja bereits und von höchster Instanz erflossen und er nur Nachrichter desselben. Und der nur bin auch ich. Wenn jetzt, in ebenso selbstverständlichem Zusammenhange mit der Sintflut wie mit Ihrem Sitzen auf dem Trockenen, das Wort Katastrophe fällt, das letzte von einer jach unvollendet bleibenden Tatsachenreihe noch aussagbare – gesetzt, man überlebt sie, wie der erste Denker, ohne den, sieh' da, ach so beschränkten Verstand verloren zu haben, das Denken der Axiomata überlebt hat; ziehen Sie, bitte, zu seinen im Bockshorn verlaufenden Bemühungen die Parallele der vergeblichen Ihren, Ihr Nichtmehrgeliebtwerden hinter das bloße Faktum zurückzuführen! –, so müssen Sie, um nicht in Ihnen selber unterzugehn (schmählicher Weise, nach Ihrer gnädigen Bewahrung vor den materiellen Wassern), von der nicht mehr tragfähigen Eisscholle der Logik auf die etwas seetüchtigere der Ethik springen und dort erkennen – was Sie, kausalierend, nie hätten erkennen können –, daß die in neun von zehn Fällen höchst ungerecht vorgehende Katastrophe (erinnern Sie das militärische Dezimieren!) eine über das Gesamt höchst gerecht getroffene und für die Überlebenden sehr heilsame Entscheidung praktiziert. Soferne nämlich sie gerade uns nicht vernichtet, obwohl auch wir das für den Nebenmenschen schlechthin Untragbare bereits geworden waren, wie vor Zeiten für Ihresgleichen und für Engel und tierisches Geschöpf die Sodomiter und Gomorrhaner, die dermaßen gebildet, das heißt, aufgeklärt gewesen sind, daß um kein Ding und Wesen auch nur die dünnste Aure von Scheu, Furcht, Ehrfurcht, Poesie und Verzaubertheit noch hatte schweben können, übt sie, weniger grausam, ja schon ins Wohltun hinüberoszillierend, das nun einmal ihr befohlene Dezimieren am gelehrten Gepäck der geretteten Schiffbrüchigen, damit die hypertrophe und vom einzelnen in Wahrheit gar nicht mehr schleppbare Last auf die ihm rechtens zumutbare einschrumpfe und er so wieder in den Urstand gesetzt werde, dem eigentlichen Ziele seiner Heiligung, leichter und auf eigenen Füßen entgegenzuschreiten. Mein lieber Till, Sie sind auf der Goldwaage Welt und Weibes, an die auch Sie appellieren zu dürfen geglaubt haben, wegen der vielen Vacua Geistes in Ihrem Fleische, trotz vollen Anscheins von Männlichkeit zu leicht befunden worden. Lernen Sie, bitte, von der Empfindlichkeit dieses Ausleseinstruments der Materie für das Gewicht einer Engelsfeder mit gleich feinem Distinguieren die pseudo-materiellen Ersätze als solche festzustellen, ich möchte sagen, zu entlarven, die jetzt in jene Vacua einquellen und sie um ihre paradigmatische Entleertheit bringen wollen, um eben das, was des so männlichen Mannes Till Verwerfung verursacht hat. Geist, junger Freund, ist eine Veranlagung, deren Wozu schon eine bedenklich ungeistige Frage. Eine Spannung zwischen zwei Punkten, die in je einem andern Unendlichen liegen, und welche Spannung tönt wie eine Saite, die jemand unabsichtlich berührt und wie ein über die Straße gespannter dünner Draht stolpern macht. Tönen als Signal, nicht als Musik, und Sturz als vom Unsichtbaren erzwungenes Hinstürzen vor dem Unsichtbaren. Das sind die äußersten Möglichkeiten des Geistes, sich zu realisieren, hart an der Grenze seiner Leere. Einen Schritt darüber und er füllt sich, wie ein gerammtes Schiff mit soviel Wasser, als seiner Tonnage entspricht, mit Inhalt, wohl mit dem passenden – denn ein anderer geht nicht hinein –, hört aber, jetzt ein zu Messendes geworden, auf, das Maß selbst zu sein, und fängt an wie eine bloße Begabung von ihrem Vervollkommnet- oder Nichtvervollkommnetwerden zu dependieren. Zugleich verliert er – natürlich, möchte ich sagen, oder strafweise – die ungewollte Fähigkeit, zu tönen beim geringsten Kontagium mit seinem absoluten Gegensatze und das ihm ebensowenig bewußt einwohnende koboldische Vermögen, die in gröberen Einheiten Denkenden über das gespaltene Haar purzeln und auf ihre Stirne, den Absenzort des Kyklopenauges, hinfallen zu lassen. Noch selber weltlichen Standes, ging ich viel mit einem Doktor der Philosophie um, mit einem gebildeten Manne also – und hinsichtlich dieser seiner Eigenschaft scheint der Mann keinen Vergleich mit Ihnen zu erlauben; aber Sie werden sehen, worin

Sie doch ihm gleichen, besser, Gefahr laufen, ihm zu gleichen –, der solch ein Läutwerk gewesen ist. Der Verkehr mit dem Doktor war sehr lehrreich, aber nicht leicht. Stellen Sie sich einen plumpen Gesellen vor, der Eiertänze aufführen soll: und Sie haben das Komisch-Peinliche einer Schülerschaft auf einer Ebene mit einem Meister. Der Mann hielt, und zu Recht, das Denken für eine ziemlich neue und nur da und dort bereits in Anwendung gekommene Errungenschaft der Menschheit. Es ist daher unmöglich, sagte er, ihm so sich zu überlassen wie den viel älteren und sichereren Empfindungen, den durch sie selbst verständlichen Leidenschaften und den Einwirkungen der – im Sinne der Kunst – wahren mythologischen Bilder, Spiegelbilder unseres souveränen Wollens und sklavischen Müssens, mit allen welchen man – und das ist ihr bestechender Vorzug – auch das Unvernünftigste begründen kann, zwar nicht mit *argumenta*, aber durch die körperhafteste und farbensatteste Anschaulichkeit. Kein Schritt zu einem Zeitalter voller Anschaulichkeit, gleichgültig ob zum später sogenannten Guten oder Bösen, zu Segen oder Unheil, führt über die Naturgeschichte hinaus und weckt in den annoch unsichtbaren Wänden einer ganz und gar nicht anschaulichen Welt die Echos sittlicher Urteile. Wir würden, meinte er, den archaischen Griechen zum Beispiel groß Unrecht tun, wenn wir ihnen ein anderes Leben zuschrieben als das menschgewordener Termiten, Ameisen oder Bienen. Das Gegenteil des, von außen gesehen, wohl nur relativen, aber von innen absoluten Gesichertseins durch Kegel, Haufen, Schwarm war ihnen als ein Negiertes nicht bekannt oder nur so bekannt, wie dem Nichtschwimmer das Meer als ein furchtbares Element, nicht Möglichkeit ungebundenen Lebens, sondern gewisser Tod. Durch solche Eingeengtheit auf kleinstem Raum, durch so stärksten Druck und Gegendruck, den die Individuen ausüben und erleiden, entsteht sowohl für das eine wie für das andere die größtmögliche Anschaulichkeit und erklimmt infolge dieser auch die Wirklichkeit der näheren Umgebung – die fernere und fernste wird, weil in die Negation des Gegenteils von Gesichertsein einbegriffen, nicht wahrgenommen – ihren höchsten Grad. Vertrauend auch auf meine Annahme dieser Annahme, ließ der Doktor das Beispiel fallen wie der Springer, wenn er die Schnur überschwebt, den Stab und sagte, jetzt nur ein wenig verständlicher, aber um kein Etwas begründeter (denn das Heurisma ist lautre schöpferische Fiktion, also vorlogisch und nur der Sprache nach logisch wie etwa die bestechendsten der Häresien), daß der Wirklichkeit die Tendenz zu Überwirklichkeit innewohne, daß sie nicht aufhöre aufzuquellen, ehdenn sie die volle Ründe eines von seinem Muttergestirn abgenabelten Planeten erschwungen hätte und für die ebenfalls vollrunde Anschaulichkeit nun urheberlos, nur sich selber bedeutend und alles sich selber verdankend, nicht zurück-, nicht vorwärtsweisend, dastünde, ein Anblick, der hie und da dem Dichter gewährt würde in dem seltenen glücklichen Zustande einer unschuldigen ἀσέβεια, die ihm gestatte, der späteren Identifikation von Sein und Denken, von Denken und Sein (mit welcher die Doppeldeutigkeit, ja Fragwürdigkeit und die Gezieltheit des Etwas auf ein über diesem oder unter diesem liegendes anderes Etwas in das einfache Phänomen hineingelassen wird) zu vergessen und, dank dem Vergessen, Antlitz an Antlitz dies sein ganzes Gesichtsfeld einnehmendes Antlitz zu beschreiben. Da sind dann die Poren der Haut wie Krater des Mondes, die Sprünge in der zu küssen nun noch mehr begehrten Lippe wie der überreifen Feige geplatzte Nähte, und ist das Auge groß wie das Einauge Gottes im Dreieck. Als Sie Ihre Melitta zum erstenmal gesehen haben – an jenem für Sie so denkwürdigen Kegelabend der Honoratioren von Recklingen und Umgebung, zu dem zu gehen Sie so lange sich geweigert hatten, erfundene Abhaltungen vorschiebend, um nicht viel ärger lügen zu müssen, nämlich durch eine gestellte Vergesellungsbereitschaft, durch das verschwenderische Spielen mit schönen Guldenzetteln, die auf der Bank Ihrer Person aber keine Golddeckung besitzen –, hat diese Melitta sofort Ihr Gesichtsfeld überquollen, nicht anders wie unterm Mikroskope ein eben noch unsichtbar gewesenes Ding zu deutlichster Vorhandenheit explodiert, wahrhaftig explodiert, aus der Tiefe des Nichts gefischt, in der dünnen Etwasluft zerspringt. Das vorzüglich die Liebe auszeichnende Mißverhältnis zwischen früherer Leere und jetziger Fülle, zwischen absoluter Freiheit und absoluter Hörigkeit, zwischen Sehnsucht nach dem unbestimmbaren Objekte und Bestimmen des eben gegenwärtig gewordenen Wesens als das gemeinte Objekt war zustandegekommen. Ich sage: Mißverhältnis. Denn: ein geordnetes, beobachtbares Übergehn des einen Zustands in den andern, der Kälte in Wärme, der Weiche in Härte, setzt eine nur relative Unterscheidlichkeit der beiden Zustände voraus. Das heißt: der eine ist die vernünftige Möglichkeit des andern.«

BRUNO ZU TORGGLER Die Vollendung des unproduktiven Menschen ist der Heilige.

Die prachtvollste Blüte der Sterilität ist der Mönch. Überhaupt hat der weltliche Mensch, soferne er Nichtkünstler, keine andere Möglichkeit, Person zu werden, als die geistliche.

BUSSE Buße ist besser als Sünde, obwohl Buße schlechter lebt als Sünde, wie denn auch ohne Zweifel ein aufgeräumter Mensch in einem unaufgeräumten Zimmer unbehaglicher sich fühlt als ein unordentlicher Mensch in einem unordentlichen. Die Unbehaglichkeit in der Buße ist aber nur ein psychologisches Grenzgefühl, verursacht von der noch ungewohnten Reibung des Geistigen am Stofflichen. Über dem Remonstrieren der Nerven gegen die Sauberkeit der neuen Umgebung, die sie vergeblich nach dem Rauschgift des Staubes abtasten, schwebt das sichere Fingerspitzenwissen davon, daß Ordnung, die in Unordnung hineinbricht, angenehme Empfindungen nicht verursachen kann, so angenehm Ordnung, wenn sie in voller Ordnung, empfunden werden wird. In der Sünde jedoch wird es wegen der Übereinstimmung von Unordnung und Unordnung nie einen Mißklang geben. Und das ist jene diabolische Harmonie, jene verblüffende seelische Ausgeglichenheit des Sünders in voller Blüte, welche Blüte unsere Nase verführt, Wohlgeruch eines natürlichen Paradieses wahrzunehmen, und noch unsere Lippen bewegt, das einmahnende Wort auf ihnen ersterben zu lassen, denn: wenn es so wenig Glück auf der Welt gibt und einer hat es, wie dürfen wir es stören? Diese moralische Tagundnachtgleiche ist in der psychologischen Zeit nur ein Augenblick, in der mathematischen kann sie ein Leben dauern. Natürlich: wenn die äußere Unordnung eine genaue Oktave tiefer denselben Ton singt wie die innere Unordnung, woher dann sollen die heilsamen Dissonanzen kommen, die ohne Zweifel, dann aber als anklagende, von den Tuben des Gerichtes geblasen werden, denn: eitel Harmonie, Wohlklang, Gleichklang ist ja der Sünde Sünde gewesen; ihr vergeblich ausgesprochener Name lautet: Unansprechbarkeit. Wer also kann den Gleich- oder Wohlklang, den eine eigensinnige Sinnlichkeit von sich gibt, dessen überzeugen, daß sein Hervorgebrachtwerden von zwei vettelgeschwungenen Besenstielen aus einem Gerümpelwinkel der Hölle der Würde von Gleich- und Wohlklang geradezu widerspricht, und daß solche Instrumente wohl in einem neutönerischen Orchester, nie aber in der Musik der Sphären Verwendung finden werden? Buße als freiwillig, vorzeitig oder eben noch rechtzeitig übernommene Pein, die auch unfreiwillig hätte abgelitten werden müssen, läßt uns natürlich nur im Duodez nachfühlen, wie schmerzlich dem Chaos sein Zusammenschießen zu Kosmos gewesen sein mag. Und so erleben wir, die wir als Sünder die Zerstörung der Schöpfung bewirkt, doch nicht erlebt haben – denn wir haben als Selberzerstörte die Zerstörung als solche ja nicht zu apperzipieren vermocht –, das Zustandekommen von Schöpfung, ohne es selber zu bewirken, denn: Strafe muß sein, und dieser Strafe feine, schneidende Eigentümlichkeit ist, daß wir von Handelnden, die auf dem Theater ihres Lebens die Sittlichkeit tödlich verletzen, zu Zuschauern degradiert werden, denen im fünften Akt, der immer in der Thebais spielt – wegen der klaren Wüstenluft –, die Sittlichkeit als nie verletzbar gewesene triumphal und ein wenig höhnisch lächelnd erscheint, während welchen Erscheinens sie mit einem *ex-tempore*-Blick auf Logen- und Zaungäste etliche Stäubchen oder Härchen, und das sind unsere ernstlichen Bemühungen zu sündigen, von ihrem Prunkgewande bläst. Besser kann man den besten Büßer nicht in seine zerknirschteste Nichtvorhandenheit hineinschieben. Es lebe dieses eines Büßerlebens letzter Akt auf jenem Berge, von dem aus wir mit einem geistigen Auge, mit einem Mosesauge, ins gelobte Land schaun! Dieses geistige Auge aufzureißen, und an einer Stelle, wo kurz zuvor überhaupt noch kein Auge gewesen ist, und es entgegen allen Möglichkeiten offen zu halten, das weitere Leben lang und bis zur letzten Sekunde der Sperrstunde, die allem Sterblichen schlägt, das ist, nach so vielen Künsten, die Kunst.

CHARMEUR Ohne Zweifel trägt unser interessanter Mann, der Graf Lunarin, Elemente zum Bau der antichristlichen Gestalt an die Schwelle ihres künftigen Zeitalters. Und ohne Zweifel kann der Charmeur nicht schon im Weltkern gelegen haben mit Krethi und Plethi und mit den großen Männern auch, die ja an die Folie der kleinen gebunden sind. Er muß vielmehr von außen, aus dem absolut Neuen ins determinierte Unterwegs des Sichent- oder -abwickelns der Grundvoraussetzungen, aus der Zukunft ins Jetzt geschossen sein, als das (pseudoerlöserische) Oktroi auf das Leid, zum Unterschiede von dem Oktroi auf die Lust, dem christlichen, dessen *absurdum*, das Kreuz, nur vom Auserwählten als das erlöserische Zeichen erkannt wird. Im übrigen: das Satyrspiel folgt der Tragödie, nicht geht es ihr vorauf. Es kann also *ante Christum* keinen echten Charmeur gegeben haben, auch nicht *in nuce*. Die bitteren und rohen Komödien des Aristophanes, des Plautus und des Terenz zeigen keinen, und im Symposion Platos fallen, trotz einem Bonvivant von Alkibiades und einem trunken-nüchternen Silen von Sokrates, trotz dienenden Knaben und gewissen Flötenspielerinnen, gerade unter der Kategorie des Charmanten kein Wort und keine Gebärde: es geht, bei verschwiegener Unappetitlichkeit, todernst zu. Was nun im besondern die vielzitierte Männerliebe der athenischen Griechen anlangt, so schwankte sie zwischen einem Laster, das die Symposiachen nicht als ein solches gelten lassen wollten, und einer rauhen

Tugend, auf der die zu den Hopliten Eingerückten etwas lauter paukten, als eine schlichte soldatische Eigenschaft nötig gehabt hätte. Zwischen solchen Extremen fehlte eben das sie ein wenig zusammenziehende Band jener selbstgegebenen Verzeihung (oder Entschuldigung), daß man ein Sünder sei, dies gut wisse, aber nicht anders könne, was so grausliche Amourschaft zwar noch immer nicht salonfähig macht oder gar rechtfertigt, aber wenigstens auf das Maß einer indiskutablen Neigung, wie etwa zum Nasenbohren oder zum Nägelbeißen, herabdrückt. Sich und seine Abwegigkeit ins Beiläufige hineinzudisputieren, vermag eben nur der Christ, der, wenn er das tut, allerdings keiner mehr ist, doch einer gewesen sein muß, denn nur als solcher hat er vermocht, den Begriff des Liberalen zu konzipieren, in Voraussehung des Zustandes und aller Zustände seiner Dekomposition und aus dem ungeheuren Vorrate der christlichen Freiheit. Das Feigenblatt muß ja immer größer sein als das, was es deckt. Und um das passende zu finden, müssen jeder Adam und jede Eva einmal echte, tiefe Scham gefühlt haben.

Christlichkeit, unerlaubte »Wir rühmen uns, nicht zu verstehen, was einer, der vielleicht sogar recht denkt, schlecht sagt. Eine Intelligenz, die vor einer ungenauen Grammatik verzweifelt, erlauben wir uns, ihres Begriffes völler zu nennen als eine, die, den genauen Ausdruck für eine hie und da zu vernachlässigende Größe haltend, aufs fehlende Wort einen Inhalt errät, der dann eines barmherzigen Samariters von Leser, nicht des straffälligen Autors Verdienst ist. Wir also weigern uns, Ordnung in fremde Mißverhältnisse zu bringen, Licht in eine Stube, wo man's nicht vermisset, und durch Heinzelmännchenarbeit einen Faulpelzen vor der Schande zu bewahren, als ein solcher bekannt zu werden. Eine Intelligenz, die mehr tut als ihres Amtes, macht sich an der mitschuldig, die weniger tut.«

Paulus, Schriftsteller, in Ketten zu Rom, an die sieben Gemeinden gewisser Dichter

Cölibat »Nicht mit dem Weib und nicht gegen das Weib, sondern ohne das Weib; aber nicht so, als ob es existierte (wenn auch nur als gefesselte Teufelinne oder als harmloser Engel), sondern so, als ob es nicht existierte! Also spricht, rät, befiehlt unseres heiligen Vaters aus dem Schutt der Jahrhunderte gezogne, unverfälschte und wieder eingeführte Manns- und Mönchsregel, die, wie jeder Bruder leichtlich sieht, keine Anleitung zu liturgischem Wegschaun von einem Werke Gottes ist, sondern pneumatisch eindringliche Aufforderung zu einer schöpferischen Fiktion, die an Stelle des Akts, durch den Eva geschaffen worden, den ihre Schaffung unterlassenden Nichtakt setzt. Solches Tun ist kühn, gewiß, vielleicht sogar vermessen, und sicher schrecket einfache Gemüter die luziferische Analogie – aber: das Himmelreich duldet Gewalt, und von alters her pflegen Engel, mit denen Sterbliche ringen, diesen die Hüfte zu renken. Warum nicht auch das Hirn? Gott wolle doch, bitten wir, daß die Anachoreten und Zönobiten von den Laien endlich weniger verstanden würden, als im allgemeinen oder zu besonders niederen Zeitständen sie verstanden werden! Jene hätten dann mehr von der wilden, dunklen, tiefsinnigen Genialität, die ganz unseren Ikonen eignet, diese, wenn die Kluft zwischen Kloster und Welt unüberbrückbar geworden, mehr von ihnen.«

Aus einer ohne Zweifel ernstgemeinten Travestie der Regula S. P. Benedicti. Auffindungsort und -jahr: Chartres 1857. Abfassungszeit: um 1600. Zugeschrieben: einem (spanischen?) Illuminaten. Noch ernsthafter, als von dem Anonymus schon gemeint, abgedruckt in: »L'étoile des Magiciens. Revue mensuelle pour le renouvellement des sciences occultes«, Editions »Les Palmes«, Lyon, rue Franklin, 1904.

Conditio sine qua non Du sollst nicht mit dem Köder spielen, sondern anbeißen, dich auf den Markt bringen, auf den Küchentisch und in die Pfanne werfen lassen. Wie, Fisch, willst du sonst den Rundgang eines Fisches ausmessen, von Nichts zu Nichts, von Rogen zu Rogen, und durchs kurze bläuliche

Licht, das zwischen zwei Polen spritzt? Aus gar keinem Grunde, auch aus dem vernünftigsten nicht, weder aus Rücksicht noch aus Vorsicht, sollst du deinem Verhängnisse entgehen wollen. Forscher bist du, nicht Geschäfts- oder Vergnügungsreisender! Je unbekannter, gefährlicher der morgige Tag, desto reichere Beute nicht machst du, sondern bist du. Wenn sie voll bis zum Deckel, die Schatzkiste, wird der geboren, der sie findet.

Dekalog Das Leben, damit es auch so bitter würde, wie es süß, so komplex, wie es einfach gewesen, ist, nach einer in der Regel idyllischen Fahrt dorthin, wohin man nie kommt, der dramatische Abschied, den Reisegefährten endlich oder plötzlich geben und nehmen, die, je länger miteinander sie auf der Bank vom Holz des Überwinderbaums gesessen sind, einander immer weniger gekannt haben; das Leben ist also das nachgetragene Einander-sich-Entfremden von ursprünglich nichts als Fremden, die, weil das Bekanntsein bequemer und zu billigeren Vorstellungen führend, Fremde nicht hatten bleiben wollen, sondern als Bekannte falsch sich gemeldet haben. Es ist das Wiederbeziehen von Ausgangspositionen, die nie eingenommen worden sind, das Rückkehren in die echte Heimat, woselbst aber man nie zu Hause gewesen, weil dort, wo das Eis des Herzens klaftertief hinabreicht, man gar nicht zu Haus sein kann, das Verlassen der falschen Heimat, die man nie als die wahre, die sie auch nicht ist, hätte empfinden dürfen. Aber: irgendwo – nicht wahr? – muß man ja Mutter! rufen lernen, und Vater!, geliebtes Kind! und geliebte Frau!, die in Verwendung stehenden Schulbeispiele mögen noch so untauglich sein. (Gott sei Dank gibt es Leute, und hat es immer welche gegeben, die auf die ernüchternde Psychologie pfeifen und wissen, daß es auf das Lernen ankommt, nicht auf den Lehrer.) In dieser falschen Heimat – für deren Gefälschtheit am besten die Künste zeugen, nämlich die von den vermeintlichen Urbildern als die weit wirklicheren abstechenden Abbilder – sind natürlich (und von diesem »natürlich!«, einem etwas ironischen Ausruf, schreibt sich der tierisch ernste Begriff Natur her) die irrigen Umwege schnurgerade und nehmen die Büsche, in die vor den schöngewachsenen Straßenräubern man sich schlagen sollte, die abenteuerlichsten Gestalten an, kraft einer Phantasie, die nüchternster Selbstbetrug. Die eigentliche, ihren romantischen Namen verdienende Phantasie wohnt bei den Mönchen, die aus ihren Zellenfenstern auf die Feuermauer der Welt sehn, dahinter vorgeht, was sie gar nicht zu sehen brauchen, um es zu schauen, oder auf die Rückseite des Weltteppichs, der wie aus Tuben gequetschte reine Farben jene Ariadnefäden entquellen, die, gerissen oder ungerissen, die Figuren der Vorderseite, je nachdem, zu Heil oder Unheil leiten. Wir Weltleute leben (und haben immer so gelebt) in der stillschweigend arrogierten Haltung der voraussetzungslosen Forschung (vielleicht auch hat diese von uns gelernt – wer weiß?), unter der Annahme nämlich, es gebe nicht das göttliche Sittengesetz, oder, es sei wohl Gesetz, doch nicht göttlich, zwar unbekämpfbar tyrannisch, aber nicht auch verpflichtend oder nicht so absolut, wie Angst und Schwäche glauben machen möchten, sondern relativ, wie der Einzelfall, an dem es sich exemplifizierte, relativ ist, also umgehbar für den Mutigen und Starken, oder nicht der Anfang und der Grundplan, von dem und nach dem die Idee zu überhaupt einem Leben ausgeht und diese Idee ausgeführt wird, sondern ein immer selbes Resultat, das wir entweder unwillentlich hervorbringen oder willentlich anstreben. Im ersten Falle wäre der Dekalog ein Gesetz der Mechanik (und die Entdeckung desselben ein Triumph der gottlosen Naturwissenschaft über sich selber), im zweiten ein Menschenwerk, das dem Menschen keine Ehre machte – denn: wenn schon frei, dann frei zum Bösen, auch auf die Gefahr hin, als Menschheit auszusterben, wie als Tierheit die Saurier ausgestorben sind wegen ihrer nutzlosen Monstrosität –, und gegen welches Werk einer moralischen Diktatur (die in sich unmoralisch) wieder sich zu empören nicht nur für erlaubt gehalten, sondern von einer seltsamen (nämlich in sich unethischen) Ethik für geboten erachtet werden müßte. Dieser bewußten oder unbewußten Annahme verdankt das Leben den Charakter eines Experiments, ohne welchen Charakter es vom nichtmonastischen Menschen als nicht lebenswert gefunden würde. Die glückhafte Illusion der Willensfreiheit beruht im wesentlichen darauf, daß diese Annahme so gut gemacht wie nicht gemacht werden kann, auf dem Glauben also beruht sie, daß sie zu machen oder nicht zu machen, der im eigenen Kielwasser treibende Mensch ausnahmsweise so frei sei, als säße er am nichtexistierenden Steuer des nichtexistierenden Bootes. Dem einmal verliehenen Charakter des Experiments kommt, um das Leben davor zu schützen, daß er ihm wieder entzogen würde, in der Regel die Kürze des Einzellebens zu Hilfe. Gerade diese gewöhnliche Ergebnislosigkeit ist es, die zu dem Experimente, das Leben als ein Experiment durchzuführen, verleitet, ganz entgegen der Absicht, in der sonst der Weg des Experiments betreten wird. Wie nun, wenn die zum voraussetzungslosen Forschen – das für das ehrlichste gilt – parallele oder henidäre Erscheinung, das voraussetzungslos geführte Leben, auf seiner tiefen Ebene und eben gestaltweis dartäte, worum jenem auf seiner höheren, und direkt und also ungestaltweis, eigentlich zu tun ist, nämlich: so möglichst lang wie möglichst unverpflichtet Unverpflichtendes zu denken, damit, was unten geschieht, auch oben geschähe, was draußen auch drinnen, was gestaltweis auch ungestaltweis, was synthetisch auch analytisch, das Oben das Unten bestätige, das Drinnen das Draußen und der Gottlosigkeit gelungen scheine, was der tolerantesten Theologie nie gelungen ist und nie jemals gelingen wird: den Geist und das Fleisch harmonisch ineinanderklingen zu lassen. Hier nun stehen wir auf, die wir weder ein Wissen vom Wissensausmaß des beschränktesten der philosophischen *diaboli* haben, noch irgendeine Tugend besitzen, deren im Himmel deponierten Lohn wir zu verteidigen hätten. Wir, die wir an Stelle des moralischen Gewissens, das auch täuschen könnte, ein grammatisches Gewissen haben, das nicht täuschen kann, die Sprache nämlich, die uns eingeborene oder eingebaute Ursache unseres Existierens, äußersten Annäherungswert an das, was wir Seele nennen oder Sokrates unter seinem

Dämon verstanden hat, und behaupten, vor allen Athenern, die uns später den Schierlingsbecher reichen werden, weil wir die Götter, an die sie gar nicht glauben, geleugnet hätten (obwohl jedes Kind, aber eben nur das Kind weiß, wie unbegabt wir zur ἀσέβεια sind), daß die zwei für gleich sicher gehaltenen Meinungen – denn der Voraussetzungslosigkeit, dieser humansten Form des Unglaubens, daher auch Urmutter der Toleranz, muß ja die tiefste Feindseligkeit nicht wider den einzelnen Gläubigen, wohl aber gegen das Verpflichtende jeden Glaubens innewohnen und als wesentlichste Eigenschaft ihr ein dauerndes Aufderhutsein vor der einen oder der andern Dezision zugeschrieben werden –, nämlich: das Sittengesetz sei entweder ein Gesetz der Physik, neben anderen Gesetzen der Physik (gleichrangig mit dem etwa vom freien Fall), welchem Gesetze jeder Mensch sich beugen würde, wenn nicht jedes Menschenleben zu kurz währte, um es die absolute Gültigkeit dieses Gesetzes einsehen zu lassen (und vom unvermeidlichen Resultate her die ihm voraufgegangenen *errores* als künftig zu vermeidende), oder eine hinsichtlich ihrer noch nicht genügend bekannten Determinanten bis auf weiteres für frei gelten müssende Schöpfung des Menschen, vom Range des Schönen, doch nicht des Wahren, von der Bedeutung eines Stils, dazusein, aber nicht der transzendenten Form, so und nicht anders zu sein, daß diese zwei Meinungen also ihren Urgrund in einem dem ungenauen Denken und Sprechen genau entsprechenden ungenauen Leben haben (und umgekehrt), dieses nur die Abbildung von jenem sei, wie jenes von diesem, und die alte Schlange des Paradieses, die da versprochen *»eritis sicut deus«*, endlich sich in den Schwanz gebissen hat. Der *circulus vitiosus* ist geschlossen; es gibt kein Entrinnen aus ihm durch ein Denken, das ein Abbild des Lebens, durch ein Leben, das ein Abbild des Denkens, und wenn jenes noch so genau dieses, dieses jenes porträtierte. Es gibt eine Wahrheit, die nicht vom Range der Wahrheit ist, es gibt den hinsichtlich seiner Modelle wahren, in sich unwahren Naturalismus, wie es die naturalistische Irrlehre des Siger von Brabant gegeben hat, wider welche ein so sanfter Mann wie der heilige Thomas von Aquino, dem, bei Gott! das schlagende Argument doch weit näher gelegen ist als der Faustschlag, zu einem solchen sich hat hinreißen lassen und zwar während seines Mahles mit dem heiligen Ludwig, der schließlich auch König von Frankreich war, also innerhalb eines Lebens, das, wie der gewiß noch sanftere Siger, den Faustschlag der Dezision sich verboten hat.

Denken Je größer die Gefahr des Irrationalen, die dauernd, mit Lichtgeschwindigkeit, aus der Vergangenheit auf die Gegenwart zueilt, desto mächtiger die Anstrengungen der Ratio, die Fußtapfen der überholten Standpunkte hinter sich lassend, der furchtbaren Verfolgerin in die Zukunft davonzulaufen: und dieses angstvolle Laufen ist das Denken, dem Leute, die keine Angst vor dem Irrsinn haben und demzufolge keine Phantasie, unter dem stets gehobenen Elefantenfuß der tobend schäumenden Unvernunft das zum Ausgetretenwerden bestimmte Fünkchen Vernunft zu schauen, den Charakter einer behaglichen, wenn auch eigensinnigen Beschäftigung geben. Wie wenig kennen sie die Not! Und wer darf etwas tun ohne Not? Wer wird einen Ast aufgreifen, ohne eines Stockes zu bedürfen? Wer das Schwert zücken, ohne einen Gegner zu haben? Und wer dürfte, ohne bedroht zu sein, denken? Die Wahrheit ist die Situation des Denkens oder ihr Ziel, wenn sie sich nicht in derselben befindet.

Determination Wenn man Böses gesät und Böses geerntet hat und aus dem verfluchten Zirkel brechen möchte, muß man die strengste Buße über sich verhängen. Ihre heuristischen Behelfe sind: daß man nicht anders hat handeln können, daß man für die Dauer der Verblendung jeden freien Willensakt als unmöglichen setzt; daß man rückwirkend die Würde des Menschen sich aberkennt. Wer also sein Denken züchtigt, weil er im Fleische gesündigt hat, darf die Hoffnung nähren, daß ihm vergeben wird. Denn: glauben, man hätte willentlich das jetzt bereute Böse gesetzt – womit dann bereute man die furchtbare

Eitelkeit, die in solchem Glauben steckt? Besser leugnen, ja, sogar widerlegen, daß wir für jene Handlungen verantwortlich sind. Durch solch freches Leugnen und noch frecheres Widerlegen werden wir allen Gottesfürchtigen untrüglich als die Sünder erscheinen, die wir gewesen, und als die Träger eines Denkkreuzes, das nie um ein winziges gelüpft oder gar uns abgenommen, das nur eines wieder schönen Tages weggeworfen werden kann mit dem Entschlusse zu einem freien Willen, so streng dieser Entschluß auch determiniert sein mag.

DICHTER Der Dichter staunt, jubelt, klagt über sich, über das scharfe oder stumpfe Instrument, das er ist, über das, was es faßt, nicht faßt; aber niemals ist er das Objekt seiner Subjektivität, der Gegenstand seiner Selbsterkenntnis, der Proselyt seines eigenen Glaubens an sich, der kurzsichtige Egoist seines fernsten Heils. Er liegt nun einmal nicht in der Richtung des Fernrohrs, durch das er die Zeitlichkeit und die Ewigkeit sieht. Als ein bei vollem Bewußtsein nicht Beisichseiender ist er die einzig mögliche und (wie wir glauben) erlaubte und lehrreiche Parodie auf den Schöpfergott (und wenn Parodie, dann auch Beweis für die Existenz des Parodierten), der Objektivität und Subjektivität zugleich ist, das Indirekte und das Direkte, das Vieleck und der Kreis. Der Dichter oder der Parodist also nimmt mit seiner Subjektivität nicht an seiner Objektivität teil wie der Philosoph, der notwendig zum Atheisten wird oder, wenn er's nicht wird, nicht recht denkt, sondern an der Objektivität Gottes, wie eben und nur der Künstler tut, zwischen dessen Subjektivität und Objektivität die sichtbare und die unsichtbare Schöpfung sich schieben und jene beiden am Kommunizieren miteinander hindern, wie der in den Schlund gestoßene Arm des Herakles Unter- und Oberkiefer des Nemeischen Löwen am Zusammenbeißen. Als beweisendem Parodisten, als jämmerlichem Nachahmer eines durch die Möglichkeit des Nachgeahmtwerdens über alle Zweifel, daß es existiere, erhobenen großartigen Vorbilds obliegt ihm das Machen von Figur, so lächerlich dieses Tun vor einem Meister wie Gott ist und in einer so gottlosen Welt wie dieser. Nun könnte gerade durch nichts besser der Dichter der Würde des Ernstes sich versichern als durch Vermittlung der Muse als *ancilla theologiae* oder als Buhlschwester der Philosophie. Man würde sie wie das Kind des Hauses halten oder wie die legitime Gattin. Trotzdem besteht er auf dem Machen von Figur, das so rein, so intellektfrei, so idiotisch wie in der Malerei und in der Bildhauerei, in der Literatur noch nicht gelungen ist und vielleicht auch nie gelingen wird. Aber wir wollen die Hoffnung auf einen den Kretinismus trefflich simulierenden Geist nicht sinken lassen.

Und jede in künstlichem Sonnenschein,
bei Wasser oder dünnem Wein
durchschwärmte Nacht
mit den Denkern und Bedenkern
dessen, was sein Gott,
und ob er's hat, gemacht,
das macht ihm Pein,
die Pein: den Spott
der vollbetrunknen Engel zu verdienen,
und hätt' er doch von ihnen
allzeit können einer sein.

Ja, der pneumatische Idiot wird die geringste Aus- und Abschweifung vom für sich selbst sprechenden Kontur der Figur als ihren und als seinen spezifischen Sündenfall empfinden (und, zu besserer Einsicht gekommen, das aufgeklappte Uhrwerk wieder schamhaft zudecken, wie die guten Kinder ihres Vaters Noah Blöße), als Fall ins Netz der Determiniertheit, mit welchem Netze er aus dem Meer der Erscheinungen die Sirene der Figur zu fischen gehabt hätte und schließlich die Figur der Sirene, den Archetyp der Figuren. Aber auch dann, wenn er dauernd berauscht sich erhielte, würden seine Geschöpfe nicht zu geschaffenen transzendieren. Der Fischleib (wenn auch der Fischleib, der Pferdefuß saftigere oder plastischere Gebilde sind als des reinsten Gedankens Engelhand gewordene Blässe) haftete ihnen immer an. Er vermag wohl das abstrakte Denken zu

Zerfall in konkrete Brocken zu bringen, aber dieses höchst wunderbare alchimistische Tun wird doch nicht mehr sein als ein gelungenes Bleigießen am aufgeregten Silvesterabend eines reichen Lebens. Nein, Künstler, glaube nicht, daß du schaffst, auch wenn du besten Gewissens glaubst, daß du nicht denkst. Schaffen heißt: der Identität von Subjektivität und Objektivität ein komplexes Denkmal setzen, das sichtbar aus dem Unsichtbaren starrt gleich einem Phallus ohne Körper, da ist wie Potenz ohne einen Potenten. Daß die Schöpfung ohne Gott zu sein scheint, dieser Schein versteht sich nun also von selbst wie die Tatsache, daß der Apfelbaum nicht mit dem Apfel zu Markt kommt.

DILEMMA Wenn alles gesagt worden, was zweie einander zu sagen gehabt hatten, wenn auch der letzte Strohhalm von Wort, an dem der eine oder der andere noch hat sich halten wollen, vom Feld gerafft ist, beginnen die langsam, aber sicher mahlenden Mühlen Gottes mit dem Verwandeln des, wie fest geglaubt, Einzigartigen zu allgemein gültigem Gleichnis. Aus Korn wird Mehl, aus Mehl Brot, aus Brot des Herrn Leib. Eine Leiter, die von der Erde bis in den Himmel reicht, steckt im Samen, und unter wessen Sohlen sie sich entfaltet, Sprosse nach Sprosse, den schwindelt vor ungewolltem Überwinden und dem graut vorm unabwendbaren Verstandenwerden. Wer weiß dann noch von Schnittern und Garbenbinderinnen? Vom Drusch in der dumpfen Scheune? Ein neues Sagen hat angehoben, das an dem alten hängt wie das Spiegelbild am Bilde und ein Imbildesein des einen über den andern, des andern über den einen vortäuscht, bis der Seewind daherfährt und die nur noch mit den Köpfen zusammenhängenden Zwillinge trennt. Besitzest du die merkwürdige Kraft, zuerst vom Urbild Abschied zu nehmen, dann auch vom Spiegelbild und endlich in einem neuen Bilde so des Bilds wie des Spiegelbilds zu vergessen? Wenn ja, dann bist du gewißlich der Genius, aber ein verächtlicher Mensch! Wenn nein, ein bewunderungswürdiger Mann, doch untauglich zum Dienst der Musen!

Diskretion So wie er's überall zu halten pflegte, wo er einen Auftrag auszurichten hatte, wollte er auch bei Jonas tun, denn: was schied den schon von den andern Oberknechten? Nämlich: eintreten ohne anzuklopfen, oder gar nicht eintreten, sondern aus dem Boden fahren oder herab durchs Gebälk wie vom Dachboden ein Mehlsack, oder in der Luft erscheinen wie durch eine geheime Tapetentür. Aber er war noch nicht an die von der menschlichen Ausdünstung und dem Küchenkräutergeruch überflackerte Hofgrenze gekommen, an der die Unsterblichen zu Zauberern werden müssen, wollen sie sich bemerklich machen, da sagte dem Jonas, der beim Abendmahl saß, eine von allen fünf Sinnen zugleich vermeldete Ahnung, daß da einer nahe, der unbedingt Gewalt über ihn hätte und auch, wenn er sie nur schwach übte oder mit der tückischen Höflichkeit gewisser Tyrannen. Und er gab dem Engel durchs Fenster ein Zeichen, draußen zu warten. Es sollten die Seinen, die, wie sich's gehört, ihn liebten und fürchteten, nicht sehen, daß er gebrandmarkt ist. Ob zu Ehr' oder Schmach, zu Heil oder Unheil: dies wog er nicht gegen das ab; der Furchtbare, wenn er nur einen Zipfel seines Gewandes lüpft, strahlt alle Unterschiede nieder.

Dem Engel wurde, er wußte nicht – allwissend ist ja nur Einer! – wie zu Mute vor der Kühnheit des Manns da drinnen, der den Boten früher erkannt hatte, als einem solchen Boten recht sein durfte, und mit dem scharfen Rucke dessen, der den Bauch sich aufschlitzt, zog der den Gürtel enger um die zorndurchwühlten Eingeweide.

Jonas wohnte am Ende des Dorfs, das schon früher, als er dahin gekommen war, vor ihm sich davongemacht hatte, also ohne einen über den Zaun weg anzurufenden Nachbar. Wer nicht gleich in die Gesellschaft eintritt, wird spätre Aufnahme auch dann nicht finden, wenn er auf den Knien sie erflehen sollte. Ein initiales Zögern (in der Jugend, vielleicht schon an der Mutterbrust), und dauerte es nur wenige Augenblicke, entscheidet über Ein- und Zweisamkeit. So bestechlich die Menschen als Menschen sind, als Schafe sind sie unbestechlich. Der Wolf in ihrem Pelze ist ein Fabeltier.

Es war Nacht über noch schwärzer nahendem Gewitter, also zweimal Nacht. Und hätte der Engel, der ohnehin sich bemühte, die Hand vor dem Licht zu sein, nicht phosphoresziert wie ein von Glühwürmchen überwimmelter Strauch, Jonas würde den, der ihm so gewiß im Gemüte stand, außerhalb desselben nicht wahrgenommen haben.

Er sagte zu den Seinen, daß er noch nach dem Vieh sehen müsse, und erhob sich und ging hinaus. Doch so leicht, wie die trügerischen Tanzmädchen vor dem trügerischen Baal hüpfen, war die kleine Lüge nicht von den Lippen gesprungen, die ihm mit glühendem Bimsstein gescheuert worden sind; er hatte damals nicht gewußt, warum. Aber: irgendwann einmal, und gleichgültig von welcher Gottesgabe, muß, zitternden Gewissens zwar, doch mit ruhigen Händen, das erste primitive Opfer einer vielleicht unendlichen Reihe von Opfern – dann immer geschickteren und reineren – eben dargebracht werden. Möglicherweise ist das morgenfrische Entstellen eines Sachverhalts die Voraussetzung dafür, ihn später, wenn der Mann und die Sprache miteinander übers Kreuz gekommen sind, verschweigen zu können. Kein Meister fällt vom Himmel. Auch keiner des Himmels.

Der Engel und der Mensch gingen im gleichen Schritt und um keinen einander voraus durch den Garten, durchs Tor (dieses grade breit genug für beide; merkwürdige Providenz des Zimmermanns!) über die ein wenig versumpften Wiesen bis zu den Tannen: es sah so aus, als seien sie eng aneinandergefesselt und hätten, knirschend und klirrend, statt zwei Willen nur einen und den – obwohl gar kein Platz zwischen ihnen – wie einen Dritten und Gefangenen in die Mitte genommen.

Während des raschen Wegs zu dem Kampfplatze – ja, zum Kampfplatze, denn: zwei Männer, die Männer sind, gehen ja nur aus, um miteinander zu ringen, auch wenn sie spazierenzugehen scheinen! Die männlichen Paare erzeugen die Welt (im Agon), die Weiber füllen sie bloß mit den Früchten ihrer Schöße! – hatte die zweite Finsternis den letzten Stern der ersten zertreten. So zeigt das Oberhaupt der Titanen den anderen Titanen die rechte Gelegenheit an, über die wehrlosen Götter herzufallen. Und gleich drauf rauschte auch schon die in der stockwerktiefen Schwüle hochgestaute Luft über das Wehr des Walds.

Der Engel war um eine Hand breiter und länger als ein langer und stämmiger Mann, und was eine Handvoll Hand ausmacht, das sah Jonas, der den an sich unüberwindlichen Gegner auf alle Fälle doch maß, von oben bis unten, um wenigstens beiläufig zu wissen, wie viele Male er in dem einen Mal geschlagen werden würde, so recht und mit dem Schrecken vor Schlangen, faustgroßen Spinnen und anderen Monstren an den Zehen des Boten, die wie ausgespreitete Greifenfänge, mit Nägeln wie viereckige Augen auf Sandalen von der Dicke eines Buches ruhten. Und ziemlich genau ermaß er, nicht nach der Elle selbsterworbener Erfahrung – er besaß ja nur zwei graue Kittel und war in keinem jemals von einer Schwelle gewiesen worden –, sondern an seinem gesunden Verstande, der durchaus billigte, daß Kleider Leute machen, den Zorn eines wie dieser Engel Gewandeten, dem bedeutet worden, draußen zu warten. Er trug ein Oberhemde von so schneidender Weiße, aber auch so weißer Molkendicke, daß Atlas und Sammet ein unmögliches Bündnis tatsächlich eingegangen zu haben schienen; auf der Brust einen von fingerknöchelgroßen Rubinen gerahmten Spiegel, aus dem aber nicht der heraussah, der zufällig hineinsah, sondern ein gewaltiger Kopf, Jovis Kopf etwa, der wie hinter einer Schiffsluke, doch nicht im Schiffe, sondern außerhalb desselben, im Leeren, vor der Unendlichkeit, sich unterredete, natürlich tonlos, mit Personen, die hinwiederum außerhalb des Spiegels standen; wenn Jonas neugierig und ein geübter Tauber gewesen wäre, hätte er Geheimnis über Geheimnis von den vollen Lippen des Urquellmunds im blondfeuchten Bartmoos ablesen können, und wir wüßten heute mehr über den dreieinigen Gott. Jonas aber war ein Ehrfürchtiger von Berufung, ein Verehrender, ein Bewunderer. Was er sah, sah er; ob drinnen, ob draußen: das konnte er nicht unterscheiden, und wer sich unterfangen hätte, für ihn zu unterscheiden, den hätte er niedergeschlagen wie einen tollen Hund. Die Menschen haben angefangen, zu fragen Einen und zu lauschen Einem, den sie sich aus dem Herzen gerissen haben und der solchen, die nicht mehr staunen, auch nichts mehr zu sagen hat.

(Fortsetzung)

DU Das Du ist meinem Munde entflohen und Einsiedler in meinem Herzen geworden. Hat aber alles Reden, dem dies Wort fehlt, noch Sinn? Wenn nämlich, wie wir fühlen, alles, was gesagt werden kann, dem Du zugeordnet ist und zwar als das Rückzuerstattende, unbekannt, wann und wem entwendet, aber wohlbekannt, daß es entwendet worden? Muß nicht die Sprache an ihrer Wurzel erkranken, wenn sie nicht mehr sich erneuern kann im Gehörtwerden, und sei's auch im mißverstandenen? Denn: was will neben dem Wunder des Vernehmenkönnens, ob genauen oder ungenauen, die nur zu begreifliche nachträgliche Entstellung des Vernommenen bedeuten? Man seh draufhin die Maler an! Sündigen sie nicht immer, bald mehr, bald weniger, in ihren Ateliers gegen die Natur? Nach einem Spaziergang unter Apfelbäumen: geben sie nicht vor, unter Palmen gewandelt zu sein? Wenn der Künstler geantwortet hat, wird er noch fragen, was eigentlich die Natur gefragt hat? Das Widerhallen ist ein Bestandteil des Rufens und nur raumzeitlich dessen Folge. Auch verlassen vom Du, ist das Du bei mir. Wenn es aber kein Du mehr gibt, was dann hat mich verlassen und ist doch bei mir? Dann eben ist der Widerhall kein Bestandteil mehr meines Rufens, ist das Rufen halb, halb wie der Leib ohne die Seele, die Seele ohne den Leib, ist die Geige zerbrochen oder der Bogen, gleichviel: es kann nicht mehr gespielt werden.

DUMMHEIT Wenn Dummheit introvertierte Intelligenz ist, ihr unvorhergesehenes Existieren also einem intelligenten Akte verdankt, von Sekundendauer natürlich, dem intelligentesten aber vielleicht, der je gesetzt worden, so gibt es keine straflose Unwissenheit, und der Affekthandlungen todsündlichen Charakters oder tödlichen Ausgangs milde beurteilende Richter würde infolge desselben Aktes demselben Täuschungsmanöver erlegen sich zeigen, das, vor sich selber und mit dem Erfolg der eingeschränkten Verantwortlichkeit, auch der Angeklagte aufgeführt hat. Worüber immer, bis zu Satz und Widersatz, sie auseinandergekommen sein mögen, der Sünder und der Beichtvater, die Gesellschaft und ihr ungeratenes Kind, der Mann und das Weib, befänden sie sich doch zusammen in der nämlichen Urschuld, und die augenblicklich vor den Schranken irgendeiner Justiz stehende konkrete und relative Schuld hätte ihre Wurzel in jener gemeinsamen Urschuld und stünde nur zufällig hüben und nicht drüben. Das Hervorbringen jenes überzeugenden Scheins von Unverantwortlichkeit, den wir Unschuld, Naivität, *moral insanity*, Irrsinn nennen oder, je nach der Schwere des Falls, den wir in eine Tiefe getan haben, die vortrefflich Oberfläche gespielt hat, so nennen können, gehört zu den Kunstübungen, die von dem einmal gelungenen Meisterkunststücke der introvertierten Intelligenz dependieren und, ohne einer Entschließung zu bedürfen, mühelos und unaufhörlich exekutiert werden. Begreiflich: jeder Entschluß, jede Mühe, jede Zeitdauer ist in dem initialen *sacrificium intellectus* gefaßt, aufgewendet, gesetzt worden. Ein so großes Opfer, dem Irdischen geweiht, muß ja seinen großen irdischen Lohn finden. Es findet ihn in der außergewöhnlichen Nachsicht, die von den ebenfalls urschuldigen, jedoch am konkreten Falle zufällig nicht konkret mitschuldigen Intelligenzen jenen Intelligenzen entgegengebracht wird, die den konkreten Fall zufällig darstellen. Durch diese Nachsicht, die Einsicht ist, doch nicht Einsicht in die Unzulässigkeit der Nachsicht, sondern nur in die gleiche Urschuld, die, weil gegenwärtig nicht auch Mitschuld, einerseits zum Richten für befähigt, andrerseits zum Entschuldigen für verpflichtet sich erachtet, entsteht eine unvorhergesehene Art von Leben, eben jene eigenartige Art Leben, von welcher im Paradiese nicht einmal die Ahnung einer Vorstellung vorhanden gewesen sein dürfte. Es wäre ja der erste Sündenfall nicht der Fall, der den wiedererhebenden Gott nötig gemacht hat, wenn nicht alsogleich aus diesem Falle, wie aus einer Wunde das sonst unsichtbare Blut, die tief verborgen gewesene Möglichkeit des für unmöglich Gehaltenen in die Wirklichkeit sich ergossen haben würde, sie verunreinigend, ja, sie entstellend bis zur Unkenntlichkeit ihrer ursprünglichen Gedachtheit, bis zu jener Unwirklichkeit, die wir, weil wir sie erleiden, für die Wirklichkeit halten müssen, ohne allerdings auch glauben zu können, daß sie es sei. Der Verdacht erhärtet sich bis zur Gewißheit, daß die hohe Anschaulichkeit der Objektwelt, wie sie vom Künstler unter Beweis gestellt wird, dieser Objektwelt in jenem randvollen Maße, das als ein rechtens über sie ausgeschüttetes aber vorausgesetzt werden muß, um das Deskribieren und Abbilden als ein mögliches Tun erscheinen lassen zu können, nicht von Schöpferhand her eigne, sondern ein später Dazugekommenes ist, ein Produkt der Überkompensation oder der Tarnung, Sein und Schein einer zweiten, synthetischen Unschuld, geworfen wie ein malerischer Mantel um die weder malerische noch unmalerische Schuld, angegossen wie üppiges Fleisch einem Skelette, daß dieses in jenem eine falsche Auferstehung des ganzen Menschen feiere und den Tod auf eine andere Weise als auf die österliche für überwunden zeige. In einer solchen Wirklichkeit, treffender gesagt, in einer solch monströsen Überwirklichkeit, der als Ganzheit wie als Einzelerscheinung das zeitliche Recht auf Mißbildung sowohl vom Gotte her zusteht, wie von uns zugebilligt werden muß – aus welch letztem Grunde jede Kritik sich erübrigt, und sogar die bloße Nichtteilnahme am Ball der blut- und kraftvollen Schemen der sorgfältigsten Geheimhaltung unterworfen bleiben soll (daß nämlich der Verdacht, diese Nichtteilnahme sei ein polemisches Vergnügen am gemiedenen Vergnügen, zerstreut werde) –, erschüttert die sonst so fürchterlich laute Orgel des Dekalogs bestenfalls nur jene, die das Gras auch im Getrappel der Pferde wachsen hören, und sehen nur die schärfsten Augen, die außerdem aber bereits übergegangen sein müssen, an der Thronsaalwand des Belsazars der jeweiligen Welt den ursprünglich ihr zugemeinten Wirklichkeitsgrad, zum Erstaunen schwach, so schwach etwa wie eine an sich schon recht blasse Freske durch die Tünche schaut, die ein Barbar von Enkel hat drüberstreichen lassen.

Wenn wir die Kraft und die Schwäche, den Prunk und die Zartheit, das Gebrüll der Physik und das kaum Flüstern Gottes in einen Zusammenhang bringen wollen (weil es ja unmöglich ist, sie zu einem Zusammenklang zu bringen), so scheint es – und wir fürchten, uns nicht zu täuschen –, als hätte die Providenz diese Anstalt getroffen, um die Verantwortungslosigkeit, und wohin mit ihr gekommen werde, in einer solchen Fülle der verschiedensten Bilder (und in also schreienden Farben) darzustellen, daß keine Kunst genug Tafeln, genug Bühnen, genug Steine, Worte, Noten und Instrumente aufzutreiben vermögen würde – soferne sie mit der Akribie sittlichen Ernst machte –, die Bilder abzubilden, und jede, die ja von dem Übermaße lebt und ohne es nicht lebte, würde zugeben müssen, das sich selber noch übersteigernde Absurde habe sich selber *ad absurdum* geführt. Wir sind bereits so weit, der Raschheit nicht folgen zu können, womit die Gesetzestafeln überwuchert werden von einer figuralen Flora, der Teufels- und Engelsblüten am selben Stamme ersprießen, Schlangen entfahren und Tauben entflattern, der alles abzumalen ist, wonach den Pinsel eines sinnlichen Symbolikers hungert, nur kein Gleichnis für Dezision.

Dummheit Ein jedes Geschöpf geht aus der Hand des Schöpfers, weil diese nichts Unvollkommenes bilden kann, vollkommen hervor und würde mit jedem gleichen Ranges sein, wenn das eine neben dem andern, wie geschaffen, so bewahrt, in ewiger Ruhe bliebe. Erst dadurch, daß sie von ihrem Urheber, der beim Hervorbringen es auch hätte bewenden lassen können, in Tätigkeit gesetzt werden, zwar zu einem uns bekannten Ziele, dem unseres Heiles nämlich, aber auf den stets unbekannten Wegen jener dramatischen, unter geheimnisvollen Zeichen und Vorbedeutungen abrollenden Handlung, die wir Leben nennen, erlangen sie für unsere Sinne, die mit der Fähigkeit ausgestattet sind, alles, was nicht Er ist, auf Ihn zu beziehn, und sodann, wegen ihrer abgründigen Verschiedenheit von Ihm, aufeinander, wegen eines später hinzugetretenen Fehlers also, der ihren anfänglichen Vorzug nicht mehr oder nur noch wenig zur Geltung kommen läßt, jene fein abgestuften Unvollkommenheiten, die uns, dem gleichen Schicksal Unterworfenen (was unser Selbst betrifft, den mit derselben Aufgabe Betrauten, was den Nächsten anlangt), ermöglichen, wie auf kleinen, Kinder- oder Greisenfüßen angepaßten Stufen von unten nach oben zu gelangen, den schrittweis zunehmenden Glanz Gottes ohne Schadennahme zu ertragen und in einem Atem die Schöpfung zu preisen als das Wunderwerk des liebevollsten Vaters und zu beseufzen als ein Jammertal. Die Heiden vermögen nur das eine oder das andere: der Schöpfung, trotz ihrer sichtlichen Unvollkommenheit, Göttlichkeit zuzusprechen oder einzig wegen dieser Unvollkommenheit göttlichen sowohl wie überhaupt einen Ursprung, vor welchem sie nicht gewesen wäre, abzuerkennen. Es ist ihnen unbekannt, daß jedes Geschöpf, weil vor aller Zeit von Etwas aus dem Nichts geschaffen, nur ein vollkommenes zu sein vermag – nicht natürlich dem Wesen nach, das, an dem Schöpfer gemessen, unvollkommen, nein, was sagen wir, ganz und gar nichtig ist, wohl aber der Existenz nach, die der Nichtexistenz gegenüber die Vollkommenheit des vollkommenen Gegensatzes besitzt –, und ebensowenig wissen sie, daß die Unvollkommenheiten, dem Geschöpfe nicht eigentümlich in der absoluten Ruhe des nur sich selbst bedeutenden Werks, ihm anfliegen aus Zeit und Raum wie Tauben, die es mit ihrem Kalk bedecken, wie Adler, die dann an seiner Leber fressen, in dem Augenblicke, da es bewegt, nicht bewogen wird, seinen Standort im Chor der bereits bei voller Unbewußtheit des Planes, den sie nur ausführt – obwohl sie glaubt, ihn zu ersinnen –, und bei tiefster Ergriffenheit durch den doch fremden Text, handelnden Schöpfung einzunehmen.

Wenn dem nicht wie beschrieben wäre, wenn es mit uns nicht so sich verhielte wie mit Leuten, die wohl den rechten Weg, nicht aber das Wissen um sein Irgendwo-Vorhandensein verloren haben, bestünde, weil dann weder unmittelbar auf ihn selber, noch auf jenes mittelbare Erkennen repliziert werden könnte, für keine Stimme in der Wüste auch nur die geringste Hoffnung, gehört zu werden, ja, diese Stimme würde überhaupt nicht erschallen, nicht in der Thebais, nicht in Babylon und – nicht in uns. Nun aber wird das Menschenleben kaum weniger vom Sollen denn vom Müssen gestaltet. Ob dieses Sollen auf ein Vollkommeneres oder noch Unvollkommeneres hinzielt, ist im jetzigen Zustande unserer Untersuchung nicht von Belang. Fest steht, daß mit dem, was ist und wie es ist, daß mit einem Wesen, das beharrt, weil sein Wille, zum Guten, zum Bösen, abgestorben oder, entgegen seinem tieferen Willen, das ihm Mögliche schon erreicht zu haben glaubt, ein anderes Wesen, das, zu welchem Zwecke immer, sich bewegt, sein Auskommen nicht findet. All unser eindringliches Reden oder beispielmäßiges Tun, jemanden zum Bessern oder zum Schlechtern zu bewegen, zur Perfektionierung des Standortes also, den jener Jemand ohnehin schon einnimmt oder einzunehmen erst veranlaßt werden soll, hat zum gemeinsamen und punkthafter nicht mehr zu machenden Ausgangspunkte die Vollkommenheit, und zwar – wie schon gesagt – worin immer. Sei's nun eine rechte oder eine falsche Vollkommenheit, auf die wir's abgesehen haben: jedenfalls muß der Begriff der Vollkommenheit uns innewohnen, und keinesfalls nehmen wir auch nur im entferntesten an, derselbige möchte dem Nächsten, den wir zu seinem Heile oder zu seinem Verderben zu bewegen trachten, nicht innewohnen. Wir appellieren also, wenn wir beispielmäßig reden oder handeln, und auch dann, wenn unser Reden und Handeln nur hinsichtlich seiner unmittelbaren Absicht ein intelligentes, nicht aber an sich ein solches genannt werden könnte, an die ungetrübte Intelligenz des Partners und reden und handeln auch aus derselben, nur eben so, wie schlechte Maler auch nach dem besten Modell verfahren: dieses ist trotz der subjektiven Stümperei in unversehrter Objektivität vorhanden, und der schlechte Maler müßte auch ein verrückter sein, wollte er leugnen, daß sein Weg vom Urbild zum Abbild geführt habe. Damit ist dargetan, daß jedes Zwiegespräch, jedes Anreden der vielen, jeder Streit, jedes Geben von Beispiel und jedes Zurückweisen von Beispiel, daß alles Appellieren und jedes wie immer gewertete Verhalten zu dem Appelle unter der stillschweigenden Annahme einer uns innewohnenden Intelligenz geschieht, anders wir, wie schon oben erwähnt, überhaupt nicht, weder in bezug auf uns selbst noch auf einen Zweiten, distinguieren und exemplifizieren würden. Von dieser stillschweigenden Annahme, die zugleich die Annahme eines Ganzen ist, von dem wir die versprengten Teile, einer Synthesis, deren Analysis wir sowohl sind als ausführen, wird hier geredet. Sie hat so lange sich selbst verstanden, bis endlich niemand mehr sie verstanden hat.

EGOISMUS An uns selber denken, fordert so große Anstrengungen von uns, daß wir lieber und billiger an andere denken. Wir Gutherzigen sind also, wenn wir des Nächsten Wunden statt die eigenen verbinden, weit ärgere Egoisten als die echten. Weil nämlich wir zu träg sind, die nur von uns zu verrichtenden Aufgaben zu verrichten, und weil wir den Heldenmut nicht haben, um ihretwillen auch die Vereinsamung auf uns zu nehmen, unterziehen wir uns der andern Aufgaben, deren schließliche Unvollziehbarkeit uns so nahe nicht ginge. Aus Feigheit zu uns selber also sind wir nächstenliebend. In diesem recht häufigen Falle ist das Gute (das wir im Dienste des Nächsten tun) ethisch schlechter als das Böse (das wir täten, wenn wir nur uns dienten).

EHE »Als mich der Amor zum Weib statt der zu Gott ergriffen hat – und nur Gott weiß, welch ein geistlicher, ja, geistlicher Fortschritt schon jener zu diesem gewesen ist – strebt' ich gleich zum Ehestande, wie ein Lateinbüblein nach dem Doktorhute, und alle Aufgaben dazwischen und bis dahin achtete ich für geringe und hab' ich ihnen keine Ansichbedeutung gegeben. Da bin ich aber schön ankommen beim Weib! Das hat, weil *ex se* zum Priesterstand unfähig, ein tiefgründiges Ressentiment gegen all die andern Sakramente, denn dieser hält man es gerade noch für würdig. Dann gar keins! sagt es mit Kindertrotz. Wenn keinen Kuchen, dann auch keine Suppe! Und so stiehlt es sich nach leerem Tische in den Garten und frißt von den Bäumen, wie auch Eva getan hat. Oh, ich könnt' eine lange und gute Sonntagspredigt über das Thema halten! Ich hab' ja erfahren, daß man an Haupt und Gliedern gestraft wird, wenn man auf die Ehe mehr Gewicht legt als auf den Liebesweg, der zu ihr führt oder führen soll. Da heißt es gleich: Du bist kein Liebhaber! Du verstehst die Frau nicht! Nun: ich verstehe Gott! Ich weiß, was Gott will! Und mit dem Trost muß ich mich eben trösten. Aber hinschreiben darf ich wohl, daß das Weib verstehen, so wie es verstanden werden will, ihm gerade dort konsentieren heißt, wo, ohne von den tief eingegrabenen göttlichen Gesetzen abzufallen, gar nicht konsentiert werden kann. Es kommt also wieder einmal aufs Haarspalten heraus. Oder auf das, was eines zu sein scheint. Oder unter Weibern und dem Weib untertanen Männern für ein solches gilt. Mehr oder weniger Liebe, schwankend um den hundertsten Grad herum, um nur einen halben drüber oder drunter, und die Frau weiß schon: dem kommt's nicht auf das an, auf das es mir ankommt! Das ist ein Schwätzer, und redete er nur ein Wort mehr als ein Trappist! Der ist kein Amoroso, und wenn er gelegentlich einen Herakles überböte! Nein, auf den Gleichtakt der Körper und Herzen kommt's nicht an. Erst der Gleichtakt des Verrats, in dem sie ihn, er sie betrügt, während beide einander lieben, das heißt, einander als Komplizen erkennen bei Gelegenheit des lustvollsten Verbrechens, das an jenem höheren Dritten, der Gott ist, begangen wird, macht die eigentlich bezaubernde Musik, so unmusisch sie dem Ohre, wenn es da was hörte, klänge. Die mit dem Dieb im Bunde stehende Magd will einen spüren, der im Uterus auf eine unverschämte Art zu Hause ist; besser in der fremden Wohnung, in der des Fleisches, als in der eigenen, in der des Geistes, die ihm nie gefallen hat, weswegen er sie unbehaglich gelassen hat, oder unbehaglich gelassen hat, daß sie ihm nicht gefiele.«

(Aus einem ungeschriebenen Briefe Tills)

EHE Das Weib ist der einzige Mensch, mit dem zu leben man verpflichtet ist, obwohl in Wahrheit man mit gar keinem

Menschen zu leben vermag. Hinsichtlich der Weiber aber muß das unsichere Vermögen das sichere Unvermögen überwinden.

Ehe Ehelich leben heißt, in die Wüste gegangen zu sein, um dort ein einziger Einsiedler zu werden und eine Welt zu zeugen, die jene ersetzt, der man entflohen ist. Das eigne Kind ist der lebende Protest des Menschen gegen alle andern Menschen.

Ehe Wer zusammen mit einem Wesen des anderen Geschlechtes von der Welt sich abschließt, und wem der Versuch gelingt, zu zweit zu einsiedeln, wer mit dem Widerspruch in derselben Sache lebt wie, o Wunder, mit dem Pfeil im Herzen, der hat schon hier die Unsterblichkeit errungen, für sich, aber auch für jenes, und wird dies Ausgenommensein von der treulosen Natürlichkeit wohl den Empfang des Sakraments zur Ursache haben.

Eid »Als ich das Schloß übernahm ... nein, ich will früher anfangen. Etwa da: was eigentlich bin ich gewesen? Ein Bauernsohn! Ja, aber ein sehr reicher! wirst Du sagen. Gut. Einer, der widerwillig vier Gymnasialklassen gemacht hat, weil ein liebender Vater, dem das Museum im ersten Stock zu Kopf gestiegen ist, höher, als er gekommen, mit seinem Sohn hinausgewollt hat. Die gebildeten Leute, die schon lange solche sind und daher eine bestimmt unerlaubte, reizlose Vertraulichkeit mit den Dingen der Bildung haben, wissen natürlich nicht, welch einen Zauber ein Stück Griechenland oder Rom, ein zu gegenwärtigen Raum verdichtetes Stück abgelaufener Zeit, auf einen Menschen übt, der ungebildet, aber nicht halbgebildet, die Entdeckung macht, daß man wissen könne, was gewesen ist. (Hingegen die Unbildung aller Grade, also auch die Bildung, viel lieber wüßte, was geschehen wird.) Ohne Zweifel wollte mein Vater, wenn ich ihn recht verstehe, durch mich die Verbindung mit der Vergangenheit herstellen, wie man mit Klammern Auseinanderfallendes zusammenfaßt oder mit Pfeilen Identes aufeinander bezieht. Gewiß, ein rein äußerliches Bestreben, dessen Du, Melitta, Dich nicht zu bemühen brauchst: Du bist von Adel, und Ahnen sind die leibhaftige Bildung. Du hast ab Deinem vierzehnten Jahre, das von dem Tode Deiner verehrungswürdigen Mutter tiefschwarz gerahmt worden ist, nichts mehr gelernt, nichts mehr jedenfalls im Sinne des kleinsten Buben eines Türstehers der alexandrinischen Bibliothek; wohl Hut- und Kleidermachen und später in einer kunstgewerblichen Werkstätte das Verfertigen entzückender Nichtigkeiten, das artifizielle Träumen uteraler Träume. Man wählt zu solchen Beschäftigungen, wie Du wohl weißt, nur hübsche Mädchen, weil die Träume der häßlichen entweder allzu abwegig, also schon Kunst sind, oder das Vergnügen der erotischen Neugierde nicht bereiten. Du bist damals in – verzeihe! – schlechte Gesellschaft geraten, in eine Maler- und Architektengesellschaft, die stolz darauf gewesen ist, kein Buch gelesen zu haben, sozusagen jenes eine Buch nicht, das für alle Bücher steht als das vereinfachte Bild für einfache Bilderstürmer. Wenn Du in ihre Atelierfeste Dich nicht hast ziehen lassen, so verdanktest Du den Abscheu vor der Vermischung aller mit allen damals noch Deiner demetrischen Mutter, der ein einziger Mann gerade genug gedeucht hat, die unvermeidliche Liebe zu erleben. Den Zwang der Natur zu wenigstens einem Opfer an sie in eine Kette von Explosionen schwacher Nerven aufzulösen; die nun einmal notwendige, aber nicht herbeigeführte, darum um so gewaltigere und herrlichere Urreaktion des ersten Manns auf das jungfräuliche Weib durch selbstgewollte Reaktionen auf jeweils den Mann, der nach der Schicksalsuhr bestimmt nicht an der Reihe gewesen wäre, zu mindern, wenn nicht gar für immer unmöglich zu machen; das zeitlich und örtlich streng bedingte Streben nach Einmaligkeit sowohl Lebens wie Erlebens, sowohl der einen wie der andern Person zu verunendlichen, zu verallgemeinern und damit zu schwächen, zu verdünnen, zu entfärben, zu entdüften; den schmerzlichen

Trieb zu lieben in ein Vergnügen zu lieben umzufälschen dadurch, daß die im Vollzuge des uns vernichtenden und beseligenden Koits gewonnene Kenntnis von der bloßen Apparatur, die im innersten Heiligtum des Leibes das begleitende Blitzen und Donnern des erschienenen Gotts erzeugt, zu kalter Erzeugung der göttlichen Phänomene (bei stillschweigendem Verzicht auf das Erscheinen dessen, der allein sie legitimierte) verwendet wird: solch überlegenes Praktizieren mit *arcana* lag der eleusisch eingeweihten Laetitia-Demeter ebenso ferne, wie der Aphrodite Pandemos naheliegt, den Zustand zwischen Jungfrau und Mutter zu perennieren und als den eigentlich ewigweiblichen zu verkünden. Was Dich von Deiner Mutter abgründig trennt, ist nun nicht Schuld der Entwicklung vom Bessern zum Schlechtern, die in jedem Einzelfalle sich wieder zurückwickeln ließe, sondern die Katastrophe einer Zeitwende, deren achtlos übertretene Schwelle ich bin und deren ausgehängte, nun keinem Unheiligen mehr den Eintritt wehrende Tempeltüre Du bist. Wir wollen einander ohne Vorwürfe in das zerstörte geistige Antlitz sehn, wir gleichgraduierten Opfer an den eben geborenen Aion, obwohl keiner von uns beiden sich für ein Opfer hält, ja der eine sogar sich für glücklicher als den andern. Als Dein Vater endlich auch mit der zweiten Frau, Deiner bösen Stiefmutter, und zwar in der unanfechtbaren Form eines solennen Hinauswurfs mit Sack und Pack, Cicisbeo, Nichte, Zofe und Hund, fertig geworden und unmittelbar darauf mit Dir in die Korrespondenz eines Neuverliebten mit einer gemißhandelten und zu Recht erbosten alten Geliebten getreten war – er hätte einfach dem einem Vater schließlich viel verzeihenden Kinde schreiben können, hatte sich aber so schlecht gegen es betragen, daß er Dich nur als das schöne Weib ansprechen konnte: welch subtile Strafe für die Verletzung des vierten Gebotes von seiten der Eltern! –, erschien nach einer für einen ehemaligen Prätorianer schmählich langen Pause endlich Melitta auf der »Laetitia« wie ein Hotelgast, um ein solcher zu bleiben. Ich habe bei aller Freundlichkeit und Höflichkeit noch nie so wenig Verzeihung gesehen. Ich habe nicht geglaubt, daß irgendeiner lebt, der schon einen Millimeter unter der Haut von solcher Granithärte ist. Und ich weiß heute noch nicht, wie man's anstellt, sich so zu versteinern. Wie man die megärische Gabe besitzen kann, ohne Megäre zu werden. Das eben ist Dein Geheimnis. Nicht immer, aber manchmal, wenn Dein Vater einen Rückfall in den Vater tat, beliebte Dir, ihm die für immer verlorene Position in Erinnerung zu bringen, ihm die Vertraulichkeit zurückzuschicken wie dem Koch ein ungenießbares Gericht. Dann ergötztest Du Dich schadenfroh an dem fast irrsinnigen Aufflackern seines, ich möchte sagen, getretenen Blicks. Ein armer Hund und ein beleidigter Löwe erhoben sich da in unmöglich chimärischer Zwiegestalt; Jaulen und Brüllen dissonierten durch die Welt; ein eingezogner Schwanz und eine gesträubte Mähne erschienen statt des heraldischen Rätsels auf dem Schilde des Herrn Ritters von Rudigier. Ich wäre am liebsten aus dem Zimmer gerannt, sooft Du diesen Beweis einer auf dem Eis Deines Herzens wie Mammutfleisch frisch erhaltenen uralten Rache erbrachtest. Denn ab Herrn von Wissendrums Begräbnistage durfte ich ja die »Laetitia« betreten, das heißt, wurde mir, dem bereits auf der schwanken Klippe zum besseren Herrn balancierenden Bauern, eine den Adelseherhof samt allen seinen Gütern möglicherweise mehr als ersetzende Heimat gezeigt. Du dürftest Deinen Vater, wie so oft, so auch diesmal durch das Einmahnen seiner unbezahlbaren Schuld – wer, in drei Teufels Namen, hat Dich eigentlich auf diese aus einem gespaltenen Haar verfertigte Brücke zwischen dem Psychologischen und dem Ethischen geführt? – gezwungen haben, Vorurteil und Urteil fallen und dabei es bewenden zu lassen, einen gesellschaftlich unmöglichen Schwiegersohn anzustarren, was er, nachdem das irre Flackern in sich zusammengesunken war, mit gehorsamer Beharrlichkeit auch tat. Ich bin ihm ohne Zweifel als ein leibhafter Abgesandter des Irrationalen erschienen, und mit Recht als ein solcher: ich hätte ihm ja beispringen sollen gegen diese Gorgo von Tochter, die ihm das Hirn mit der grundfalschen und obendrein ganz unchristlichen Legende von einer unbezahlbaren Schuld verwüstete! (Nebenbei bemerkt: wie kann einer gegen die personifizierte Untreue treulos handeln? Würde sie nicht überrascht sein, wenn man ihr anders käme, als sie einem kommt? Und wenn sie wirklich nach dem Heiltrank, der für sie Gift ist oder Gift zu sein hätte, verlangte, wie könnten wir so verfälschte Natur lieben? Muß nicht, um die Phalanx Alexanders aufzubrechen, der oder jener persische Avantgardist möglichst viele ihrer Lanzen gegen seine Brust bündeln?) Aber: ich bin ja nicht weniger dominiert gewesen von Dir als Dein Vater! Und so erfüllten wir unser gemeinsames Schicksal in zwei einander bekämpfenden Lagern. Er mußte mich dulden, ich hinwiederum durfte sein ungerechtes Dulden nicht aufheben dadurch, daß ich ihm das Kreuz Till von der Seelenschulter genommen hätte. Ich liebte ja Dich und bin deswegen mit jeder Deiner Ungerechtigkeiten gegen wen immer einverstanden gewesen. Es kommt wenigen, die lieben, zu Sinn, daß sie mit der Vergöttlichung eines bis zum letzten Augenblick des vorangegangenen Nichtliebens fehlerhaften Menschen, von dem sie nicht wußten, nicht wissen konnten und niemals genau wissen werden, auf Grund welcher Vertrags-, Vertrauens- und Eidbrüche er in der entscheidenden, durch nichts Rationales bedingten Sekunde des Verliebens so frei gewesen ist, bis zum Verschenken des Leibes und der Seele frei zu sein; daß sie, sage ich, mit der Entgegennahme solcher Schenkung aus dem Blauen demselben bald größeren, bald kleineren Verbrechen stürmisch, mit aufeinanderklatschenden nackten Körpern, applaudieren, das über kurz oder lang an ihnen selber begangen werden wird, mit der nämlichen schamlosen Selbstverständlichkeit, die auch dem Augenblicke ihres Verliebens eigentümlich gewesen ist und bis zur Anmaßung eines religiösen Ergriffenseins geführt hat. Ich kann Dir genau sagen, wann ich zu Dir übergelaufen bin, wann ich meine damals mir noch unbewußte Zustimmung zu jeder Art von Fahnenflucht gegeben habe. Das ist auf dem Friedhof geschehen, als wir Herrn von Wissendrum begraben haben, gegen den so viel Häßliches gesagt worden und über den wirklich so wenig Schönes zu sagen gewesen ist. Du hast den Junker, an dem das Blut des von seinen Vorfahren bedenkenlos geübten *ius primae noctis* nie richtig trocken geworden war, immer gehaßt. Eben an seiner, ich möchte sagen, für Halbblinde großgedruckten Entartung erkannte die gleichfalls nicht mehr vollbegriffliche Amazone ihren unaufhaltbar nahenden Besieger: den die züchtige Demeter zum Vorbild eines Weibes erhoben habenden Mann. Verehrte Herr von Wissendrum die Keuschheit auch nur, um sie zu beflecken, die Jungfräulichkeit nur, um den ihr allein eigentümlichen Stolz zu brechen, so meinte er, mit einem allerdings nicht zu Ende gedachten Gedankengange, das genaue Gegenteil dessen, was Du, atheologisch wie er, in derselben Materie, gewissermaßen Wurm neben Wurm im nämlichen Apfel, meintest: die Unkeuschheit. Genau gehört, befindet Ihr Euch nur im Streite über einen, man weiß nicht recht, ob unbewußt oder absichtlich falsch gesetzten Beistrich, der den Sinn des Satzes nicht in Unsinn – was den Fall salomonisch vereinfachte –, sondern in einen neuen, überraschenden Sinn verwandelt, und wie man weiß, ist kein Streit erbitterter als der um Worte und um die richtige Setzung des Kommas! Beim Begräbnis des Herrn von Wissendrum stand ich auf Seite jener, die des armen Geisteskranken Tötung als einen Mord verurteilten, obwohl niemand sie so nannte, so hätte nennen dürfen. Denn Dein Vater hat nur getan, was sonst die Gendarmerie getan haben würde, nur weniger ehrenvoll für den Delinquenten. Trotzdem waren ich und einige der stillen Ansicht, daß man weder als Staat noch als Privatperson töten dürfe, und daß auch die wohlüberlegteste Anwendung des letzten Mittels nur der noch immer zu frühe Abbruch des echt christlichen Versuches sei, hinter der zu Genüge bekannten *ultima ratio* eine vollkommen neue *prima ratio* anzutreffen. Zwei der lautlosen Demonstranten sind gleich mir Soldat gewesen, und wir uniformen Drei dachten – hoffentlich kann ich, was wir dachten, aus dem Lakonismus des Einanderzublinzelns und Mit-dem-Ellenbogen-Stoßens in die viel leichter mißzuverstehende Sprache der genauen Ausdrücklichkeit übersetzen! – daß es bei einem Offizier, bei einem Gewohnheitskrieger also, wenn der seine Grenzen erreicht hat oder bedroht sieht, unbedingt zum Kurzschluß des Schießens kommen müsse, denn neunundneunzig Menschen von hundert reparieren jeden Fehler, wenn er nur im geringsten zu so spezifischer Behandlung sich eignet, mit dem Handwerkszeug, das sie hauptberuflich schwingen, und die Reparatur ist danach. Unter uns befand sich auch – wenn sein Vater nicht Dein Vater gewesen wäre, wär's nicht halb so toll gewesen! – mein Freund René, der eben damals zwischen zwei Fahrten über den Atlantik, die er teils euch, teils mir vorgetäuscht hatte, aus einem Enguerrand'schen Komposthaufen, wie trocknen Fußes gradwegs von den Antipoden kommend, aufgetaucht ist und dessen verblüffendes Unserer-Partei-Beitreten mir den Mut gegeben hat, von der Partei, die er genommen, zu der überzulaufen, die er natürlicherweise hätte nehmen sollen. O ich Tor, der ich in einen bodenlosen Philosophen wie René einen Stein geworfen habe, um von seinem Aufschlagen unten eine Bestätigung meines realen Tuns zu erhalten! Der gute René nämlich befand sich nur deswegen Schulter an Schulter mit uns gar nicht philosophischen Soldaten, weil er zu spät auf den Friedhof und von der Seite, der wir den Rücken kehrten, gekommen war, und weil er entweder über das offene Grab hätte springen oder den peinlich leeren Raum, den der Zeremoniendruck der drei Priester geschaffen, hätte queren müssen, um auf Eure Seite zu gelangen, wohin er gehörte und wohin er auch wollte. Und ich habe geglaubt, Euer Fleisch und Bein stimme mir zu, wie ich, wenn er unter Euch aufgetreten wäre, geglaubt haben würde, er stimmte Euch zu! Wenn durch einen *lapsus scribae* ein nichtalgebraisches Zeichen unter die algebraischen sich verliert, so ändert der Einschuß aus der Psychopathologie des Alltagslebens theoretisch nichts an Falsch oder Richtig der gezogenen Summe. Kurz und gut: so unbegreiflich Dir sein mag, daß die (obwohl gar nicht gegebene) Zustimmung Renés zu unserem Verhalten mir den Mut gab, dem Euren zuzustimmen –: es war so, und damit basta! Die echte Freundschaft, und sie allein nur, kann verursachen, daß man sich ihr auch entzieht, wie man die Mutter verläßt, um ein Mann zu werden, oder die Liebste, um die Krone des Himmels zu verdienen. Aufs Verlassen kommt es an! Auf etwas Negatives in dieser zu Negierung ihrer bestimmten Welt! Du siehst das beim Treppensteigen: verharrst Du, von einem Geräusche oder Anblick gebannt, auf der niederen Stufe, kannst Du die nächsthöhere nicht betreten. An der falschen Freundschaft oder Liebe hängt man viel stärker, und wenn man von der oder jener sich losreißt, dankt man das Überleben des schmerzlichen Bruchs nur sich selber, das heißt der Mitgift an natürlichen Heilkräften, nicht Impulsen zum Wahren, die ja von etwas Falschem gar nicht ausgehen können. Nun, dank diesem echt freundschaftlichen und schöpferischen Mißverständnisse, das für René, wie das meiste sonst auch, auf dem Monde geschah, den er zwar liebte, aber weder zur Erde zu ziehen noch zu erfliegen versuchte – worum Du und ich uns dauernd bemüht haben –, lief ich zu Euch über, angesichts der Kirche, in der wir, wie überhaupt nicht, nie jemals heiraten sollten, dreier Dörfer und halb Recklingens, vor denen allen ich, entlobter Schloßherr, mich nun nicht blicken lassen darf, und des offenen Grabes eines Mannes, dem ich – er lag noch auf der Bahre und maß mit dem stumpfen, dicken Maß des Sarges die Länge des ihm geraubten Lebens ab – die gedankliche Treue brach. Aber da drüben standest Du, die kraft einer Erpressung an Deinem Vater ihm mich aufgedrängt, die Du also soviel getan hast, als Liebe tun muß, um schuldig und damit Liebe zu werden; stand Dein Vater, dessen gelegentlich irrsinnig flakkerndes Blicken dem Feuerzeichen des Schiffbrüchigen auf ödem Eiland glich, einem Retter angezündet, den er weder im Sohn noch in der Tochter nahen sah, den er aber – und das wage ich gegen Dein Hohngelächter von heute zu behaupten – in mir gesehen hat, obwohl er nicht recht zu sehen geglaubt hat; kurz – –, und jetzt kommt mein Schuldgeständnis: was kümmern mich Überzeugung, Kameradschaft, Freundschaft in dem einen einzigen Augenblicke, der die streng determinierende Natur bis in die Freiheit der Gnade (wirklich oder scheinbar? auf die Praktik bleibt, wie sich's wirklich verhält, ohne Einfluß) sich erheben und uns, auf die abgekürzteste und unvergeßlichste Weise, den Schoß, den eigentlichen und den symbolischen, der Göttin und der Sippe, in dem wir zum Fleische unserer Kinder werden möchten, schauen läßt. Der Gedanke, je rigoroser umso tiefer, ertrinkt im Blut. Die Gegenwart mit allen ihren plötzlich staubbedeckten Eiden will ab morgen nichts als reingefegtes, kahles Geviert der Zukunft sein. Das Böse, um wenigstens punktuell gut zu sein, muß so viel Heroismus aufbringen, daß es kraft der Anstrengung, sein Gegenteil zu tun, fast gut wird. In diesem Satze, wenn Du ihn verstündest, hättest Du die Wahrheit über die Liebe, und in ihrem Lichte erkänntest Du die Selbsttäuschung, die möglich macht, daß wir lieben, also etwas eigentlich Unmögliches tun oder mit Erfolg tun zu können glauben. Wie tief Du, was jetzt ausgesprochen worden und weil es ausgesprochen worden ist (statt in der Verschwörersprache der Henide potentiell mitteilbar zu bleiben), nicht verstehst – weil die patriarchalisch-hierarchische Verfassung der Grammatik, die *in oboedientiam* gegen den Schöpfer dauernd eingehaltene Bezogenheit der Begriffe und der Satzteile aufeinander, Dir wider den Strich gehen, den unbewußten, nie bewußt zu machenden, der den Unterleib des Weibes von seinem Oberleibe so radikal trennt, daß beim besten Willen beide nicht miteinander kommunizieren können – will ich jetzt aus dem traurigen Schatze meiner Erinnerungen beweisen. Wir gingen einmal, um zu spazieren, aus dem Turme, in dem wir einander gerade sehr lieb gehabt hatten, und kamen an der Kartause vorbei. Du verlangtest einzutreten. Entweiht, wie sie gewesen ist nach der gewiß unkatholischen, aber doch großartigen Tat Brunos und seiner Mönche, achtete ich uns zweie, so kurz nach einem von der Kirche ebenfalls verpönten Akte, trotzdem nicht für würdig, auch die aufgegebene Wohnung Gottes zu betreten! Du aber spürtest nicht einmal die mindesten Vorwehen solcher Hemmung und zogst mich natürlich hinter Dir her. Du liebtest die Kunst, besonders die Baukunst; ich liebte – das weiß ich erst jetzt und auf den Knien! –, einen Tempel niederzureißen und in drei Tagen wieder zu errichten. Du sahst die Gotik, ich fühlte den Geist der Gotik. Dich entzückte das leere Schneckengehäuse der Vergangenheit (weil es durch Nichterfüllen eines Zwecks bei noch deutlich sichtbaren Spuren der Erfüllung eines solchen zum schönen Gegenstande geworden war); mich entsetzte das zwar nicht mehr von Segen und Gnaden, doch von allen Ermahnungen und Drohungen noch volle Gewölbe; denn die Entweihung verjagt nur Liebe und Vergebung, nicht den Zorn und die Strafe. Kurz und gut: der fundamentale Unterschied unserer beiden Naturen zeigte, wie das Astloch einer bretternen Wand den heimlich beobachtenden Nachbarn, mir sein Kyklopenauge. Noch das Nasse Deiner Küsse auf den Lippen, rang ich doch wie vom Monde her meine Arme nach Dir. Ein eben vom Blitz gespaltener Baum mag, wie gering auch sein Klaffen, als so für immer unüberbrückbar die Entfernung seiner Halbscheite voneinander empfinden. Wahrscheinlich zieht die Baumseele aus so gewissem Gefühle den einzig vernünftigen, uns beschämenden Schluß, sich aufzugeben! Nun soll der Mensch, was fallen will, nicht auch noch stoßen. Solange der Leib die Blitzschläge, die auf die Seele niederfahren, überraschenderweise überlebt, habe er – sagt er sich selbst, weil Gott es ihm sagt (mit der Stimme des gesunden Egoismus, die da unbedingt gehört werden muß) – die Sonne des Lebens ungetrübt scheinen zu lassen, als wäre in der Welt des Fleisches nichts Unterweltliches geschehn. Das hinwiederum ist unser Nichtkommunizieren des Oben mit dem Unten (um nämlich durch so hermetischen Verschluß des Kopfes wider die Wahrsagereien der *intestinae* diesem die ungestörte Einsicht in das Bessere zu ermöglichen, welch selber Verschluß des Unterleibs wider das Haupt Euch Weibern gestattet, die Auflehnung der Henide gegen den Gedanken zu einer immanenten und absoluten zu machen). Trotz des Blitzes nun, der in eine bodenlose Tiefe hinab und über eine Kluft von ungeheurer Breite hinweggeleuchtet hatte, faßte ich, von der Vernunft begeistert, die ja größer sein muß, als alle Naturdinge sind, und stärker als alle Umstände – anders sie als von den Dingen und Umständen gedacht angenommen werden müßte, die Rolle auch nur eines Dings oder Umstands spielend –, den Entschluß, die Weltraumtiefe und die Weltraumentfernung zwischen unseren Wesen auszufüllen beziehungsweise zu überbrücken mit Hilfe einer Erfindung, zu der die *materia* ich in Gestalt meines ganzen Selbsts beibringen wollte, Du die *forma* beizusteuern gehabt hättest dadurch, daß Du über die also verfestigte Distanz zu mir herüberkämest.

Diese Erfindung ist der Eid. Meine Physik hatte wahrhaftig keinen Grund, einen Eid zu verlangen, denn vor einer Stunde noch sind wir einander in den Armen gelegen. Die Metaphysik aber hat dauernd einen, gleichgültig, ob die Physik Grund zu einem Eide hat oder nicht; denn die Metaphysik ist ja schon vor der Schaffung unserer Naturen dagewesen und kennt ihren notwendigen Fall, wenn auch nicht seine Stunde. Sie glaubt nicht an jenen Eid, den die Physik geschworen zu haben glaubt, wenn sie *expressis corporibus* das Äußerste, einen Eid unnötig zu machen, getan hat. Sie glaubt keinem Beweise, der einen Eid ersetzen zu können meint oder gar stärker als ein Eid zu sein vorgibt; sie hält nämlich nichts von Beweisen, sondern alles vom Glauben. Sie weiß von Gott so gut wie nichts, viel, viel weniger jedenfalls als die ungläubigsten Geschöpfe wissen, und deswegen eben, weil sie weiß, daß sie so gut wie nichts weiß, ja auch nichts wissen kann, wirft sie auch den Anschein eines Wissens aus wie den paradoxen Ballast eines Sacks voll Schatten, um mit dem jähen Luftsprung des jeden zureichenden Grundes ledigen Glaubens unmittelbar ins innerste Gekröse des Himmels zu stoßen, was kein Wunder im Sinne der Aufhebung des Physikischen ist, sondern das durchaus rational vollziehbare Wunder der echten Demut. Die Metaphysik, Melitta – ob Du verstehst oder nicht, ist jetzt ohne Belang (Wir verstehen einander nicht mehr, und so ist gleichgültig, ob der Kopf des einen versteht, was der des andern denkt.); aber: ich habe zu bekennen! –, die Metaphysik glaubt nur an das Wort, genau an das also, woran Du nicht glaubst, was Dir als das Schemenhafteste von der Welt vorkommt und worüber Du Dein herrliches Hohngelächter aufschlägst aus voller, schönster Brust und aus orchideenrotem Munde, dem höllisch schwefelgelbe Staubgefäße entfahren und ein vaginaler Stempel. Worte! Worte! rufst Du mit dem unwiderleglichen, an sich kostbaren, weiter nichts bedeutenden Pathos des berühmten Matadors (sofern er reden würde, wie er sich gehabt), der die Arena betritt, nur um dem grausam neckischen Spiel der Banderilleros mit dem bereits blind rasenden Stier ein wohlgezieltes Ende zu bereiten, und die von Deinesgleichen, Mann, Weib, Kind, ameisenschwarz übervolle Arena strampelt tief in der Erde wie ein Vulkan Beifall Dir mit erzenen Füßen und schleudert Hüte, Blumen, Tücher und Fächer aus, Dich zu begraben in einem bei Euch seltenen Akte der Selbstlosigkeit unter jenen wertvollen Nichtigkeiten, um deren Besitz hintergangen und gehurt worden. Trotzdem ich also gar keinen Grund hatte, von Dir einen Eid zu verlangen und eben deswegen, weil ich keinen hatte, fest glaubte, Du würdest ihn ablegen (wenn ich auch nicht glaubte, Du würdest ihn halten; aber dieser Unglauben ist ja nur der selbstverständlich immer mittönende Generalbaß des Wissens der Physik von ihren unaufhebbaren Gesetzen, des unbewußten Wissens des beichtenden Sünders um sein Wiedersündigen, das also gerade, was den Versuch, es zu widerlegen, herausfordert), bat ich Dich – es war der Einfall eines vom Abstrakten Berauschten, der aber zum abstrakten Becher nur gegriffen hat, weil das Konkrete, eine geliebte Melitta, ihn zuvor berauscht hat und er des legalen Weges von da nach dort, von unten nach oben gewiß gewesen ist; es war also ein religiöser Einfall von der natürlichen Religiosität der alten Juden, die das πρότερον wegen des ὕστερον taten, nämlich: auf daß es Dir wohlergehe auf Erden!; es war also ein religiös recht unvollkommener Einfall, an seinem Platze im Advent und würdig eines Platon, nicht aber einem gemäß, der *post domini adventum* lebt und weiß, daß der griechische Logos im aramäischen Jordan getauft worden wie irgendein heutiges Baby –, bat ich Dich bei dem von Priestern, Laienbrüdern und zivilen Christen, also von allen drei Ständen der Kirche entweihten und verlassenen Muttergottesbilde, dem ob solchen Frevels die Herzwunde des Wunders jäh sich geschlossen hatte und jede Kraft fehlte, auch nur einen Heuhalm von Eid aufzuheben, zu schwören, daß Du mich liebst, immer lieben wirst und unter allen Umständen mir die Treue halten. Ich schwöre Dir, Melitta, daß ich genau gewußt habe, welch einen Unsinn ich redete, daß man auf die in so unsinniger Rede stehende Sache einen Eid nicht schwören könne. Wohl aber: daß man ihn, wenn er verlangt würde, trotzdem schwören müsse, weil er, Meineid zwar in Anbetracht jedes künftigen Augenblicks, mit bestem Gewissen (wenn man eins hat) für den gegenwärtigen abzulegen sei. Denn das wahre Gefühl kann nicht anders als glauben, daß es ewig daure. Und es ist keins, wenn es auch nur ein Gran vom Wissen um die solchen Überschwang enttäuschende Physik enthält. Mir antwortete Hohngelächter aus der Hölle des Unterleibs.«

(Aus einem ungeschriebenen Brief Tills an Melitta)

EINSAMKEIT Die echte Einsamkeit ist eine Buße, die man für fremdes Verschulden auf sich genommen hat, unbewußt der Bereitwilligkeit, sie auf sich zu nehmen, und unwissend der Akte des Auf-sich-Nehmens, wohl aber bewußt, und nur zu sehr, herkulischer Schultern, und beides immer zusammen ein Leben lang in jedem Augenblick. Die falsche Einsamkeit, die kraft eines Entschlusses an andern vollzieht, was nur von den andern an uns vollzogen werden soll, die, um Einsamkeit zu werden, ausschließt, statt – und ohne je Einsamkeit zu werden, gewollt zu haben – sich ausschließen zu lassen, hat immer ein Hybrides an sich. Weil aber dieses Hybride seine einmal wichtig gewesene Rolle ausgespielt hat, sind die Eremiten abgekommen und die Säulenheiligen von ihren Säulen gestiegen. Wir leben von innen, wo's unerschöpflich-abgründig-schöpferisch zugeht, nach außen, in welchem Außen weit weniger existiert, als dem Hochgang und der Unermüdbarkeit zufolge des inneren Zeugens existieren sollte, und können nichts dawider – und tun schon gar nichts dafür –, daß Enttäuschung über so beschränkte Vaterschaft unsere Miene verdüstert. Da ist was nicht in Ordnung! ruft die Wirklichkeit, mustert aber nicht sich mit strengem Blick, sondern uns, die wir sie für zu wenig wirklich, für einen zu geringen Effekt unserer gewaltigen Anstrengungen halten, denn eine Gewißheit lassen wir uns von ihr, die alle übrigen Gewißheiten uns geraubt hat, nicht rauben –: daß sie unser Kind ist, wenn auch ein mißratenes; daß wir für es verantwortlich sind, auch wenn es sich selbst verantworten zu können glaubt; und daß ein Kind, wenn allzu unähnlich es dem Vater sich findet, diesen Vater verstoßen darf, und wenn es ihn verstößt, wohl eine Schuld setzt, aber keine, die es als solche jemals einzusehen vermögen wird, noch abzubüßen. Wir, trotz unserer großen Affekte, unschuldig am zu geringen Effekte, der Effekt, wegen seiner Unvergleichbarkeit mit dem ihn verursacht habenden Affekte, ebenso unschuldig, und zwar an der Verstoßung des als Vater nicht anschaulich genug legitimierten Vaters: bestreite einer jetzt, daß unschuldige Schuld, als Schuld zu begleichen (unbedingt *et pereat mundus*), als unschuldige Schuld von niemandem zu begleichen, den fordert, der von Natur aus was von einem Erlöser hat – denn seit dem Erscheinen des Urerlösers muß seine menschliche Natur als in der Gesamtnatur zerstreut vorhanden gedacht werden –, und der allein daher unter den vielen und aufdringlich Seienden, und doch zu wenigen und zu wenig Seienden, fähig ist, die theoretische Bereinigung eines nicht kodifizierten und auch nicht kodifizierbaren Rechtsfalles mit höchster Anschaulichkeit – als handelte es sich um einen konkreten – und mit vernichtender Wirkung auf sich selber – als wäre ein wirkliches Urteil wider ihn erflossen – durchzuführen.

Einsamkeit Aus Angst und Schauder vor dem gestirnten Himmel über ihm und dem moralischen Gesetze in ihm, ist der Mensch ein also vergesellschaftetes Wesen worden, daß er, schuldig oder unschuldig, verstoßen, verbannt, vergessen, das Alleinsein erst lernen muß. Und er lernt es, wenn er am Leben wie und wo immer hängt mit all dem Widerwillen, der dem Nachholensollen vernachlässigter Aufgaben entgegenstrebt. Jene vielen aber – und es sind ihrer mehr, als man gerade noch zugeben möchte, als dem Rufe des Lebens guttut –, die das Sichbefinden im unqualifizierbaren Analphabetismus der schiefen Lage eines als schlecht qualifizierten Schülers vorziehn und damit über jede Art von Bildung, paradigmatisch, symbolisch und feierlich den Stab brechen, entwinden sich der Pflicht, im Exil zu vollbringen, was sie im Vaterlande nicht zu vollbringen vermocht haben, durch das Schlüsselloch des

Wahnsinns oder durch das Schußloch des Freitods. Und nicht nur alte Leute, deren schon versteinte Dummheit keinen Lehrer mehr hört, anerkennt, für nötig hält, nein, auch junge, denen – und das macht sie zu tragischen Figuren – nur durch ein Wunder, durch Erleuchtung, Begnadung bekannt werden könnte, daß die Leidenschaften daseingefährdende, ja oft alles künftig mögliche Sein verschüttende Eruptionen nicht einer verschuldeten, sondern einer organischen Unwissenheit sind, katastrophale Ausbrüche der in ihrem ersten Selbstgenusse schwer berauschenden Willensfreiheit, dieses Gottes- und Danaergeschenks. Allerdings ist diese organische Unwissenheit, die den Spieler des annoch blinden Sehens so leicht in jene Versenkung stürzen läßt, aus der die Chthonischen zu tauchen pflegen, auch der diskrete Schleier, der das blendende *donum dei* schonungsvoll verhüllt und so innig mit ihm verwachsen sich darstellt bei jedem Versuche der Lüftung, wie die blasse Haut mit dem roten Fleische. Es soll ja auch die um ihr Schicksal würfelnde Person die volle Person als ihren Einsatz leisten, keine Stellung außerhalb ihrer beziehen können und zwar der künftigen und überzeugten Zustimmung wegen zu den nicht mehr aufhebbaren Folgen des jetzt Gewirkten. Denn der Mensch verurteilt sich selbst, was sowohl seiner Würde als Ebenbild der Gottheit entspricht wie der Würde des Originals, dessen Allbarmherzigkeit im Schenken der Unsterblichkeit sich bekundet hat, nicht aber im Verzeihen des Unverzeihlichen sich bekunden wird. Wenn Gott einen Schatten würfe, könnte er doch nicht über denselben springen. Nun aber gibt des höchsten Wesens Ermangelung einer ihm als solchem nicht zukommenden, wiewohl sittlich vorzüglichen Eigenschaft dem nächst niederen Wesen, welchem gerade diese Eigenschaft eigentümlichster, unabdingbarer Besitz ist und eben deswegen, keine Möglichkeit, von der Gebundenheit an sein Gesetz an die Freiheit von diesem Gesetz zu appellieren; denn zwischen den Instanzen muß Artgleichheit herrschen.

EINSAMKEIT O erdmittelpunktwärts strömende Stille! Von den Wänden des Zimmers trieft das Übergeflossene der hinweggenommenen Zeit wie vom Brunnenrand, was der Krug nicht mehr gefaßt hat. Allein bin ich gleich einem Stern im Weltall. Das Bett, der Kasten, der Tisch, auf dem ich schreibe, sind nur die letzten Spuren Bettes, Kastens, Tisches. Und die Lampe, die mir scheint: vor Jahrmillionen schon ist sie erloschen. Nein, du täuschest mich nicht, vorgetäuschte Wirklichkeit! Ich weiß, daß du sehr lange brauchst, um endlich nicht zu sein! Daß ich mein Menschenleben in deinem letzten Atemzuge lebe! Im Nachsturz deines Todessturzes! Daß ich nur das Echo meiner selber bin, und daß diese Stille jene welträumliche Todesstille ist, die eben jetzt beginnt, mich einzuholen!

ELEND Die moralische Erscheinungsform der Lepra. Einziges *remedium*: die freiwillige Armut. Für die Bettelmönche, als sie zu Tausenden die Toskana durchfluteten und zu einer Art von frommen Pest geworden waren, hat es immer noch Brot gegeben. Zauber der Natur! Woher's die andern, viel weniger bibelwortgetreuen, doch nicht weniger evangelischen, genommen haben? Wahrscheinlich, aber ohne drum zu wissen und drum umso besser, aus dem Korbe des Knaben mit den zwei Fischen und den fünf Broten. Und es blieben, heißt es, noch übrig. Glaubt an Wunder, und alles ordnet sich auf vernünftige Weise! Durchs Joch des Absurden müßt ihr, sonst kommt ihr nie in die Freiheit!

ENGUERRAND Er lächelte damals, wie er auch heute noch bei einigen seiner Bemerkungen lächelt, um den in ihnen vorgefundenen Tiefsinn mit den Verständigen nächstenliebend zu halbieren und vor den Unverständigen unter einem bloß witzig erscheinenden Worte zu verbergen. Von Gott, zum Beispiel, sagte er, man könne von Ihm nur wie von einem derzeit Abwesenden reden, der aber demnächst wieder an unserem Tische Platz nehmen wird. Gleichsam mit der Uhr in der Hand, An-

und Abbruch der Zeitlosigkeit berechnend, führte er, im selben Atem, zwei Beweise: für Seine Nichtexistenz und für Seine Existenz. Der eine verkürze die Dauer der Leugnung durch die listig in sie hineingesäte Möglichkeit Seines plötzlichen Erscheinens, und der andere erschüttere heilsam den allzu sicheren Glauben an Seine immerwährende Gegenwart. Und sofort danach vernichtete er beide Beweise: es gäbe ja gar nicht jenen Tisch, denn: die Wirklichkeit reiche wohl von Ihm zu uns hinunter, nicht aber von uns zu Ihm hinauf. Er nannte dieses Vermischen der Erfahrungstatsachen mit den unerfahrbaren ewigen Dingen seine konziliante Theologie.

ENGUERRAND UND STRÜMPF In der Jugend schwebte Enguerrand – von der Ironie noch nicht wissend – ein Etwas über dem Erdboden der altertümlichen Stadt, wo er studierte. Schwimmend durch die Wissenschaft, rief Welle nach Welle ihm Lebewohl zu, und inniger mit Abschiednehmen dem Einzelnen verbunden als dem Ganzen, aus dem die Kameraden schluckweise tranken, während sie fest auf den Füßen vor dem Labsal standen, nahm er immer mehr an jener Wehmut zu, die unablösbar an allem Vergangenen haftet. Daher hat die Bildung, die er dort empfangen, einen tieferen Grad erreicht als bei den andern. Die alten Griechengötter, zum Beispiel, besaßen für ihn dieselbe Gegenwärtigkeit wie Jehova und der christliche Gott, und er verwirrte den Partner mit dem gleichen Glauben an diese wie an jene. Das Nicht-Sichentscheiden-Können verwandelte sich später in ein Nicht-Sichentscheiden-Wollen und verursachte das fast ständige Gebrauchen des ironischen Lächelns über jede Gewißheit. Mit Enguerrand verglichen ist Strümpf, der seinen Kopf in dem winzigen Näpfchen der Volksschulbildung gewaschen hat, von ironischen Elementen ärgsten Falles nur umsesssen, nicht, wie Enguerrand, besessen. Wenn der ernste, nie lächelnde Mann eine lange Allee, vom gegenüberliegenden Kloster unbewußt angeregt, zu einer Art halber Kirche verschneidet, so kann der Sinn seines Handelns, soferne den einer erriete, ihm wegen Nichtbegreifens desselben nicht mitgeteilt werden. Der Dämon nämlich des Ironischen hat eine Turmmauer um Strümpfens Verstand errichtet, die das Schließen von hier nach drüben verhindert. Er gleicht sohin einem Laien in der Kunst, der vor einem malerischen Motive steht, ohne den Pinsel zu ergreifen und das Entfernte auf die nahe Leinwand zu ziehen wie das Lamm auf den Altar, um für das Verdienen der eigenen Unsterblichkeit es zu opfern.

ERINNERN (in Italien) Was ich hier nicht vergessen kann, möchte ich dort erinnern, dort, im Lande der nach außen geschlagenen Seele, wo mein Unglück als ein neues Kunstwerk aus der weiterhin alt bleibenden Natur ersteht. Ich möchte aufhören, bloß nicht vergessen zu können, und anfangen dürfen, zu erinnern: wie der Herr über das Seine gebietet oder nicht gebietet, je nach Willen oder Unwillen, die kostbare Freiheit, zu tun, zu lassen, ungeteilt in den Händen haltend, nicht wie den Apfel, der schließlich gegessen wird, sondern wie den unverzehrbaren Reichsapfel, der die Macht des Kaisers über den Erdkreis, aber auch die Macht des Kaisers über sich selber versinnbildet. Auch dort, wo ich nur lebe, um zu erinnern, gestützt von Säulen ohne Kapitell, durch Sturz vom Sockel den alten Göttern gleich, als einer aus ihnen zu Mensch erniedrigt, als einer aus den Menschen zu ihnen erhöht, Geschichte und Klio, die sie schreibt, in einer Person, auch dort – weil der Anspruch der Vergangenheit auf Vergegenwärtigung nicht verjährt, weil es zu Nutz der Jenseitsfrommen den diesseitsfrommen Versuch des Unsterblichmachens geben muß, und also etwelche, die, obwohl zu Janusköpfigkeit geboren, nur zurück-, nicht vorwärtsschaun –, auch dort werde ich in die Frauen blikken, aber wie anders in dieses ganz andere denn hier, wo dank der nämlichen Sprache und Sitten sie wie mit den Schlüsseln der Stadt dem Eroberer entgegenkommen. Dort jedoch gehören die so mir, wie an sich fremde Frauen, die doppeltfremden, den auch fremden Männern, was auf ihre Schönheit noch die Schönheit des Bildes türmt, das bekanntlich zu allen spricht und zu keinem.

Erlebnis Das jetzige Erlebnis findet des künftigen Gebrauches wegen statt. Wie die an sich unschuldige Natur, trotz ihres Fressens und Gefressenwerdens, durch den Eintritt des Menschen – dessen höchste Art auf die Zähmung des Löwen und sein Zusammenleben mit dem Lamme hinzielt – eine moralische wird, so besteht die allerdings nur durch göttliche Führung zum hohen Ende gedeihende Größe des Heiligen im Widerstande von Anfang an gegen das Erlebnis. Wir andern hingegen neigen zu Dreivierteln von Leib und Seele dem jeweiligen Weibe zu und neigen daher auch, als sei dies das Selbstverständlichste, zum Hervorbringen von Geschichte, zuerst zur kleinen unsern und dann, im Vereine mit der ungeheuren Mehrzahl, zur Weltgeschichte. Die unerlaubten Liebschaften enden im verbotenen Ehebruche; das Hassen des Nebenbuhlers führt zum allgemeinen Kriege. Auf dem Grunde dieses wie jener liegt der gleiche Wille zu Geschichte, an deren Auswirkungen der Einzelne – und zu Masse geformt als Masse – sein Ich zu erkennen glaubt. Es gibt, was für diesen Glauben spricht, ein lückenloses Folgern der Wirkungen, eine genaue Grammatik der Gedanken und Taten, abgesehen vom ersten *error*, der allerdings einen Strich durchs Ganze macht. Sie ist es, die Grammatik Genannte, die das Werden unserer Persönlichkeit als ein von uns unabhängiges, zwanghaftes Phänomen festzustellen erlaubt, das wir, wegen des dann unstillbaren Hungers nach weiterm oder tieferem Daseinsraume, als ein wahres Monument des Ich empfinden, das übers großartigste Schlachtfeld noch hinausweist. Wer auch in diesem spätesten Augenblicke nicht umkehrt, wird unweigerlich ein Held. Der Politik, der Wissenschaft, der Künste. Das Viel-zu-Viel des Erlebens überwächst die Person, und das Herausarbeiten aus dem immer mehr zunehmenden Dickicht läßt, in vollkommener Umkehrung der leidigen Tatsache, die vergeblichen Anstrengungen als einen frischfröhlichen Schaffensprozeß erkennen.

Ernst Wenn du von der Wahrheit eines Gedankens überzeugt bist, ihrer dich überzeugt hast durch die gewissenhaftesten

Nachprüfungen, hüte dich doch und trotzdem, im Ernste zu glauben, die Wahrheit sei die Wahrheit. Du wärest, solches glaubend, dümmer als dein gescheiter Gedanke. Der Ernst – und nur um diesen (und in fernerer Sicht um deine Haltung auf ewig verlorenem Posten) handelt es sich, nicht um die Wahrheit, die, sollte es überhaupt eine geben, auch ohne dich existierte, und solltest gerade du und sollte kein anderer als diese oder jene sie erwiesen haben –, der Ernst, sagen wir, ist das Ruhn auf dem Lorbeer, der, obwohl verdient, im Augenblicke deines Niedersitzens und eben deswegen, schon wieder dir entzogen würde; ist der unerlaubte Aufenthalt des Boten, der eine entscheidende Nachricht, ihm unbekannt, zu überbringen hat, die nicht entscheidend wirkte, käme zum rechten Augenblicke sie zu spät. Aus einer arrogierten Machtvollkommenheit setzt der Ernst in der unaufhörlichen Bewegung, die wir sind, eine Pause, und als diese Pause ist der Ernst ein Etwas, das, weil es setzt, was es nicht gibt, auf die Wahrheit keinen Bezug haben kann. Man muß also den Ernst als den eigentlichen Sündenfall ins Direkte ansehn, als den kurzschlüssigen Versuch, eine unmögliche Gerade in einer gekrümmt-unendlichen Welt zu sein. Wie leicht wäre in dieser Welt zu leben, wenn wir bei der Wahrheit uns beruhigen dürften! Leider macht der Ernst, den wir mit der Wahrheit machen müßten, diese Beruhigung unmöglich.

Ernst (weiblicher) Die Frauen haben einen Ernst – er kann auch Hans oder Karl heißen –, vor dem man am besten schnell kapituliert. Wenn einer der Phallus aus den Augen ragt wie eines der plastisch gemalten Dinge, auf die des Apelles unzüchtige Vögel fliegen, so besprenge man sich gläubig mit dem Weihwasser der Ratio und mache man einen langen Spaziergang durch eine möglichst euklidische Landschaft. Während desselben werden die dritte Dimension und die andern etwa noch möglichen Dimensionen wieder sich beruhigen.

ERWARTUNG Wenn im Augenblick des Sonnenaufgangs die ihren gräflichen Erlöser erwartenden Dienstleute – allerdings viel zu früh, aber an ihrem großen Vorsprung ist der Morgenzug schuld, der einzige des Tages, richtiger: der Nacht; der andere geht gegen Abend; erst später wird ein dritter eingeschoben werden; mit dem reist dann die Familie Murmelsteeg – unsern schlichten, nur innen prachtvoll strahlenden (damals noch strahlenden) Herrn Till für den Helios ansehn – welchen Namen sie nie gehört haben, jedenfalls nicht in Zusammenhang mit seinem rechtmäßigen Träger: wie auch sollten Jupiterlampen, Apollokerzen, Dianafranzbranntwein und andere andern Olympiern nachgesagte Erfindungen einen ungebildeten Ungläubigen industriell erzeugte Götterlästerungen vermuten lassen? –, sind sie da nicht, vom schönsten Schrecken, den es gibt, vor den Kopf gestoßen, auf die zur heutigen Menschheit nächstuntere Stufe, auf die erst des Erahnens einer oberen Welt – und so auch von Bewohnern derselben –, auf die heidnische, zurückgetreten, wie der Maler vom Modelle oder Motive zurücktritt, um es, das allzu bekannt in der Nähe – jetzt zum Beispiel der bäurische Bursche –; aus jener nur einige Meter messenden und doch sternweiten Entfernung als das Ganz-Andere zu erkennen, das allein ja Gegenstand von Kunst und Theologie sein kann? Was weiß ein Gewohnheitsmonotheist, der als solcher um den wahren Gott, weil der bereits inthronisiert ist, nicht mehr sich kümmert oder kraft seines Glaubens glaubt, nicht mehr sich kümmern zu müssen – obwohl Er doch stündlich millionenmal abgesetzt wird! –, was also weiß ein Gewohnheitsmonotheist oder -bürger, deren beider Credo ans Königtum die Möglichkeit von Rebellionen ausschließt, vom anschaulichen Nichtwissen der Götzendiener oder Zigeuner, das, wie alles Kindheitliche, seiner grausamen Erhellung adventisch entgegengeht? Was von der innersten Angst einer wie immer träumenden Welt – ruhig, unruhig, beseligt, gequält: gleichviel! Es handelt sich um den Traum als die eigentliche Form ihres Lebens, nicht um seine wechselnden Inhalte – vor dem Erwachen? Was von der Furcht der fleischigen Bilder vor den Wüstenlöwen der Abstraktionen, die lautlos brüllend nahen, sie zu metzgern? Diese einfachen Leute, lebend in der christlichen Form des Atheismus – die Erlösung ist geschehen. Was Großartigeres kann noch gehofft werden? Der bereits erschienene Messias hat alle Zukunft entleert! Bleiben zu erwarten mit der nämlichen großen Inbrunst nur die kleinen Überraschungen jeglichen Tages: so entsteht die Lebensfrömmigkeit! –, haben wieder eine höchste Autorität gefunden. (Als ob es mehrere höchste Autoritäten gäbe! Aber auf dieser unaristotelischen Annahme beruht ja die späte, die bloß psychologische Heidnischkeit, dank oder schuld welcher der von oben, vom unanschaulichen Sein des Seins herab gelangweilte Mensch unten im alten und wieder einzigen Spannungsfelde herumgeht, suchend, wen er vergotten könne.) Daß sie nicht der Graf ist, also die weltliche, nicht der ewige Greis mit dem weißen Bart über den Wolken, also die geistliche, sondern ihre Gestalt hat, die – wie man wohl schon sieht – sehr komplizierte der einfachen Leute, nicht nur Mensch ist – das wäre zuviel und zuwenig –, sondern Mitmensch, Teilnehmer an derselben gesellschaftlichen Situation – in welcher Gemeinsamkeit bei abgründiger Verschiedenheit ihrer Personen und jener Person die absolute Glaubwürdigkeit dessen, was Unglaubliches sie sagen, die unbedingte Vorbildlichkeit dessen, was sie tun wird, schon samenhaft liegt –: ja, es gibt noch ein anderes Unverstehbares, es gibt eine Liebe auf den ersten Blick auch *in ethicis* und *in religiosis*! Ob im augenblicklichen Erlöser eine Theologie steckt oder ein soziales Programm: jene oder dieses werden die Späteren, je nach ihrem ebenfalls augenblicklichen, doch nicht mehr unmittelbaren Bedürfnisse ihm enträtseln. Die zu ihm Erstigen erliegen ihm ohne zweitigen Grund. Ohne ein Los erworben zu haben, machen sie den Haupttreffer. (Glückliche Apostel!) Sie geben sich hin, um sich hinzugeben. Die Idee der Hingabe hat sich herabgelassen! Kein Zweck ist mit ihr verbunden!

Essay Um soviel gescheiter einer zu sein glaubt, um soviel dümmer ist er. Die wahre Intelligenz erscheint niemals in ihrer durchsichtigen Nacktheit, sondern immer in schamhafter Verkleidung, nicht als Gedanke, sondern als Bild. Man verrät ihr Geheimnis und mißbraucht die ihr zugeteilte Gnade einer alles umgreifenden Potenz, wenn man das Beil, statt mit ihm Bäume zu fällen, an einem bloß gedachten Baume demonstrieren läßt, wie man Bäume fällt. Der Mystiker und der Dichter gehen schnurstracks in den Wald und schreiben nicht Sätze wie diese, die im selben Zuge den Fehler, den sie rügen, begehn.

EXISTENZ Nach vielem Regen, der sie nicht löschen, nach vielem Schnee, der sie nicht begraben konnte, fällt eines unvermuteten Tags (und in einer fünften Jahreszeit, für die ein Name erst gefunden werden muß) der historische Staub auf Tills Liebe zu Melitta, und diese große Liebe wird nicht etwa langsam kleiner, wie ein abschiedwinkendes weißes Tüchlein, sondern streckt sofort in all ihrer Länge als Figur auf ihren Sarkophag sich hin und ist totes Erz. Till, der mit einem Schnitte aus dem Nürnberger Bilderbogen des allmütterlichen Zusammenhangs gelöste Ritter oder Reiter, mag und darf ob des dem Mannawunder verwandten Wunders sich verwundern: daß dem Es gelungen, was ihm nicht gelungen ist. Das Überwinden nämlich, zu dem wahrlich er – wir wissen's – keinen Muskel angespannt hat. Und obwohl wir's wissen, wissen wir's doch besser, wir Materiologen, für die nichts draußen ist, was nicht drinnen gewesen. Ab Finger-, Zehen-, Nasenspitze, ab Scheitel, Ferse, Ellenbogen und Brustwarze beginnt das Nihil oder jene kaum mehr Materie zu nennende Materie, die aber immerhin noch genug Materie besitzt, um das Nihil überzeugend darzustellen; beginnen das Weltraumdunkel und die Weltraumuntätigkeit, herrscht Sabbath jeglichen Tag. Alles, was den Menschen leben und alles, was ihn sterben macht, was er jetzt liebt und dereinst nicht mehr lieben wird, die Schwäche, sich bezaubern zu lassen (die er für Stärke hält) und die Stärke, sich zu entzaubern (die er nicht zu besitzen glaubt): alles das enthält der Mensch. Aber er weiß im rechten Augenblick, der auch der unrechte sein kann, ohne aufzuhören, der rechte zu sein, niemals, was er nicht wissen darf. Das Selbstdurchschauen sich verboten zu haben, aus dem Mund eines Gottes und in Gestalt eines verwünschten Apfels, damals im Paradies der Befangenheit, ist die Schöpfung jener Bedingung gewesen, unter welcher allein, wenn erfüllt, für eine ebenso gewisse wie ungewisse zeitliche Dauer, das wunderbare oder wunderliche Existieren des in der problemlosen Ordnung des Universums gewissermaßen nicht vorgesehenen Wesens Mensch möglich wird, als eine zitternde Freude, auch im Schmerz, als ein eigentlich unerlaubtes, mit Hilfe nur der Kunst und der Zauberei, besonders der Kunst und Zauberei der Dialektik immer wieder zu rettendes, von der legitimen Natur mit Feindseligkeit überwachtes Existieren. Über des Menschen Inneres also, wodrinnen seine Mechanik hämmert, klappert und schnurrt, fließt unaufhörlich der von ihr gewobne dichte Vorhang und verbirgt so gut die ihn erzeugende Maschine, daß er urheberlos erscheint und das Vorhandensein einer Mechanik nur spekulativ erschlossen, sie selber niemals angeschaut werden kann mit dem nackten Auge, zu schweigen von der Unmöglichkeit, einen Beweis zu finden für einen Erfinder der Maschine: das Größeste an Gott ist seine absolute Verborgenheit. Wer verzweifelt, jemals in sie zu dringen, der glaubt, hat Hoffnung und die wahre Liebe. Die Ihn zugänglich machen, glauben wohl auch, aber zu sehr, nämlich wie an ein Ding der Erscheinungswelt, das sie sehen oder gesehen zu haben meinen. Ihnen fehlen die grundlose Hoffnung und die aussichtslose Liebe. Als Till angehoben hat zu lieben, im selben Augenblicke hat er auch angehoben zu überwinden. Weißes Pferd und schwarzes Pferd zogen in kontrapunktischem Trabe an dem hochzeitlichen Wagen, der, ob so dauernd synkopischer Erschütterung, dauernd zerfiel, doch sich beisammenhielt dank der allgemeinen Fähigkeit abgewerkelter Bestandteile, ihre Gemeinfunktion länger auszuüben, als nach der Rechnung des Technikers sie imstande sein sollten, und dank der besonderen Rolle, die als Trägheitsmoment eine regelmäßig fortgesetzte Bewegung spielt. Manifest aber wird der latente Zerfall durch den Ruck, womit eine objektive Gewalt, richtiger: die als eine objektive getarnte der Überwindungskomponente das Vehikel stillestehen macht. Der Mensch also frißt sich selber auf, ist Maul zugleich und Nahrung, Schlingen und Zu-Verschlingendes. Gleichgültig, was zuerst das Auf und Nieder des ein und selben nicht ans Licht des rationalen Tags fördert, was zuerst und in welchem aus tiefster Tiefe steigenden Eimer nicht drinnen ist: das (immer künstliche) Gebiß oder der (immer künstliche) Knochen. Wenn aus einem äußeren Grunde, der ein meisterhaft dissimulierter innerer, die dialektische Hin- und Herbewegtheit seines Nichts, die er zum Schaum eines Ichs geschlagen hat, der absoluten Windstille weicht, so stirbt der Mensch. Welch ein Afterbild vom Ebenbild der Gottheit scheinen wir da gemalt zu haben! Diejenigen, die auf einen längst verwirkten Adel heute noch eitel sind und besten Willens, doch weniger guten Verstandes, *ad maiorem dei patris ac creatoris gloriam* in das *peccatum subtile* eines an sich berechtigten, aber für die Dauer von Zeit gesperrten Stolzes fallen, werden es ein solches nennen müssen. Wir hingegen, die wir zur Linken auf dem einen Bein gehen, das wir uns selber stellen, zur Rechten auf dem Pferdefuße, den uns der Nächste zeigt – statt Zähne, Zunge oder nacktes Hinterteil, wie auf der niedersten Ebene üblich, wo so wenig gedacht wird, daß alles getan werden muß –, wir Depossedierten und Exilierten, wir Erbsünder fragen (rhetorisch): Auch wenn sie weiß, wer Modell zu ihr gestanden hat, die Kreatur, ziemt ihr was anderes, als in die tiefste Betrübnis zu versinken? Kann einer, der echte Religion besitzt und also zuvörderst, aber auch in einem jeden folgenden Augenblick gegen den Schöpfer sich abgrenzen will, um ihm so auf die einzig mögliche und saubere Weise, die rationale nämlich, die Ehre des reinen Geistes zu zollen, der er ist (und *implicite* dem Geiste überhaupt die Ehre des allein wahrhaft Existenten), kann der, nach allem Unguten, das er schon abgelegt hat, noch etwas Besseres ablegen als das demütige Bekenntnis zur totalen Physik, in der geschieht, was immer nur zu geschehen vermag, der Satz und der Gegensatz, das Unüberwindbare und doch zu Überwindende, der Eid und der Bruch des Eides, das Mögliche und das Unmögliche, das

Edle und das Schändliche, sogar das Wunder. Insoferne nämlich das Wunder immer durch einen Menschen gewirkt wird (nicht von ihm), welchem Menschen der Schöpfer und Schutzherr der Physik die Schuld an der aufgehobenen Physik überbürdet, damit, was Wunderbares geschehe, in der Physik und durch eine Physik geschähe. So tut er dar, daß auch die Aufhebung der Physik noch mit ihren eigenen Mitteln zu bewerkstelligen ist.

FAMILIE (Die eine Ansicht) Vom festen Ort des mönchischen Lebens aus gesehen, von der einzigen Rettungsinsel im Ozean zwischen den Kontinenten Diesseits und Jenseits, erscheint das laiische, auch das geordnetste, als der hoffnungslose Versuch, mit dem Poseidon um die Wette zu schwimmen. Was immer an sittlichen Kräften die Laien aufbieten, ist bestenfalls großartig unzuständig dem Gotte gegenüber. Als gemeine Soldaten der *ecclesia militans* schießen sie oft trefflich, aber immer aus einer belagerten Stadt, in der schon *ab urbe condita* das Trojanische Pferd steht. Der monastischen Ordnung erstes grundlegendes Handeln ist das Zurückdrängen der Zufälle auf das unvermeidliche Minimum. Das Maximum liegt beim Genius, dem alle vorgefundene Unordnung zum Stoffe wird, daraus er bildet, und beim Verbrecher, der von ihr gebildet wird. Gemessen an diesen Zweien, die dem Feind sich stellen, der *tamquam leo rugiens circuit, quaerens quem devoret* – der eine mit dem Stab des Marschalls, der andere mit dem Stocke des Kustoden im Tornister –, leben die übrigen Laien fern vom eigentlichen Schlachtfelde, in einem Frieden, der keinem datierbaren Friedensentschlusse entsprungen, sondern irgendwann einmal, in vorhistorischer Zeit, von der Art für das Individuum errungen worden ist; daher dieses, seit ebenfalls unvordenklichen Zeiten, von seinem besten Teile den Zehnten an jene Schutzmacht zahlt. So kommt denn, daß ein weltlicher Mensch um so weniger er selbst ist, je mehr er seinem Stande genugtut. Er befindet sich nicht im Hause, wenn es brennt, nicht im Keller, wenn der Wein aus dem Fasse rinnt, nicht im eigenen Kopfe, wenn er denkt, sondern im Amte, im Geschäfte – welches auch das eheliche Schlafgemach sein kann –, bei den Begriffen, die eben während dieser seiner Geistesabwesenheit gewirklicht werden. Er befindet sich demnach im Zustande schwächster, auf ihr doch Vorhanden- und Tätigsein also nicht hinzuweisen vermögender Produktivität, der halbgare, nirgendwohin zu verortende, geschlechtslose Werke entschlüpfen, die nach vergeblichem Aspirieren auf die Stellung eines logischen Kettengliedes zu ihrem unwissentlichen Urheber zurücktendieren und eines schönen oder unschönen Tages entweder festlich gekleidet zum Essen des besten Kalbs oder in Fetzen von peinlichster Überraschung, immer aber als legitim verlorene Söhne vor dem illegitimen Vater stehen. Ihr aller Name ist: Zufall. Sie gehören zwar nicht zur Familie, zu den wenigen bewußt gezeugten Kindern und den Wahlverwandten des nämlichen Kollektivs, sind aber die eigentlichen Bereicherer desselben und die vorzüglichsten Garanten seiner zeitlichen Unsterblichkeit und zwar deswegen, weil weder ihrer Hervorbringung noch ihrem Sichfortpflanzen ein Ende gemacht werden kann, es sei denn durch das energische Wiederverschließen von Fortunas Füllhorn und Pandoras Büchse. Hiezu aber bedarf es des mönchisch athletischen Arms.

FAMILIE (Die andere Ansicht) Nun aber gibt es Männer, die im Unterschiede zu den eigentlichen Männern, zu denen nämlich, die von Dezision zu Dezision eilen, oder wenigstens fest glauben, sie zögen durch ihr und ihrer Nächsten Leben jederzeit die kürzeste Linie zwischen zwei inappellablen Urteilen, und auch glauben, eine solche sei zu ziehn, andere Männer also, die, von der Unvollständigkeit auch des genauest erforschten Tatbestandes überzeugt, das Unvollendbare unvollendet lassen und, statt von Urteil zu Urteil, von Idealität zu Idealität eilen wie die Museumsbesucher von Bild zu Bild, von Statue zu Statue, nicht aber wie diese unwissend ihres richtigen Verhaltens – weswegen die Belohnung für dasselbe, vom überreif abfallenden Apfel auf den Kopf getroffen zu werden, ausbleibt (denn das

Blitzen der Erleuchtung ist an das Dunkel vorher und an das Dunkel nachher gebunden) –, sondern sehr wohl wissend, daß die flüchtige Besichtigung des Konkretierten die diesem zukommende. Steht nun ein solcher Mann auf solcher Höhe seiner Beschäftigung, so sieht er sein privates Leben als ein Feld von solchen Trümmern unter ihm liegen, die zwar ein sinnvolles Bearbeitetwordensein erkennen lassen, aber doch nie jemals einem vernünftigen Ganzen angehört haben. Angesichts einer Zerstörung, die nur dem Sprachgebrauch nach eine ist, kommt er zu dem Schlusse, daß er infolge seines dauernden Drängens zum Absoluten die Relativitäten um fast alle ihre guten Rechte gebracht hat. Deswegen zeigen sie ihm mit dem nämlichen stummen Vorwurf, den die bettelnden Kriegsopfer für jeden, der heil und reich ihre hockende Front abschreitet, im Auge haben, nur die rauhe Stelle, von der das ungebaute Gebäude trotzdem gebrochen worden ist oder gebrochen worden zu sein scheint – was im Effekte das gleiche –, und die wie der Schmerz selbst wirkt, der auch von seiner Ursache verlassene Schmerz, der Schmerz als seine unaufhörlich leidende Idee. Schauend in dem flimmernden Steinbruche das tränenüberrieselte Antlitz der Kreatur, erkennt er weiter, daß er nie wie ein Liebender, wie ein Gatte, wie ein Vater gehandelt hat, die Geliebte, die Gattin, die Kinder hingegen stets als Kinder, als Gattin und als Geliebte gehandelt haben, nämlich ohne jemals ihn am Dekalog zu messen oder an einem unerbittlichen Philosophen; so sehr war er seiner Geschöpfe Gott, wenn auch ein heidnischer. Aber das Wesen des Gottes tut dem Wesen der Frömmigkeit keinen Abbruch; daher alle gerettet werden, die geglaubt haben, doch keiner gerettet wird, der einen falschen echten Glauben gestiftet hat.

FAMILIE Was also ein wie beschriebener Liebhaber, Gatte, Vater den Seinen hat geben, genauer, ihnen hat aufdrängen wollen mit der von einem hohen Denkmalsockel herab Platz und Umgegend des Platzes gebieterisch geometrisierenden Hand eines Anwalts nicht gefährdeter, weil für sich selbst sorgender

Gesetze, eines Propheten der nur durch Zölibatäre gültig redenden Gottheit, eines Ordners von Angelegenheiten, die in Unordnung liegen müssen – denn: lägen sie nicht in derselben, wären sie ein von einem Blasbalgwind bewegtes Papierblumenfeld –, das ist eben das gerade nach ihm nicht zuständige Absolute gewesen, dessen Forderungen nur an den sich richten, aus dem sie tönen, aber, an andere gestellt, den Lebensnerv durchschneiden, scharfen, schrillen Lautes, mit welchem diese andern mit ihm zusammenhängen. Trotzdem beschenken diese Andern, in frommer Verkennung seiner von ihm verkannten Natur, jenen Einen weiter, und länger als ohne Gegengabe möglich oder vernünftig scheint. Ihre Aufgabe nämlich, von der sie nur schwer ablassen können, ist: die Nähe zu schaffen, das mit einem Blick Überblickbare, die Wärme des Herds und des morgendlich frischen Brotes; die überraschende Neuheit in jedem neuen Geschehen, die Unerschöpflichkeit der Wirklichungen darzutun und ihr Zurückgeführtwerden auf die Ideen mit allen Sinnenkräften zu verhindern.

Familie Traue keinem Familienmenschen! Früher oder später wird er dich seiner Frau, seinen Kindern, seiner Großmutter und – wenn noch ein bißchen Fleisch an deinen Knochen klebt – seinen Vettern und Muhmen zum Fraße vorwerfen, und umso erbarmungsloser, je weniger Exemplare deiner Art auf der Erde herumlaufen. Denn der selteneren Wesen sowohl Verdammungs- wie Begnadigungschance sind – in der Regel zwar halten zeitlebens sie einander die Waage –: daß als erstes Gebot das vierte übertreten wird, als zweites folgerichtig das sechste, daß aber trotzdem oder vielleicht gerade deswegen die Sichversündiger wider die beiden eine reißende Neigung – mehr natürlich die des baufälligen Hauses zum Schutthaufen als des Chaos zum Kosmos – zum zölibatären Leben haben. Um keinen Preis jedenfalls wollen sie wieder zurück ins Blut tauchen. Wie Ulyß, eben erst dem Zorn Poseidons entrinnend, schon Nausikaa erblickt, die wider die eine Materie ganz andere Materie, so lernen auch sie ihre Nausikaa kennen, das zu den andern Weibern ganz andere Weib, das absolut fremde, mit dem man alles gemein haben kann und das Entlegenste dicht beisammen, die tiefste Verworfenheit und die höchste Bildung, aber nur keine Kinder, also nichts zwischen den Extremen, also kein einander Verstehn, das mit dem Auge zweier Begeher und Verheimlicher desselben Deliktes zwinkert. Davon haben die Väter eine beunruhigende Ahnung. An diesen zwo zum Auseinandergehen bestimmten Gestalten, denen die Sprache ihre schmerzlichsten Worte dankt – anders sie nur welche für alle Arten der Gemeinheit und des Glückes hätte –, ermessen die Väter – wenn sie noch messen können, Arm und Elle zu erheben wagen wider das Ikonenaugengestarre der allgegenwärtigen Familie –, daß sie Werke gezeugt haben, als sie weder bei sich noch wirklich außer sich, sondern im Weib gewesen sind wie nur beim nächsten Nachbarn, um Karten zu spielen, zu tratschen, Bier zu trinken oder, wie der malende Dilettant in der kritikfreien Lust, zu malen, also nicht bedroht, aber auch nicht beachtet und schon gar nicht verachtet von den strengen Grundsätzen der Kunst. Das vergessen sie dir nicht, die Väter, daß du bis zum letzten Kuß der Muse genau gewußt hast, wie's zugegangen ist, daß du Zeit deines Werkes im lautersten Sonnenlicht hantiert hast wie die Spitzenklöpplerinnen vor ihren sauberen Häuschen. Und soviel wissen sie, die väterlichen Laien, sogar von der Kunst, daß ein mißlungenes Gedicht kein mißlungener Sohn ist, daß es nicht wie dieser eines häßlichen Tages vor seinen Erzeuger hintreten kann und sagen: Wie konntest du nur einen solchen Lumpen machen wie mich, der du doch ein ehrsamer Mann bist? Was wird er erwidern, der Erzeuger? Daß das Ziehen der Niete und der Verlust des Einsatzes die Risken des familiären Lotteriespiels sind? Daß er der eigentlich bildenden Vorsehung nur den Lehm geliefert hat? Daß aus seiner Werkstatt nur etwa ein Viertel des Buben stammt? Die übrigen drei Viertel aber von den schwatzenden Parzen nachlässig zusammengesponnen worden sind? Nun, er würde sich selber aufheben, wenn er solches sagte. Ja, wenn er nur wüßte, was gesagt werden könnte! Also schweigt er. Einfach: wenn er nicht zu antworten weiß. Zwiefach: wenn er auch weiß, was er nicht antworten darf. Das eine Schweigen macht den Schoß der Familie zum Himmel ungeborener, das andere zum Grab heimlich abgewürgter Erkenntnisse. Du aber bist Beispiel einer Ordnung, wie sie ohne Körper herrschte, ein schwaches Beispiel, gewiß, denn du selbst hast einen Körper, aber: das Beispiel, wie man mit einem heute lasterhaften, morgen keuschen Körper, wie man mit einem so brüchigen Holzbein von Körper an der Seele durchs Leben hinkt, hinkt und doch vorwärtskommt, und zwar unter der strengsten agonalen Bedingung des Vorwärtskommens, nämlich: daß wir sonst zu sicher Siegende unser eigenes Hindernis seien, dieses Beispiel gibst du! »Man kämpft und siegt nicht, man kämpft und fällt nicht in der rechten Kategorie, wenn man das ungelernte Leben – das uns auf ein Wissen prüft, das wir erst nach nichtbestandener Prüfung besitzen – zu einem Hörsaal höherer Einsichten verengt!« rufen da die Väter, diese eigentlichen und legitimen Hervorbringer des unvorhergesehen Eintreffenden, der Geschehnisse ohne zureichenden Grund, der Femegerichtshöfe und ihrer inappellablen Urteile und der jenseits von Verdientheit niedergehenden Ordensregengüsse. Mit der unendlich langen Hebelstange nämlich des konsequenten Nichtdenkens der Konsequenzen ihrer Setzungen heben sie wieder die echten alten Fata aus den vom himmelfahrenden Christus dereinst verschütteten Fall- und Schatzgruben eines dämonischen Universums, zum Hause der Atriden machend so manch zeitgenössisch aufgeklärtes Haus.

FASCINUM Diejenigen, die faszinieren oder fasziniert sind, wissen in der Regel nicht und haben es, dank Gott Priap, nicht nötig zu wissen, daß sie faszinieren und fasziniert wurden durch das *fascinum*, auf deutsch: durch das männliche Glied. Und nun, nach unserer Übersetzertat, wage es noch eine Dame, in Gesellschaft zu behaupten, sie sei von wem (aber auch von was) fasziniert! Es ist selbstverständlich nicht Bosheit, die uns zwingt, in das ohnehin nur ephemere weibliche Geplauder eine Hemmung einzuführen und zwar eine solche, auf deren Wirkungskraft wir uns absolut verlassen können. Nein, uns ist aus zwei sehr ernsten Gründen um eine unbedingt sichere Wirkung zu tun. Erstens möchten wir den Bezirk der Schamhaftigkeit erweitern, welches Ziel dadurch bestimmt erreicht wird, daß wir ein nicht mehr in seinem Sinn gebrauchtes Wort wieder mit seinem Sinn beladen und in die Wüste Tabu schicken wie die alten Juden den mit ihren Sünden beladenen Bock, zweitens würden wir nur zu gerne für das ungenaue und daher nicht verpflichtende, meistens auch verlogene und ordinäre Bekenntnis zum priapischen Gott ein solches setzen – *in usum* derer, die es noch nötig haben –, das legalisierende Kraft hat, das heißt, einmal ausgesprochen, nicht die geringste Unklarheit über das Gemeinte zurückläßt und kein Zurück gestattet, so etwas also wie eine dezidierte Eidesformel der Fleischessünde.

FLUCHEN Nun ist genug geflucht worden! Unsere Lippen sind müde, unsere Seele ist es auch, und an dem Tatbestande, der sie zum Fluchen gebracht hat, haben wir nicht das Mindeste geändert. Was nützen also die beim Fluchen gewonnenen Einsichten, wenn aus ihnen nur die Übereinsicht gewonnen wird, daß sie nichts nützen, nichts nützen können, ja, auch nichts nützen dürfen? Macht das Denken, mit einem so lebendigen Objekte wie dem Weibe beschäftigt, nicht jene Schulbeispielerfahrung, die gerade an einem abstrakten Objekte es nicht macht, daß nämlich durch das Denken nichts bewegt wird, nichts sonst als wieder ein Denken, nie aber eine Feder oder ein Staubkörnchen an dem, was alle die so sehr bewegten Denker zusammengenommen gemeint haben, während sie gedacht haben. Wenn die reine Philosophie – für welche aber die wenigsten Philosophen rein genug sind – von immer mehr Leuten verlassen wird, so hat der Abmarsch in die Praktik seinen Grund in dieser Leute schon langem, geheimem, vielleicht auch gar nicht eingestandenem Beschäftigtsein, statt mit nur den Ideen, mit nur den Erscheinungen, denen bloß aus alter Gewohnheit der schon etwas barock anmutende Kopfputz des

Abstrakten noch aufgesetzt wird. Es muß wohl der Strom der Empirie, dank Zuflüssen aus unerforschten Quellgebieten – möglicherweise unmittelbar aus dem Kosmos –, ein immer breiteres Bett eingenommen und schließlich weite Strecken des Logosgebietes überschwemmt haben. Die Ideen, soferne sie nicht in die Baumkronen sich hatten retten können, in welchen aber das Konkrete am dichtesten dunkelt und rauscht, ragen nur noch mit dem blicklosen Haupte griechischer Statuen aus den Wassern, und die verzweifelten Schwimmbewegungen, die wir machen, um ein Ufer zu erreichen, sind in Energie umgesetzte Psychologie. Wir behaupten nun, daß wir nur deswegen nicht untergehn, weil wir Gebrauch von Organen machen, deren Nichtgebrauch bisher *suprema lex* eines ordentlichen Denkers gewesen ist. Wenn wir jetzt, statt Philosophie zu treiben, einen Roman schreiben und auch das nicht tun, wie sich's gehörte, sondern, statt einen hundertprozentigen Roman zu schreiben, eine bestenfalls fünfzigkarätige Philosophie treiben, so drückt, was wir weder als Dichter noch als Denker tun sollten, genau die Ungenauigkeit aus, mit der wir ins Schwarze zwischen zwei Zielen treffen, die keine mehr sind. Mögen doch jene, die uns lesen – und daß sie mit Gewinn uns läsen! –, mögen sie doch, die vielleicht Revolver, Strick und Gift neben sich liegen haben, erkennen, daß sie die verlokkenden Konzentrate des Todes aus demselben Grunde nicht gebrauchen, der auch uns bestimmt hat, sie nicht zu gebrauchen: weil das zur Praktik desertierte Denken stärker ist als die – wie ehedem üblich – bis aufs Denken eingegangene Praktik.

FORM Form haben heißt: jenseits von Falsch und Richtig stehen, aber diesseits zwischen Gut und Böse, und fest entschlossen sein, sich zu entscheiden, aber lieber erst morgen als heute, um nämlich das unabwendbare Verhängnis, Figur zu werden, auf deren plastische Reize dann die Gassenbuben mit den Fingern zeigen, noch hinauszuschieben.

FREIHEIT Den höchsten Zustand von Freiheit hat erreicht, wer die Folgen seiner Handlungsweise – weil er in ihnen sich selbst erkennt – gefaßt, ja mit einer gewissen Wiedersehensfreude, heranreifen sehen kann und fest entschlossen ist, auch dann von seinem Ich nicht abzurücken, wenn es *coram publico* ins Gegenteil von dem verkehrt erscheint, was es ursprünglich hatte ausdrücken wollen. Das Sichbeugen der strengsten Determination befriedigt – bei gleichzeitigem Proteste des Gemütes – die Vernunft, die, unbefriedigt, dauernd gezwungen wäre, zu erwägen, ob Akte des freien Willens gesetzt zu werden vermögen oder nicht. Freiheit kann, so scharf wir mit dem Aug' des Denkens sie zu schauen glauben und so begreiflich Wunsch und Wille sind, sie in der Objektwelt herrschen zu sehen, nie mehr sein (vielleicht auch nichts Besseres) als Wohlgefühl von innerer Unendlichkeit. Keinesfalls wird über Freiheit auf dem Wege der Gesetze entschieden, und schon gar nicht verwirklicht die Revolte, dieses anschaulichste Kind der Determination, was seiner innerlichen Natur nach jeder Verwirklichung, besser: Veräußerlichung, widerstrebt. Frei also sind wir nur dann, wenn wir auf liebe Nächste – weil wir keine erworben haben oder so glücklich gewesen sind, ihrer verlustig gegangen zu sein – keine Rücksicht zu nehmen brauchen, und wenn wir mit uns selber so rücksichtslos verfahren, wie's nur der absolute Mangel an einem Hindernisse ermöglicht.

FRÖMMIGKEIT Frömmigkeit als verdienstlose Wiederherstellung ursprünglichen Zustandes der Seele (und, soweit die Grundrechte der Materie ihr nicht entgegenstehen, auch des Leibes), als die unabdingbare Pflicht, aus dem herrschenden Chaos ihres undezidierten Verhaltens zum Schöpfer wieder einen ersten Fuß auf die unterste Stufe der Ordnung zu setzen, kann nicht – wenigstens nicht während dieses Schrittes – ein Ding oder Wesen zu Objekt von *religio, pietas, devotio* machen, das in der Zeit entsteht und mit der Zeit vergeht, weil Art und Maß der dem zeitlichen Ding beziehungsweise Wesen gebührenden Verehrung durch das Ausüben der dem originalen

Urheber gebührenden von selbst sich regeln. Frömmigkeit ist also *per excellentiam* schärfstes Distinguieren zwischen zwei Arten von Schuldigkeit und zwischen zwei Arten von Wesen, denen geschuldet wird. Ein solches Distinguieren schwankt natürlich nicht lange, sondern erzielt schnell die Gewißheit, daß es eine Urschuld gibt, die vordringlich beglichen, einen Urgläubiger, der zuvörderst befriedigt werden muß. Die also beschriebene Frömmigkeit wird auch sehr bald einsehn, daß der Kult, den sie den *parentes*, der *uxor* und dem *maritus* erweist, auf einen Urkult hinzeigt, aus dessen umhergestreuten Trümmern die Altäre der Menschenverehrung errichtet worden sind. Und des *character indelebilis* wegen, den in ihrer seinerzeitigen Ganzheit diese Trümmer erhalten und in jedem kleinsten Stücke behalten haben, wird sie die Ersatzkulte aufs sorgfältigste zelebrieren. Als bereits erleuchtete Frömmigkeit weiß sie ja, daß die Anspielung das Vorspiel zum Harfenspiel *ad maiorem dei gloriam* ist. Und will die Kreatur ihrem Rufer aus dem Nichts das gehörige Lob singen, so muß sie vor allem die Noten lesen lernen, die für das rechte musikalisch-sittliche Verhalten auf der untersten Stufe von Ordnung von dem, der auf der obersten steht, erteilt werden.

FRÖMMIGKEIT Frömmigkeit ist jene die weltliche Welt immer wieder überraschende Haltung, die von einer ihr Objekt vollkommen umgriffen habenden Liebe auch dort noch eingenommen wird, wo sie vergeblich liebt, wo es männlich wäre, zu verachten, und menschlich, zu hassen. Sie steht da wohl abgewandt vom Licht, sowohl der Vernunft als des Schöpfers der Vernunft, also nicht in ihrem besten, aber das Licht steht nicht abgewandt von ihr. Über ihre Schultern fällt der Glanz, der auf ihren Rücken fällt, den sie sich selber und der Gottheit zeigt, auf Gebild und Mißgebild. Sie kann nicht anders, die Gloriole der Glorie! Und diese liebliche Schwäche macht sie lächeln. Die Menschen allerdings deuten dies Lächeln über das Lächeln als Verzeihung ihrer empörenden Gemeinheiten. In Wahrheit gilt's keinem geschaffenen Wesen. Es gilt dem unbegreiflichen

Glück, das ewigkeitsferne Urgestirn dicht hinter sich zu wissen, strahlend aus aller Allmacht, wie paukend aus aller Macht in einer bis zum Platzen des Trommelfells gespannten Stille, und diese Macht gegen die Macht des Liebens wie des Nichtliebens ist das innerste Wunder der Liebe.

Führung Die Führung einer Sache durch die anwaltende Vorsehung ist ein dermaßen interessantes Schauspiel, daß, wer vor seinem natürlichen Tode das Theater verläßt, als ein Banause in schöpferischen Dingen vom ewigen Genusse des göttlichen Kunstwerks selbstverständlich ausgeschlossen bleibt. Die ethische Verwerflichkeit des Selbstmords mögen die unkollegialen Kollegen von der *facultas* der totalen Objektivität begründen; uns genügt die ästhetische. Sie gilt allerdings nur unter Artisten und gegen Nichtartisten. Aber, mein Herr, kennen Sie, wenn zwei Hälften das Ganze machen, eine dritte?

Grammatische Führung Nichts, was Wort wird, auch das inspirierte nicht, wird Wort ohne Materie oder außerhalb von Materie. Die grammatische Fuß-vor-Fuß-Setzung der Lautsinnbilder gibt, mehr oder weniger genau, die rechte Lage der Dinge im Erfahrungsraum wieder. Ziemlich genau dann, wenn die Sprache, mit homerischer Blindheit gesegnet, nicht woandershin gelangen will, als wohin der ihr eingewobene Ariadnefaden sie leitet durch die der dunklen Materie eigentümliche labyrinthische Architektur; ungenau, wenn während des nachfühlsamen rechten Irrens, das die Verlegung der Wahrheit von der Zungenspitze in die Fingerspitzen fordert – zwischen denen der kaum merkliche Sinn oder Unsinn des Daseins wahrhaft fadendünn abrollt, und abrollte auch ohne einen, der ihn spürte –, die stillschweigende Voraussetzung des Blindseins zurückgenommen und zur Seite geblickt wird, wo rechts wie links, solchem Bruch der Spielregel zufolge, dann natürlich der hellste Tag herrscht und auf den mythischen Kompaß des Grammatischen mehr oder weniger falsch, aber mit Recht, gepfiffen wird; denn die Ziele sind alle bekannt, und die Straßen wählen ihre Passanten, nicht umgekehrt. Was macht Theseus im lichterstrahlenden Babel? Eine lächerliche Figur!

UNTERLOGISCHE FÜHRUNG Unbekümmert um Reden und Tun, dafür, dawider, nimmt die Sache ihren Lauf, den unterirdischen, im Problemberge. Wohl dem, der weder auf seinem Reden und Tun, noch auf Reden und Tun des unvermuteten Gegners als auf den sicheren Zeichen der rechten Richtung des entschwundenen Flusses beharrt! Scheint aus zweier Leben das Gemeinsame entflohn, so verhalte man sich stille wie bei verdächtigem Geräusch in der Nacht. Man stelle sich tot, um das kümmerliche Leben nicht zu schrecken, das am Falle einer Nadel auf einen Teppich stürbe. Man mache keine Bewegung, um nicht den letzten Faden des Zusammenhangs noch abzureißen mit dem feinsten und trotzdem zu plumpen Finger. In einer letzten Luftverdünnung atmen können; die nicht mehr erträgliche Last auch das letzte Wegstück hinanschleppen, obwohl die Arme schon vom Leibe reißen; das ist die Goldprobe des Alls auf den Träumer vor dem Erwachen zu einem neuen Leben, das genauso aussehen wird, wie es im stümper- oder meisterhaft dissimulierten Schlaf gezeugt worden.

GENIUS Der einzige Rechtsweg, der dem Genius offensteht, ist: seinen Fall darzustellen *sub specie aeterni* und *in conspectu timentium deum*. Wenn materiologisch geschult, erkennt er das Ewige an der größtmöglichen Verlassenheit seiner in der ödesten Wüste und an der geradezu unbegreiflichen Sturheit, womit sie dem Lamme folgen, die Gottesfürchtigen. Die dichteste Fülle muß in ihm, dem die dunkelsten Gleichnisse zur Erhellung vorgelegt und die undurchdringlichsten Masken zum Durchschauen vorgeführt werden, als die leerste Leere auftreten, und gerade ihm dürfen Heilige nicht begegnen; soll doch gerade wider die das Heilige kompromittierenden Durchschnittsköpfe seine besondere eigene Heiligkeit zur Darstellung kommen. Den Genius macht zum Genius die unerschütterliche, durch nichts zu beweisende Überzeugung von den logischen, gar nicht sprunghaften Sprüngen des Spielballs, ein welcher er, der Genius, in den Händen einer Macht ist, die ihn mit Sinnlosigkeiten zu Tode zu quälen willens scheint. Er führt sonach den Prozeß wider seine grausamen Kustoden in so sternenweiter Entfernung von ihnen, daß sie ihr Urteil nie vernehmen werden und auch nie würden vernehmen können – wegen des apokalyptischen Getöses –, sollte ein wunderbarer Weltraumwindstoß das dekalogische Pergament doch einmal auf die Erde wehn. Deswegen bleibt Henide Henide, bleibt Weib Weib, bleiben Träume Schäume, fallen die saftigsten Fleischbrocken unter die Hunde und gehen so viele geborene Engel zum Teufel. Ja, könnte der Genius seine Arme vom Sirius bis zur Erde ausstrecken! Könnte, durch den Weltraum dazwischen, die eine Physik in die andere eingreifen! Könnten Leute, die einander nur um Haaresbreite mißverstehn, ihre ohnehin so innig verschränkten Sprachen doch zu vollkommener Dekkung bringen! Aber die fast genau selben Worte sind durch eben den Einschlich unendlicher Entfernungen von grundverschiedenen Zeiten, Räumen und Rassen. Dieser Tatbestand kommt beim Haarspalten heraus, das dem Herzbrechen folgt. Dieser Tatbestand ist die Existenzursache einer Welt, in der geschieht, was nicht geschehen ist und nie geschehen wird, aber hätte geschehen sollen, der ästhetischen. Die ästhetische Welt ist der leidenschaftliche Appell einer ziemlich hohen Seinsstufe an die höchste, auf der niederen Stufe geschehen zu lassen, was den feinen Grad, um den die besten Meßinstrumente voneinander divergieren, endlich zunichte macht. Es gibt also – nach dem ersten und heiligsten *opus operatum*, dem unblutigen Daueropfer der Messe – noch ein zweites: den Rechtsgang der überhöhten Wirklichkeit durch die einfache, den trefflich dissimulierten Leidensweg des Genius – mit dem Kreuz alles leider nicht Geschehenen auf der Schulter – nach Golgatha, woselbst er, gehorsam den Einsichten seines Kyklopenauges bis zum Schließen seines menschlichen, rechtfertigt, was ihm angetan worden, und so jene rechtfertigt, die es ihm angetan haben. Das Entschulden der *materia* ist die höchste Form, zu der es eine irdische Liebe bringt, die des Attributes irdisch entmannt worden. Dieses stellvertretende Entschulden am Kreuz der Einsicht, die Leib und Seele unverrückbar einander überquerend zeigt, ist höchster Ausdruck der schuldhaften Schöpferliebe zu einer Schöpfung, der nur durch einen ersten Schmerz das erste Anzeichen von Leben hat abgerungen werden können. Mögen die Götter selber den unvermeidlichen Fehler jeder göttlichen Arbeit – sie hätten eben ihre Hände ruhen lassen sollen und so auch uns! – einander vorwerfen! Der Genius, weder Mensch noch Gott, weder dependierendes Subjekt, das nur leidet (auch wenn es Freude fühlt; der Schmerz der Wollust und die Fratze eines Lachenden zeigen das ein und selbe Element nicht bei Wesensveränderung, sondern bei bloßer Umgruppierung der Moleküle), noch Ursubjekt, von dem wir nur eines sicher wissen: daß es leiden macht, nimmt die unterste wie die oberste Grenze als erste Ursache und letzte Wirkung als nie mehr gutzumachende und durch nichts zu verhindernde an und sagt mit unbelohnbarer Frömmigkeit ja zu Bedingungen, die dem Begriff der Freiheit so sehr widersprechen, daß dieser unter ihnen gar nicht zu Ende gedacht werden kann, mit solchem Ja die Freiheit des Ursubjekts weit übertreffend – das ja noch die Ananke über sich fühlt – und sich selber hoch erhebend über die gottlose Freiheit oder Frechheit der Materie, die auf ihre kopflose Weise mit dem Kopf durch die Kerkerwände des Daseins will.

GENIUS Die *gratia gratis data* der Theologie, die uns für andere verliehene Gnade, ist auf ihrer hohen Ebene, was auf einer viel niederen die Verleihung des genialen Charakters. So wie jene die Rettung fremder Seelen bewerkstelligt, die Verdammnis des Retters aber nicht ausschließt, kann dieser wohl auch uns selber heilen, muß es jedoch nicht tun. Wenn für andere begnadete religiöse Personen ihr eigenes Heil manchmal nicht zu wirken vermögen (wenigstens *theoretice* nicht), so sehen wir in der Regel den Genius bei seinen eigenen Früchten verhungern. Die versoffenen und verhurten Mysten der Genie-religion sind bildungsbekannte Gestalten; der gesunde Menschenverstand wäre entsetzt, wenn sie ihre Augen nicht in holdem Wahnsinn rollten. Und so haben die Genien, verehrt ob der grauenvoll-grandiosen Diskrepanz zwischen Wandel und Lehre, zwischen Werk und Person, die sie allein, ohne die Glaubwürdigkeit von Lehre oder Werk zu erschüttern, hervorbringen, ihre Gespaltenheit für eine tragische Eigenschaft zu halten gelernt, an der wohl zu leiden ist, nicht aber zu rütteln. Ein unheilvolles Erbe der Antike konnte nicht unheilvoller sich auswirken. Allerdings haben – so scheint es, und den Schein auf etwa ein Sein zu untersuchen, stehen wir ja hier! – die Künste, die noch immer sind, was Augustinus, nur die Kunst seiner Zeit und Vorzeit meinend, »große Schritte, doch nicht auf dem Wege« genannt hat, in alle Ewigkeit ihres Begriffs keine andere Mutter als jene tragische Gespaltenheit. Und eben ihr Geheimwissen, ihr orphisches Wissen um die nirgendwo sonst erhörte Gesegnetheit von Fluch, läßt sie, obwohl die Unglücklichsten unter den Unglücklichen, aufrecht unter nichts als Gebeugten und Stöhnenden, im Joch der Identität von Wandel und Lehre gehn, ertauben für die Samariterrufe vom schmalen Pfad zur engen Pforte und erblinden für das doch durchdringend leuchtende Beispiel der Heiligen. Wenn dem so ist, daß in der Weltmuschel, gereizt durch den Fremdkörper des Genius, die Leidensperle des Gedichts sich bildet und die transparente Wand zwischen hüben und drüben mit einer unvorhergesehenen Zwischenwelt von Bildern sich bedeckt, so erhebt sich die Frage, ob, wenn Kunst nicht *ab initio* der Schöpfung eigentümlich, Kunst sein müsse, ja, sein dürfe, und ob der prosaische Gott des Moses und die das erkaltete Wüstenjudentum wieder erhitzenden Ikonoklasten nicht recht gehabt haben.

GENIUS Gerade dann, wenn seine private Person bedroht ist, kann der Schriftsteller keinen Schutz bei seiner Betätigung finden, zum Unterschied vom Philosophen, der in derselben Lage sich selbst rettet. Das Bilden entspricht eben dem Trotzdem, das Denken dem Deswegen. Wovon das Bilden eigentlich abhängt, ist sonach klar: vom Genius; so gut wie von nichts; weder vom Beglückenden noch vom Widrigen; weder von jenem gefördert, noch von diesem gehindert. Dieses wie jenes enthält nämlich keine Aussage über das Wesen des Genius, zu dem die Distanz unendlich oder gleich Null ist, niemals eine solche der Objektivität. Denn: den Genius definieren zu können (natürlich nur *in usum* der Nichtgenialen), heißt schon, einen Genius nicht haben. Der Genius selber wird (und muß, das ist ja sein Zeichen!) das über ihn Gesagte um so unvollkommener finden, je näher es der Wahrheit kommt, was, daß es eine solche gibt, dartut wie auch, daß, je näher das Nichtabsolute dem Absoluten kommt, um so gewaltiger jenes von diesem absticht. Ein in *dei conspectu* Schreibender wird, wenn er Sanguiniker, nur ungern, wenn er Choleriker, nur unter Zornesausbrüchen sich gelobt hören. Macht doch der auch aus lautersten Gründen Lobende Anstalten, des Genius unabmeßbare Entfernung von der höchsten Vollkommenheit – welche Entfernung ihm, als im Sturze durchmessen, *a priori* bekannt ist – auf eine vom menschlichen Verstand, und so auch vom bloßen Talente, zurückzulegende, herabzudrücken. Ein Lobender hohen Ranges (wenn es einen solchen gäbe! Aber: hoher Rang und Zeigen des goldenen Kragens schließen einander aus!) fände sich, den Mund zum Panegyrikus öffnend, in einer paradoxen Situation: einesteils, dürfte er, gerade ob Hervorbringungen, die unter dem höchsten Maße – das nach der Natur dieser Person angelegt werden muß – nichtswürdige sind (so würdige sie in der Objektivität), den Genius keineswegs loben; andernteils könnte er ihn nicht hoch genug loben – was hinwiederum wegen der allzu hohen Natur der Sache unmöglich –, weil er ihn als den einzigen erkennt (und bei dem wortlosen Erkennen muß er's eben bewenden lassen), der selber von seiner höchsten Leistung weiß, daß sie ganz und gar nichtswürdig ist. Nicht also mit dem Werke (das allerdings der Menschheit Tun und Lassen rechtfertigt als des Stoffes diskutablen Existenzgrund), sondern mit der Haltung zeugt der Genius für eine über allen zu Unrecht so genannten Meistern thronende Meisterschaft. Natürlich fällt nicht leicht, die Haltung von der Leistung zu abstrahieren, jene aus dieser zu schöpfen, das Ganze im Fragmente zu ahnen. Den Seelenkennern und Schriftkundigen jedoch kann unmöglich entgehn, daß nicht die Leistung das vom Genius eigentlich Gemeinte ist, sondern daß die Leistung der Leistung im gelungenen Vertreten der durch kein noch Sinnliches sich ausdrückenden, gewissermaßen abwesenden oder vom Eide auf die Diskretion unschaubar gemachten Haltung besteht. Sie werden sonach des Genius Verkleidetsein in einen Künstler (wie des hierin vorbildlich gewesenen Zeus in einen Stier oder Schwan) mit geschlossener Lippe achten, lieber den einen Vorwurf auf sich nehmen, ihn nicht erkannt zu haben (obwohl sie ihn erkannt haben), als den andern ertragen, sie hätten, ihn erkennend und verkündend, im selben Atem ihre Unfähigkeit, seinen Begriff zu konzipieren, erwiesen. Höchste Bekundung einer hohen Intelligenz ist, auf eine noch höhere nicht mit dem Finger zu zeigen. Es gibt ein tönendes Schweigen über allem Reden, ein lebendiges Erstarrtsein über allem Ergriffenwerden. So jagen einander die Atome im Stein, und jeder kann auf ihm sitzen.

GESCHLECHTERFRIEDE Mit einem einzigen Weib Frieden geschlossen zu haben, beweist die Möglichkeit solchen Friedens. Ist einmal das tobende »Zahn um Zahn« des Geschlechterkampfs an seiner Wurzel gefaßt und ausgerissen worden, so hat die Idee des Siegs des einen über den andern ihre Niederlage erlitten. In nicht zitierbaren Worten wird diese frohe Botschaft allen noch kriegerischen Geschöpfen mitgeteilt. Jeder zwar empfängt die Nachricht vom ausnahmsweisen Fall eines Gesetzes, niemand jedoch vermag sie in die Sprache der Ratio zu übersetzen, begreiflich: in ihr gibt es eine aufgehobene Physik nicht und also auch keinen Ausdruck für das Fehlen der Grundbedingung allen Ausdrucks. Die Rigoristen natürlich wünschen inbrünstig, sagen zu können, was nicht zu sagen ist, und weil ihr Wunsch, wie sie richtig fühlen, unerhörbar, sagen sie das Nichtzusagende, ohne Scham und auch ohne echten Erfolg, in einer geheimnislosen direkten Sprache, die, wie nur zu verständlich bei ihrer Impotenz, auf ein »Du sollst!« hinausläuft. Die andern, die auf ihrer Ergriffenheitsstufe fromm verhüllt stehenbleiben, merken die ungeheure Tatsache des wieder einmal, wunderbarerweise, gebrochenen Zaubers nur an der wachsenden Problematik eines Kampfes, den sie nicht aufgeben, und an der sinkenden Beuteziffer, die sie am Abend ihres erotischen Tags errechnen; also leidend, nicht erkennend. So sehr nämlich ist der wohlgeartete Mensch im unbewußten Einverständnisse mit seiner quälendsten Dämonin, der Befangenheit, und so groß ist, zum Vorteile derselben, sein Haß gegen die defektuösen Rigoristen, die blasphemisch an die Wirklichkeit der Wirklichkeit rühren und als lästige Fliegen auf Gottes schaffende Hand sich setzen, daß er die echten Befreier, die in nicht zitierbaren Worten zu ihm reden, nicht hört oder, wenn er sie hört, nicht versteht oder, wenn er sie versteht, nicht verstanden haben will.

GESCHLECHTERFRIEDE Der zwischen einem Mann und einem Weib, die miteinander in einem Bett gelegen sind, später, wenn von den Bettfüßen es auseinandergetragen worden, vielleicht eintretende Friede ist ein noch viel größerer Betrug, weil der eigentliche, als jener, den die Geschlechter während des Kampfes aneinander begangen haben: denn in einem aethischen Tun gibt es keine erlaubten oder unerlaubten Mittel. Sie betrügen einander nämlich um die *ab initio* zwischen Mann und Weib gesetzte und keinen Augenblick auch der Liebe je nicht bei Gift und Dolch gewesene Feindschaft. Sie verleugnen voreinander das Geschlecht, obwohl es ihnen dauernd vor dem inneren Aug' steht und liegt als eine beißend qualmende Fackel und als ein parfümierter Pfuhl, und wenn Eros ein Gott ist, so ist, was sie statt Unzucht treiben, Gottesleugnerei, und muß solches Treiben wider den Trieb, den nie schlafenden, bestenfalls auf dem Rücken, ärgstenfalls auf der Seite träumenden, die Erinnyen herbeiziehn. Das Schwert, mit dem sie einander durchbohren sollen, nachdem sie einander durchschaut haben, wollen sie, die unbewußten Helden im Kampf, die bewußten Feiglinge im Frieden, nicht zücken. Die Feindschaft will zu sich selbst kommen, das Gesetz die Proskynesis der Untertanen erpressen, und die unchristlich Friedfertigen, die christlichen Empörer gegen die Physik, setzen ihren Stolz darein, nicht einmal das Hütchen zu lüpfen und nicht ein bißchen das Knie zu beugen, in das sie doch vor jeder Versuchung gebrochen sind.

GESELLSCHAFT Wenn eine Frau wie Melitta um sich her nicht nur nicht Gesellschaft bildet – was sie leicht könnte, wenn sie wollte; aber sie will nicht und zwar ausdrücklich; in der Aktivität ist sie durchaus aufrichtig bis zum männlichen Zynismus, weswegen sie für wahrheitsliebend gilt; aber: hat schon jemals jemand die unbeleuchtete Seite des Monds gesehn? (Jetzt sollt ihr sie sehn!) –, sondern jede vorgefundene zersetzt oder wenigstens hindert, sich als solche zu manifestieren und zwar in dem eigentlichen Gesellschaftsspiele: Wahlverwandtschaft gegen Blutsverwandtschaft, Gesetzlichkeit gegen Anarchie, Form aus zweiter Hand gegen Form aus erster, und all dies bewirkt nicht durch die Antipathien, die sie erweckt, sondern durch die Antipathien, die sie empfindet, vorsätzlich, wider jeden, der mit Zweien oder Mehreren gemeinsame Sache macht, welche Antipathien sie wie eine geharnischte Schar durch die gesellschaftliche Gefahr und durch die Gefahr der Vergesellschaftung geleiten; und wenn weiter Gesellschaft, neben anderen Ehrgeizen, auch den hat, als das anschauliche Depot (neben dem heiligen der Kirche und dem profanen des Staates, unanschaulich beide) für Schwüre und Versprechungen, für deutbare Worte und eindeutige Gebärden, kurz: für einen Amtsraum gelten zu wollen, in dem die von Mund zu Mund und von Ohr zu Ohr gehenden Verträge des sich verhandelnden und des eingehandelten Eros mit der unsichtbaren Tinte des *consensus omnium* gegengezeichnet worden, so versteht sich am Rande eines solchen von Haus zu Haus vagabundierenden Bannorts (gleichgültig ob Salon oder Bauernstube), daß ein so paradigmatisch treuloses Geschöpf wie unsere Melitta den mit säkularisiertem Zauber hexenden Ort nur mit dem Gegenzauber der vorgefaßten Antipathien betreten kann, wenn sie ihn betreten wird, was bei ihrer zu Menschenscheu gewordenen Scheu vor entscheidenden Schritten und bindenden Worten, die, um also geartete zu sein, vor Zeugen getan und gesprochen werden müssen, nur selten geschieht, dann aber mit dem Erfolg eines das Blut gerinnen machenden Mittels; weswegen ihr Bruder René sie die Gorgo genannt hat. Sie will eben für das, was sie heute tut und sagt, keinen Zeugen haben, weil sie morgen ja etwas anderes tun und sagen wird (mit einem andern und zu einem andern), und weil ein letzter Ritter von Rudigier in diesem unbürgerlichen Fräulein von Rudigier darauf besteht, daß es wenigstens zum Schein den Schein wahre. Und ganz abgesehen davon, daß sie einen Eid nicht deponieren will – oh, sie hält was auf ungeschworene Eide! Soviel wie Ehrenmänner auf geschworene. Ihre Treue zum Nicht ist ihre Untreue im Etwas! –, weil sie weiß, daß sie ihn brechen würde (ein Grund, allzu einfach, um der gültige, letzte zu sein! Ihre Gewissenhaftigkeit bezieht sich ja nicht auf den Eid, sondern auf den Nichteid! Auf etwas also, worauf Gewissenhaftigkeit gar nicht sich beziehen kann!), verfügt ihre schlichte Natur, besser: ihre nüchterne, auf dem Bauch im Staub kriechende ontologische Verlogenheit nicht über das nötige Pathos, ihn schwören zu können. (Welch ein natürliches, unverkrampftes Geschöpf ist doch das Fräulein von Rudigier! sagen die Leute, wenn sie unsere Schlange erblicken, grad, starr, halsstarrig wie ein Stecken zum Beispiel anläßlich der Nichtabgabe eines bindenden Worts, also Charakter simulierend, oder bei höchster reptilischer Wendigkeit, also Hindernisse dissimulierend, zum Beispiel ein ihr zu Ehren, aber auch dank ihr aus dem Verfall erhobenes Schloß, welches herakleischen Tuns Hindernischarakter – daß man über es nicht sich hinwegsetze – aufgehoben erscheint durch solche Terrainakrobatik.) Eine fehlgerichtete Aufrichtigkeit verwehrt ihr, vor den rechten Zeugen zu lügen – in der Hoffnung, Gott werde schon vollenden, was der Mensch, das Willensfragment, begonnen, eine Ehe etwa bei geminderter, gar keiner oder intermittierender Liebe –, und zwingt sie genau zur unrechten Stunde, die ontologische Verlogenheit mit der Eisenstirn eines Wahrheitsfanatikers wahr zu machen. Die mehreren Frauen, deren ontologische Verlogenheit bereits reichlich verschnitten ist mit dem ihnen nicht zuträglichen Wein der Wahrheit (*in vino viris veritas*) – aber Melitta gehört eben nicht zu den Mehreren, zu jenen, an denen der die Vielzahl bis unter Null reduzierende Fluch der Quantitas sich auswirkt – kommen auf dem geraden Hurenwege um das Schwören herum und um den am Tor der Depotunterwelt lauernden Zerberus, den Zeugen, den im Hadesschatten zum Schatten seiner selbst abgemagerten, dem das Bezeugen von so simpler Negation keinen Spaß bereitet, also nicht Nahrung bedeutet. Wonach der Wachhund am fremden Unterbewußtsein giert, ist – begreiflich beim Mangel der Hölle an fetten Bissen! – das Positive. Tausend ihm zuliebe gebrochene Eide gäbe der Teufel für einen Gott gehaltenen Eid, weil ihn der vom Vorhandensein eines Etwas überzeugte, und jede Überzeugtheit, auch von etwas Widrigem, ist ein Positives. Nach einer Ehe, auf der Gottes und des Eros Segen ruhen, sind mehr Leute aus, die verderbtesten an der Spitze, als – so unglaublich dies klingen mag – nach Gold oder Ruhm. Wenn dem so ist – und dem ist so! – besteht für ein Wesen wie Melitta, das in die Gesellschaft sich begibt, tatsächlich die Gefahr (wenn sie nicht mit dem Antizauber sich wappnete), in ihr umzukommen, das heißt, bei der dort herrschenden rasanten Sucht nach irgendeinem Positiven, am Positiven gleichfalls Gefallen zu finden und aus einer ihr unangemessenen Humanitas und Humanität dem armen Höllenhunde einen fetten Bissen zuzuwerfen.

GLAUBEN Jesu Einladung ergeht an die Mühseligen, Beladenen und Betrübten, weil die weltliche Ebene, auf der die erbsündlichen Plagen zu Hause sind, ebenso Gottes ist wie die geistige, und eine Liebe, die nicht alle Geschöpfe, voran die gedemütigten, umfaßte, keine wäre; nicht aber, weil der Glauben an den Gekreuzigten Ersatz für den enttäuschten Glauben an die Welt, und der Felsen Petri nur für die Schiffbrüchigen, daß sie ihn erkletterten, aus dem bitteren Meere ragte. Man sollte, mehr als geschieht, zwischen dem Allerbarmen, das von Gott ausgeht, und der Liebe zu Gott, die von uns auszugehen hat, distinguieren. Die frohe Botschaft muß schon vom Start aus alle andern Botschaften überflügeln und sollte nicht der voraufgehenden Disharmonien bedürfen, um erst alsdann harmonisch zu lauten. Wenn wir's zuwege brächten, auf der einen Seite alle unsere Schwächen zu häufen, die mit echtem Armenrecht Anspruch auf göttliche Hilfe machen, so würden wir für die andere Seite keinen Beweggrund finden zu glauben. Weil wir vom Fleische nur Bitterkeit geerntet haben, richten wir unsere Blicke auf ein geistiges Existieren wie der Kranke seinen Blick auf den Arzt. Aber: der Geist ist kein Remedium, sondern ein *donum*. Kein kausaler Weg führt zu ihm, so wenig wie ans andere Ufer eine zusammengebrochene Brücke. Haben wir einmal erkannt, daß die sekundären Hilfen der Kirche zwar den Schmerz zu stillen, jedoch das Leiden nicht zu beheben vermögen, daß weder irdische Qualen noch irdische Entzückungen transzendieren können, daß ein Vergeistigen des Lebens so unmöglich und unerlaubt ist wie ein Versinnlichen des Geistes – weil auch der sittlich beste Beweggrund nicht das Vermischen der Kategorien gestattet –, sind wir schon sehr weit gekommen, nämlich bis an den Rand des Etwas: auf dem Niemandsland des Nichts kann, ohne unterzugehen, nur der gehen, der auch auf dem Wasser ginge. Es heißt also, am Rande dieses Nichts niederzuhocken und das Nahen des göttlichen Nachens zu erhoffen als das von keiner Logik Geforderte und keiner Logik Unterworfene. Wir müssen des tief gewiß sein, daß in dem Gepäcke, das wir mit an dieses Ufer geschleppt haben, und enthielte es das teuerste Gut, die kostbarsten Angedenken, nichts sich befindet, das wir drüben brauchen oder hüben als Lockspeise für das Herschweben der Drübern verwenden könnten. Dies ist der Ort, an dem die Biographie aufhört, Tinte für ihre Feder zu finden, und jenes Kontinuum, dessen Bewahrung wir unsere Person verdanken, aufhört, ohne deswegen das *crimen* des Bruchs mit sich selber zu setzen. Hier splittert der Maßstab des sonst Sittlichen in abertausend Stücke und ist es nur ein Schauspiel wie das Zerstäuben eines Wasserstrahls oder das Zerspritzen eines an den nächtlichen Himmel geschleuderten Feuerwerks. Ja, das Opfer der Person muß gebracht werden, weil anders als mit ihrem Tode auf dem Altare das Kausalieren, aus dem Ring für Ring wie der Baum sie erwuchs, nicht aufhörte, und solange kausaliert wird, nicht transzendiert werden kann. Die frohe Botschaft ist eine grundlose oder abgründig tiefe Botschaft. Sie hat kein Warum und kein Wozu und ein unbekanntes Woher. Man erliegt ihr, ohne das Ihr-Erliegen zu bemänteln. Man ist von einer Schwäche, der noch ein sterbender Schwindsüchtiger lachen würde. Von einer Torheit, der auch die Torheit der Liebe spottete. Von einer Gezeichnetheit, die auch ein Blinder sieht.

Glauben Für den Glauben, den wir haben, läßt sich als allerletzter Grund nur finden: *ad maiorem dei gloriam*. Weil die Verehrung aus der Liebe kommt, überragt die Verehrung die Liebe, wie der Eifer für das Haus Gottes das Haus. Und weil Er an sein Unbekanntsein gebunden ist wie der Kavalier an die Diskretion, muß es Seelen geben, die ihre größte Aufmerksamkeit darauf richten, daß des Allerhöchsten höchste Tugend nicht Ursache des Lasters der Gottlosigkeit werde. Für den erhaben Schweigenden müssen die redenkönnenden Geschöpfe eintreten, die nicht den unbegreiflichen Eid abgelegt haben, das Sein des Wahren zu verheimlichen. Vielmehr haben sie einen Eid auf die Sprache abgelegt. Und unter diesem Eide, dem Logik und Grammatik zu Hilfe eilen, sagen sie aus, daß der lebt, der nicht zu existieren scheint.

Glück Glück oder Glückseligkeit ist Effekt von das Gute anzielenden Denk- und Handlungsreihen, die nicht vom Willen zum Effekt gesetzt werden dürfen, wiewohl die Vernunft nicht anders kann als glauben, daß sie jenen Effekt herbeiführen müssen. Der dem reinen Denken integrale Charakter des Nur-Theoretischen erweist sich hier, wo auch zu Lohngerechtigkeit ein unsauberer Weg führen möchte, als die verläßlichste Hemmung, ihn zu begehn. Insoferne nämlich Denken und Tun, sowenig sie einander widersprechen, ja, je vollkommener sie miteinander harmonieren, streng geschieden gehalten werden wie etwa Feuer und Wasser – wenn nicht gerade jenes mit diesem gelöscht werden soll –, entsteht zwischen ihnen das für die Reinheit des Effekts ausschlaggebende Nichtwissen der rechten Hand von dem, was die linke tut, und die endlich auftretende Wahrnehmung von Glück oder Glückseligkeit geschieht dermaßen überraschend, daß der Schluß, Glück oder Glückseligkeit seien erworbene, erwerbbare Güter, gar nicht gezogen zu werden vermag.

Glück (in der unglücklichen Liebe) Gelegentlich sind die uteralen Konsequenzen, so letzte, nicht mehr weiter rückführbare sie zu sein scheinen, für dieses eine winzige, punktuelle Mal, nicht oder nicht nur sie selbst, sondern Konsequenzen von was, das nicht, oder nur metaphorisch auch, im Uterus liegt. Das Energiegesetz verlangt, daß die Schlange sich in den Schwanz beiße, und ein Grundsatz der Materiologie behauptet, daß der Schwanz nicht wüßte, daß es der Kopf ist. Ja, wo oder wann wäre wirklich was zu Ende, mit Ausnahme auch des längsten Verstandes, der, so lange er währte, noch immer viel zu kurz währt, um erleben zu können, daß auch er eigentlich kein Ende hat. Eine Kugel, wohin immer sie rolle, rollt vor allen Dingen für und in sich selber. Kein Atom des Kosmos ist ein Erstes oder Letztes, tritt über eine Schwelle ins Etwas, blickt über einen Zaun ins Nichts; keines ist Ursache, keines Folge, jedes Ursache, jedes Folge, doch niemals erste, niemals letzte. Im gekrümmt unendlichen Raum kommt alles zur Sprache und wird nichts ausgesagt; kommt alles an die Reihe und tanzt nichts aus derselben. Wer Glück hat im Komödienspiel von Ursache und Wirkung, wer also gerade zurechtkommt, wenn das Nächste ans Fernste geknüpft wird von den Fingern der Parzen, der kann, so mit Recht wie dawider, sich ins Fäustchen lachen, zu einem welchen die Faust des Verhängnisses, natürlich nur vorübergehend, eingeschrumpft ist.

Grabschrift Ein Aufstieg wie der Tills, so kraftvoll und auch so kunstvoll, hätte eigentlich wohin führen müssen, hätte eigentlich belohnt werden sollen. Aber, sieh, er führte wohl hoch, auf eine menschenleere Hochfläche hoch über der Erde, doch noch immer tief unter dem Himmel, in jenes Nichts eben, das gerade noch soviel Materie enthält, um sein Nichts überzeugend darzustellen. Soweit kommen immer auch die Physiker der jeweils herrschenden Physik. Weil aber Till kein Forscher ist, kann er dort nicht Lorbeer ernten, wo ihm, dem Landmann, nicht einmal Gras wächst. Eine zu flach geschossene Rakete verpufft so an Fels- oder Waldwand. Ein verfehlter Prometheus erfriert so vor Erfindung des Feuers. Ehre einem Angedenken, das nicht bleiben kann! Ehre dem, den man, leider, nicht ehren kann! Ehre dem vollkommenen Fehler, dem besten, dem richtigsten aller Fehler! Schon rücken die Rechenkünstler an, ihn aus dem Hauptbuch des Lebens zu streichen. Friede der Asche eines Vogels Phönix, der nicht, wie alles an ihm versprochen hat, am dritten Tage aus ihr auferstanden ist!

Der alte Graf spricht (zu Herrn von Enguerrand) Der Frauenhasser – den berufsmäßigen Asketen ausgenommen, der bloß seine Begierde haßt, was vom empirischen Gebiet auf das theologische führt und hier nicht zur Rede steht – nimmt, entgegen seiner Theorie, jeweils eine Einzige aus, schmückt diese mit allen Vorzügen aus, alle geleugnet an den andern Exemplaren, und wirft den Mantel der blinden Liebe über sie, welcher, bis er von neuem sehend wird, das von ihm gewirkte Schicksal verhüllt. Die Frauen allerdings wissen sehr wohl, daß sie es mit einem Abgefallenen vom orthodoxen männlichen Glauben zu tun haben, der zu Recht annimmt, man könne das weibliche Wesen gleich einem Holzspan zwecks Unterzünden des Ofens überm Knie zerbrechen. Der Abgefallene jedoch geht wie die Raupe, Halbbogen setzend auf dem Ast – Sinnbild der immer wiederkehrenden Impotenz –, intermittierend also den nur in einem zu gehenden Weg des Befriedigens. Die vergeblich Geliebte betrachtet ihn mit Mitleid und Neugier, mit Bewunderung und Mißtrauen, als jene merkwürdige Person, die grundlos zwischen Mann und Weib sich befindet, vollkommen unähnlich nach Leib und Gesicht dem Hermaphroditen.

DER GROSSVATER (des Lunarin) Der Graf betritt mit einer Lüge den Bahnhof der Residenz. Sie ist zwar nicht vollkommen Lüge, sondern befindet sich neben, unterhalb oder oberhalb der Wahrheit. Aus diesem Grunde könnte man ihn auch einen Dichter nennen. Ein welcher, ohne Rücksicht auf die zur Zeit feststehende Wahrheit – der Religion, der Physik –, das Kunststück der außerhalb ihrer zu betätigenden Luftsprünge meisterhaft vollführt: zum erlaubten Gaudium der ihn lesenden Wahrheitsanhänger. (Die Erlaubnis kommt von der bereits bekannten Einflußlosigkeit der Literatur – auch der Evangelien – her.) Er hat aber den alle Lügen einschließenden, von der Wahrheit sie ausschließenden Beruf deswegen nicht ergriffen, weil die gewissermaßen amtlich verfaßten Schriften zwangsläufig seine private Aufrichtigkeit bestätigt hätten und ihn gehindert haben würden, eine Unwahrheit zu reden. Während der Wahrheitsbeugung gleicht er also einem Verteidiger, der einem Angeklagten Motive seines Verbrechens erfolgreich zuschiebt, die den Richter am gesunden Geisteszustande desselben zweifeln lassen und, *in dubio pro reo*, zum Freispruche bewegen, nicht ohne den Sünder dem Narrenhause zu überantworten. Da eilt in noch vernünftiger Hoffnung auf eine Beschädigung des zwischen Ursach und Wirkung vermittelnden Mechanismus der echte Irrsinn herbei. Der Graf jedoch bleibt, mehr aus Trotz denn der Vernunft zuliebe, im großen Rahmen des Verständlichen, wenn er ihn auch zur Verblüffung der an rechteckig gerahmte, kleine Denkbilder Gewöhnten zu einem Ovale zerdehnt, das sodann nach oben und nach unten zeigt. Gen Himmel und zur Hölle.

Gute, das Das Gute wird entweder gedacht oder getan. Wird es zugleich gedacht und getan, ist es nicht das echte, um seiner selbst willen gedachte oder getane Gute. Die auf den ein und selben Augenblick fallende Koinzidenz von Theorie und Praktik zeigt nämlich Streben und Belohnung des Strebens streng kausaliert im Lichte eines sozusagen euklidischen Denkens, vor dem das nichteuklidische, das dialektische, dessen Heraklestat eben das dauernde Aufgerissenhalten des Löwenmauls jenes Koinzidierens gewesen ist, als ein Bild des Unmöglichen, besser: als ein unmögliches Bild erscheint, umrahmt vom goldigen Gelächter der vernünftigen Leute und durchbohrt von den spitzen Blicken der Rigoristen.

Heil, zweierlei Man sucht das Heil, das immer einzige, wenn man's verloren hat, aus dem, aus jenem Grunde – der nie der richtige (weil nach dem Verluste uns das Messenwollen und der Maßstab fehlen) –, in den Wissenschaften und Künsten. Und siehe da! Auf dem neuen Wege macht man, täglich, stündlich, Fortschritte, Entdeckungen, Einblicke, gewiß unter gewaltigen Anstrengungen, aber gemessen an jenen, die das Vervollkommnen in einer einzigen Tugend erfordert haben würde, sind sie die eines Zwergen, der wohl einen großen Stein vor sich her wälzt, doch groß nur für ihn. Es ist das Verhexte um eine Diminutivwelt, daß sie ihre absolute Größe und ihre absolute Kleinheit hat und die entsprechende geeichte Elle. Diese wie jeder andern Welt Unansprechbarkeit (dank den Grenzen der ihr genau angepaßten Art von Vernunft, innerhalb welcher Grenzen auch die extremsten Extreme noch liegen) kann natürlich zu Zeiten, da und dort, durchlöchert werden. Ein solches Loch in unsere chinesische Mauer schlägt zum Beispiel der Blick durchs Fernrohr ins Universum. Jedoch: daß jeder Schritt auf dem Heilswege der Kunst kräftigt und bereichert; daß man die Stufe merkt, um die man heute höher steht als gestern; daß vom Wege durch die Beine zum Kopfe die Gewißheit strömt, auf dem rechten zu sein; daß dem im Wind des Vorwärts verlorenen Hute als Ersatz sofort die Krone folgt, und daß man vor lauter begreiflichem Jasagen zu seinem solchen Leben das Nein verlernt (welchem Zauberworte erst es den Sesam unsichtbarer Schätze öffnet): ja, wie soll mit einem solchen, alltäglich von festlichen Böllerschüssen dröhnenden, von Triumphzügen durchwimmelten, von den Scham- und Lustschreien wieder eines entjungferten Stückes Natur gellenden Großstadtlebens (auch wenn es ländlich, einsam, bieder, rückständig, pneumatisch, zarathustrisch, anachoretisch sich verkleidet) das Leben des echten Thebaiten den Vergleich aushalten? Welcher Thebaite den jeglichen Tag und noch so hoch heute errichteten Bau seiner Fortschritte und Verdienste abends zum Einsturz bringt durch die vollkommene Zerknirschung seiner Fundamente? Kein Zweifel, auf welcher Laufbahn der geistliche Mensch um den Lorbeer zu rennen hat! Auf der, die zu schmal ist, um einen Mitkämpfer zuzulassen, zu ferne den Menschenwohnungen liegt, um auch nur einen olympischen Zaungast anzulocken, und nie durchs Ziel führt, denn: erreichte man Gott, mit Beweisen oder durch göttliche Taten, so gehörte auch er zu der von uns gesetzten Objektwelt, so wäre er, zwar nicht Lug und Trug, doch noch Materie.

HEILIGKEIT (Ein Gedankengang Mullmanns) Einer, der fest glaubt, er sei der größte Sünder, wird, weil er eifersüchtig wacht über die Einzigartigkeit solchen Ruhmes, hellsichtig werden für alle Ringer um den nämlichen höllischen Lorbeer und wird ihnen, soferne sie die kleineren Sünder sind, vom Gesichte – wie von der Quecksilbersäule die noch nicht erreichte Wärmehöhe des Badewassers – die Lauheit sowohl ihrer Fehler wie ihrer Reue ablesen. Der Abscheu, den diese und jene ihm erregen, ist randgleich dem Abscheu des Meisters in einer Kunst vor denen, die in derselben dilettieren. Denn wie *in aestheticis*, so *in religiosis* kommt, was die wunderbare Direktheit zu haben scheint, auf den natürlichsten Umwegen zustande. Irgendeine menschliche Unzulänglichkeit wird nicht mit den übrigen Unzulänglichkeiten aufgehoben, sondern verwandelt in eine schöpferische Fiktion; die Eitelkeit etwa auf die beweisbare äußere Schönheit in die Eitelkeit auf eine unbeweisbare innere Häßlichkeit, die, wie begreiflich, nur durch den ebenfalls unbeweisbaren Eingriff der Gnade in innere Schönheit weiterverwandelt werden kann. Und dieser Art von Prozessen ist dann kein Ende. Sie verlieren sich ins Unendliche, und wenn auch es ein Ende nimmt, ins Ewige und Engelhafte.

HEIMAT O Heimat! Uns angeborne Wege und Häuser, Aus- und Einblicke! Wo der Begriff der Fremde, des Barbaren gefaßt wird! Wo jeder ein Grieche ist! Von wo die Kenntnis der übrigen Welt ausgeht und wohin sie zurückkehrt! Wo in der nämlichen Scheuer das Saatkorn ruht und die Ernte! Wo das Nacheinander unserer Lebenstage übereinander gestellt wird gleich sämtlichen abgegessenen Tellern! O Heimat! Urruf der Poesie! Erdenloch, daraus wir schlüpften! Erster Erblickort des Himmels! Erster Erblickort des lieben Nächsten! Wo wir auch enden werden, wenn nicht mit dem dort gezeugten Leibe, so doch mit dem dort empfangenen Geiste! Füllhorn, in dessen engster Enge man schließlich erstickt! Loch, durch das man in die Unterwelt sinkt! Schwarz ausgeschlagnes Loch!

HELD Es war einmal ein Held, der hatte einen Sohn, der, weil noch Knabe, auch noch kein Held war. Oft fragte ihn der Vater: »Begreifst du, mein lieber Sohn, warum ich dies und das getan habe?« Der Sohn antwortete dann immer: »Ich verstehe wohl, was du sagst, aber ich begreife nicht, warum du getan, was du getan hast.« Da seufzte ein jedes Mal der gute Vater sehr schwer, weil es offensichtlich zwei Sprachen gibt, die einander so ähnlich sind, wie die Menschen, die sie sprechen, einander unähnlich. Eines Tages aber kam der Sohn – er war inzwischen zum Jüngling erwachsen – nach Hause, stürzte dem Vater an die Brust und schluchzte und konnte nicht aufhören zu schluchzen, und der Vater schluchzte an des Sohnes Brust. Des Worts aber bedienten sie sich nicht. Niedergeschmettert von der Faust der Tat lag das Doppelzüngige in irgendeinem Winkel der Welt, und keinen, der wirklich zu reden verstand, dauerte es. An diesem Tage nämlich war der Sohn auch ein Held geworden. Ab dem lebten Vater und Sohn zu zweit einsam. Und wenn noch tausend Helden zu ihnen stießen in das kleine Zimmer, das um den hohen Preis überlegter Verzichte sie sich erworben haben, würden alle zusammen nicht soviel Raum einnehmen als das dünnste Härchen eines gewöhnlichen Menschen. Auf der Nadelspitze der Engel kann kein größeres Gedränge herrschen und nicht mehr Platz sein.

HETÄRE Genius und Hetäre müssen auf einem Gipfel der Frühzeit, als jener und diese noch die einzigen Exemplare ihrer Art gewesen sind, nicht Stellvertreter, bald genauere, bald ungenauere, sondern das zu Vertretende selber, einander getroffen haben, wohl zum Akte der Liebe, aber auch zu einem der Erkenntnis; denn erst später wurden die beiden Akte gesondert vollzogen; anfangs lagen sie beisammen wie die Körper auch. Des Genius amtsnotwendige Unfähigkeit, aus der Fülle der das Nämliche nur verschieden darstellenden schönen weiblichen Gestalten eine als die einzige zu heben und der Darstellung ihres Geschlechtes die Palme zu reichen – was er nur gegen sein besseres Wissen vermöchte, also nicht vermag, denn Wissen und Gewissen, dieses als Komparativ jenes, lauten fast gleich –, und der Hetäre Weite des Arms, für einen Wald von Phallen geschaffen und deswegen nicht zulangend, den einen Baum zu umschlingen, sind wie Poros und Penia zur Zeugung des Eros zusammengekommen und dann wieder auseinandergetreten, denn Eros bedarf keiner Eltern weiter, und Poros und

Penia sind keine. Und so erscheint eine sonst recht niedere Unordnung auf eine sehr hohe Weise geordnet. Allerdings wird nur eine antikische Seele die Libellenhochzeit zweier absoluten Treulosigkeiten für einen Akt des einander Ergänzens halten, denn weder hat der Mann einer Gattin, noch das Weib eines Gatten bedurft. Aber: sie hatten einander erkannt als dasselbe in zwei Personen, als verwandter denn blutsverwandt und Partner eines noch nie verübten und also sublimen Inzestes, daß weder menschliche noch göttliche Gebote, wenn es sie schon gegeben hätte, Macht genug gehabt haben würden, die Forscherbegier, ihn zu begehren, zu dämpfen oder gar zu unterdrücken. Und so kam es zum fleischlichen Beschlusse, der ja für eine Menge von Zustimmungen, die der eigentlich platonischen Liebe inbegriffen, das einzige Ausdrucksmittel ist. Wie die berauschte Zustimmung aus der verbrüderten und verschwisterten Runde, aus dem allgemein Dionysischen, aus einer Spracharmut ohne Beispiel, aus einer, die mit einem einzigen gestöhnten Worte alles beschreiben will, Innen- und Außenwelt, Begriff und Konkretion, Person und Sache, Ich und Du, und auch beschreiben kann, solange die Einigung aller mit allen auf die höchste Ungenauigkeit der übrigen Ausdrucksmittel andauert, wieder zu ihrer apollinischen Besonderheit zurückfindet, das darzustellen, nämlich die den am Persönlichsten der Person angerichteten Schaden gutmachen wollenden dialektischen Bemühungen, die als Untreue am Nächsten, als Treue zum Fernsten, als neutralisierende Askese, als Zeit zu gewinnen trachtende Philosophie, als finalisierende Religion erscheinen, haben die christlichen Schriftsteller, ob sie den Koitus nun fliehen oder suchen – in einer Spätzeit kann die schon in der Frühzeit verlorene Einheit von Liebes- und Erkenntnisakt nicht noch einmal gültig verloren werden (es gibt nur die eine Erbsünde) und nicht aus eigener Kraft neu hergestellt werden; daher ohne jede Bedeutung ist, wie viele und wie große Schritte zu abermaligem Verlust und autochthonem Gewinn die Epimethiden unternehmen –: das haben die Kirchenväter und die Romanverfasser als ihre wesentliche Aufgabe erachtet, und zu Recht: denn bei Ausweidung des nur einen

Wortes, das die äußerste Armut besessen hat, des einst so zauberkräftigen, nun toten Wortes, muß man ja die aber tausend Worte entdecken, für die alle jenes eine so prototypisch gestöhnt und geschrien hat; muß man die Sprache entdecken, in die sich zurückbegeben hat, was nicht mehr sich begibt.

HOMO RELIGIOSUS Wohl dem, dem die Gnade Gottes droht! Auf den die Menschen sich nicht verlassen können, weil der Herr, und nicht er, der Herr seines Selbst ist! Der ihre Gedankengänge entlangstürzt, ohne rechts und links zu schauen, unvermutete Treppen hinab und durch einen Schornstein hinaus! Der an die Fensterscheibe des Himmels brummt wie die ins Zimmer verflogene Biene und den Nervösen nervös macht mit dem törichten Prallen an die durchsichtige Logik! O du höheres Tier in der niederen Menschenwelt! Du dem Instinkte nach oben blind folgender Idiot, den alle Schutzleute an allen Straßenecken des künstlich hell erleuchteten Labyrinths der Vernunft zur Ordnung des Verkehres rufen!

HUMOR Der Humor tritt als Zivilist auf, nicht ostentativ waffenlos wie der militante Pazifist, sondern von Natur aus; kerngesund, ohne von seiner Gesundheit anders als flüchtig Notiz zu nehmen (jedenfalls mißbraucht er sie nicht zur Verteidigung der Normalität); gütig, ohne es *expressis verbis* auch sein zu wollen; ein bißchen weltfremd, ja auch ein bißchen beschränkt; immer begleitet, wie von zutraulichen Tieren, von einigen Lieblingsirrtümern; zürnend, wenn er schon zürnt, nur den Quälern und Abdeckern, die ihnen an Schwanz und Kehle möchten, den orthodoxen Deisten und orthodoxen Materialisten; in eine Freiheit verliebt, die es nicht gibt, eine Undeziditheit übend, die es nur einmal gibt, als das Wunder seines Existierens nämlich, das von dem andern Wunder lebt, daß Scylla und Charybdis gerade Feiertag haben, wenn er zwischen ihnen hindurchschifft, und die Sphinx eben ihre Notdurft verrichtet, sooft er an ihrem Lagerplatz vorübergeht. Niemand wird ihm einreden können, daß dies ein seltener Zufall ist, obwohl er regelmäßig sich wiederholt, kurz: Glück. Er hat es nun einmal; und wenn er seinetwegen einen Luftsprung machte, hätte er es nicht. Daher er sich die Melancholie leisten kann und auch ausgiebig leistet, als ob er nachdrücklichst dartun wollte – was er aber nur mit der ihm nicht bewußten Bewußtheit zustande bringen würde –, daß er über die Freude, die er hat, keine Freude hat.

HUMOR »*Cum ieiunatis nolite fieri, sicut hypocritae, tristes..., tu autem, cum ieiunas, unge caput tuum, et faciem tuam lava, ne videaris hominibus ieiunans, sed patri tuo, qui est in abscondito.*« Matthäus VI. Lehren diese Worte nicht auch das Verhalten des Humoristen? Und zeigen sie dem, der mit ihrem Maßstab in der Hand umherblickt, nicht, daß neben dem Frommen der Humorist der einzige ist, der sie beherzigt? Der Humorist ist ein Leidender, dem noch ein zweites Leiden aufgeladen worden, nämlich: das erste dissimulieren zu müssen. Wie er's verhehlt, bald gut, bald besser, je nach der Heftigkeit des Schmerzes, immer aber so gut, daß niemand sein Lächeln für einen Rest von Schluchzen erkennt, das ist seine Kunst. Oh, wieviel Freude gäbe es auf der Welt, wenn die Fastenden an den Tafeln des Lebens so täten, als äßen sie mit vollen Backen! Wie sehr würde die Kunst, zu leben, gewinnen! Da gehen die Menschen hin mit sozusagen offenen Bäuchen. Jeder kann jedem in die Eingeweide sehen. Keiner findet nötig, die Freude hinter ein wenig Trauer, die Trauer unter etwas Heiterkeit zu verbergen, um so den bescheidensten Grundstock zu dem großen Vermögen eines Stoikers oder gar zum unermeßlichen Reichtum eines Märtyrers zu legen. Wie aber soll, wenn die Physik nicht den ersten Schritt macht, die Metaphysik Fuß fassen in der Physik? Der Herr Apostel finden? Der Apostel Jünger? Ja, der Humorist befindet sich auf dem rechten schmalen Wege zu der rechten engen Pforte, wenn's auch niemand merkt und keiner sich ein Beispiel an dem nehmen kann, der keines gibt, weil er das Beispiel meisterlichen Dissimulierens gibt. An diesem Schulbeispiel von Nichtbeispiel sieht vielleicht, wer Augen hat, zu sehen, den fundamentalen Unterschied von Kunst und Religion. Jene muß sich verbergen, um zu wirken, diese sich bekennen, um das Nämliche zu bewerkstelligen. Der Religion billigt jedes Kind, das den betreffenden Katechismus gelernt hat, zu, daß sie vor dem Gott oder dem Götzen bestehen wird; der Kunst kaum jemand, daß auch ihr Tun, sie habe dessen wahren Grund nur gut in Dem, *qui est in abscondito*, verborgen, die Krone des Überwinders verdient. Wenn nun ein Schriftsteller auf dem breiten Wege des Ernstes sich findet, des philosophischen oder des poetischen, und wenn er ein noch unverhärtetes Gewissen hat, so lasse er sich in dieses reden, umzukehren, sofort, und koste das Umkehren was es nur wolle an irdischen Gütern, um jenes Lächeln zu erwerben, das den *hypocritae* so zynisch zu sein scheint und von den Weibern so sehr gehaßt wird, denn: in die Unterleibswelt dringt nie ein Sonnenstrahl. Dort frönt man der Wollust mit jenem schauerlich kultischen Ernste, der die altmexikanischen Menschenopfer ausgezeichnet hatte, mit jenem lähmenden Oberlehrerernste, der (unausgesprochen) stets den Satz im Munde führt: *Non vitae sed scholae discimus*. Ja, in dieser Schule, und wenn die bis nun jungfräulichste Lehrerin sie hält, wird auch der kleinste Fehler unnachsichtlich mit der Rute bestraft. Keine Jungfrau ist je so sehr Jungfrau gewesen, daß sie, als Weib bedient, nicht zwischen Mahlzeit und Dessert zu unterscheiden vermöchte, nicht genau wüßte, was ihr, und hätte sie noch so unwissend entbehrt, zukommt, und die nicht bis auf jenes Messer rächte, das Tisch- und Bettuch zerschneidet, wenn es ihr nicht zukommt. Wer wegen seines ewigen Heiles alles zu glauben willens, glaube, zu seinem irdischen wenigstens, dieses eine nicht: daß es *in utero* die winzigste getaufte Stelle gäbe. Er lasse zu solchem Glauben sich nicht bekehren, und sollten der Geliebten auch die schönsten Gebete in die Freiheit des Christenmenschen von solch streng folgerichtigem Unterrichtenmüssen entfahren. Nur eine, allerdings kaum nützbare Möglichkeit gibt es, für *magistram* und *discipulum*, den Schwur auf das *credo quia absurdum* trotz und unbeschadet aller Liebesschwüre durchzuhalten: diese Schule zu stürzen, auf die sichre Gefahr hin, eine lächerliche Törin zu werden und zu sein unter nichts als Vernünftigen, die von der ganzen Vernunft nur das unerbittlichste Kausalieren haben und in ihm die ganze Vernunft zu haben glauben, und ein Dummkopf und Dunkelmann unter nichts als intelligenten Verführern zu Unintelligenz und rational dauernd hell erleuchteten Lunarins. Sie werden in der künstlichen Nacht ihres von der Sonne der Gnade durchstrahlten Verstandes über Trümmer stolpern, die der Vipernstädte komfortable quadratische Wohnblocks sind, sich blutig schlagen auf den Verbandplätzen des Geschlechterkampfs, mit dem Kreuz auf der Schulter durch dieselben Jerusalemer Straßen ziehn, die dem, der auf der Eselin saß, zugejauchzt haben. Natürlich sind nur die wenigsten so mutig oder so konsequent, den Ernst in seiner Hauptstadt, in seinem Palast, in seinem Schlafzimmer aufzusuchen und in seinem Bette zu erwürgen. Diese wenigsten sind – abgesehen von den Heiligen, die ja in der Unbekanntheitsqualität leben und also gar keinen Ruhm haben und suchen (auch nicht den der vorbildlichen Dissimulation) außer bei Gott – keineswegs die Philosophen, die in ihrer großen Gescheutheit gefangensitzen, ohne sich beengt zu fühlen, und schon gar nicht jene gewissen Philosophen, die Kirchenväter wurden, eh sie Väter geworden sind, und deren Weiberfeindschaft in der Direktheit des Angriffs sich erschöpft, sondern jene wenigen Humoristen, die, als Männer und als Frauenverehrer verkleidet, kühn in den Hades des Uterus eindringen, um, wohl wissend, daß man sie da unten nicht dulden wird, den wahren Grund zu erfahren, warum man sie da unten und da drinnen nicht duldet. Und wie sie eingangs trefflich den reinen Toren gespielt haben, der mit etwa vierzig erst bitter erfahren muß, was schon mit etwa zehn jeder bessere Gassenbub weiß, so gut dissimulieren sie ausgangs das gebrannte Kind, und statt vor Schmerz zu schreien, lächeln sie jenes ganz ausgegorne, goldgelbe, durchsichtige, kern- und pünktchenlose, man könnte auch sagen, zahnlose Lächeln, das wegen des Gegensatzes zu einem fast pneumatisch strengen und starren Gesicht dem nichts weniger als pneumatischen, aber streng logischen Uterus so verdächtig vorkommt. Und mit Recht verdächtig vorkommt, denn: dieses Lächeln entbehrt der Logik, weil es seines echten eigentlichen Grundes entbehrt, wider diesen dasteht und für den Schrei, auf den das Weib das tiefste Anrecht hat, sei's auf den der von ihm bereiteten Lust, sei's auf den des von ihm zugefügten Schmerzes; und besonders um den Schrei der letzten Art fühlt es sich geprellt, gibt es doch auch kein Gericht, vor das es solchen Zechpreller wider die Natur zu ziehen vermöchte. Die Gnade kann mit dem Manne tun, was sie will, im Gegensatz zum Weibe, das tun muß, was es will, das der Zwang selbst ist (auch zu Freiheit), mehr das Schicksal selber als Mensch, der Schicksal hat, mehr Ananke als Laetitia, mehr Gorgo als Melitta. Nun – und hier verraten wir ein großes Geheimnis –, nun lebt sich's leichter als Schicksal denn als Mensch! Diese mit dem überaus kunstvollen Lächeln des Humoristen sich verwandt glaubende (einmal zupft auch das raffinierteste Mäuschen am Speckstück und macht die Falle zuklappen), natürlich geminderte Lebensschwere ist es, die das Weib doch zum Humoristen greifen läßt, trotz aller berechtigten Zweifel an des Humoristen (meisterhaft gespielter) Harmlosigkeit. Weh dem Weibe, wenn es der Erkenntnis, daß des Weibes Macht das Wissen um die Macht des Nichtwissens ist, vergißt! Wenn die Verführerin sich verführen läßt; die Ungetreue sich untreu wird statt ihrem Liebhaber; wenn ins eigne Nest Frau Kukkuck das Ei legt! Weil es also trotz Vorwarnung durch den Verdacht, hier schriebe einer, der eigentlich gar nicht mehr schreiben können sollte, weil er entweder tot oder entmannt oder wenigstens geistesgestört zu sein hätte – wär's ohne Gnade, nur nach dem intrauterinen Rechte zugegangen –, doch zu Schriften greift, die vorgeben, das Leben leichter machen zu können (und es auch wirklich leichter machen, aber unter der Lebensgefahr des Artisten auf dem Drahtseil), hört es, muß es hören – denn: *principiis obsta, sero medicina paratur* –, was es ist. Der Liebhaber flüstert die geballte Formel dem Weibe natürlich nicht ins rosige Ohr; erfolglos schleudert der Weiberfeind sie ihm ins eisig schöne Gesicht; der Humorist jedoch, wie frisch auferstanden von den Toten, die der Geschlechterkampf gekostet hat, gesalbten Haupts, gewaschenen Gesichts, mit Heiterheit gepanzert von Scheitel bis Sohle, die stigmatisierten Hände gut geborgen im korrekten Handschuh, gar nicht zweideutig, nein, echt christlich gütig lächelnd jene Blume überreichend, die die Geliebte ihm aufs Grab gelegt haben würde, wenn für die Dauer des gefährlichen Augenblicks Gott nicht alle Särge, alle Totengräber, alle Schaufeln und Seile, und auch jedes Krümelchen Erde ins Nichtvorhandene gezaubert hätte; der Humorist, das Zimmer der Sphinx betretend, ohne zu erbleichen oder die Nase zu rümpfen ob des widrigen Geruchs des andern, des nächsten Opfers der Sphinx, die nicht weiß, daß da ihr Ödipus kommt, der sie opfern wird, eh sie ihn wird opfern können, der Humorist sagt ihr, indem er nicht etwa wehmütig, nein, begeistert ihrer Physik zustimmt, was sie gewiß noch von keinem Mann gehört hat. Flüche, Schmerzens- und Todesschreie ist sie gewohnt zu hören. Des Ethikers herrliche Predigten auch. Doch diese Art biblischer Literatur ist ihr sprachentrückt. Beim besten Willen (wenn sie einen solchen hätte), sie zu verstehen, verstünde sie sie nicht. Sie versteht nur alle Feinde und den jeweiligen Freund. Die ihr Unrecht geben oder die von ihrer Rechtsbeugung leben. Aber daß da einer kommt und ihr in ein ungeleugnetes Göttinnengesicht sagt, daß sie nach einem nur ihr zustehenden Rechte, also zu Recht, Unrecht tut, daß man sie nicht genug Eide schwören lassen könne und zwar, um ihr soviel als möglich des Vergnügens zu verschaffen, sie zu brechen, daß man ihr nicht die Untreue, sondern die Treue ankreide, nicht die Unkeuschheit, sondern die Keuschheit, nicht das Lügen, sondern das Wahrreden, daß sie noch immer zu tief und zu lang den eben in Gunst Stehenden liebe und deswegen noch weit von dem Hochziele des Weibes, den Eintagsfliegenrekord geschlagen zu haben, entfernt sei, daß ihre entzückende Person noch viel zuviel Kontinuum habe und daß sie viel öfter zu intermittieren hätte, daß, kurzum, jene diabolische Krone, die sie schon verdient zu haben geglaubt hat, leider noch unter ihren reizenden Füßchen schwebe, die der Humorist, den sie fast zu Tode getreten, im

Pantoffelkuß zu verehren, nicht zögert –: ein solches Unmaß an Wahrheit über Lüge kann die Lüge nicht hören, ohne zugleich ihres Wesens beraubt zu werden; einen so glänzenden Freispruch von Sünde die Sünde nicht hinnehmen, ohne ihren Stachel zu verlieren; ein solches Übermaß an rechtfertigender Liebe die (immerhin, wenn auch den andern oder viele andre) Liebende nicht existieren sehen, ohne zu erkennen, daß sie im ureigenen Fache nur dilettiere. Sie muß sich – wenigstens *in effigie* – in den nächsten Abgrund stürzen.

HUMOR Von der Vorsehung ist uns das Amt übertragen worden, die überaus schmerzliche Geburt des Humors mit dem Leibe zu erleben und durch die Echtheit des Wehschreins und des Weinens die Echtheit des witzigen Redens und des heitern Lächelns darzutun. Die grundsätzliche Ein- und Selbheit von Leid und Lust kommt an die allgemein verständliche Oberfläche nicht durch die Verwandlungskünstlerei des Erzählers – wie scheinen könnte –, sondern durch die ihr voran- oder vorschwebende Charakterfestigkeit des Denkers. Das alchimistische Wunder der Transmutation vollzieht sich – zum Heile sowohl der privaten wie der öffentlichen Person – nur bei vollkommener Reinheit der betroffenen Begriffe. Diese aber sind in der Regel dermaßen verschmutzt, verrostet, abgenützt, entwertet durch ihren so gut wie ausschließlichen Gebrauch zu logizistischen Spielereien, daß es heute fast eine Schande, Philosoph, und fast Pflicht, keiner zu sein, dahingegen, wenn überhaupt was, Künstler. Von einem, der nicht urteilt, weil er Delinquent ist, also Richter über die Gerechtigkeit der Richter, darf zu Recht gehofft werden, daß er scharf die Schärfe des Schwertes sieht und genau weiß, wann er sterben wird. Dieser Gefangene einer höheren Macht, die ihn hat schuldig werden lassen, befreit mit jedem Klirren der von seiner testierenden Hand bewegten Denkkette einen Begriff. Mit jedem Schritt, der zu nichts führt als zur Kenntnisnahme der vollkommenen Rechteckigkeit der Mauern seines Kerkers, erschüttert er eine Wand des Kartenhauses, das die entwürdigten Begriffe annoch bilden müssen. Zu dem Zeitpunkte, dem gegenwärtigen, vom Herrn eben wieder hinter einen Aion gesetzten, genügt es nicht, daß einer im Besitze des Hebelgesetzes etwa zur Welt komme und – *quel artiste!* – sie leicht aus den Angeln hebe. Es ist vielmehr notwendig, daß er dieses Gesetz – obwohl man überall seiner sich bedient – zum ersten Male entdecke, so, als gehöre er einem vorprometheisch primitiven Volke an. Die der mitgeborenen Gesetze souverän sich bedienen – Elektrotechniker des (grundsätzlich atechnischen) Geistes –, diese adligen Hohlköpfe, die aus dem Zufall eines Erbes das Recht zu Verachtung jener ableiten, die Armut und Reichtum nur der strengsten Determiniertheit ihres Tuns und Lassens verdanken wollen; sie, die mit dem, was ihnen nicht zugestoßen ist, sich ein Air geben statt uns ein Brot des Lebens; sie, die die nichtswürdige Sache des Talents zu der ihren und zu der allein vorhandenen gemacht haben: sie sind's, die mit den *disiecta membra* eines nie ganz gewesenen Ganzen den Kastalischen Quell also verschütten, daß er wie zu Uranfang wieder die volle Stoßkraft seiner zusammengedrückten Wassersäule aufbieten muß, um an Tag zu stoßen.

HUMOR Wenn einer gute Miene zum bösen Spiel macht, so sagen die Leute, er habe Humor. Aber sie sagen das doch mit der heimlichen, unausrottbaren Verachtung für den Komödianten. Anständiger, gewiß, dünkte ihnen, wenn jener eine, der mit seiner Person unter die Säue geraten oder vor die Hunde gekommen ist, sich eine Kugel in den Kopf jagte. Das Publikum weiß (im innersten Gekröse), daß für das Publikum Theater gespielt wird, und so auch, daß die Kunst der verzweifelte Glaube ist an die Existenz eines, der glaubt, was wir Künstler nicht glauben, an einen Überzeuger, der uns mit dem überredete, was wir ihm einreden. Ein hoffnungsvolles Unternehmen, solange wir logische Schlüsse für sichere Zwänge halten! Ein hoffnungsloses, wenn wir merken, daß den hartgesottensten Komödianten nicht, wie gefürchtet, das Wort, sondern der Angstschweiß des Lampenfiebers verrät. Und so behaupten wir, daß der Humor nach einem schlechten Gewissen riecht, nach Spital oder nach Zelle eines Mönchs wider Willen. Es ist aber über allem Zweifel, daß, als die Götter noch nah gewesen sind, so nah wie jetzt die Deckenlampe unserem Kopfe, ein furchtbarer Ernst geherrscht hat und eine Nemesis, der sich zu entziehn niemand gewagt hätte, aber auch niemand willens gewesen wäre. Wenn wir heute die Erinnyen nur vom Hörensagen kennen, im schlimmsten Fall bestenfalls vom Wegschaun, so ist das wohl ein Fortschritt, aber einer, dem das uralte Verhängnis nur auf der allerneuesten Achillesferse folgt: ein Leben, das man sich geschenkt hat, ist nämlich kein Leben mehr. Das gegnadete Fortsetzen eines zum Tode verurteilt gewesenen Lebens steht natürlich unter dem Zeichen des Lächelns. Aber dieses Lächeln hat seinen Grund in der physiologischen Reaktion auf die ausgestandene Todesangst. Und die Gnade könnte gut und recht für eine *gratis data* gelten, wenn sie nicht – und das scheidet ja den ehrlosen Humoristen von dem ehrbaren Verbrecher – eine selbstgeschenkte wäre. Nur weil dem so ist, kann Humor in Ironie übergehen, in den Humor über den Humor; in das grausame Lachen über das freundliche Lächeln, womit einer über seinen Schiffbruch und über die Wellen des Meeres hinweggeht, als gäbe es den doch unmöglichen Erlöser, den Selbsterlöser.

HUMOR Der Humor ist eine goldene Schadenfreude an den der Welt integralen Schäden. Kann man sie nicht beheben, so doch belachen und die Rigoristen gleich dazu, die nicht darüber sich freuen können, daß dort, wo es nichts zu lachen gibt, trotzdem gelacht wird. Ging's nur mit natürlichen Dingen zu, ging's nicht. Aber: das Lachen ist ja nur eine Erfindung, die irgendwann einmal irgendein Prometheus gemacht hat! Das Trauern hingegen, das Weinen, das Klagen entsprechen genau der Natur und haben also keinen Autor.

Ich Wenn wer ein Ich ist, der könnte – wenigstens *theoretice* – sich abbilden. Tritt ein künstlerisches Talent dem Ich bei, geschieht's ohnehin: es bringt die Konturen, die gegen das Nicht-Ich abgrenzen, zu Schreib- oder Zeichenpapier. In der Regel aber, die nicht des Künstlers, ist der Eindruck, den das Ich von sich selber hat, also stark, daß er den Willen oder den Wunsch, ihm Ausdruck zu geben, tief unter der Bewußtseinsschwelle niederhält. Das Ich dominiert – kurioserweise – sich selbst. Das heißt: der Eindruck wirkt auf das zurück, was den Eindruck wirkt. Es ist ein Fall von parthenogenetischer Multiplikation. Das Netz, sowohl nach Umfang wie mit jeder Masche, ist weit größer als der gefangene Fisch, der in ihm mit relativer Freiheit sich bewegt und deshalb nach der absoluten Freiheit nicht zu dürsten vermag.

Ignatius Vom Weibe betrogen, in gefährliche Unordnung gebracht, rufen wir einen ordentlichen, ordnenden Mann an, aber nie und nimmer den Freund, weil derselbe, wenn er in Ordnung, immer nur zufällig in Ordnung ist, sondern einen Ordensstifter, doch nicht wegen der Stiftung dieses oder jenes (immer allzu konkreten) Ordens, sondern weil er die Ordnung überhaupt in ihre sichtbarste, fühlbarste Form gebracht hat. Daß man in sie eintreten kann, beweist nur, daß sie kein Gemälde und keine Utopie ist, daß sie die Prätorianer des Pantokrators und seines Stellvertreters auf Erden ausbildet nur, daß auch das Ding an sich, wenn es zur Welt käme, mit irgendeinem Zweck verbunden werden würde. Der Orden selber ist nur der zeitliche Stengel, darauf die kostbare ewige Blüte sitzt. Es handelt sich also auch gar nicht darum, ob diese Ordnung *expressis verbis* oder *secreto modo* gegen das Weib gerichtet ist. Nichts, das wahrhaft ist, ist gegen was gerichtet. Die sauberste und überzeugendste Polemik gegen ein Gottesgeschöpf gehört noch zur Unordnung. Nein, vom Weibe, das verraten hat, geht unter ordentlichen Leuten überhaupt nicht die Rede, weil schon durch den Gegenstand derselben, er mag noch so richtig und scharf verworfen werden, die Rede verwirrt, verunnützt, verunreinigt würde. Gegenstand einer Rede, die heilbringend sein soll, kann, wenn die Erwähnung des Weibes durchaus nicht zu vermeiden ist, nur jenes einzige Weib sein, das nicht in den Widersprüchen einer alogischen Psychologie sich bewegt: die allerseligste Jungfrau. Denn zu keinem Punkte ihres Wesens können üble Erfahrungen des Mannsbilds, auch des heiligen, als es noch kein heiliges gewesen, sich hinbewegen. Nur die über Maria geführte Sprache wird kraft der einzigartigen Gelegenheit, die Maria bietet, das Alogische nicht logisch fassen und also einer grundsätzlichen Unfähigkeit der Ratio nicht innewerden zu müssen, nicht in Frage gestellt. Wunderbarerweise nämlich stellt das Wunder die Sprache nicht in Frage. Vom Wunder nämlich wird die Sprache nicht ihrer Fähigkeit, das Heil zu wirken oder zu lehren, wie man es wirke, beraubt. (Es trägt allerdings auch nichts zu ihr bei.) Wenn Till nach dem Weggang der Melitta mit dem Lunarin, des ewigen Paares der Vergänglichkeit, nicht, trotz allernächster Nachbarschaft der Gottesmutter, diese anruft, sondern den heiligen Ignatius, von dem er weit weniger weiß, so tut er aus zwei sehr tiefen Gründen, die ihm nicht bewußt zu sein brauchen und ihm gewiß auch nicht bewußt gewesen sind, recht daran: erstens bedarf er in seiner Verlassenheit als Mann einer männlichen Gesellschaft und Stütze und zwar wegen der Wunden selber Herkunft auch und gerade am Heiligenkörper (um sich mit einem *à propos* auf sie beziehen zu können), zweitens wird man, von einiger Feinfühligkeit in Fragen des Takts zu einem Weibe, das keines ist, ja, das seine glorreiche Überwindung ist, nicht von einem Weibe sprechen, das gerade in der Nichtüberwindung seiner seine begeisternde Aufgabe sieht.

IMMANENZ Der ist dauernd am Ziel, hinter dem die andern Läufer dauernd zurückbleiben.

IRONIE Die Ironie ist ein, statt mit dem Schreckbild des ehrlichen Kämpfers, mit dem täuschenden Emblem eines Lächelns, also eines falschen Lächelns, bemalter Schild, dahinter ein reizbarer, leicht zu kränkender, oft auch kränklicher, immer herrschsüchtiger, nach Herrschaft besonders über die freiesten Geister süchtiger Mensch und eine überaus scharfe Waffe sich verbergen. Die Ironie kann nur eine vorübergehende Erscheinung sein, und sollte ihr Kulminieren auch noch tausend oder noch mehr Jahre dauern. Es steckt zu viel verständliche Psychologie hinter ihr, sie ist leicht und zu schnell auf eine solche zurückzuführen. Ziemlich unendlichen Bestand haben nur Seinsverfassungen, die entweder eine unauslotbare Tiefe haben oder so gut wie gar keine, wie etwa ein ganz seichtes Wasser, dessen Grund und dessen Spiegel beinahe zusammenfallen. Solche Seinsverfassungen sind das Ewigweibliche, das wir wohl beschreiben, aber nicht verstehen können, und der Ernst, dieser Mann ohne Unterleib, den wir wohl zu verstehn, aber nicht zu beschreiben vermögen, denn er bietet gar keine *secreta* und *pudenda*. Einmal, früher oder später, werden alle Versuche der Ironie, eine genauere Welt zu inaugurieren, von Sokrates bis Kierkegaard und von uns bis zu unsern annoch anonymen Urenkeln – wenn sie nicht schon in der Wiege erwürgt werden sollten –, abgestellt werden durch die flachste Handbewegung der vereinigten Psychiater, Psychoanalytiker, Psychologen des Erdenrunds unter dem begeisterten Beifall des Pöbels, der es endlich satt bekommen hat, sich bei dem Knopfe fassen zu lassen, der ihm nicht aufgehen will. Die Unableitbaren, Nicht-weiter-Rückführbaren, die Beschreib-, aber nicht Verstehbaren, die Versteh-, aber nicht Beschreibbaren werden gegen uns, die Leichtableitbaren, Leichtrückführbaren, Verstehbaren (wenn auch dauernd Unverstandenen), Unbeschreibbaren (doch nur aus dem Grunde, weil die Künstler, die beschreiben können, auf unseren Bänken sitzen und nicht auf denen des »Bergs«), den Aufstand des organisierten Nichtgenius – zu dem die Wissenschaftler aller Fakultäten gehören, sofern sie nicht zugleich große Schriftsteller sind, was selten, ja, fast ein Wunder ist – gegen den unorganisierbaren Genius anzetteln und ohne jeden Zweifel siegreich zu Ende führen. Ihn erregt und dadurch die

Diskussion in Fluß und schließlich vor Gottes Richterstuhl gebracht zu haben, wird der einzige Erfolg der Ironie gewesen sein.

IRONIE Der Geladene wird nicht den Kopf der Hausfrau sich zerbrechen und nicht wie der Hausherr sich betragen. Vor allem aber wird er, sosehr auch Haus und Leute ihm gefallen, nie vergessen, daß er woanders wohnt, und vielleicht viel schlechter, ohne Leute wohnt oder mit recht üblen. Er wird nicht um das fremde Eigentum herumlecken, es mindernd auf eine feine, unanklagbare Weise, wie die stete Welle um das Riff auf ihre gewöhnliche. Er wird seiner Phantasie nicht erlauben, ihn dort zu beheimaten, wo es seinem Fleische gefällt, und gefällt aus den anständigsten Gründen. Nun könnte der Gast glauben, er solle ab jetzt dem Ethos zuliebe tun, was er bisher aus Anlage getan hat. Als ob wir ihn zu Askese aufforderten! Auch Askese ist nicht des bei der Welt zu Gast geladenen Ironikers Sache. Die Ironie, der ob ihrer eigenen Heiligkeit nichts heilig sein darf, würde, wenn sie Ernst mit sich selber machte, doch was zu ihrer Sache machen. In diesem Augenblicke beginge sie versehentlich Selbstmord, wie ihn der Seiltänzer begeht, der fehltritt. Des Gastes große Kunst ist eben, nirgendwo zu Haus zu sein: weder bei den Menschen noch bei den Göttern, weder in der Torheit noch in der Weisheit, weder in der Glut noch in der Kälte, weder auf dem dünnen Seil noch auf der breiten Erde; und vor allem: diese immerhin recht bemerkenswerte Hauslosigkeit nicht zu Problem zu erheben.

JONAS Er war das Eisen, das unverrückbar schwere Gewicht, die Nägel, die Beschläge, das Schloß und der Schlüssel einer eisernen Kiste, die zur Aufnahme eines Schatzes bestimmt ist. Er wußte nicht, was er einmal würde bewahren müssen, aber er wußte, daß er würde bewahren können, wenn er gewürdigt werden sollte zu bewahren. Er lächelte schon jetzt des Diebs, den es noch nicht gab, all seiner Schlauheit und all seiner Werkzeuge, von jener glaubend, mehr zu besitzen im Notfall, von diesen, daß er selber das bessere sei, weil die Notwehr den Erfinder geschickter mache. Daher des Jonas Härte und Kälte nach innen und nach außen, die des Jonas Gemüt den Leuten, so sie so freundlich waren, ihm eins zuzubilligen, als ein unbequemes und unheizbares Gemach erscheinen ließ! Daher der Seinen, die ihn kannten, wie man einen kennt, der im Schlafe aufgedeckt daliegt, lebend, doch wie tot, eine entkleidete Leiche, die atmet, ein Schamhafter, der schamlos gehandelt hat, ohne überhaupt gehandelt zu haben, daher also der Seinen den Nichtseinen unverständliche Verehrung für den tapferen Mann, der ein nie angestrebtes, wichtiges, aber widriges Amt, ohne einen trostlosen Blick nach Trost auszusenden, ohne von der Liebe, die rings um ihn kniet und ihre überreifen Früchte einem vorbildlich Fastenden anbietet, auch nur eine geplatzte Traubenperle zu nehmen, nicht in Freuden, aber in Ermanglung ihrer eben erst wie gesollt ausübt, denn: Das Amt kommt über uns wie ein Fluch, wie ein Krieg, ja, wie die Pest, oder es ist keins, sondern ein Vergnügen, und kostete es auch Schweiß wie das Tanzen oder das Meißeln von Gestalt aus Gestein; es genügt, uns den Rang eines Helden von den Achseln oder dem Kragen zu reißen, wenn auch nur der Schatten eines Lorbeerblatts auf unser erhitztes Gesicht fällt! Daher der Leute Glauben, daß Jonas ihrer aller lächelte als der Dummen, Unbegabten, Unberufenen, sogar Verstoßenen von Gottes Antlitz und nur er sich als der Erste dünkte (obwohl er lächelte), als der Begabte und Berufene, eingesogen vom Hauche Gottes in Gottes innersten Mund, und er lächelte doch gar keines geschaffenen Wesens, sondern lächelte, weil er bereit sein mußte, dem jederzeit möglichen Angriff aus dem Dunkel der Zukunft zu begegnen, des dauernd im Nahen begriffenen Versuchers, der, er komme oder komme nicht, weder den Frieden erlaubt noch den Kampf mit einem anderen Gegner, kein Würfelspiel mit schönen Dingen und das Schlafen nur in Erz und mit entblößtem Schwerte!

Jonas (Des Jonas Predigt in Ninive) Hütet eure Kerzen, Öllämpchen, Eisenöflein und Kamine, an denen ihr fast schon bis zu Gottlosigkeit Entwöhnte der patriarchalisch priesterlichen Handlungen die Tat unseres irdischen Vaters Prometheus noch einmal liturgisch vollbringet! Erkennet, wenn den Docht oder den Span ihr entzündet, die Unfähigkeit auch des menschenähnlichsten aller Apparate, ein Opfer zu vollziehn! Entfernt euch, in öfteren Gedanken wenigstens, von den geschickt erfundenen Apparaten, mit denen der Mensch in die Natur eingreift, um der Natur ihr Eingreifen in den Menschen heimzuzahlen, sowohl aufs deutlichste wie aufs ungeistigste die Scheidung der Form von dem Stoffe vor- und darstellend. Entfernt euch, sage ich, von ihnen feiertägigen Schritts, zu Fuß zurückgehend zu den Ahnen, die das Licht und die Wärme noch unmittelbar haben entstehen sehen aus einem eben noch finstern und kalten Ding. Deswegen – wenn auch die Kunst und das Wunder nicht mehr als die Kunst und das Wunder empfunden werden können, weil auch das Ungewöhnlichste gewöhnlich werden muß dem Verstande, damit er fortzuschreiten vermöge zu neuen Künsten und Wundern und schließlich bis zu unserm Herrn Gott, dem Kunst- und Wunderlosen, ohne Mittel alles Hervorbringenden –, deswegen sollt ihr winters das Holz klauben, das Wachs ziehen, das Öl pressen, lenzlich die klebrige, schwellende Knospe betasten, das Trockenwerden des Zauns abmessen, das erste Veilchen brechen, sommers die Schärfe der Sichel erspüren, die dicke Garbe umarmen, die dunkel erglühende, fruchtbare Magd mit trächtig machendem Blicke ansehn, im Herbste die schwere Traube gleiten lassen durch die gehöhlte Hand, die Leiter an den Apfelbaum legen, den zum Abziehn gekrümmten Finger an den Hahn des Gewehres und vom ersten Brot des neuen Mehles nehmen. Denn nur wer von Zeit zu Zeit das Ursprüngliche fromm berührt, füllt und stärkt sich mit der rechten Kraft zu Fug und Unfug, die, obwohl erschöpfbar, doch aus einem unerschöpflichen Borne quillt. Hingegen die Seelen jener, die am Abgeleiteten sich ergötzen, an den Ersätzen für Aug' und Ohr, Arm und Fuß, von Maschinenwesen sich dienen lassen, die Knechte sind ohne den verdienstlichen Gehorsam der lebendigen Knechte und die deswegen auch niemals zu Empfängern von Gerechtigkeit werden können, vor der natürlichen Zeit dahinsiechen. Wollet daher lieber von dem guten, wenn auch schwachen Willen derer abhängen, die Gottes Gebote wenigstens noch vernommen haben, als von denen Gottlosen, Tauben und vorsätzlich Athletischen, die der Vorsehung nicht gestatten, helfend einzugreifen, sondern sich anmaßen, ohne Wunder das Brot zu vermehren, auf daß niemand mehr zu Bitte oder Dank die Hände erhebe. Das Brot jedoch, o Niniviter, sehnt sich, wunderbar vermehrt zu werden, wie das Öl sich sehnt nach dem Krüglein der Witwe von Sarepta, die einen Elias ernährt hat! Zu wem wird heute ein Elias geschickt? Und wer könnte ihn auf seine, des Elias, Weise nähren? Im Straßengraben sehe ich ihn liegen, verhungert und zerlumpt, wartend aufs Abgerufenwerden von einer Welt, die alle also gleichmäßig sättigt, daß der Prophet, der von der Not leben muß, den leeren Topf nicht findet, aus dem seine Atzung quillt.

Klage (Lunarins über das Reisen) Könnt' ich nur in eine Heimat entrinnen! Hätt' ich nur eine! Wär's nur die, wo ich geboren worden! Wo die ersten Mönche mich gelehrt! Wo mit Frau und Kind ich gelebt habe! Wohin mit der Freundin ich geeilt bin, der trügerischen, flüchtend vor der uns trennenden Wahrheit in die nicht bindende Schönheit! Fortgewischt aber bin ich worden inzwischen von der Tafel des Vaterlands! Also rächt sich das Reisen! Daß man überall zu Hause und nirgends. Denn die unvergeßlichen Orte haben kein Gedächtnis für den Fremdling von klein auf! Die meisterlichsten Bilder verblassen an den tränenfeuchten Wänden der langgliedrigen Familien! Gleich einem Kakteenzaun umgibt der Haß des verletzten Gesetzes die weißen Würfel des einmaligen Glückswurfs am Ufer des Südmeers!

Konzilianz Konzilianz setzt eine intransigente Theologie voraus, Religion gewordene Überzeugung, daß man die Toten ihre Toten begraben lassen müsse und daß man nur um die schon hier Unsterblichen sich zu kümmern habe. Wie jede echte Überzeugung ist sie nicht laut, sondern diskret, nicht grob, sondern höflich, nicht bekehrerisch, sondern duldsam, denn: mit der Uhr der Ewigkeit in der Hand kann man schon deutlich in die nächste Minute sehn, die nur ein paar Jahrhunderte später schon die jetzige ablöst. Wozu also, bloß um recht zu haben, ein langes Leben aufwenden, das doch so kurz ist? Es lebe die Konzilianz! Sie erlebt zwar nicht, was sie schaut, aber sie erschaut wenigstens, was sie nicht zu erleben vermag. O Sibylle im neumodisch korrekten Abendkleid! O Prophetin ohne eschatologischen Schaum vor dem Munde!

Krieg Der Krieg ist ein höchst sinnvolles Handeln mit schlußendlich immer untauglichen Mitteln. Kraft des unverhinderbaren Zusammenwirkens von Zweckmäßigkeit und Unzweckmäßigkeit bleibt, für welche Partei immer die Schlacht entscheidet, die Sache selber unentschieden. Dies wird von der göttlichen Providenz also verfügt, damit die Erzfeindschaften, deren Panzern allein der notwendige Lebensfunken entsprüht, nicht aufhören und vor den echten Heldenkämpfen die bloßen Prügeleien sich zu schämen vermögen.

Krieg und Frieden Der einstige gute Soldat Till kann ebensowenig schon vergessen, daß er gegen Franzosen und Italiener gekämpft hat, wie die ihm gleichgearteten unter diesen, daß sie gegen Deutsche gekämpft haben. Der Friede – vor seiner unvermeidlichen Ausartung zum Hervorbringer neuer Kriegsursachen – ist ein Ringen um die Ehre des längeren Gedächtnisses. Die ehemaligen Feinde stehen einander weiterhin gegenüber, aber vereint auf der höheren Ebene des zu gebenden Beispiels, wie man den Haß von gestern als Geisteswaffe gegen die Tendenz des Heute zu Geschichtslosigkeit gebrauchen solle. Es geht nicht an, sagen sie, ein Geschehen, dessen Träger mit Tod oder lebenslänglicher Verwundung ausgezeichnet worden sind, aus scheinbar edelsten, menschenfreundlichsten Gründen als nicht geschehen zu betrachten, und die begreifliche Freude, es heil überlebt zu haben, mit dem Verblassenlassen der schrecklichen Bilder, deren unfreiwilliger Meister man gewesen ist, zu bezahlen. Beraubt aber einer sein Gedächtnis um die in welcher Gemütsverfassung immer empfundenen Beweise für das von ihm unabhängige Sichdurchsetzen des Allgemeinen, so ist anzunehmen, daß er dieses Allgemeine in einem Augenblick seiner vollen Unanschaulichkeit – als zum Beispiel der Sinn des Krieges dem anschaulichen Unsinn des Einandertötens nicht mehr hatte Stand halten können – verflucht, negiert hat. Zurückgekehrt in das friedlich gewordene Allgemeine, würde er ohne das Vergessen seines Nein zur schwersten, weil unanschaulichsten aller Bürgerpflichten nicht ja zu sagen wagen zu seinen auf der Erfüllung jener beruhenden, höchst anschaulichen Bürgerrechten. Weil nun unser Till zu den lebensgefährlichen Nachteilen der Vergesellschaftung ja gesagt hat, darf er auch ja zu ihren lebensfördernden Vorteilen sagen. Das heißt: er lobt den Frieden nicht auf Kosten des Krieges und den Krieg nicht auf Kosten des Friedens. Und das heißt weiter: er schließt die Unmenschlichkeit nicht von der Menschlichkeit aus. Er umgreift das Unbegreifliche als ein ebenfalls zu ihm Gehörendes. Er lebt in Gemeinschaft mit seinem Abgrunde, mit der einstweiligen Leere des größesten Teiles seiner Person, der aufgefüllt oder nicht aufgefüllt werden wird – beide Möglichkeiten ruhen im Mutterschoß des Allgemeinen, den ein Überallgemeines befruchtet – mit Segnungen oder Verfluchungen, oder mit ihrem Verschnitte. Ein philosophierender Till könnte daher behaupten, Krieg und Frieden seien unten, in der Tiefe der Menschenbrust, der ein und selbe katastrophale Zustand, und nur oben und außen, je nach Vorzeichen, bald der eine, bald der andere. Diese Ein- und Selbheit würde nicht nur gut dargetan durch den vorhin erwähnten, wider das gemeine Vergessen unternommenen Versuch der Edlen, die einander feindlich gewesenen Fronten in Denkmalform fortbestehen zu lassen, sondern besser noch durch eine merkwürdige, unabhängig vom bewußten Wirken der Veteranen, und bei schon tiefstem Frieden, auftretende Folgeerscheinung des seinerzeitigen, unerlaubt vereinfachenden, von überall gleich menschlichen Menschen vollkommen absehenden Freund- und Feinderkennens, das aber – wie nicht verschwiegen werden darf – den geordneten Kampf um seinetwillen, den Kampf als Kunstwerk, den spielregelmäßigen auf einem Schachbrett von Schlachtfeld in die bis dahin willkürlich verwüstende und vernichtende Natur erst eingeführt hat. Wenn nun auch die Voraussetzungen für eine neuerliche und gewiß immer lehrreiche Demonstration des zwangsläufigen Erliegens der natürlichen Willkürlichkeit dem Ansturm sogar der primitivsten Art Geistes und zurechtrichtenden Willens auf lange hinaus wieder nicht gegeben sind, oder nicht gegeben zu sein scheinen, und niemand *expressis verbis* den Krieg zurückwünscht, ist doch jedermann ihm ungefähr so dankbar, wie dem Kolumbus für die Entdeckung Amerikas. Hat dieser die Flucht in ein Jenseits von Europa ermöglicht und so das Diesseits erträglicher gemacht – vor allen denen, die nicht auszuwandern gedenken – dadurch, daß er die atlantischen Katheten des europäischen Dreiecks mit der theoretischen Ausweichgelegenheit des geisterhaften Quadrats bestückte, so jener einen Denkhandgriff übermittelt, einen zwar unerlaubt einfachen, mit dem jedoch der nur kompliziert genug ihn Anwendende auf eine bereits sittlich zu nennende Weise der verwirrenden, und das ist der ebenfalls natürlichen, urzuständlichen Fülle des Lebens beizukommen vermag. Je nach seiner Stellung zum Dekalog und zu den Ideen wird er sich und den Mitmenschen als Verkörperer von Begriffen betrachten und Ordnung beziehungsweise Unordnung vom Verbindenden oder Trennenden der Begriffe abhängig sehen oder abhängig machen. Was ehdem, zu Ende der Urzeit und zu Beginn der geschichtlichen Zeit, das Zielen und Schießen, das Treffen oder das Nichttreffen des als Feind soldatisch verkleideten lieben Nächsten gewesen ist, ist jetzt, wo die physische Gefahr kleiner, die geistige größer, der über Mut und Feigheit Urteilende nicht der deutliche Befehlshaber, sondern der unsichtbare Gott, das dezidierte beziehungsweise das undezidierte Denken, denen beide zufolge erst – also in striktem Gegensatz zu dem unerlaubt vereinfachenden, alle *minutiae* unterschlagenden, monumental ungenauen Denken der Belligeranten – die einzig wahre und die einzig falsche Freund-und-Feind-Erkenntnis erworben wird. Auf dem Schlachtfeld des Friedens stehen statt Hinz gegen Kunz, was immer als Hinz oder Kunz sie seien, Genius oder Banause, die Kommissare des Wesentlichen und des Unwesentlichen einander gegenüber, der Formerfülltheit und der Formleere, einander zu verführen suchend und auf eine ganz andere Weise gesichtslos als auf die militärisch uniformierende. Weswegen sie am besten mit geschlossenen Augen gesehen werden, wie man ja auch das Abwiegen zweier fast gleichgewichtiger Sachen von höchstens Knopfgröße mit geschlossenen Augen und halbgeschlossenen Händen vornimmt. Denn es geht um ein Haar und nicht um einen Baumstamm. Wer wen trifft, der hat ihm das Blei des Unwesentlichen in den Leib gejagt oder ihm, als das ihm nicht Zukommende, das kostbar Wesentliche verweigert. Das sind die zwei Todeskatastrophen im harmlos blauen Friedensäther, der über den militärisch katalaunischen Gefilden sich wölbt, die des Geisterkampfes Vorbedingungen sind. Wenn der seine Ziehharmonika so gerne spielende Till – er wird sie im Dienste nicht mehr spielen; er wird sie zu den Zivilkleidern legen, wie Franz Seraphicus die bisher seinen dem Vater zu Füßen gelegt hat, um, mit Nacktheit reich geschmückt, Frau Armut zu ehelichen –, wenn also dieser Till, ein Landwirt unter Landwirten, der reichste am Ort zwar, aber keineswegs außer der Ordnung seines bescheidenen Standes, von dem meteorgleich ins gleiche Wirtshaus gefallenen Lunarin zu einer Freundlichkeit aufgerufen wird, wie die selbe oder eine ähnliche jeder Nachbar von jedem Nachbarn erbitten darf – und sind sie nicht wirklich Nachbarn? –: ist solch Geheuertwerden für nur drei Tage – länger dauert auch der Krieg nicht, sagt der Ausziehende sich und der weinenden Mutter seiner Kinder – was anderes als – in höflicher Form und im Kleinen des weiterhin friedlich bleibenden Alltags – der Gestellungsbefehl?! Müssen denn immer, wenn Mars das Haupt erhebt, die Trompeten schmettern und die Pauken dröhnen? Muß immer

Musik zum Texte kommen, um die Ohren für den Text zu öffnen? Gibt es nicht auch Hörer leisest gesprochener Befehle? Und wenn zu Liebe, warum nicht zu Kampf? Wenn nämlich gerade Kampf *ex offo* verboten und nur Liebe *ex offo* erlaubt? Es sollen daher das scheinbar von Ohngefähr her einander Begegnen der noch nicht als Kriegführende anerkannten Kriegführenden und die Freiwilligkeit des Beziehens des noch immer als Schlachtfeld begrenzten Schlachtfelds uns nicht darüber täuschen, daß wir auch als Selbstentscheidende nur im Soge des ein und selben Katastrophalen dahinfahren. Denn das alles übersehende, selbst aber unübersehbare Allgemeine hört nie auf, das Besondere, die Einen und die Einzelheiten so durcheinanderzuwirbeln, daß die erlaubten Zufälle ob ihrer rasch zunehmenden Häufung schließlich wertlos werden und dem in der Fülle verhungernden Gemüte das grausam harte Gesetz als das wieder einzig Rettende erscheint, weil es allein die Befugnis hat, durch Dezimierung der Überzahl der Einzahl die alte Kostbarkeit zurückzugeben.

KRISIS Ein untrügliches Zeichen der Krisis ist, daß sie sich weigert, beschrieben zu werden. Wie sie das macht? Sie verhindert das Finden der rechten Worte und bietet großmütig alle übrigen an. Sie sei uninteressant, sagt sie, nimmt die Maske ab und zeigt wieder eine Maske. So erregt sie in unglücklichen Leuten ein Philosophieren, das aus nichts denn Hintergründigkeiten besteht. Dieses Philosophierens vordersten Grund wirst du, vorläufig noch Glücklicher, nie erfahren! Ein erklärter Krieg wird auf Nebenschauplätzen geführt (einer derselben heißt – man soll's nicht glauben, wird doch nirgendwo so heiß um die Entscheidung gerungen – Theologie), auf dem Hauptschauplatz aber herrscht Frieden, ein tieferer Frieden, als nach der Natur der Natur herrschen kann. Die Tiger liegen so still wie die Lämmer. Jene fühlen keinen Blutdurst, diese keine Furcht. Kurz: es ist ein paradiesischer Zustand! Einer allerdings, den nur die Hölle zu etablieren vermag. Wenn nämlich eines häßlichen Tages die üblichen Qualen nicht mehr zulangen, die grauenvollen Aspekte der Zeitlosigkeit alle abgewandelt sind und die Teufel es mit der Pein himmlischer Ruhe versuchen müssen! Wäre der Mensch nicht so einsinnig wie die Zeit, würde er nicht gezwungen sein, schnurstracks von seinem Anfang zu seinem End' zu laufen, könnte er die unendlichen Räume, so rechts und links an seinem Reiseauge vorübersausen, betreten, er könnte auch auf der Hochebene der Krisis, wo kein Grashalm größer ist als der andere, kein Unterschied also das Messen herausfordert und eben dies Gleichmaß die seligste Gleichgültigkeit in dem gerüttelten Herzen zu erzeugen vermöchte, endlich nach Herzenslust sich austoben. Aber: er hat keine Lust. Dem Fleische fehlt der Stachel. Und: ehdenn er zugäbe, am profundesten aller Defekte zu leiden, philosophiert er lieber, und mit höchster Kunst, bis zu den letzten Dingen, in unseliger Gleichgültigkeit gegen alle übrigen Dinge. Die Krisis nämlich zeigt alles nur Wünschbare in also beständig gleichen Abständen von dem, der zu wünschen wünscht, daß, infolge dieses vollkommenen Mangels an Entgegenkommen von seiten der Begehrdinge, der Beschluß, dieses oder jenes in Besitz zu nehmen, nicht gefaßt werden kann. Und weil die Punkte der Peripherie jedes Kreises, also auch des Höllenkreises, jeder Ortsveränderung des Kreismittelpunktes folgen, so nützt auch kein Sich-hin-und-her-Werfen auf dem Bette, keine Ausflucht in sinnlichere Gegenden, kein Rückkehren zu den magischen Höhlen, wo man die Zauberin befähigt hat, zu zaubern, um nicht dem eigenen Zauber zu erliegen wie Narziß. Man hat keine Macht, nicht aber, weil man sich ihrer begeben hätte – wozu ja wiederum Macht gehörte, die Macht, sich selbst zu fesseln, sowohl mit hingestreckten Delinquenten – wie mit zugreifenden Polizistenhänden und mit einer aus eigenem Erz geschmiedeten Kette –, sondern weil man keine Lust hat, Macht zu haben, weder über andere noch über sich selbst, und das ist die wohl ärgste Armut, denn: jeder Betrüger kann, wenn er will – und er kann eben noch wollen, das heißt, den sittlichen Akt des Freiseins von zwingenden Beweggründen setzen, wenn auch zu unsittlichen Zwecken –, einen ihn selbst überzeugenden, von ihm selbst nicht mehr weiter rückführbaren Beweggrund zu seinen Betrügereien finden, erfinden, die Freiheit in Gefangenschaft verkehren kraft der dialektischen Kunst des Sophisten und also parallel zur Sittlichkeit argumentieren, daß er den Schatten als einen integralen Bestandteil des Lichtes wirft oder zu werfen scheint. Die Sünde ohne Reiz, die Tugend ohne Bedeutung, der Ruhm ohne Stirn für den Lorbeer, die Arbeit ohne ihren einzigen wahren Zweck, den Selbstzweck –: objektlicher können die Begehrdinge gar nicht daliegen, nackter keine Leiche vor dem Anatomen, näher nicht der fernste Stern dem Auge hinterm Fernrohr, unbewachter und greifbarer kein fremdes Gut vor dem Diebe! Auf allen Sprossen der Himmelsleiter stehen mit vollen Eimern die Engel, den Wissensdurst dieses Einen ein für allemal zu löschen und in diesem Einen den Aller, wenn er der Menschheit nur den kleinen Dienst erwiese, sich vom Fleck zu rühren, aber er rührt sich nicht. Rätsel, Sphinx und Oedipus greifen nicht ineinander. Die lösende, erlösende Maschine steht still. Was nützt nun, sie erfunden zu haben? Was dem mechanischen Enkel, sie zu kennen? Haben die heroischen Ahnen den Göttern das Feuer des Denkens entrissen, um nicht mehr zu bewirken als die straflose Nachahmung der räuberischen Bewegung, der in weitem Bogen dieselben Götter, verwöhnt von den Angriffen der Titanen, ausweichen wie wir dem blöden Steinwurf eines ungezogenen Knaben? Denn die Vernunft unterhält auch während der Krisis die besten Beziehungen zu den Begriffen. Durchs Netz, in dem der Fisch seine kurze Gefangenschaft vor seinem Tode absitzt, schlüpfen die Wasser seiner Freiheit so friedlich gedankenlos, als wäre nichts geschehen. Welcher Mensch aber wird, weil er als ein Mensch aufrecht geht, mit allen seinen Gedanken immer bei seinem Skelette sein? Dauernd das Sicherheben des Vertikalen aus der Horizontalen imaginieren und venerieren? Einen Kult mit dem Axiomatischen treiben, das auch ohne Kult uns weder im Stiche ließe noch höher förderte? Nun, in der Krisis kommt man eben aufs Skelett, wie man nach einem lasterhaften Leben auf den Hund kommt, wie aus dem Dichten ins Protokollieren hinuntergefallen wird, wenn der Augenscheinwahrheit zuliebe der Berichtende aus dem Berichte sich ausschließt und dies durch Vernachlässigung der grammatikalischen Wahrheit unwillkürlich kundtut. Man sieht, daß die bloß vernünftigen Beziehungen die auf das Irgendwo-sich-Befinden eines Elektrizitätswerkes hinweisende Existenz von stromlosen Leitungsdrähten führen und daß es nicht allein auf das alleinstehende Dreieck ankommt, sondern auch, und sogar noch viel mehr, auf die Quadrate über ihren Seiten. Sollten wir demnach nicht die zeichnerische Darstellung des pythagoreischen Lehrsatzes für die sinnfälligste Darstellung des Metaphysischen halten? Jene Quadrate nicht für die geisterhaften Anbauten, die das irdische Haus erst vervollständigen? Zu diesem gehörend und zugleich nicht gehörend wie das Schwalbennest? Wie, wenn jeder Mensch ein solches Quadrat huckepack trüge? Und jedes Ding auch? Und wie, wenn jede Entscheidung, gleichgültig wofür, wogegen, aus dem unsichtbaren Quadrate flösse, das man selbst trägt, das vom Objekte getragen wird? Wenn aus dem unsern, aus dem seinen und aus den allen, wenn über uns und neben uns ein unaufhörliches Zusammenfließen stattfände und wir also, aller einfachen Wirklichkeit zu Trotz, gleich Wassermännern und Quellennymphen in einem märchenhaften Elemente lebten und gar nicht lebten außerhalb seiner, obwohl auch das trockene Leben, täuschender Weise, die Merkmale des feuchten zeigt, nur nicht für den zeigt, der die einander vollkommen ähnlichen Tränenkrüge nach ihrem feinen Beschlagensein mit der Sickernässe von Freuden- oder Leidentränen zu unterscheiden weiß?

KRISIS Solange die Leiche eines geliebten Wesens noch im Gemüte liegt, verpestet sie die Seelenluft; denn Verwesung welches Fleisches immer ist Verwesung. Die neuesten und festesten Gebäude knittern beim Vorübergang eines, der dem heimlichen Totenkult sich ergeben hat. Der eben aufblühende Flieder welkt eiligst vom Strauche. Das lustigste Zimmer wird jach zum Sterbezimmer. Die Schuhe stecken in dem eben zu Lehm gewordenen Parkettboden wie die Fußtapfen prähistorischer Menschen, und im Schranke rascheln die aus Herbstblättern zusammengenähten Kleider. Wenn er reiset, der Arme, den Koffer voll alter Briefe, die, je nach Bedarf, in Hemden, Strümpfe, Unterhosen und Taschentücher sich verwandeln, fährt er auf ebenso alten, vom Gras, das über die Sache gewachsen ist, verwachsenen Geleisen immer nur an ausgeweideten Städten vorbei. Und als Reiseandenken bringt er Grabgaben heim. Daß die Lebenden sie entsetzt aus den Händen fallen lassen, daß sie einen Friedhofschänder fliehen –: niemanden wundert's, nur ihn. Ihn, der doch heilig hält, was ihm heilig gewesen ist! Der an das Heilige so sehr sich gewöhnt hat, daß er alles noch nicht Heilige, alles also, woran sein Vermögen zu kanonisieren noch nicht sich bewährt, auch keines Blickes würdigt! An eine gebrochene Säule gelehnt, die sein gebrochenes Herz versinnbildet, weint er in den Regen, der seines feuchten Beitrags natürlich nicht bedarf. Armer Mann in der Krisis, der du die unsichtbaren Quadrate nicht siehst, die auf jedes Geschöpfes Umfang sitzen, daß du sie füllest, die metaphysische Leere, dich wiedergebären ließest aus dem quadratischen Mögestande! Der du Heiliggewordenes so heilig hältst, daß um keinen Preis du neue Heiligung verursachen willst! Wirst du den Widerspruch in der ein und selben Sache zu klären vermögen? Daß du nur den Quadraten des einen Dreiecks Verehrung zollest, wiewohl alle aller Dreiecke die nämliche Verehrung zu fordern berechtigt sind? Fahr' zur Grube mit deiner verblichenen Geliebten, aber wolle nicht leben, um nicht zu leben! Denn: Leben heißt, eine unverdiente und unverdienbare Krone immer dem jeweils Nächsten aufs Haupt setzen, so wie man nicht mehr rückstattbares fremdes Gut an die Ärmsten vergabt. Jeder braucht jeden, um jederzeit das Gesamt der Menschheit darzustellen. Solange das unverdiente Geschenk, zu sein, nicht – wegen der eigenen Unwürdigkeit, es zu behalten und ob des festen Glaubens, der andere sei würdiger, es zu empfangen – unaufhörlich weitergegeben wird mit der Schöpferhand des Geschöpfs, wie von der Hand des unwürdigsten Priesters die doch gültig konsekrierte Hostie, werden auch das Rad, das wir sind, und der Eliaswagen, in dem zugleich wir sitzen, nicht sich bewegen, werden die Leiber nicht mit den Seelen, wird das Empirische nicht mit dem Metaphysischen wirklich sich vereinigen. Jeder bedarf sowohl der kleinsten wie der größten Gabe, sie werde nur hinausgereicht ins geisterhafte Quadrat, denn es gibt keine Bedürftigeren als alle, die leben. Geizender mit deiner Krone, die du für die verwesest, die sie hat ablegen müssen oder abgelehnt hat, sie zu tragen! Und hier hab' ich dich bei deinem Dilemma, Till, oder wie sonst du heißest, Mann der Krisis! Klage nicht die andern Weiber des Verbrechens an, daß über den Verlust des einen Weibes sie dich nicht trösten wollen! Denke nach: hast du denn wirklich die verloren, die dich verloren hat? Hältst du sie denn nicht fest bei erstorbenen Händen, die Treulose? Gehst du nicht spazieren Arm in Arm mit ihrem Scheinleib? Siehst du nicht mit vier Augen statt mit zweien, ungeheuerlicher Kyklops? Wandelst du nicht auf gar keiner Kathete, du reines und daher unreines Quadrat, das wegen Fehlens eines Baus kein Anbau ist und statt vom Geiste von den Relikten einer entgeisteten Materie ausgefüllt wird? Schau in dein Herz, falscher Metaphysikus! Trägst du nicht in diesem dein erstes Unglück wie in einem gläsernen Schrein? Und sieht nicht jede, die dir ins Herz sieht – und welches Weib sieht nicht sofort und scharf ins Eingeweide des Herzens? – die auf blühendes Leben herausgeschminkte Abgeschiedne, will sagen, Geschiedne, das für dich tote Schneewittchen mit der Apfelspalte eines andren Mannes in der Kehle? Die Weiber schlagen ein erlöstes Kreuz oder beugen ein Knie, als ob sie sich eben erhöben, und treten, so schnell es nur geht, aus einem zu Kirche entweihten Liebesnest wieder unter die heidnische Sonne und mit fast frommem Bekenntnis zum Profanen ins Profane, von dem sie wissen, daß man's, wie immer man's gebraucht, wenigstens nicht mißbrauchen kann. Diesem angebornen Wissen danken sie die je nach Beobachter entweder monströse oder bewunderungswürdige Sicherheit, mit der sie das tun, was die Dilettanten in dem Fache Sündigen nennen. So erkennen sie denn gleich beim ersten Erblicken deines von Wachskerzen gebleichten Gesichts, vom Gucken durch den Riß des Tempelvorhangs immer wie geköpft erscheinenden

Hauptes den falschen Metaphysiker, den Mann mit fingiertem Unterleib, der im Geiste steckt nicht wie im Geiste, sondern wie in Spiritus. Und wenn sie ihre Unschuld auch schon verloren haben, ihre Quadrate halten sie doch sauber. Woraus hervorgeht, daß der Weiber Tugend mit der Männer Tugend so wenig gemein hat wie das Hochwasser mit dem Trinkwasser. Jenes erreicht sein Ziel, wenn es als Sintflut Gutes und Böses überflutet, gewissermaßen als eine dritte Sittlichkeit auftritt, in der nur die ihr ureigentümlichen Geschöpfe, die Sirenen, zu leben vermögen; dieses, indem es den Durst zwar beider Geschlechter stillt, aber nur dem männlichen als der konkretierte Inbegriff jener erstrebenswerten einseitigen Reinheit erscheint, auf welche das komplexere andere Geschlecht wie ein alles und auch sie nur einschließendes Himmelsgewölbe, mit unnahbaren Sternen verächtlich lächelnd, herabschaut.

KRISIS Der Mann in der Krisis gleicht einem Radfahrer, der über seinem Rade reparierend gebeugt steht. Er hatte schneller vorwärts kommen wollen und kommt nun gar nicht vorwärts. Ein bißchen zurückbleiben hinter der Idealität gehört zur Idealität. Aber ein so athletisch weit Vorauswerfen des Grenzsteins ins Niemandsland und dann so gar kein Einholen der Vorgabe machen das ein Hier und ein Dort verbindende Straßenband reißen. Startpunkt und Zielpunkt schnellen ins Unendliche hinaus, und die nur von der dialektischen Ineinanderverspanntheit der beiden Punkte bei hohem inneren Druck und bei der äußeren Kugelründe des alles umklammernden Kosmos erhaltene Person platzt wie ein Kinderballon. Und wenn kein befahrbarer Grund zu Eile, wozu ein Rad? Und wenn somit zwecklos das Rad, wozu Reparatur des Rades? Nimmt da die Sinnlosigkeit jeder Art Fortbewegung nicht mit jener Windeseile zu, die dem abgesessnen Sinne ganz und gar fehlt? Und muß das Rad, dies uralte Symbol des unaufhaltsamen Rollens der Welt und der Generationen über die immer selbe Bahn der verschiedensten Agone schließlich nicht zum allerneuesten Symbol der Nichtbewegung werden? Mit höchster Kunst, der

Modell zu stehen die Position sich weigert, wenigstens die Negation dargestellt werden? Das Entsetzlichste, die erstarren machende Gorgo, das Unheimlichste, die Totenmaske eines Lebenden? Ja, es gibt auch eine Kunst der Krisis, obwohl die Leute noch immer glauben, man könne ohne Pinsel nicht malen, ohne Meißel nicht meißeln und es bedürfe durchaus der Leinwand und des Marmors. O nein! Es genügt, eine für die Unordnung vorbildliche Unordnung zu schaffen, mit den bloßen Händen und mit den gewöhnlichsten Gegenständen. Man kehre nur das wirklich Unterste zuoberst, man gieße nur den Wein neben das Glas! Das eschatologisch Greuliche an dieser Kunst ist, daß sie notwendig in Selbstdarstellung ausartet, denn: das Interessanteste des Interessanten ist der Urheber der vorbildlichen Unordnung sich selbst. Da mag er der springlebendigste und umgänglichste Bursche sein, nichts weniger als ein Heros oder ein Tyrann, auch nicht bekannt oder gar berühmt, oder wenn berühmt, dann nur für eine gelungene Fleißaufgabe, für ein Tun, das mit der Rechtfertigung vor Gott nicht das Mindeste zu tun hat, und hätte es das Wohl der Mitbürger oder gar der Menschheit bedeutend gefördert –: sein eigentliches Werk ist das am Gehsteigrand stehende Standbild des über sein Rad reparierend gebeugten Radfahrers, das dieser Radfahrer als ein zufälliger Künstler aus dem zufällig seinen Materiale höchst zufällig sich selbst errichtet. Daphne, von der die Alten sagen, daß sie zu Ölbaum geworden sei, muß, wie unser Mann als Mann, so als Weib in der Krisis sich befunden haben, in einer also katastrophalen Entscheidungsunfähigkeit, daß innerhalb des Menschlichen oder Nymphischen gar kein Mittel mehr rege gewesen ist, der Ursache jener Ausdruck zu verleihen. Bei solch absolutem Mangel an Sprache nicht nur, sondern auch an Zeichensprache, bei gleich mächtig bleibendem Zwange aber zu bekennen, wie sich was verhält – ein Zwang, dem nur die freien Geschöpfe, die Genien, Halbgötter und Götter unterliegen –, kann Hilfe und Ersatz natürlich nur der verzweifelte oder heroische (nicht immer glückende) Hinübergriff ins total Andre, ins Noch-nicht-Menschliche oder Übermenschliche schaffen, deren Ausdrucksmittel, beschränkte oder unendliche – je nach dem Elemente, in welches das von ihnen allen grundverschiedene eine Element sich stürzt –, mit Unverständlichkeit behaftet für jeden Zweiten, den unschätzbaren Vorzug besitzen, zu Psychologie und Trauma des abgesessenen männlichen oder weiblichen Radfahrers vollkommen beziehungslos zu sein. Der Ölbaum ohne Daphne ist ein Baum wie jeder andre; aber Daphne als Ölbaum ist eine verdächtige Figur, ist eine hintergründige Sache, nämlich jene dritte, weder diesseits noch jenseits verortete Existenzform, die wir in Nicht-mehr-Kenntnis des ihr gemäßen magischen Worts Kunst nennen und infolge unseres schon sehr weit Entferntseins von der Sprachquelle mit Können statt mit Nichtkönnen, mit einer athletischen Übersuffizienz statt mit einer subtilen Insuffizienz in Zusammenhang bringen. Die Dämonen wissen's besser. Weder von Marmor noch von Rinde lassen sie sich täuschen. Stammend aus dem feurigflüssigen Kern der Erde, also noch immer im ersten Augenblick des Lebens lebend, noch immer mit dem Urmaß für Leben messend und daher jede Verkühlung und Verfestigung, jede Oberflächenbildung, jede Weise des Stoffs oder des Geistes, in der Dauer sich einzurichten, für zu vernachlässigende, weil über das Wesen von Leben nichts aussagende Vorgänge haltend, dringen lanzenscharfen Blicks die Dämonen bis ins Mark des Baumes, wodrinnen die Nymphe steckt, und bis ins innerste Korn des Steines, wo der Mensch. Und haben sie den im Werk nur allzugut verborgenen Urheber entdeckt, rufen sie die seiner fatalen Person genau entsprechenden Quälgeister. Denn einer, der eine also große Eile gehabt hat, daß er dem Fuße einen merkurischen Flügel hatte zubinden müssen, und nun stillsteht, doppelt stillsteht, sowohl als Fußgänger wie als Radfahrer, nicht wie ein Atemholender, den man begriffe, sondern wie ein Denkmal, das zeitlich einen Anfang nimmt, aber zeitlich kein Ende hat – es sei denn, man schleifte es –, wird unweigerlich zum Opfer jener, denen er, ob seines Beeiltseins, ein Verweilen bei ihnen schuldig geblieben ist. Schuldig den Eltern die Ehrung und das Stützen ihrer gealterten Glieder; der Gattin die Treue und den Rang eines dienstbaren Engels – der zum Manne gesendet wird, ihn auf das Hirn im Herzen zu prüfen und fallenzulassen, wenn vom magdlichen Kleid er sich täuschen läßt und hinreißen zu herrischer Dummheit –; den Kindern das Zeigen des rechten Wegs – und hätten sie des Zeigers auch gelacht! –; dem König die stete Aufmerksamkeit auf das ununterbrochene und senkrechte Fließen seiner Würde aus der Gnade Gottes – ob's dem Gekrönten noch bewußt gewesen wäre oder nicht mehr –; jedem Gedanken die beste Gedachtheit; jedem angefangenen Satze die Vollendung; jedem Briefschreiber die ihm gebührende Antwort; jedem bekannten Nichtbriefschreiber, der eines Briefes bedurft hat, den ahnungsvoll zuvorkommenden Brief und dem unbekannten einen sicherheitshalber an alle adressierten, den die Vorsehung dem Besondern schon zugestellt haben würde. Jetzt werden seine sämtlichen Schulden auf einmal eingefordert, auch die nach irdischem Recht verjährten. Denn die metaphysische Artung seiner Verschuldung macht, daß sich sogar die Toten aus dem Grabe heben, die über sie hinweghuschende Zeit bei den Beinen packen, um auf ihnen gegen ihn ins Gericht zu gehn. Wer sich selbst verewigt, möglicherweise unbewußt, trotzdem aber nicht ohne einen zureichenden Grund, nicht ohne ein Fahrrad etwa, das nicht fährt, den Radfahrer also negiert, wie das Fehlen des Pferdeunterleibs oder des Menschenoberleibs den, der den seltsamen Einfall und Ehrgeiz hatte, Kentaur zu sein, darf sich nicht wundern, wenn der Mythos Geschichte wird, die Vergangenheit Gegenwart und das Damals ihn als Damaligen behandelt.

KÜNSTLER Der Künstler ist jenes einzigartige Wesen, das am wenigsten zu sagen hat, aber alles zu Sagende am besten zu sagen versteht. Von ihm Inhalte, Entdeckungen, Neuerungen erwarten, heißt, das Was über das Wie stellen; heißt ferner, nicht wissen, ja nicht einmal ahnen, daß alle Inhalte, Entdekkungen, Neuerungen vorgrammatische Zustände oder Aktionen sind, die erst dann, wenn sie Wort, Bild, Ton geworden, des Schöpfers Absicht vollkommen verwirklicht haben. Von Gott zu Künstler geht der Weg des Fortschritts, der eigentlich jenseits der Zeit verläuft, die ihn so nennt; von Schöpfer zu Schöpfer rennt er, gleich einem Blitz, in dessen Licht man tief unten die Erfinder, Forscher und Gelehrten sieht, wie sie Spannung nach Spannung, gepackt in die elektrischen Ziegel der Materie, zum Überbau der Welt, der den Bau der Welt erst erklärt, hinaufreichen.

LÄCHERLICHKEIT Die wahre Intelligenz läßt auch vom berechtigten Spott nicht sich abhalten, ihm weiterhin die lächerliche Figur zu bieten, in der sie steckt. Nur Gott weiß, was er mit ihr will und mit dem Spotte über sie und wer eigentlich beschämt werden soll: der, dem das Lachen bereits vergangen ist, oder jener, dem es dereinst bestimmt vergehen wird. Bessere dich also nicht, um dem landläufig Guten zu gefallen. Verdüstere dich nicht, um der Heiterkeit keinen Anlaß zu geben. Tue unbeirrt, was das Schwerere ist, nämlich: das Leichte. Es kostete dich nur ein Wort, die Leute, die über dich lachen, zum Weinen zu bringen. Ein Wort, *a parte* gesprochen, genügte, komischer Komödiant, dich als den Krüppel zu zeigen, der du bist, und den Effekt, den du machst, als den Defekt, den du hast. Aber das Schauspiel, das du gibst, gilt dir höher als das, das du geben könntest, wenn du kein Schauspieler wärst. Du weißt (es ist dein und aller großen Künstler – des Lebens wie der Kunst – Geheimnis): das Höhere ist vom selben Stoffe wie das Niedere. Du ringst nicht um eine neue Substanz – wie die Weltverbesserer! –, sondern um die Verklärung der ewig alten und ewig nämlichen. Laß dich ruhig einen Narren schelten! Ein Narr, der seinen Begriff erfüllt, kann kein Narr sein!

LATEIN Es ist gewiß, daß die Lateiner ihre Infamien und Lügen auf lateinisch gesagt haben. Die römische Kirche aber hat diese Wahrheit unwahrscheinlich gemacht. Wenn wir heute, in jenen seltenen Augenblicken (oder Anfällen) von Infallibilität – nur der Papst und der Künstler sind infallibel –, wie die Priester des Baal mit ihren Messern mit dem schärfsten Ausdruck uns selbst verwunden (und wenn wir uns seiner erfreuten, ihn viel zu schonend gehandhabt hätten), bedauern wir, was wir sagen, nicht römisch sagen zu können. Denn nur in der Sprache der Konzile, Enzykliken, Bullen und Breves würden jene allerdings seltenen paradigmatischen Definitionen der figuralen Dialektik, die für die Materiologie, was für die Theologie die Entscheidungen *ex cathedra* sind, auf der auch ihnen gebührenden Ebene erscheinen und jene wirkliche Wirkung zu üben vermögen, der nicht nur keinen Abbruch tut, daß ihre Ursache wie begraben liegt unter Bibliotheksstaub, sondern das rechte Kraftfeld erst durch diesen Umstand gespannt wird. Den wenigen exakten Formelungen der figuralen Dialektik muß dieselbe Macht zugeschrieben werden wie den hieb- und stichfesten Definitionen der Völkerlehrerin; eine Macht, unabhängig von ihrer regulären, berufsmäßigen, mit alltäglich materiellen Mitteln vorgenommenen Ausübung. Anders, wenn sie auf Gleisen zu den Fußwanderern durchs Leben führe, von Beamten Parteien verabreicht würde, verdiente sie nicht das Beiwort »pneumatisch«, das wir dann zu ihrer Schande ihr verliehen hätten. Wenn sie nicht Mauern durchdränge; nicht so gut wie ohne Medium sich Gehorsam verschaffte; wenn sie nicht liefe, ohne sich zu bewegen, nicht geduldig harrte, ohne wirklich wo anzutreffen zu sein; wenn sie nicht besser den Fernsten träfe als den Nächsten, den sie, *profeta in patria*, verfehlt, ja, zu verfehlen hat: würde sie sich da von dem bloßen Einfluß unterscheiden, dem rational gezielten, von schöpferischen Mißverständnissen unabhängigen, den eine gewisse Belliteratur hohen Grades, aber geringer Tiefe übt? Unsterblichkeit erwarten wir nicht vom Gegrabenwerden unserer schönsten Sätze in Stein, sondern schon von der Aufnahme eines einzigen in den *Thesaurus Linguae Latinae*, und bärge man ihn bei der Leiche eines Pharao, und würfe man den Schlüssel der Grabkammer hinaus in die Wüste. Eben jenes Schweben zwischen Existieren und Nichtexistieren, das versunkene Schätze vor gehobenen auszeichnet, zwischen Nichtgewußt- und Geahntwerden, zwischen Fallen in Vergessenheit und einem armen Waisenkinde in den Schoß: das ist der dem Geiste einzig angemessene Zustand. Seitdem des Heilands Wort, aramäisch geredet, römisch geschrieben, in keiner lebenden Sprache vor einer diabolisch sublimen Verfälschung sicher, daher in keiner solchen mit voller Spannkraft anwesend, in der toten um so magischer wirkend (und das erst heißt, ihm gemäß) auf die Vielen, je weniger die Allen es verstehn oder zu verstehen glauben, begraben mit den Menschen, auferstanden mit dem Gotte: seitdem also es diesen oben lozierten Zustand vorgebildet, geheiligt, nachzuahmen gestattet hat, wohl nicht *expressis verbis*, doch *expresso facto*, drängt es uns, gründlicher, denn wir je einzusehen vermögen werden, Getaufte, nicht so sehr es zu publizieren als zu deponieren. Es ist das Schreiben ohne den Leser, was wir zu üben trachten als die einzige Weise, zu unserem wahren Leser zu kommen. Es ist das verborgene Beten des Zöllners, nicht das aufsehenerregende des Pharisäers.

LATINISIERUNG Wir, die wir an das Wort glauben, bitten Dich, o Herr, uns beizustehen, die Schönheit wieder mit der Wahrheit zu verbinden, damit dieselbe Sprache, die auf dem Markte zu erniedrigen wir gezwungen sind, auch die dem Tempel angemessene sei, und alle, die Ohren haben, sie zwar verstehn, trotzdem aber vermeinen sollen, eine fremde zu hören. Gib also, daß an Wörtern sie weder zu- noch abnehme, daß von keiner Mundart sie gefärbt, von keinem Witzbold verdoppelsinnigt und von keinem, der mit der Wahrheit lügt, in ihrer Glaubwürdigkeit sie gemindert werde. Lasse, o Herr, Dein Volk leben und neu aufleben in der toten Sprache, die es vollendet spricht.

LEBEN Wenn es ein Leben an sich gäbe, müßte es als der dauernd gesetzte Akt des Bewußtseins von sich selber erklärt werden, und dieser kontinuierlichen Setzung wegen für unfähig, die Möglichkeit auch des Nichtbewußtseins zu setzen. Es wäre also gerade infolge der Begabung mit integralem Bewußtsein außerstande – und ohne zu wissen, wie kaum gesagt zu werden braucht, daß und wozu es außerstande ist –, die zu jeglichem

Erkennen, somit auch zum Erkennen seiner selbst, der einzigen vorhandenen Einsheit, notwendige Anderheit hervorzubringen. Es würde demnach hinsichtlich seiner weder in Wahrheit noch in Irrtum sich befinden, sondern im baren Unsinn, wie eben jenes Leben, das die neueren Philosophen aus den Flaschen, auf die es, ohne im Tropfen weniger und im Hektoliter mehr Leben zu sein, gefüllt worden, in einen ungeheuren Bottich zurückschütten, den sie um so dionysischer umtanzen, je aussichtsloser ihr Unterfangen, ihn definierend zu umschreiten. Weil es also Leben unabhängig von einem Wesen, das es lebt, nicht gibt, nie aber jemals mittels bloß der Sinne – und *quod non in sensu, non est in mente* – erfahren worden ist, noch je erfahren werden kann, daß es ein Wesen gibt, das über allen von uns zu denkenden Begriffen des Lebens existiert, sowohl als Leben an sich, wie als Wesen an sich, versteht sich am Rande des von unserer Vernunft vollziehbaren Lebensbegriffes – das ist des Begriffes von einem zwischen zwei ebenfalls unerfahrbaren und als solche des Nichtexistierens bloß angenommenen Zuständen eingebetteten Bewußtseins von Existenz – der letzte Schluß, daß dieses Bewußtsein, um auch nur annehmen zu können, es sei vielleicht ein intermittierendes Nichtbewußtsein, für fähig erachtet werden muß, die Möglichkeit des Nichtbewußtseins von sich selbst, also der Nichtexistenz des Wesens, an dem allein Leben sich exemplifiziert, zu setzen. Bis hierher folgt der Materiologe dem Definitor in logisch freudigem Gleichschritt. Nun aber hält er inne und stellt, nicht an ihn, der sie nicht zu beantworten vermöchte, weil er das Denken denkt und nicht die erstaunliche Tatsache, daß gedacht wird, die Frage, wie denn eine Erfahrung, die nie jemand, solang er lebt, macht, entscheidend sein könne für die Definition, was Leben sei, und woher denn, wenn nicht aus einem *a priori*, das aber man unter sauberen Köpfen so lang als nur möglich unstrapaziert zu lassen hat, jenes zur Selbsterkenntnis der Einsheit notwendige Wissen von der Anderheit ins Denken gekommen sein solle. Der Materiologe nun, der, wie schon angedeutet, zum *a priori* zuletzt greift, lieber überhaupt nicht greift, glaubt, in der Bewußtheit Setzung einer

Nichtbewußtheit (einer pränatalen und einer postnatalen) keinen reinen Erkenntnisakt erblicken zu dürfen, sondern den nur als Erkenntnis auftretenden Reflex eines innerrationalen Vorgangs und zwar des dialektischen, der virtuell bestimmt, was gelegentlich aktuell wird, der Sitze setzt, auf denen dann gesessen wird wie auf den Promenadebänken von Leuten, die eigentlich gar nicht müde sind und sozusagen nur in der Idee sitzen, der Bank erliegend, nicht dem Bedürfnis, zu ruhn, der Idee, ohne eine zu haben. Der Materiologe ist also der Ansicht, daß ein im Psychophysischen auf das Psychophysische – wie ein Sandkorn in der Niere auf die Niere – dauernd ausgeübter mechanischer Reiz im entzündeten Stoffe des Psychophysischen notwendig die Gestalt von Erkenntnis, von Pseudoerkenntnis natürlich, annehmen wird, und daß den Materialisten nicht verargt werden kann, wenn sie über den (mechanischen) Reiz solcher Erkenntnis nicht hinausgehen wollen.

Leben, noch einmal (ad Torgglerem) In der Reue und in der Buße durchlebt ein Mensch, dem die Gnade der Bekehrung zuteil geworden, dies kostbar einzige Leben noch einmal und im Vorteile zu jenen, die um desselben kostbar einzigen Lebens willen glauben, nicht umkehren zu dürfen. Sie trinken ein langes Leben lang in kleinen Schlucken aus einem großen Glase, das gewiß wieder gefüllt worden wäre, wenn sie entschlossen – entschlossen auch zum Verdursten – es ausgetrunken hätten. So kommen gerade die wildesten Verschwender über eine kleinliche Sparsamkeit nicht hinaus, hingegen jene, die ihre Ausgaben plötzlich einstellen, diese in Einnahmen verwandelt sehen, von denen, sieh da, auf eine Art sich leben läßt, die um vieles intensiver als die gewesen, der sie abgesagt haben. Die Frage ist unschwer zu beantworten, ob Leute, die sich bekehren, also auf demselben Meere von dem einen Schiffe auf das andere steigen, dies etwa deswegen tun – natürlich im Traume des Heilschlafes, unter dem Schutze des Asklepios –, weil die gewissen Ratten ihnen den baldigen Untergang des alten Frachters voraussagen? Wir halten nämlich für durchaus möglich, daß Kon- und Reversionen Vorkehrungen des Lebens selbst sind, sein sonst, und zwar auch der Physis nach, unvermeidliches Ende hinauszuschieben durch einen Neuanfang auf einer anderen Ebene. Wir halten das Leben, als ein Geschenk des abgründigen Schöpfers, für tief genug, daß es, sich gefährdet sehend, an der Wurzel erkrankt sich erkennend und in einem Zustande sich fühlend, der im gegenwärtigen Momente die Rückgabe seiner an seinen Schöpfer als eine ihn beleidigende erscheinen läßt, in eine immer noch tiefere Tiefe hinabzusteigen vermag, wo die jeweils letzten Remedien eingekellert ruhen, denen wohl keine alchimische Zauberkraft, doch aber eine dem verderblichen Keime weit überlegene Unverderblichkeit eignet. Wir Materiologen glauben – und glauben dies, um den Glauben zu festigen und dort zu befestigen, wo alle bisherigen Versuche, solches zu tun, zusammen mit dem Kahne, in dem der Menschenfischer saß, gescheitert sind –, daß das, was die Theologen die Gnade nennen, wenn sie auf uns sich herabsenken will, ein Zweiglein von feinstem Stoffe vorfinden muß, um, wie der anfliegende Vogel, auf demselben niedersitzen zu können.

LEISTUNG »Als Du, o Gott, die Geliebte hast von mir abfallen lassen, hast Du mich taub gemacht für das Lob meiner Freunde. Sie schmückten mich mit gediegenem Golde, doch an meiner Brust verwandelt es sich in Blech. Sie haben recht, mich also zu ehren; aber mich freut das Recht nicht, denn: ich habe von der Gnade gekostet und kann den Geschmack der Gnade nicht vergessen. Wer Unverdientes besessen hat, den vergnügt nicht erworbener Besitz. Nur wer gestohlen hat, weiß, wie süß Eigentum ist. Jede Leistung ist die nämliche: die höchste ist schon in der niedersten drinnen gewesen. Den Nächsten wie den Fernsten mag die beste und letzte überraschen; uns selber überrascht sie nie. Die Sklaverei des Logischen, der er verfallen, zwingt den Triumphator, eine Kette von Sklaven aufzuführen, die nach derselben Logik in die Sklaverei gefallen sind. Mit derselben Deichsel, an der die Pferde vorwärtsziehn, stößt man den Wagen auch zurück in die Remise. Auf den nämlichen Rädern rollt er ins Dunkel wie ins Licht, und es drehen die Räder weder nach jenem sich um noch nach diesem, sondern drehen sich nur.«

(Ein Gebet Tills, aus der Henidensprache in die unsere übertragen von den Verfassern des Wörterbuchs)

Liebe Um die Frage, wer wem Maß ist, geht es in der Liebe; um nichts sonst. Wer schneidert wem das Kleid zu, und wer muß es tragen, nicht wie irgendein Kreuz nur auf der Schulter, sondern an jeder Stelle seines Seelenleibs? Und mit welchem Meisterbriefe wird der eine, des andern Mode und Modus bestimmt zu haben, sich ausweisen vor Gott, und mit welcher Nacktheit der andere die Anlegung der Narrentracht begründen? Das sollen Liebende sich fragen, wenn sie mit ihrer Macht oder in ihrer Ohnmacht allein sind!

Liebe In der psychologischen Interpretation verschieden (je nachdem, je nach den zwei Grundtypen des Mannsbilds, des bisherigen Wüstlings oder des bisherigen Asketen), im Bereiche über den Dissimulanten, in dem der Idee, von konstanter, ungeteilter Struktur, ist Liebe der stets verzweifelte, aber organisch einzig mögliche (wenn auch völlig aussichtslose) Versuch des Rationalen, mit dem Irrationalen anzubinden und zwar praktisch, Mund an Mund, Hauch in Hauch, und bis zum scheinbar siegreichen Verfolgen des heimtückisch zurückweichenden Feinds in seine Höhle, den Uterus, woselbst dann über dem berauschten Eindringling die nüchternste plutonische Gerichtsbarkeit geübt wird, da möge auf der schönen Oberwelt noch soviel Gerührtes von Verständnis und Verzeihung für gewisse Schwächen – der Spalt der Lippen drückt sich selbstverständlich weit humaner aus als der intransigente Spalt des Schoßes – geredet werden. Ein glückliches Liebes- oder Ehepaar bietet immer einen deplorablen Anblick: Zwei natürliche

Feinde sitzen in der Gartenlaube des Friedens und bemühen sich unter schönen Tränen und seligem Augenaufschlagen, ihrer Natur nicht zu folgen und einander kein Gift in die Maibowle zu schütten; ja wahrhaftig, man kann, was die Liebe tut, solange sie liebt, nur also, nur negativ beschreiben! Sie tut oben, was sie unten nicht tut, sie stellt sich wissend himmlischen Wissens und unwissend des tellurischen, sie bringt hervor und läßt als echt erscheinen einen Glauben, der den an Gott parodiert, sie spricht mit solcher Meisterschaft eine gerade ihr nicht zustehende Wahrheitssprache, daß die Lüge, die sonst immer hinter der schönen Tapete leise und unverständlich mitraschelt und dreinredet und durch solch dauernd störende Begleiterscheinung des gläubigen Hörens das lobenswerte Geschäft, wenn auch wider Willen, des Unglaubwürdigmachens dessen, was gehört wird, besorgt, vor Staunen und Neid ins Intermittieren gerät. Dieses tiefe Schweigen nun der korrigierenden Stimme erzeugt eine so heilige Stille, eine so täuschend echte Tempel- und Segen-Gottes-Stille, daß die Liebenden abscheuliche Monstra sein müßten, wenn sie jetzt nicht glaubten, der Schlange den Kopf zertreten zu haben. Aber eben diese ihnen leider nicht mögliche Monstrosität macht die notwendig hereinbrechende Katastrophe dann um so furchtbarer.

LIEBE Alles Gestehen des Üblen, mit Freimut, aber ohne Reueschmerz, heißt Zynismus beim Manne, ontologische Verlogenheit beim Weibe. Im Grunde der Hölle sind der und diese das ein und selbe. Denn nur im Bösen, in jener Wahrheit ohne Bezug auf das Wahre, reichen die *ab initio* miteinander verfeindeten Geschlechter einander die Hände zu jenem (falschen) Gottesfrieden, den wir wegen der allerdings verblüffenden Tatsache, daß zwei hartgesottene Roßtäuscher einander vertrauensselig anblinzeln, Liebe nennen.

LIEBE Unsere persönliche Geschichte kennt ebenso gut und schmerzlich wie die biblische die Tatsache, daß Adam sehr lange allein gelebt hat, weil Eva erst sehr spät zu ihm gestoßen ist. Die Liebe ist also der fast immer vergebliche Versuch, jenen großen Zeitraum zu überbrücken, während welchem die beiden Geschlechter keine gemeinsame Geschichte gehabt haben.

LIEBE Liebe ist Bruder- und Schwestererkenntnis über so viele Generationen hinweg, daß niemandem, mit Ausnahme der Liebenden, der ihr folgende Inzest als Inzest erscheint und auch den sich Paarenden nur als eine schöne Metapher voll dichterischer Unglaubwürdigkeit, dank welcher die durch sie so diskret vermittelte Wahrheit rasch wieder zu verschlüsselter Botschaft wird. Aus dem jahrtausendlang einander Entfremdetgewesensein aufs innigste miteinander verwandter Körper und Seelen erklärt sich das leidenschaftliche, aber auch ideenhohe Zusammenprallen im viel niedereren und gedankenlosen Gewoge der viel zu wenig noch miteinander Verwandten, deren Stunde des Inzestes erst später schlagen oder nie schlagen wird, oder vielleicht überhört worden ist, und die nun mit zufälligen Weggenossen des anderen Geschlechtes in Heuhütten oder schmierigen Herbergen neben dem geraden Wege des Inzestes die Liebesnacht um ihr noch dunkleres Geheimnis bringen. In dieselbe Nacht versinken aber, nach Verlöschen des Blitzes, der das Ahnenlabyrinth durchfahren und aus der finsteren Automatik der bloßen Gegensatzverschmelzung, der ordinärsten *complexio oppositorum*, das zu Wiederholung der uranfänglichen Fortpflanzung verschwistert wordene Paar ins grelle Licht des einander Erkennens gerissen hat, auch die wahrhaft Liebenden. Denn auf der Höhe der Erkenntnis zu verweilen, ist uns nicht gestattet. Als Wohnort der Götter hat der Gipfel leer zu bleiben. Wird er betreten, so scheuern dienende Genien nicht nur die Spur des Fußes von dem heiligen Boden, sondern aus dem Gedächtnisse des so hoch Gestiegenen auch, daß er ihn betreten hat. Und so machen die Himmlischen, die den Fehltritt in die Schöpfung zu verbergen trachten und nicht gern uns als ihre Kinder erkennen, unmöglich, das beseligende Wissen um die engste Verwandtschaft bei gar keiner länger als einen Augenblick gegenwärtig zu halten. Aber dieser Augenblick genügt, uns des ältesten Adels zu versichern. Denn wer auf die beschriebene Weise liebt, der ist schon dagewesen. Wer nicht auf solche Weise liebt, der ist erst jetzt.

LIEBE Tills Unglück soll zeigen, daß die Liebe notwendig sich *ad absurdum* führt, wenn der Seele nicht verwehrt wird, das Fleisch zu durchdringen, an welches Unternehmen sie sich nach dem scheinbar rechtlichsten Rechte macht. Denn: wenn welch Tun immer über die allein ihm gemäße Tat hinausschreitet, entstehen interessante – für den Täter interessante – Dilettantismen, die zu Rechtfertigung ihres Daseins der Bezüglichkeit auf höhere Werte bedürfen, auf solche also, die den begrenzten und eben wegen seiner Begrenztheit leicht und nützlich hantierbaren Wert als einen niedern aufheben, ohne zugleich aber auch das Objekt, an dem die Aufhebung sehr schmerzlich demonstriert wird, zu entwerten. Diese wahrscheinlich psychologisch bedingte Vernachlässigung – die hinwiederum metaphysisch bedingt sein kann – der menschlich-weiblichen Wirklichkeit läßt dann jene unmenschlich-unweibliche, allein der Gottesmutter zuzubilligende Halbgöttlichkeit entstehen, wider welche erotisch sich zu betragen, eine glücklich gefundene Unmöglichkeit wird. Diese künstlich erzeugte Impotenz wirke nun als Schulbeispiel für den Satz: daß kein Spiritualisieren, von was immer, zum Geiste selbst führt. Es ist vielmehr nur wie das Häufen eines fiktiven Ossa auf einen fiktiven Pelion. Der Geist selbst stammt aus gar keiner Wurzel, sondern ist ein gnadenvoller Oktroi auf eine Gegebenheit unter Gegebenheiten. Denn Gott denkt nicht logisch eine Möglichkeit zu faktischem Ende – sondern verfährt als Schöpfer *ab ovo*, das heißt, ab Nichts.

LIEBE Liebe kann nur behauptet, nicht bewiesen werden; dies zeugt dafür, daß sie aus dem Geiste stammt, der weht, woher und wohin er wehen will. Was gemeiniglich unter Beweisen verstanden wird, das sind die Alibis, die das empirische Ich, in der Angst der *materia signata*, die verwirklichende Form zu verfehlen, wider den Verdacht beibringt, daß es auch noch woanders liebe. Es ist also leidenschaftlich damit beschäftigt, ein erstes Unbeweisbares durch ein zweites Unbeweisbares zu beweisen, um die Form nicht zu verfehlen, die Form zu verfehlen. (Hier zeigt sich das Dilemma in seinem uranfänglichen Aufklaffen. Eben erst trennt sich Satz von Gegensatz. Und man ist noch zu sehr Lehmkloß, um schon den dialektischen Sprung zu machen.) Welch geringe Beweiskraft aber diesen Beweisen, die auf einer Ebene erbracht werden, von welcher das zu Beweisende nicht ist und nie je sein kann, innewohnt, sowohl für den, der sie fordert, wie für den, der sie herbeischafft, kommt an den Tag, an einen häßlichen Tag, der ein kleiner jüngster ist, wenn die aus einer viel tieferen Tiefe, als der Treue eigen, hervorbrechende Untreue den ehelichen Tisch umwirft, auf dem die entlastenden Selbstzeugnisse und Zeugenaussagen liegen, die bis zu diesem Augenblicke für überzeugende gehalten worden sind: vom Verdächtiger wie vom Verdächtigen. Und nun beantworte ein höherer Richter die folgende Frage: ob ein Verfahren – zwar nicht von logischer Dignität, wohl aber von der nämlichen Mächtigkeit über Leben und Tod, die ein rechtmäßiges Tribunal besitzt –, das sein gültiges Ende dadurch findet, daß der Kläger aufs Klagen, der Beklagte aufs Verteidigen verzichtet und der ganze Saal in den Erdboden verschwindet, Prozeß genannt werden darf? Wenn es um eine echte Rechtssache sich handelte: könnte von der Wahrheitsfindung zurückgetreten werden? Und wenn die besondere Wahrheitsfindung an eben dieses besondere Paar da und an kein ihm noch so ähnliches geknüpft ist, und wenn es wirklich um die Wahrheit geht, kann dann, wird dann der eine oder der andere aus dem Paar zur Seite springen? Müßten die Liebenden, wenn sie erkennten, daß die Beweise keine Beweise gewesen seien, daß sie das Irrationale auf rationale Weise zu beweisen versucht, also all das empirisch Ihrige getan hätten, um ja die Form zu verfehlen und mit dem Defekte der Mögeständlichkeit behaftet zu bleiben, müßten sie nicht den mißbrauchten Verstand verlieren und ihm so lange nachlaufen, bis er ihnen wieder in die Arme liefe und sie mit seiner nun stärker und reifer gewordenen Hilfe die so schwergewichtige Ursache der Beweisesschwäche leicht dem Denkboden entwurzelten? Müßten sie nicht, auch dann, wenn sie einander nicht mehr liebten oder wenn sie bereits woanders liebten, doch beisammenbleiben, um die Wahrheit zu finden, die von ihnen als lebensnotwendiger denn die Liebe behauptete Wahrheit, der sie – wie jetzt zu erkennen – während des nur anlaßgebenden, nicht eigenbedeutungsvollen Liebens mit so großem Maulgetöse auf der Tatsachenoberwelt, und mit so viel stillem Mausgängebohren durch die Unterwelt der Beweggründe, nahezukommen sich befleißigt haben? Das gerade aber, diese Krönung des denkenden Kopfs mit der Erkenntnis, daß die Wahrheit entweder gesucht oder nicht gesucht worden ist – was wieder eine Wahrheit ist –, läßt das Dilemma nicht zu. Es öffnet sich die Oberfläche der Oberflächlichkeit, und in einer Tiefe, der man den Namen Tiefe nur ungern gibt, versinken Richter, Parteien, Zeugen und Prozeßakten.

Liebe Liebe endet notwendig unglücklich, das heißt lösungslos (auch dann, wenn eine gut fingierte Lösung wenigstens den da ganz und gar unzuständigen Verstand befriedigt), weil die amorische Annahme, aus einer unendlichen Reihe von gleich auf Reize reagierenden Wesen könne schließlich doch, und zwar kraft des Wunders eben der Liebe, das eine Wesen über das andere sich erheben, früher oder später von der immer wieder sich durchsetzenden Wahrheit, daß nämlich ein Gramm des Allerseltensten auf dieser Erde mit einem vom Himmel gefallenen Pfund Wunder verwechselt worden ist, widerlegt wird. Schuld daran trägt – Schuld als *felix culpa* – das Mannsgeschlecht, das nirgendwo Gleichförmigkeit duldet und wo es diese findet, sie zu zerstören strebt. Musterbeispiel für das Streben, einen Berg, den es nicht gibt, auf hierarchischen Stufen zu ersteigen, ist der Künstler. Aus demselben Stein schlägt er die verschiedensten Gestalten, denen bis zu ihrer Wiederzertrümmerung durch die Barbaren ein unendlich höherer Wert zukommt als der Masse des ungeformten Steins. Die Gestalt vergeht, der Stein aber bleibt Stein. Auf dem Wissen von der letztlichen Unveränderlichkeit der Materie beruht das tiefe Mißtrauen gegen jede Art Kunst, die der augenblicklichen Welle gleicht, aus formlosem Wasser geformt mit Hilfe des Windes. Wer sie im Bilde festhält, der will eben, daß auch Wasser über Wasser stehe. Versucherinnen werden die Frauen genannt und sind's, doch nicht im bösen Sinne des Moralisten, sondern deswegen, weil sie diesen Willen des Manns, wie überall so auch in ihnen das eine über das eine zu türmen, erregen, ahnend wohl, daß sie ihrer Materie die Treue nicht brechen können und zurückfallen werden in das Kollektiv. Wenn sie lieben, nehmen sie elfische Erscheinung an, führen sie das zu ihrem wahren Leben gegensätzliche Leben.

LIEBE Der Morgen der Liebe ist heiß und klar; auch bei Kälte, auch bei Nebel. Aus dem Innern blitzt es von fingerschlanken Instrumenten, fast von solchen des Chirurgen, die, nach der Weise des Tischlein-deck-dich, plötzlich da sind, zugleich mit der Krankheit, die uns ergriffen hat. Es ist eine Lust, das Geschwür zu zerschneiden und die Schmerzen des Operierten zu spüren! Das vom Himmel strahlende Zeichen der Liebeswissenschaft erzeugt in dem Subjekte, das in einer unbewohnten Welt lebt, eine Art von seltener Objektivität: sie muß sowohl den Patienten wie den Arzt darstellen. Sah man schon jemanden fröhlicher leiden als den Liebenden? Hörte man ihn nicht lauter denn einen Heiligen jauchzen auf glühendem Roste? Und: mit welch meisterhafter Akribie er den Henker beschreibt, während dieser sein Schwert schwingt! Wie er ein Haupt nach dem andern sich abschlagen läßt, und das Nachwachsen von Häuptern kein Ende findet! Wie er nichts als letzte Augenblicke sammelt, *articulos mortis*, und mit ihnen eine Ewigkeit von irdischem Dasein zusammenstückelt! Und wie er eigentlich nicht die Hand der Geliebten küßt, sondern die eigne, die allein ihn sterben und auferstehen macht!

LIEBE Den Kompromiß zwischen den grundsätzlichen Feinden, Mann und Weib, schließt die sogenannte Liebe. Eiligst kommen beide auf dieser organischen Brücke einander entgegen. Aber sie ist – unvorherzusehen für jeden – unvollendet. Es fehlt das Mittelstück, und unten gähnt das Nichts. Ob die Natur ihre Arbeit vorübergehend eingestellt oder der Weltschöpfer die Handlanger endgültig zurückgepfiffen hat, weil er Trennung und Kriegführen sinnvoller gefunden als Einheit und Frieden: diese unbeantwortbaren Fragen richtet der Denker an das All. Wenn er aber im mindesten die Erfahrung verteidigt, weil er zufälligerweise glücklich verheiratet ist oder eine treue Freundin besitzt statt die niemals erfahrbare Idee, so stürzt sein Philosophieren jach vom höchsten Gipfel zum tiefsten Tal. Er hätte dann auch Schachspieler werden können, über welches Spiel die Nichtdenkenden angestrengt denkend sich neigen.

LIEBE (Gespräch im Tartarus) »Es ist möglich, junger Mann, daß ich geliebt habe. Ja, es ist, wenn ich angestrengt erinnere – nämlich mein früheres Denken –, sogar sicher, daß ich werde geliebt haben und werde geliebt worden sein. Die eine Behauptung beweist die andere, und die andere die eine. Ob der Behauptende selbst etwas Beweisbares gewesen ist, steht dahin. Mit der logischen Kette also kann ich den Kahn, in dem das Venusische gesessen ist, an dieses Ufer des Styx zerren, aber: es hat keine bestimmte Gestalt, kein einmaliges Gesicht, keine unmißhörbare Stimme, das Venusische. Es hat die Unvergeßlichkeit verloren! Welch ein Widerspruch zu ihr, der Göttlichen! Doch: ist nicht eben dieses unser jetziges Leben voll in ihm aufgelöster Widersprüche, so wie das Meer voll Salz ist? Man kann im Meer ertrinken, aber man kann es nicht trinken!

Nicht wahr? Sie reden, junger Mann, ich höre. Ich rede und Sie hören. Aber: Sie fragen nicht nach Antwort, und ich beantworte nicht Ihre Fragen. Nur wie aus dem Gemurmel eines Baches deuten wir, was wir gemurmelt wissen wollen. Ich erinnere einen Spaziergang. Nur ein Stück eines Spaziergangs. Ein viereckig Bild, von lautrem Nichts gerahmt. Es war Frühling. Einer der abertausend Frühlinge, die alle der immer selbe junge Mensch erlebt, durchlebt, so lange durchlebt, bis die Herausbildung des Begriffs ›Frühling‹ vollendet ist, er also, der junge Mensch – nicht zu verwechseln mit dem alten, der den Herbst malt, daher stets am Ende ist, am Ende der Begriffsvollendung –, das Seine getan hat, daß weitere Frühlinge seien. Durch die Kette der von unseren Ahnen und von mir gewobenen Frühlinge sind auch Sie gewandelt, in der einen Hand die Spindel, in der andern den Faden, die Vorzeichnung des Schöpfers verwirklichend. Deswegen auch muß er lieben, der Mensch, und muß er geliebt werden. Hören Sie: er muß, obwohl er glaubt, und zu glauben hat, er wolle. Es ist dies in symbolischer Wahrheit so, als meißelte er an der kleinen Zehe einer ungeheuer großen Statue. Wir gingen an einem blühenden Strauch vorbei. Ich sage: wir, weil ich nicht allein gewesen bin. Aber wer der zweite, wer sie gewesen ist, weiß ich nicht. Dieses unbekannte Sie sagte: Siehe, das Geißblatt! Sie sagte es auf französisch: Voilà un chèvrefeuille! Denn das Unbedeutende geschah in Frankreich. Nah einem Örtchen mit Namen Les Loges. (Wie gut ich das Nebensächliche weiß!) Von dorther lärmte mit Händen und Füßen ein Orchestrion. Man gibt ihm einen Sou zu kosten, und sofort strampelt es vor Vergnügen. Ich sehe den Strauch, ich sehe den weisenden Finger, der auf dem zum erstenmal gesehenen Strauche wie auf einem Fibelbuchstaben ruht – sonst sehe ich nichts. Dann umarmte ich das Sie, das heißt: einen eingefangenen Raum, ein Ding wie einen Krater, einen Mischkrug. Meine Arme ermaßen ihn leicht, und mein Leib empfand eine mäßige, edel vergleitende Rundheit. Das ist alles, was ich von der Sache, die Sie die Liebe nennen, zu sagen vermag.« Er hörte auf, wirklich zu reden, begann wirklich zu murmeln, wurde zu wirklichem Bach, zu einem seichten, klaren, eiligen Bach, dessen Kiesel Zähne ohne Zahnfleisch waren.

Griechische Liebe *Amorem conatum esse amicitiae faciendae ex pulchritudinis specie,* meint die Stoa. Möglich, daß der Satz unter warmen Brüdern Regelgeltung hat, vielleicht von einer Ausnahme abgezogen und enthusiastisch verallgemeint worden ist. Bei Mann und Weib oder, sagen wir's genauer und grausam, zwischen einem Menschen und einem zwischen Tier und Engel unentschlossen hin- und herflatternden Wesen hat er, leider, keine. Allerdings: das Richtige, das Gesollte drückt er auch in dem für gesund geltenden Krankheitsfalle der Geschlechtsverschiedenheit aus. Ein Feigling, wer das Richtige, das Gesollte als das Unrichtige, Nichtgesollte zurücknimmt vor der bis an die blendenden Zähne mit eindeutigen Tatsachen bewaffneten Empirie. Oder glaubt man, daß einer freiwillig für das Vaterland sterben wird oder zu den Kannibalen gehn, um ihnen beim fürchterlichen Tisch das Evangel zu predigen, der nicht die weltumstürzende Kraft hat – die nur eine Haaresbreite von der welterhaltenden Dummheit trennt –, die Teufelinne für einen Engel zu halten? Das Gesollte – wenn's keines aus dem Mund eines Moralisten – ist immer von jener göttlichen Blindheit, die eine neue Erde schaut unterm Hohngelächter der alten. Und nur weil's so wenige gibt, die vor den Tatsachen nicht den Schwanz einziehn, gibt's nur solche Tatsachen. Das ist zugleich aber auch die mathematische Hoffnung in der psychologischen Nacht. Die Tatsache muß durch eine Tatsache veränderbar sein. Ein vernünftigerweise Gesolltes realisierbar, oder es ist ein unvernünftiges. Man mache einmal in Regimentsstärke die Probe auf diesen Satz und nenne nicht den einen, der sie macht, einen Narren; denn *ein* Narr wird immer ein *Narr* sein. Man denke den Narren nur einmal in der Mehrzahl, gar in der Überzahl!! Wie wird dann die großartige Tatsache sich verhalten? Was für ein Gesicht dann wird uns die Psychologie zeigen? Genau das, das wir zu sehen gewünscht haben. Das Männchen werde endlich ein Mann und wage es, seinem bequemen Idol das unbequeme Ideal entgegenzusetzen, und die Welt wird schauen, wie die Idole laufen, um Ideale zu werden! Solange natürlich hinter dem einzelnen Weibe die ungeheure anonyme Menge seiner Aushälter und Nutznießer steht, wird es kein Füßchen rühren, es zum anständigen Fuß zu erheben. Wenn wir nun annehmen, daß die eingangs zitierte stoische Definition der Liebe, sie sei der ungestüme Drang, den Tempel der Freundschaft auf dem wie für ihn – beim Apoll! – geschaffenen Bauplatz der Schönheit zu errichten, unter Leuten Geltung habe, die der Männerliebe pflegen, so kommt uns Till vor wie ein in einem überzeitlichen Zufallsmedium – ähnlich dem Bernstein, drin wohlkonserviert die Mücke sitzt – uns aufbewahrter Grieche, der nach Zertrümmerung seiner versteinten Eischale schwankenden Seemannsschritts an Land jener späten und ihm fremden Psychologie taumelt, die mit einigem Rechte sich für die letzte hält, für eine Säule des Herakles, der bei Omphale spinnt. Der Knabe, in dem er als in dem fleischgewordenen Begriff des Schönen dereinst hatte zeugen wollen, muß ihm durchaus nicht im Bewußtsein liegen; für den Mißerfolg beim stellvertretenden Weibe genügt, daß er ihm im Unterbewußtsein liege, allwo er in seinen schlafenden Händen den reichlich verwirrten Knäuel von – wie wir heute sagen – widernatürlichem Laster und sittlicher Forderung hält. Nun läßt sich jenes Laster, bei beträchtlich weiter, also fast mythischer Entfernung vom eigentlichen Objekte seiner Lust zur Not in die Tugend, auch mit dem uneigentlichen Objekte verkehren zu können, verwandeln. Zur Not, sagen wir, denn: dieses von dem Jetzt und Hier vorgeschobene Objekt wird immer fühlen – und fühlen ist da das rechte Wort –, daß es nicht das eigentlich gemeinte sei, daß, wenn es besessen wird, zugleich betrogen wird, nicht mit Wem – das ginge noch hin –, sondern damit. Aber die sittliche Forderung, so wenig ausgesprochen, wie aussprechbar das *factum* oder *crimen* der vertauschten Objekte ist, wird vernommen und zwar von dem ersten Tage an, an dem die beiden Zeitalter verschiedenen Geschlechts unter dem Baume des Lebens, bei vollkommen normalem oder üblich poetischem Rauschen aller Blättlein, Blümlein, Ährenfelder, Meereswellen, den Apfel des Kompromisses gegessen haben. Tragisches Mißverständnis, nicht darüber, daß sie einander lieben – denn das tun sie –, sondern darüber, was die ein und selbe Liebe sei, dort bei den Griechen, von denen sie nichts wissen, und hier, jetzt, bei ihnen und ihresgleichen, die an die Psychologie glauben, wie man nur an Gott glauben darf, und die solchem Glauben zufolge ihre eigenen Inquisitoren, Folterknechte und Nachrichter sind! Melitta, die ins Unglück, zeitliches und ewiges, wandert, weil sie das Weib, wie es ist, und sich als dieses Weib, das sie ist, für die letzte Instanz der, was Natur ist, definierenden Natur hält, welch hypostasierter Natur Spruch inappellabel, und weil ihr nicht zu Sinn kommt und den heiliggesprochenen eigenen Umständen nach gar nicht zu Sinn kommen kann, daß es in einer psychologisch begrenzt unendlichen Welt keine letzten, starren, sozusagen stehenbleibenden Protuberanzen eines doch dauernd sich verändernden geistfeurigflüssigen Körpers gibt, also kein Weib, das, wie es gestern war oder heute ist oder morgen sein wird, ein plötzlich eingreifender Schiedsrichter für das gewollte und nun endgültige zu erklären vermöchte; Till, der ein Kreuz auf sich nimmt, das schon wegen der ein für allemal festgelegten Bedeutung von Kreuz, des Heilands nämlich, keins sein kann und sein darf – würden die Leute doch wörtlicher lesen, buchstabentreuer schließen, grammatischer denken! –, und der, wenn er unter Leitung des strengsten, unbarmherzigsten Dämons, des Eros, sein Gewissen erforschte, nur Verbrechen über Verbrechen, begangen an Melitta, fände, weil er mit der Knabenliebe sie geliebt hätte –: welch zerworfene Figuren, Strandgüter, einem gescheiterten Dampfer entstammend, der bloß Strandgut geführt hat! Reste jenes Tempels der Freundschaft und Reliquiare voll der heiligen Erde jener Schönheit! Und ist jener Tempel auf dieser Erde nie gestanden, und haben die gedachten Säulen und das ihnen zugedachte Fundament zum ersten- wie auch gleich zum letztenmal einander berührt am Strande von Kythera.

LIEBE, VEREWIGTE Was zu Unsterblichkeit erwacht ist, kann nicht mehr zum Leben erweckt werden.

LUNARIN Während Lunarin und sein Kumpan sich dem Schlosse nähern, führen sie das letzte Gespräch der folgenden Art: daß sie nun zwar nicht über allen Sorgen, wohl aber behütet und genährt sein werden, abgesehen ganz von dem Schutze, den ein adeliger Name gewährt, und von dem höheren Genusse, in der Würde eines wenn auch ramponierten Schlosses zu lagern, nach dem herabsetzenden Aufenthalte in Heuschobern und Arresten. Es kommt auf, daß Lunarin den Abstieg bis zu den Landstreichern in einer einzigen geraden, durch keine (leichten) Rettungsversuche unterbrochenen Linie erlebt hat und auch hat erleben wollen. Denn alle Ausbrüche nach rechts und links von der senkrechten Linie des Abstiegs führen nur in Nebenhöhlen und Unterstöcke des früheren hohen Lebens, in eine relativ erträgliche Verarmung, das heißt, in eine noch mögliche, aber absolute Kaste, der man dann angehört, wie man früher dem Adel angehört hat. Man wird, statt wieder etwas Grenzenloses (diesmal nach unten), etwas hart und eng Begrenztes: die kleinen Sicherheiten (die winzige Rente, die Unterstützungen der Freunde, die Gelegenheitsarbeiten, die ehemalige Standesgenossen dem verarmten Aristokraten zukommen lassen) sind die großen Kerkermauern. Auf solchen Zwischenebenen hält sich ein Lunarin nicht auf, weil ein Lunarin weiß, daß sittliche Größe, wenn absolut unerreichbar (und so weit sind wir jetzt), wenigstens in ihrem gegenteiligen Spiegelbilde, dem Zynismus, sich verwirklichen muß.

LUNARIN Auf seinem letzten Gange zum Schlosse steckt er selbstverständlich (da sein letzter finanzieller Zusammenbruch in die warme Jahreszeit gefallen ist) in einem allerdings schon sehr ramponierten sogenannten Tennisanzug, auf dem seine Debauche sozusagen schwarz auf weiß geschrieben steht. Die Teufelszungen seiner Haare sind natürlich zu den richtigen *accroche-cœur* geworden, und vielleicht sieht er in Schmutz und Bartstoppeln, etwas verhungert und schlecht genächtigt habend, noch olivenfarbener, ja mestizenhaft aus. Sein robuster Gefährte schwankt, mit ihm konversierend, zwischen faszinierter Verblendung und haßvoller Ordinärheit, je nachdem die geistige Überlegenheit Lunarins oder seine physische Verelendung (im Zusammenhange mit der ausgewaschenen oder gerupften Exotik) einwirkt. Der andere ist immer der rohe Stoff, der bald (aber unberechenbar wann, wie lange und ob überhaupt) sich formen läßt, bald in die Hand des Bildners beißt. Das Proletarische des Strümpf im Widersatz zu Till findet hier zu Lunarin eine Parallele. Jeder bessere Geist scheint von einem solchen Stücke Materie begleitet zu sein, widerwillig gebannt und immer drauf und dran, mit gemeinem Getöse rückzufallen und den Bezauberer zu bespeien.

LUNARIN Die Vögel des Himmels haben ihre Nester, die Füchse des Feldes ihre Höhlen, nur der Menschensohn hat nicht, wohin er sein Haupt legte. Und nach diesen Worten eines, weiß Gott, Sachverständigen in allen Nächtigungsangelegenheiten ab Nachtasyl sollte man glauben, das Los der absoluten Heimlosigkeit falle doch nur dem Gotte unter den Menschen. Weit gefehlt! Auch ein Lunarin, wenn er nur haarscharf am Kreuz vorbeitrifft, trifft ins Schwarze, wo jene Füchse, die's besser haben, einander gute Nacht sagen. Durch genaues Verfehlen des Rechten gelangt der schlechte Schüler genau dahin, wohin durch genaues Anvisieren seines innersten Wesens der gute Meister gelangt. Es ist kein Unterschied im Effekte, aber ein gewaltiger im Wege. Es ist der Unterschied zwischen Verlieren und Entsagen, zwischen Zerschlagen- und Konzentriertwerden, zwischen der *imitatio* und der Parodie auf die *imitatio*. Das ursprünglich ein und selbe kommt am End' (und wie todsicher erst am End' aller Tage) auf zwei Personen hinaus, und auf welch abgründlich voneinander geschiedne! Oh, wie stünde vor sich selber ein Lunarin da, der in dem Spiegel der Dialektik sich zu sehen vermöchte! Die Armut kleidet ihn malerisch; das bißchen Fleisch, das die Gewissensbisse noch an ihm gelassen haben, weckt nicht den Abscheu des blühenden Lebens vor eines Asketen Geistgeripp, sondern den Appetit der erotischen Hyänen; die tiefliegenden Augen locken, statt pneumatisch abzustoßen, Nymphen jedes Standes in ihre Höhlen, und der Stummelbart drei Tage alter männlicher Leichen verliert seine Stacheln, die ins Nichts starren, an Bilder spanischer Edelleute des sechzehnten Jahrhunderts mit dem gewissen Etwas, das man heute *metaphysical sex appeal* nennen könnte. Dieses Sichauffangenkönnen knapp vor dem Aufschlagen in der Tiefe eines Charakters, dieses Vermögen – das reines Unvermögen ist! –, weder zu einem gewöhnlichen Unfall, noch zum außergewöhnlichen Engelsturze es zu bringen: das sollte ihn doch mißtrauisch machen und aufmerksam auf ein Wunder, nicht des Apostels, sondern des Simon Magus. Wann aber sieht einer schon, den besonders glücklich konstellierte Hormone treiben, ein, daß er Zauberei treibt? Und wie auch sollte er, wenn sogar die Kleider, die sonst die Leute machen, fehlen, und wenn auf einer Hand ohne den gewohnten Handschuh liegt, daß man vom nackten Kern in der mangelnden Hülle lebt, wahrscheinlich schon immer nur davon gelebt hat und des Schneiders, des Coiffeurs, des Parfumeurs und eines Bankkontos eigentlich nie wirklich bedurft hat? Wenn einer so tief im Erkennen kommt, kann er nicht, oder nur schwer, noch tiefer kommen; denn das natürliche Sichselbstdurchschauen hat seine natürliche Grenze, eine obere, die Hybris, und eine untere, die Verzweiflung heißt. Nur ein heiliger Lunarin vermöchte, nach dem Sprung der Ekstasis auf den archimedischen Punkt und in den Sattel des schnellsten Tiers, das zu Vollkommenheit trägt – für ein welches der Hippologe Ekkehard das Leiden erklärt –, das Gelobte Land seiner Physis aus so objektiver Ferne zu schauen wie Moses Kanaan, doch mit ganz anderen Gefühlen.

LUNARIN »Ich bin meinen alten Opfern schuldig, vor neuen nicht haltzumachen. Warum sollten diese, die ich liebe, es besser haben als jene, die ich geliebt habe? Wie vertrüge sich die Ausnahme mit der immer selben Liebe? Und wie könnte ein guter Verstand vor der Logik des Herzens bestehen, wenn er diese nicht zu der seinen machte? Einmal begonnen habend mit leidenschaftlichen Handlungen wider Gesetz und Sitte, gibt es nach Überschreiten eines gewissen Niemandslandes und der Gnaden- oder Galgenfrist, die zu Umkehr dem Sünder gewährt wird, nicht, wie man vielleicht geglaubt hat, auch in der bösen Freiheit noch einige Luftlöcher zu gelegentlichem Einschlüpfen von guten Regungen, nein, sondern herrscht eine unendlich dichtere Luft, eine viel, viel strengere Gerechtigkeit; jeder Dummkopf kann sie begreifen und üben, was für die perfid hohe Intelligenz der Hölle zeugt, die auf dem feurigsten Platz der unterirdischen Stadt den Dom einer eiskalten Ethik errichtet hat. Ihr einziges Gebieten lautet: nicht zu trachten und nicht zu dulden, daß irgend jemand, der uns näher kommt als ihm und als überhaupt gut ist, weder von den nächsten noch von den fernsten Folgen seines unüberlegten ersten Schrittes ausgenommen werde. Die Hölle – des darf ich, als Kenner derselben, Sie, sehr geehrten Herrn Notar, versichern – empört sich wider nichts mehr und mit größerem Rechte als gegen den Dilettantismus im Bösen, gegen die halbe Gescheitheit der Dummen und die halbe Dummheit der Gescheiten, mit welch beschnittenen Münzen sie den Erzbetrüger betrügen zu können glauben, kurz: gegen jene beleidigende Oberflächlichkeit, die, weil nicht einen Zoll tief sie in die Tiefe Gottes hinabzudringen vermocht hat, nun die Taucherglocke vor der Türe Luzifers läutet. Die Sünde, mächtig genug gewesen, die zweite göttliche Person aus der Trinität zu reißen und ans Kreuz zu nageln, nimmt, obwohl in tausend Stücke geschlagen vom Holz des Überwinders, auch zusammengekittet einen so hohen Rang noch ein unter den übrigen Antiquitäten des Advents, daß von den Fingern einer bloß schmutzigen Neugierde sie wahrlich nicht ungestraft – und hierüber sind Gott und Satan miteinander einig – betastet werden soll. *Videant consules!* Mögen die Herren Pfarrer im Unrechten nach dem Rechten sehen! Ihre Schäflein davon abbringen, das Sündigen als einen

Aperitif zu betrachten und zu gebrauchen, um mit größerem Appetite nach dem Guten am Abendmahltische niederzusitzen! Um solch Mißbrauchen sowohl des Schuldig- wie des Absolviertwerdens wenigstens da und dort zu verhüten, werden von der Vorsehung Leute erweckt wie ich, deren einzige Aufgabe darin besteht, dafür zu sorgen, daß jene Gläubigen ohne wahren Glauben bei der Stange bleiben, die sie ergriffen haben und an der das infernale Fähnlein flattert. In Ihren Augen, Herr Notar und Fischer von Haien und Rochen, bin ich ein Verbrecher, wenn Sie auch bedauern müssen, daß die Maschen des gesetzlichen Netzes zu weit für meine feinen Delikte sind. In meinen Augen jedoch, die schärfer sehen, weil sie der Gläser jesuitischer Moralisten sich bedienen, natürlich nur, um in die ihrem sonstigen Gebrauche entgegengesetzte Richtung zu blicken – sie lagen nämlich in allerlei Gestalten auf allen Studiertischen des geistlichen Konvikts, das acht Jahre lang, also so lang wie üblich und vielleicht auch notwendig, mich oder besser, meine Sinne aushungerte, bis endlich mein Geist zu dem Gespenste geworden war, das ihm erschien, er demnach die Reife zur hohen Schule der Dialektik erworben hatte, wo man lernt, das Haar mit Stemmeisen und Schmiedehammer zu spalten –, in meinen Augen jedoch bin ich ein Verbrecher gewesen (beachten Sie, bitte, das vollkommene Perfektum!) bis zu meinem ersten gelungenen Vergehen und zwar deswegen, weil während der Zeit meiner Unbescholtenheit ich nichts sehnlicher gewünscht und mit größeren Anstrengungen herbeizuführen gestrebt habe, als ihrer verlustig zu gehen. Ich schätze eben die Gedankensünde höher als die verwirklichte: eine vielleicht nicht ganz legitime Frucht meiner Erziehung zu Respekt vor dem Geiste! Und dieser Verbrecher würde ich wieder werden, nun auf der Seite, der gar kein Rechtsgefühl Sie zubilligen, wenn ich, jetzt unter meinem Gesetze lebend, diesem zuwiderhandelte. Wenn ich in der Etablierung eines möglichst totalen Unrechts nicht fortführe, wenn ich Ausnahmen von der Regel, mit deren unbarmherziger Durchsetzung man sich's bei mir zu versehen hat, und, wie ich die Frauen kenne, auch versehen will, zuließe, wenn ich nicht jede und jeden, die mir über den Weg laufen – und laufen müssen, sonst liefen sie nicht –, bis auf die Haut plünderte und wenn ich nicht solange plünderte, bis das Plündern zum normalen Erwerb wird, die Macht zum Recht, die Unsittlichkeit zu Sittlichkeit und die Unfreiheit zu Freiheit.«

(aus einem Briefe des Grafen an den Dr. Hoffingott)

Lunarin (sagt) Wer sich selbst interessant ist, wird auch seine Verfehlungen als Leistungen würdigen und zwar als Leistungen der Providenz, die ihren Willen gegen seinen Willen durchgesetzt hat. Darf er der Siegerin jenes Denkmal weigern, das er sich errichtet haben würde, wenn er gesiegt hätte? Darf er, was in der niederen Welt geschehen, nichtigen wollen in der höheren, in der von ewig her doch gesetzt gewesen ist, daß dieses Geschehen da so und nicht anders zu geschehen hätte? Bei Annahme der Vorherbestimmung, die dann auf das fugenlose Vollenden des Schöpfungswerkes hinsieht, darf da einer zwischen den Quadern deswegen, weil sie noch auseinanderliegen, fern ihren letzten Örtern im nicht mehr ergangbaren Ganzen, wertend unterscheiden? Nur ehren, was ihm zu zeitlichem und ewigem Vorteil gereicht, hingegen bedauernd schmähen, was hier und drüben ihm Schaden bringt?

Lunarins kleine a parte Bemerkung zu Till Wenn Du den Kopf aus dem Fenster steckst, was siehst Du: ein Weib! Wenn Du das Auge schließest, was siehst Du: ein Weib! Du siehst zwar auch den Baum im fremden Garten oder den Garagisten lehnen am mechanischen Ölbaum seiner unwirtlichen Karawanserei oder den Hund, der durchs Geruchsirrsal der Ecksteine sich windet; aber Du nimmst sie, Hand aufs Herz oder vors Aug', um viele Grade weniger wahr, um vieles unschärfer als etwa den bald stumpfen, bald spitzen Winkel, den der Schoß mit dem Schenkel bildet. Und warum? Weil zum Akt der Wahrnehmung nicht der Raffakt sich gesellt. Der Baum gehört neidlos dem Kunz, der Hund dem Hinz und der Garagist sich selbst.

Aber mit dem Weib verhält sich's anders. Das Weib gehört nicht nur nicht sich selbst und will sich auch gar nicht gehören, es gehört auch gar keinem bestimmten Jemand, so sehr der's auch glaubt und so gern er diesen Glauben teilen möchte, sondern allen. Und das wittert der Hahn im Mann und kräht es aus von seinem innern Misthaufen, und die Hennen laufen in Scharen herbei, den zu sehen, der sie ins Dasein ruft, gleichsam Fata Morganen auf Füßen, auf denen sie zu der Gefahr eilen, deren Luftspiegelung sie sind. Wären sonst unsere Straßen so überschwemmt von Weibern? Stehen sie nicht in den Geschäften, sowohl die Waren wie sich anbietend, und quellen sie nicht aus den Geschäften mit soviel Waren in den Taschen, als gelte es, eine irgendwo auf die Sintflut wartende Arche zu verproviantieren? Wahrhaftig zu Mittlerinnen aller Gaben haben sie sich gemacht. In den Flugzeugen lächeln sie, dienstlich adrett gekleidet, als die für den Trostnotfall gleich vorhandenen Todesbotinnen, und in den Operationssälen helfen sie das Leben spenden, als ob es ohne sie nicht mehr zur Welt kommen könnte!

MALER (Andree) Mit allen Lüsten gesegnet; gleichgültig gegen Gott, obwohl Ihn setzend; die Schöpfung als die Seine anbetend, aber nicht Ihn; am zweckmäßigsten von bäuerlicher oder proletarischer Herkunft (ob der frischen Neugier nach dem, was jenseits des Zaunes oder der Vorstadt liegt); wenn zufällig gebildet, dann auf Unordnung in dieser Bildung bedacht, daß ihr alles um- und begreifender Charakter ja nicht die Oberhand über den notwendig ein- beziehungsweise schlagseitig dahinsegelnden künstlerischen Menschen gewänne und diesen so der Fähigkeit beraubte, mit seinen schiefen Urteilen den schiefen Urteilen der Laien die Waage zu halten – hat er's doch als Unansprechbarer von Amts wegen mit quärulierenden, bald mehr, bald weniger ansprechbaren Parteien zu tun, deren Zu- wie deren Nichtzustimmungen dem Offiziatus gleich unerheblich sind und sein müssen –; hervorragend aus der Menge, aber nicht wesentlich, nämlich auch privat, von ihr verschieden, sondern verschieden von ihr nur durch das Organische seines Materialismus, der daher, zum Erweise natürlicher Geborenheit und zu anschaulichster Widerlegung des von Krethi und Plethi durch bloßen Kurzschluß erworbenen, in gehoben blühender Materie sich manifestiert; also auch Anwalt des Materialismus, doch mit merkwürdig wenig Erfolg bei den Materialisten und zwar deswegen, weil er der Genius ist, den sie gerade noch begreifen und daher zum Sündenbock für die andern Genien zu machen vermögen –: so gewertet und so unschuldig geopfert, bezieht der Maler, oder glaubt er zu beziehen, dort eine Position des Geistes, wo eine solche nach der Natur der Sache, nämlich der Natur selbst, gar nicht bezogen werden kann. Er verwechselt das ihm als Maler nicht mögliche Wechseln der Ebene mit dem möglichen Wechseln der Standpunkte auf derselben: eine für die Malerei insoferne glückliche Verwechslung, als dieser allein sie den gelegentlichen Anschein verdankt, gleichen Ranges mit der Dichtkunst zu sein, von welcher Dichtkunst nur wenige, und auch nur wenige Schriftsteller, wissen – weswegen wir Anschein sagten –, daß die mit dem Munde oder der Feder vollzogne, notwendig immerwährende Entscheidung für den Geist den Charakter von Kunst wohl annehmen kann, nicht aber annehmen muß, wie der Heiland selbst und die ihn auslegenden Theologen und Philosophen beispielmäßig dargetan haben. Überdem gibt es kein Mißbrauchen der Sprache, das nicht sogleich oder schlußendlich die Wahrheit als die Wahrheit und die Lüge als die Lüge würde erkennen lassen. Denn: nicht der zur selben Zeit auch außerhalb ihrer vorhandene oder dem Schoß der Sätze leicht zu entlösende Inhalt, sondern sie selbst ist das Kriterium. Daher die Richtigkeit der *canones* auf der Richtigkeit des Sprachgebrauches beruht und jedes Abirren des Denkens eine geheime Sünde gegen die Sprachgenauigkeit – und sei diese Sünde auch in der guten Absicht begangen worden, eine größere Ausdrucksfülle zu erzielen – zu Ur-ursache hat. Was weiter nun die Malerei anlangt, die durch und durch Kunst ist, wie Gold durch und durch Gold, ohne eingesprengte Vacua oder anderswertige Metalle, die also nicht ob eines dem Höchsten zubestimmten, annoch leeren, jungfräulichen Schoßes in der Möglichkeit steht, vom Geiste bewohnt wie vom Geiste wieder verlassen zu werden – welche zwei Schicksalssterne auf die Dichtkunst herabfunkeln –, so macht das Darstellen von Madonnen den Pinsel nicht zu einem erdenwärts ausgestreckten Organe des Metaphysischen, in ein welches jedoch er sich verwandeln müßte, wenn die für die Dichtkunst geltende erste Bestimmung auch für die Malkunst gelten würde: daß nämlich dem äußeren Beweggrunde, sich zu manifestieren, der innere stets – und sei's nur um eine Stupsnasenlänge – zuvorkommt. Nun aber ist der innere Beweggrund nichts anderes oder Geringeres als der einzige, erste, letzte und tiefste Grund, aus dem ein Was in Existenz gerät: das Wort. Das Wort geht mit sich aus sich hervor und lauert der Dinge, die notwendig werden, weil es ist. Trunken nach Wein, nicht von Wein, von der Idee des Rausches, nicht vom Rausche berauscht, ist sein Wesen schöpferischer, die Traube erst erfindender Durst. Es ist der scheinbar sinnlose, weil noch leerstehende Wabenbau, in den die künftigen Bienen ihren Honig legen, und zugleich die Blüte, von der sie diesen Honig holen werden. Nur das Ding, dafür ein zuvorgekommenes Wort steht, kann sein. Und so hängt das Sein vom Wort ab, nicht das Wort vom Sein. Anders, ganz anders, verhält sich's mit Linie und Farbe. Sie sind nicht *prius*, sondern *posterius*. Die sogenannten großen Zeiten der Malkunst haben diesen Unterschied nicht sehen können. Der Mensch als Mensch wird ja auch erst dann ein problematisches, seine eigentliche Unbekanntheit dartuendes und nach einer neuen, sie gnädig verschleiernden Definition seiner lechzendes Wesen, wenn der Gebrauch, den die kleine oder die große Gemeinschaft bisher von ihm, dem Liebenden, Werkenden gemacht hat, plötzlich außer Übung kommt, er also auf die kümmerlichen Rechte, die dem bloßen Menschenantlitze entfließen, sich zurückverwiesen fühlt. Bis dahin weiß weder er selbst noch weiß sein Nächster, wer er ist: der, dem die allgemein verständlichen Convenus des Bekanntseins entzogen worden sind, der ohne dieselben für einige Zeit oder für immer – zu Prüfung, zur Strafe – Unbekannte. Man kann nur ahnen, welche Ungeheuerlichkeiten der schöne Raffael etwa gemalt haben würde, wenn eine katastrophale Stillegung des päpstlichen Raubbaus an seinem schon vorgemünzten Talente ihn gezwungen hätte, woanders oder tiefer zu graben! Aber das noch unbezweifelte Befehlsrecht der Herren und das noch blinde Gehorsamen der Lakaien pressen die Ränder der Kluft zwischen den sowohl sich selber wie einander unbekannten Größen bis auf den fadendünnen Sprung, der durch jede hierarchisch gestufte Gesellschaft geht – und dieser auch nicht zum Vorwurf gemacht wird –, zusammen, so ein gegenseitiges Verständnis gerade da bewirkend, wo ein solches, der wahren Natur der in wahrer Rede stehenden Sache nach, gar nicht zustandekommen kann, und mit dem Lärm der vollbeschäftigten Werkstätten das Mißtönen des grundsätzlichen Differierens von Besteller und Verfertiger auch für die schärfsten Ohren übertönend. Dieser schöne Consensus – als einen welchen jede spätere, von Aufspaltung, das heißt vom Aufschwellen für bekannt gehaltener Größen zu unbekannten, bedrohte Gesellschaft ihn bezeichnen wird –, dieser auch für eine letzte, nicht mehr weiter teilbare Einheit verkannte Consensus zerfiel in doch Bestandteile, in wiederum Satz und Gegensatz, in den nun endlich wirklich leeren Hut des Zauberkünstlers und in das nun endlich wirklich dauernd außerhalb desselben verbleibende Kaninchen, zugleich mit dem Fall der immer alles in eins verschmelzen und einander sogar übergreifen wollenden absoluten Gewalten, der Kirche und des Staates. Die eine Schlange stak der andern, sie und sich selbst erstickend, im langen Halse. Das war der zum soundsovielten Male in der Geschichte das geschichtliche Kontinuum durchschlagende Augenblick, dessen nächste und herostratische Tat ist: die mit dem einfachen Kreuz- oder Szepterzeichen heilenden und beruhigenden, gekrönten Magier als bloß geschickte Mechaniker am Hebelwerk der Ordnung zu entlarven. Es ist der Augenblick des Rationalismus, der Antireligion, der Neugeburt des Atlas, der vor aller Welt die Welt wieder zu tragen beginnt und jeden aus uns sowohl zum objektiven Zeugen seiner titanischen Mühe macht, wie durch unser begeistertes Teilnehmen an seiner Mühe zu titanischen Subjekten.

Kein Wunder – wie die jeweilig jungen Revolutionäre glauben –, sondern das Gegenteil des Wunders, das Wiederzusichkommen der weihrauchbetäubten Physik, daß in dem nämlichen Augenblicke die mit Ambrosia und Nektar genährte und gut genährte Malerei ihren himmlischen Appetit zu ganz gemeinem Hunger eingehen fühlt vor den triumphal sich öffnenden Fleischerläden voll von blutigen Realitäten, und von der äußersten Ertragbarkeitsgrenze ihres plötzlich als strenges Fasten erkannten, gewählten Essens, von dem goldenen Stuhle am Tisch der Götter in die lockende Tiefe der Oberfläche stürzt! Dort unten, zu wild kentaurischem Gebilde werdend und mit dem Pferdehufe eine merkwürdig trübe Hippokrene aus der Erde stampfend, schlägt sie ihre Zähne in den Nacken des von Natur aus Fliehenden und Flüchtigen, nicht Sein-Müssenden und auch nicht Sein-Wollenden, ins Profane, das umso schmackhafter, je profaner. Ein Dachboden voll von Gerümpelstilleben, von unbewohnten oder von gut verborgenen Geometern bewohnten Landschaften, ordinären Marktszenen oder Marktszenen der Ordinärheit, namenlos nackter Persönchen, Nachtlokal- und Nachtasylgestalten platzte bäuchlings und brach durch bereits blattdünn gewordene Plafonds hinunter in die Salons der beim Herabkommen den Malern zuvorkommenden Aristokratie und in die guten Stuben des wegen seiner genial entarteten, mit der revolutionären Zukunft konspirierenden Söhne berühmten oder berüchtigten Bürgertums, welch beide Stände, zusammengedrängt bereits auf den einen der Passagiere untergehenden Schiffs, hoch erstaunten, da noch so viel Kunst zu finden, wenn auch eine bloß bestandteilmäßige, wo gar keine mehr vorzufinden, sie der allgemein schiefen Lage entsprechender gefunden hätten. Diesem beträchtlich lang andauernden Erstaunen einer aus dem geschichtlichen Kontinuum fallenden und die Situationslosigkeit als die Situation schlechthin – und nicht zu Unrecht so – empfindenden Epoche über das nach einigen totalen Jahrhunderten Wiedererscheinen – und eben außerhalb des personalen Gewissens, in objektlicher Entfernung, Selbständigkeit und Anschaulichkeit, im Luftraum der Gesellschaft – des Widerspruchs zwischen dem, was ist, und dem, was sein sollte, genauer: nicht sein sollte, verdankte die Malerei ihr Trotzdem-Weiterleben, ihr Scheinleben, ihr wie wunderbar auferstandenes und verklärtes bis zu dem Jüngsten Tage, an welchem die das spartanische Kollektivgericht verschmäht habenden und zu liberalen Feinschmeckern aufgerückten Herren beider Häuser erkannten, daß sie, dem kühnen Versprechen der vom gleichen Tisch getrennten Pinselschwinger, nur grundsätzlich ungeweihtes Brot vorgesetzt zu bekommen, vertrauend, zu Omnivoren herabgewürdigt worden waren, und daß die vorgeblich *a divinis* suspendierten Priester der Kunst die heilige Messe nicht nur nicht lesen dürfen, sondern gar nicht lesen können. Das war der Tag, an dem der Laie geboren wurde. Der – nach solchem Erkennen durchaus verstehliche – absichtliche Nichtwisser; der ressentimentale Gegner des *studium universale*, aber auch der Halbbildung (zugunsten der Unbildung), des Skeptizismus und des Snobismus (weil sie von der Bildung dependieren); der, ohne je besessen zu haben, evangelisch Arme; der Bescheidene ohne die Tugend der Bescheidenheit; die aus Abneigung gegen die Eins noch einmal auf Null eingegangene Null; die Leere des Kopfs, nicht als Gefäßkrankheit, sondern als das eigentliche Gesundsein desselben; die bis nun mannigfaltigste Unansprechbarkeit, gleichsam einer Blinden mit hundert Augen, deren allseitiges, umfassendes Nichtsehen das Sehen mit bloß zwei Augen nicht nur altmodisch und kümmerlich, wie das Fernrohr des Kopernikus, sondern als ein ganz und gar nicht mehr notwendiges und daher vollkommen unnützes Tun erscheinen läßt. Und in der Tat: der Laie, als der großartige Verwerfer sämtlicher Bildungsmittel und als der prinzipielle Nichtdenker, führt den bloß theoretischen Nihilismus der gleichzeitigen Denker praktisch zu Ende mit der alles weitere Erkennen aufhebenden Erkenntnis: daß allein der Blinde das schwarze Nichts wirklich sieht. Eine unwiderlegliche Behauptung!

MALEREI (Obdeturkis) O Malerei! Flachste und tiefste Kunst! Die du adelige Werke hervorbringst, aber ihre eigentlichen Hervorbringer nicht aus dem Dienerstande entlässest! Zugleich im Wipfel und bei den Wurzeln lebest! Blühender Baum bist und gescheiteltes Brennholz! Zugleich im Walde stehst und auf dem Markte liegest! Frei und versklavt! O unheilbarer Bruch zwischen Schön und Nützlich, zwischen Erhaben und Gemein! O unglückliches Bindeglied, Maler, dessen helferisches Hin- und Herrennen zwischen den Extremen niemand sieht! Denn im Dunkel der Adern wie der Blutkreislauf oder der Pflanzensaft ist er bestimmt, sein Wesen zu treiben. Hier aber soll ein Licht in dieses Dunkel geworfen werden! Ein geraubtes zwar, ein verratenes Licht! Ja, ein ungemäßes Licht! Das gleich der Lampe des Bergmanns Schatten in die ewige Nacht des Erdinnern wirft, Kleingeld in eine Goldgrube, Eulenbilder an die Wand einer Eulenhöhle. Man nimmt ein bißchen Farbe auf den Pinsel und zugleich ein Stück des zu malenden Dings. Und auf der Leinwand berührt das eine das andere wie des Bräutigams Wange die Wange der Braut. Und Staub zärtlichster Erschütterung schleiert von den liebessteilen Hängen! Kann auf eine keuschere Weise der Mensch sich mit der Natur vermählen? So groß aber muß in dem Zimmer, wo durch das Bild hindurch nach dem Urbild gegriffen wird mit einem beliebig zu verlängernden Geisterarm, die Stille sein, daß der diesseitig sitzende Maler – der geflügelte Mensch, gefesselt an den Stuhl der stummen Genauigkeit – das jenseitige Getapse und Gepicke seines unter dem Tische der Götter futtersuchenden Pinsels deutlich zu vernehmen vermag. Zu vernehmen vermag das Vorspringen der Simse, das Zerspringen des Felsens, das Aufspringen der Blume, das Gerundetwerden der Orange auf der Töpferscheibe des Tellers, das weiße Wasserfallrauschen des Tischtuchs, das Knirschen der Lichtkristalle in den Gläsern, die monotone Erzählerstimme der Tapete, den schwarzen Blitzeinschlag des Zeigers in das schreckensbleiche Gesicht der Uhr. Erst dann, wenn er die dem einstigen Entstehen der jetzt so fertigen Dinge entsprechenden Laute hört, die Geräusche des Raumknospens, die vor dem Ohre dagewesen sind und nach dem letzten Ohre noch immer da sein werden, erst dann darf er sicher sein, das sonst unbezweifelbar primordiale Reden und Schreiben gültig überwunden oder wenigstens zu den Seiten des Rahmens gedrängt zu haben, wie der Engel des Herrn das Rote Meer aufgetürmt hat zur Rechten und Linken der Juden, und leibhaftig inmitten des Bildraums zu stehen, des nun nicht mehr imaginären, ein Homer, der den Trojanischen Krieg mitstreitet. Was er setzt durch den gelungenen Hinübersprung in die jedem Nichtmaler nur trefflich fingiert erscheinende Wirklichkeit, das ist jene einzige aller sittlichen Leistungen, die nicht entgegen, sondern mit der störenden Hilfe des sittlich stets neutralen Talents zustandekommt: ein der Regel unbekannter Ausnahmsfall, und ein von der Ausnahme nicht zu beschreibender, denn ihr Verzicht auf wörtlichen Ausdruck folgt einem unbekannten evangelischen Rate, wie der auf Besitz einem bekannten. Unbeneidet – wie Sisyphos ob seiner Stärke – mögen die athletischen Rhetoren die mächtige Kugel ihrer Gedanken bergan gen den Gipfel der Wahrheit wälzen! Notwendig rollt sie immer wieder zu Tal. Denn: was nützte die Wahrheit, wenn sie jetzt, wenn sie morgen, wenn sie übermorgen gefunden werden würde? Deswegen lassen vor dem Ziele die Kräfte nach! Deswegen erheben sich immer wieder neue Ideen wider die alten, und könnte doch – theoretisch! – jede Idee das Wahrheitsziel erreichen! Deswegen die unendliche Fruchtbarkeit des Menschengeistes! Weil alle Genien getrennt und doch gemeinsam am Werke sind, die Wahrheitsfindung aufs Ende aller Tage zu verschieben!! Der Maler aber lebt nicht in dem einen Leibe mit den vielen Denkerköpfen, die miteinander um den Sinn des Kämpfens kämpfen und wohl wissen – seht doch ihre von Einzelwahrheiten blitzenden Augen! –, welch großen Sieg sie solcherart verzögern. Der Maler, in seiner Urzelle von Zelle, der jeweils einzige seiner Art, der vom Gesamtgang der Menschheit zur Seite Getretene, sucht die Wahrheit im Abbild. Im getreuen Abbild hat er die Wahrheit, wie man ein Sinnending hat, wie man die Geliebte in den Armen hat. Kannst du leugnen, daß sie bei dir ist? Kannst du leugnen, daß du eben geliebt wirst? Brauchst du Leute, dir's zu beweisen? Sich selbst genug ist die Malerei. Keines Verstehers bedarf sie. Und soll auch keines bedürfen. Wenn sie nämlich seiner bedürfte, würde ja das Urbild nicht im Abbild sein, die bezweifelbare Wirklichkeit nicht in ihrem unbezweifelbaren Konterfei, die Wahrheit nicht im genauen Anschein von Wahrheit, wodrinnen allein sie wahr ist. Fest verschlossen also bleibt die Tür zum Innern der Malerei. Und vor derselben steht noch der Engel der Diskretion. Und abends, wenn er ausgeht, der Maler, wenn die Strahlen der untergehenden Sonne wie gereinigte goldene Pinsel in der blaßblauen Himmelsvase stecken, begleitet ihn der Genius des Dissimulierens: weil niemand bemerken darf, daß er tagsüber mit der Natur geschlafen hat. Deswegen muß der Maler, auch der gescheiteste, Gassenhauer singen, Wirtshaustische belümmeln, die feinen Damen meiden und die gelehrten Herren – oder pöbelhaft mit ihnen reden –, muß er die Hand von den Büchern lassen und auf den Hintern einer prallen Dienstmagd legen (damit ja die gefährlichen Prinzessinnen, die Sphinxe, die seine Rätsel erraten könnten, empört sich abwenden), muß er, der zu Hause streng gescheitelt steht, zerraufte Haare haben, die Halbmaske eines dummen Barts tragen und überhaupt in allen Lagen eine möglichst schiefe Haltung einnehmen. Und was die Religion anlangt, so muß sein unerbittliches Malerauge der Gottheit vorwerfen, daß sie nicht anschaulich sei!! Hätte Sie ihn anders gewollt, muß er sagen, hätte Sie ihn anders gemacht! Aber seit Pinsel bewegt werden, sind sie wie vor dem Ewigen und von dem Ewigen niedergeschlagene Augen. Mit den Wimpern kehren sie den kostbaren Erdenstaub zusammen, und aus halbgeöffneter Schatulle, auf dem Samtkissen des Blicks, zeigen sie den geschaffenen Dingen den ihnen gebührenden Schmuck wie eine ihnen widerrechtlich vorenthaltene Sache.

MANCHE Manche ertragen nicht die Veränderungen der Liebe. Die Geliebte wird ihnen gleichgültig, und so glauben sie, ihre Zärtlichkeiten beenden zu müssen. Aber die Zeit täuscht mit ihren Lücken wie die Luft mit ihren Löchern, in die das Flugzeug hineinfällt. Wer aber einigermaßen mit den ewigen Dingen vertraut ist, schließt die Ohren, bis eine irdische Stunde wieder schlägt. Nicht die Heiligen allein erdulden die furchtbarsten Versuchungen, auch an die Unheiligen treten sie heran. Nur können diese sie nicht mit dem Namen bezeichnen, den jene ihnen geben, und so erliegen sie denselben wegen Fehlens des richtigen Ausdrucks. Man muß auch im Erotischen Theologe sein.

MATERIOLOGIE Der Materiologe behauptet (zum Hausgebrauch – beileibe nicht zu dem an hohen Schulen!) die Möglichkeit der lückenlosen Rückführung jedes heute in Individuum und Kollektivum vorzufindenden Zustandes auf einen nicht mehr weiter rückführbaren, der deswegen aber nicht der urzuständliche sein muß, und wenn er's wäre, nicht sein würde, und wenn er's doch wäre, den Materiologen aus dem Sattel der Materie höbe wie einen Heiligen vom Fußboden einen Meter hoch in die Luft. Er behauptet also die Möglichkeit der Auflösung jeder Einheit in die Faktoren, die sie haben zu einer solchen werden lassen, und des Bestimmens dieser Faktoren als Ureinheiten niedersten Grades, die von anfänglicher Zufälligkeit zu immer strengerer Determiniertheit fortschreiten, von wildwuchernder Vielzahl zu beschränkter Mehrzahl, durch welches Fortschreiten auf dem einen Fuße, den das stärkere Motiv dem schwächeren auf den Nacken setzt, der Grund, warum dem so sein müsse, unter dem anderen Fuße erscheint. Auf dies allzu einfache Prinzip, nach dem die Auslese vor sich geht, antworten wir, um der Providenz zu verstehen zu geben, daß sie's weniger grobschlächtig hätte machen sollen, mit Tiefsinn, und um den freien Willen, den wir uns zuschreiben, von wo herzuschreiben, verleihen wir dem jeweiligen Sproß aller bekanntgewordenen Determinanten den Adel eines von jeher Gewollten. Die Ordnung, in der wir uns befinden müssen, um etwa obigen Satz denken zu können, führen wir im selben Denkatem als einen Beweis dafür an, daß diese Ordnung sinnvoll sei, und um diesen durch Tautologie gewonnenen Beweis zu sichern (besser wäre zu sagen: im grundlosen Meere zu verankern), setzen wir einen Urheber dieser Ordnung, dieses Satzes und – dieses Beweises. (Dieser Urheber, der seine Existenz nicht sich selber, sondern dem Denken dankt, ist natürlich der Gott der Theisten, der mit Müh und Not der an sich atheistischen Objektivität abgerungne, auf einen Punkt im Nichteuklidischen eingegangne. Uns aber – daß kein Mißverständnis über unsern scharfen Unverstand herrsche, sei's gesagt! – lebt der anthropomorphe Gott. Der liebe Gott. Der von der Stimme des Bluts, des Erlöserbluts in uns, Vater genannte Himmelvater. Ja, es lebe sogar sein Bart! Sein langer weißer Bart!) In Wahrheit, in der, bei der wir bleiben müssen, um die wahre Wahrheit, die, Gott sei Dank!, unbeweisbare Subjektivität, nicht zum Gespött der aufgeklärten Schulbuben zu machen, in dieser Wahrheit genießen wir, wenn wir der so notwendig sittlich wie sittlich notwendig erscheinenden Ordnung uns erfreuen, nur von der Ruhe des nicht aufgestörten Schlamms, in dem unsere Tiefsehwurzeln stecken, von der Staubfreiheit der Lebensluft, die dem Menschenblumenhaupte Fernsicht gestattet, von den hoch- und edelgezogenen Früchten einer genügend langen Ermüdungsepoche der Materie, von welcher Materie, wenn sie in dem zeugungskräftig tellurischen Zustande sich befände, genossen, das heißt, vernichtet und ihrem noch rasenden Blutkreislaufe zugeführt zu werden, wir keinen Eintagsfliegenaugenblick sicher wären. Wir hätten alsdann auch keinen Augenblick der Muße und der Muse zu beschreiben, was Materie ist, wenn sie Materie ist, wenn nämlich sie ihrem Namen jene fürchterliche Ehre machte, die wir, bei noch sicherem Abstand von der Sonne, der Sonne geben, auf der das Papier gar nicht wüchse, das in einem unvorstellbaren Nu an ihr verbrännte. (Kein Wunder demnach, daß der Materiologe, der so hoch von der Materie denkt, so gering von den Denkern der Materie, die sich einbilden, sie ganz zu kennen, weil die derzeit schlafende Homeridin ihnen erlaubt, ein bißchen traumzudeuten.) Was wir also etwa Auslese nennen, ist das sichtliche Hervortreten der kahl und unfruchtbar gewordenen Stellen des Mutterbodens und das In-die-Augen-Fallen einer restlichen

Natur, die, so schwach wie stark, bloß deswegen überlebt, weil sie noch auf Oasengrün steht, also exemt zum augenblicklichen Schicksal des größesten Teiles der Materie. Ja, so trostlose Sätze müssen wir setzen, um unser materiologisches Tun, das Kinderschritt wenigstens halten will mit dem, das uns unter seine Füße tritt, möglichst lange vor dem Einschießen von Sinn – der uns trösten und nicht weit genug in der Trostlosigkeit kommen lassen würde, die wir ja bis zu einem vernünftigen Ekel an ihr durchforschen sollen – zu bewahren.

MELANCHOLIE Wenn man seine Melancholie wie eine Zitrone auspreßt, bis zu einer auf dem Pflaster zertretenen, erhält man einen wermutähnlichen, berauschenden Trank, der auf übersinnliche Weise sinnlich macht (insoferne nämlich man das vom Gürtel umzirkte enge Gebiet doch nicht verlassen will), oder – doch um die ungewohnte Verwendung natürlich zu finden, und überhaupt zu finden, muß man schon einen alchimisch raffinierten Blick haben – eine Tinte, mit der man auf eine also ergreifende Weise malen kann, wie die Malerei selber noch keine erfunden hat: Es ist die Weise des Orpheus, nach der die wilden Tiere nicht in Tanz, sondern in Kontemplation gefallen sind, in die machtvolle Ohnmacht vor dem Göttlichen, in die notwendige Passivität beim Umgeprägtwerden zu Wert; denn alle optimistische Aktivität, als vom Menschen herkommend, kann wohl sehr weit gehen, aber nie über sich hinaus und um sich herum wie ein Nackter um sein Häuflein Kleider, das ein ganz erbärmliches, und hätte der beste Schneider die Fetzen zusammengenäht.

MELITTA Seit dem Erscheinen Jesu Christi auf Erden gilt der Mensch für gut. Aber jedes Licht wirft Schatten. Und so halten ab jenem Zeitpunkte sogar die Bösen sich für gut, weil sie, von ihrer nicht weniger echten Gotteskindschaft geblendet – wie jäh aus dem Dunkel ins Helle Tretende –, nun noch schlechter denn früher zwischen Gut und Böse zu unterscheiden vermögen. Die ohne Rücksichtnahme auf ihre nicht bereuten Verfehlungen ihnen verliehene Würde beziehungsweise das mit dieser Verleihung verbundene Teilhabendürfen an einer Freiheit gleich von Souveränen lassen nämlich auch den Mißbrauch dieser Würde und dieser Freiheit – wenn man ihn will oder wollen muß – als ein aus dem Begriffe so vollkommener, weil uranfänglicher, vom Erlöser nur wiederhergestellter Souveränität leicht ableitbares rechtes Gebrauchen erscheinen. Jeder echte Tyrann wird ein Tyrann besten Gewissens sein: setzt er doch sich selber als die Quelle des Rechts und hat es infolgedessen vor ihm keine und keins gegeben. Moses schlägt in der Wüste an den Felsen, und es strömt das Naß. Nun irrt diese Art Rechtsetzung zwar nicht hinsichtlich der Entstehung von Recht – die bei Schöpfer und Geschöpf die nämliche –, wohl aber hinsichtlich des Inhalts von Recht, genauer, hinsichtlich seines Rechtscharakters, den die ein Recht setzende Macht diesem Rechte nicht notwendig verleiht: selbst die Allmacht Gottes ist begrenzt von der Gutheit Gottes. Wir stehen also mit unserm freien Tun auf keinem Rechtstitel und finden in unserm ganzen freien Denken – auch *post Christum natum* nicht – keinen Vernunftschluß, der die Belehnung der nachadventischen Menschheit mit dem Besitze der restaurierten Gotteskindschaft als eine schon immer in der Potentialität gelegen gewesene je festgestellt hätte. Sie ist nur außerhalb jeder Ordnung, gnadenweise und fast unbemerkt, um das Jahr Dreißig praktiziert worden. Dieselbe Vernunft ist demnach auch nicht imstande, die aus dem, was sie nicht hat erschließen und daher auch nicht hat postulieren können, aus der neuen Art von Freiheit nämlich erfließenden Rechte und Pflichten allein, ohne zusätzliche Hilfe von oben, zu normen. Hingegen ermöglicht (ohne zu gestatten) die allgemeine, alles was Menschenantlitz trägt, übergreifende Christlichkeit – denn die Wirkung der Erlösertat muß als eine zuerst die Art und Weise des bisherigen Apperzipierens gründlich verändernde gedacht werden oder sie wird, nur die Getauften von ihr berührt achtend, zu eng gedacht –, jedem von Adam herstammenden Geschöpfe, an der erneuerten Gotteskindschaft dadurch teilzuhaben, daß es jener vom Verstande allein nicht zu normenden Freiheit wie einer logisch erschlossenen, postulierbaren, selbstverständlichen sich bedient und erfreut. Wegen dieser Möglichkeit, die sie nützen, ohne zu wissen, daß ihnen unmöglich, sie nicht zu nützen, sie also unter einem als Zwang nicht zu fühlenden Zwang zu dieser Art von Freiheit stehn, können wir weder den dezidierten Nichtchristen, aber Theisten, noch den über jede Gottheit erhabenen Atheisten von der Christlichkeit ausnehmen, ohne zugleich die unerschöpfliche Kraft und die alles durchdringende Quintessenz des Kreuzes für eine erschöpfliche und durch was aufhaltbare zu erklären. Natürlich führen die genannten Personen und die ihnen unerwünscht, aber nicht grundlos folgenden, undezidierten Christen und undezidierten Atheisten ihr freies Leben nur aus der Hälfte des Unschuldigen wie Schuldbeladenen zugefallenen Erbes, aus jener einen Hälfte, die so gut das ganze Unvermögen der bloßen Vernunft enthält, einen künftigen Entschluß der Übervernunft zu erschließen, wie das ganze Vermögen, den bereits in die Tat umgesetzten zu begründen. Allerdings muß zu diesem, wie die Scholastiker zeigen, vielvermögenden Vermögen der Wille treten, es auf Wucherzinsen anzulegen. Wenn er fehlt, sonnen sich die Leute auf der psychologischen Schattenseite des Erlösungswerkes. Sie sind sittliche Personen, weil sie sowohl den Begriff einer durch sich selbst verständlichen, also weder von einer äußeren Macht dekretierten noch überhaupt dekretierbaren Freiheit zu denken vermögen, als auch in der dem Begriffe einer solchen entsprechenden höheren Verfassung sich befinden, jene Freiheit jeder anderen Person, sie sei nur *persona*, zubilligen zu können; unsittliche, weil sie jene nur zur Hälfte rational begründbare Freiheit aus der Ratio allein genügend begründbar glauben und mit solch freigeistigem Aberglauben die logische Erschließbarkeit eines Gnadenaktes behaupten. Sie schlachten also das Gotteslamm zu Stillung ihres täglichen Hungers. Ferner schränken sie diese zu Entscheidung zwischen Gut und Böse ins Unendliche, in den Vorraum der Ewigkeit ausgedehnte und jedes sachlich-zeitlichen Hindernisses bare Freiheit mit Verboten ein, die, wiewohl gleichlautend mit den dekalogischen, doch nicht Gott zum Urheber haben, sondern den – wenn auch nicht ausdrücklich genannten – Staat, und zum Endzweck nicht das Heil der Seelen, sondern das irdische Heil der Bürger dieses Staates, der aus dem dauernden Säkularisieren der transzendierten Liegenschaften jedes einzelnen sein pseudosittliches Existieren bestreitet. Hier muß mit Donnerstimme das alte, abgebrauchte Wort fallen: *si duo idem faciunt non est idem*. Es bedarf nämlich wahrhaftig der ganzen Staatsfremdheit des als braver Bürger im Staate lebenden Christen, um zwar dasselbe wie er zu gebieten und zu verbieten, sich, den Seinen und allen Mitbürgern, aber aus einem anderen Grunde: aus dem Grunde der grundlosen Gutheit Gottes, nicht aus der wohlbegründeten Raison des Staates. Nun pocht niemand unter unseren Bekannten mehr auf sein gutes Recht, frei zu sein, das er dahin versteht – und nicht schlecht, doch nur so weit eben die verstandesmäßige Hälfte desselben reicht –, den lieben Nächsten genausowenig berücksichtigen zu müssen, wie dieser ihn berücksichtigen muß, wenn er die nämliche Freiheit, die er bis heute mit der einen Person geteilt hat, ab morgen mit einer anderen zu teilen wünschen sollte, als Melitta, und wird niemand besseren Gewissens und heftiger wider die Beschuldigung auftreten, böse zu sein, denn sie. Und wirklich ist auch nie jemals erhört worden, daß bei einer der vielen ihr schon gebotenen Gelegenheiten, als Willenssouverän zu amten, sie einen Versagens wegen gekündigten Liebhaber hätte Selbstmord begehen lassen – und Selbstmord aus der heutigentags begreiflichen Ermangelung eines Nachrichters, wie die Herodias etwa einen beschäftigte, oder eines der renaissanzistischen Bravos, welche Herren dem schließlich nicht zu vermeidenden Freitod des Delinquenten nur zuvorgekommen sind. Ja, auch keinem dieser Liebhaber hat je an Leib und Seele, Hab und Gut sie geschadet. Im Gegenteil! Jede ihr entgegengebrachte Neigung bagatellisierend, und zwar aus dem glücklich-natürlichen Grunde des nur gelegentlichen Bedürfens jener Neigungen zum Zwecke körperlichen Wohlbefindens, nicht aber zu Bestätigung ihres Existierens, betreut sie – ohne das Gebot der Nächstenliebe wirklich vernommen zu haben –

auch den derzeit Ungeliebten (ebenso anfallsweise selbstverständlich, wie sie den derzeit Geliebten liebt) aufs herzlichste, denn: ihr Herz gehört der Sache, nicht den Gefühlen, in der Liebe so gut wie in der Nächstenliebe. Dank dem langen Intermittieren ihrer Begehrlichkeit (das zu Nachdenken Gelegenheit bietet) und der nur kurz anfallsartigen Stillung derselben (die gar keinem Denken Raum gibt) – welch beide, weil so weit voneinander abliegende Zuständlichkeiten das bedauerliche Wunder der sogenannten großen Liebe nicht sich ereignen lassen – weiß sie in ihren Eingeweiden, daß zwischen ihr und dem verstoßenen Amoroso, wenn auch viel Negatives, doch kein endgültiges Nein steht. Das wissen auch die pensionierten Amorosos und erwarten das immerhin Mögliche in Melittens mit schönen Ahnungsbildern reich geschmücktem Vorzimmer. Auf diese einfachste Weise von der Welt werden sie von der Untreue abgehalten, wiewohl sie, die Göttin des Treuekultus, ein Beispiel der Untreue nach dem andern gibt. Eben nicht durch das Beispiel, das man mit Augen sehen kann, sondern durch was weit Tieferes und Inwendigeres, das man nicht mit Augen sehen kann, wird man belehrt und befähigt, gegen den Strom der Tatsachen zu schwimmen. Wenn dem nicht so wäre, wie hätten die Griechen bei dem unmoralischen Schauspiele, das ihre Götter ihnen boten, trotzdem sie verehren, ja, wie hätten sie geradezu die Erfinder der Tugend werden können? Die Treue ist in der Regel mit wenig Reiz verbunden und sehr oft nur die letzte, überdies noch vom Sakrament verbarrikadierte Zuflucht der Schwächlinge. Aber die Untreue, ausgestattet mit allen Reizen, bewegt uns, es mit der Treue zu versuchen. Die Kehrseite der Medaille zwingt uns, auch die andre Seite zu betrachten. Handelt und ursacht die vielgeschmähte Melitta also nicht wie die Natur selbst? Welche Natur ebensowenig auf graden und ehernen Gleisen dem zueilt, was auf dem flachen Papier unserer Logik wir als ihr Ziel errechnen, etwa dem Tod des ohne ärztlichen Eingriff sicher hinsterbenden Patienten. Dank vielmehr der charakterlosen Beweglichkeit oder unsittlichen Ziellosigkeit dessen, was als Gleis und drauf Fahrendes uns in festen Bahnen nur Denkenkönnenden erscheint, gehorsamt sie ebenso gern dem blinden Dämon der Zerstörung wie dem helläugigen Heilgott, ja, bringt sie so gut jenen hervor wie diesen und stattet beide mit den gleichen Sohnesrechten aus. Unsere Sache ist dann, für den einen oder den andern Sprößling desselben Schoßes uns zu entscheiden, und unser Schicksal ist, für welchen wir uns entschieden haben. Daß aber überhaupt wir uns entscheiden können und dürfen: dies Vermögen übertrifft offensichtlich so weit das unserer Mutter, der Natur, gegebene, ist so zweifelsfrei die alleinige Ursache des denkerischen Zerfalls der ehdem unteilbar gewesenen Materie in Materie und Geist, daß wir im selben Augenblicke auch die Gnade zu denken fähig geworden sind, ob wir sie nun so nennen oder nicht, ob wir sie mit einer spendenden Person in Verbindung bringen oder nicht. Jeden Liebhaber Melittens wird also deren naturzuständliche Person, die aufs Gramm genau soviel Verzweiflung verursacht wie Hoffnung erweckt, aus eben dem Umstande vor dem Ärgsten, vor dem Verlust des Gleichgewichts, bewahren. Jeder Liebhaber wird früher oder später erkennen müssen, daß diese geliebte, naturzuständliche Person mit ihrem Handeln, es sei ein ihn erhebendes oder niederschmetterndes, kein Urteilen verbindet, er demnach auf ein scheinbar glänzendes nicht bauen und gegen ein wirklich ungerechtes nicht berufen könne. Er weiß – und wenn er's nicht weiß, kennt er die Frau nicht, liebt er sie nicht, hat er mit dem amorischen Pfeile an ihrem Wesenskern vorbeigeschossen und ist als schlechter Schütze kein Preisrichter über die vom Schwarzen im Ziele getroffenen Meisterschützen –, daß Melittens bloß wie Vollzug von Urteil wirkendes Handeln ihn nur zu Hilfsziel einer ganz anderen Beurteilung ge- oder mißbraucht, der nämlich ihrer eigenen Lage im Raum, um diese dann, sollte sie eine unerfreuliche sein, unter Feuer zu nehmen. Es ist daher das Recht, nach dem sie judiziert, ein Sachenrecht, für das sie selbst die strittige Sache darstellt, dramatisch begleitet, wenn auch nicht behindert, von den stürmischen Protesten der im Zuschauer- oder Opferraum auf glühendem Roste sitzenden männlichen Logik wider eine so ungeheuerliche Verkehrung des Sachbegriffs. Dieser wahrlich um den Kopf kämpfenden männlichen Logik entgegnet mit schneidender Schärfe die weibliche, bei gleichzeitigem Aus-dem-Busen-Ziehn der von niemandem in ihrem Besitz geglaubten Magna Charta der Christlichkeit: daß sie, Melitta, eben das paradoxe Novum einer beseelten Sache sei, halb *mancipium* (als Weib), halb *domina* (als Mensch), und daß, im gründlichen Unterschiede zu einer unbeseelten Sache, die durch Kauf oder Raub erworben werde, die beseelte ihren Eigentümer erwürbe und zwar durch Faszination, jene aus der Freiheit eines Christenmenschen eben frisch abgeborene dritte Erwerbsart. Diese auf keinem Rechtstitel fußende und auch keinen begründende Erwerbsart – unmittelbar der Freiheit entspringend, die als solche sich und ihre Scheinschöpfungen jederzeit annullieren kann, bestimmt sie weder den, der sie praktiziert, noch den, an dem sie praktiziert wird, wesentlich, denn: Zauberei geht nicht mit rechten Dingen zu, hebt die Sterne nicht auf, sondern desorientiert nur das Auge – muß trotz ihrer eigenen Unverbindlichkeit doch eine als verbindlich unbedingt anzuerkennende Weise, mit dem früheren Eigentümer der beseelten Sache fertigzuwerden, voraussetzen: es ist die, ihn mit dem Mindestwert der Sache, der Freundschaft, abzufinden.

Melitta Wer Melitten zu Hause sieht, wird, wenn überhaupt je, so eine gute Zeit lang nicht begreifen, warum sie, fern demselben, mit jedem Schritte Unordnung in der Mannswelt stiftet. Ihr Äußeres ist eben nicht, wie bei den meisten Weibern, der mehr oder weniger gelungene Ausdruck des Innern, sondern der Medusenschild, der jenes in den ersten Zügen einer neuen Zeichnung liegende also deckt wie des Künstlers Hand die Skizze, in der gegenwärtiger Dilettantismus und künftige Meisterschaft einander noch zu deutlich widersprechen. So schnell also wird keiner erkennen, daß das, was überaus anschaulich als das Wesen einer Person erscheint, dem erst in Bildung begriffenen Wesen dieser die Mauer macht, an der die auf übliche Weise Indiskreten sich die Köpfe einrennen und auch einrennen sollen; was als Lasterhaftigkeit erscheint, die verwirrende Tarntracht eigentlich einer Tugend ist, die als solche dem, der sie übt, natürlich nicht bekannt sein kann. So kommt denn, daß Melitta, weil sie von Sinn oder Zweck ihres anders Seins, als sie ist, nichts weiß, sich für einen einfachen Menschen hält und des Mannsbilds Erliegen der bequemsten Gelegenheit zur Liebe – die ja nur das durch und durch weibliche Weib, von der Stallmagd bis zur Nymphomanin, bietet – für den Wahrheitsbeweis ihrer Fehlmeinung. Ist Melitta wieder daheim, hat Pallas Athenes Schild natürlich keine Aufgabe mehr. Er wird weggestellt wie das Sonnen- oder Regenschirmchen. Wie die Mannsbilder auch. Die nur im Kampfgetümmel Wirklichkeit haben. Während diese Siege feiern oder dichten, mit Auszeichnungen auf der Brust spazierengehen, die vergeudete Kraft, als ein berauschender Trank zurückgekommen, durch die Adern rinnen fühlen, schlüpft sie unbesiegt, unverwundet, erinnerungslos – in der Weiber Leib ruht immer nur das Schlachtfeld, nie der Erschlagene – in ihr Hauskleid wie der Offizier, wenn er die sporenklirrenden Schuhe ausgezogen hat, in die Pantoffel, und widmet sich nun, nach ihrer Nebenbeschäftigung – die aber viel Zeit gebraucht hat –, Unordnung zu stiften, sozusagen feierabendlich ihrer Hauptbeschäftigung, dem Ordnungmachen, welches im Äußern vorgenommene Ordnungmachen das im Innern sich vollziehende begleitet, wie ein laut gespieltes Klavier eine leise, schamhafte Singstimme. Begreiflich demnach, daß sie nicht die Arbeiten des Dieners oder des Stubenmädchens wiederholt. Sie rückt nicht Dinge, die aus ihrer gewohnten Stellung geraten sind, zurecht, sondern verändert Dinge und Stellungen nach der Geschmacksstufe, auf der sie heute steht und die sie morgen, um eine höhere zu betreten, verlassen wird. Von etwa vierzehn Tagen zu vierzehn Tagen ereignen sich jene sanften Explosionen, die Möbelstücke und Ziergegenstände unversehrt an immer wieder neue Niederfallorte gelangen lassen. Wenn man nicht sähe, daß sie heute dieselbe wie vor einem halben Monat – denn das Äußere eines Menschen vollzieht größere Umläufe als das Innere, wie der Mond schneller die Erde umkreist als die Erde die Sonne –, würde man glauben, ein anderer bewohne nun ihre beiden Zimmer. Der schnelle Kreislauf des Innern um das imaginäre Zentrum des Ich ist es auch, der den Wechsel der Mannsbilder beschleunigt, die ja nur Standpunkte bezeichnen, deren Abertausende zum Beispiel ein rollendes Rad hat. An der Peripherie des Lichtfeldes der Einsicht bilden sich gleichsam Konkretionen der zentralen Idee und unterliegen als solche der natürlichen Vergänglichkeit wie alles, was ein verliehenes Leben lebt. Nun aber fühlen Männer sich unsterblich. Und in der Verwundung der Liebe, durch die sie an den Rand ihrer zeitlichen Existenz getrieben werden, an jene Peripherie, von der aus sie, zu der Eintagsfliege der Konkretionen verzaubert, ins Nichts wie auf den kommenden, bereits auf fernen Blättern ungeduldig trippelnden Regen hinausschaun, in die Sintflutstrafe für ihr nicht unfreiwilliges Sichbegeben unter die nicht zu Menschen oder Engeln werdenden Weiber – welche daher noch dauernd zwischen zwei Dezisionen schwanken und die eine Psychologie durch die andere aufheben, was zur Folge hat, daß kein Erkennen das richtige bleibt und der auf nur ein Wahrmögliches hingeordnete Mann einen Wald von Dezimalstellen durchirrt, ohne je ihr Ende zu erreichen –, verabsolutieren sie ein Wesen, das, weil mit unendlichem Werden beschäftigt, den Begriff »Ewig« noch gar nicht hat setzen können, verabsolutieren sie es, um es mit ihnen verwandt und begreiflich zu machen. Daher sie nie und nimmer werden verstehen können oder wollen, daß dieses im Werden gestörte Geschöpf, sobald es den verabsolutierenden Eingriff merkt, sich zum Kampfe wider denselben aufbläst wie der gereizte Truthahn und mit Harpyenschnabel und Sphinxklauen seine Willensfreiheit zum Werden dieser oder jener dann natürlich endgültigen Figur verteidigt. Während für den Mann keine Zeit mehr ist, ist für das Weib immer noch Zeit. Weswegen es Nichtiges oder auch gar nichts tun kann – so gesehen mit dem Mannsauge –, weil es bei dem ungeheuren Vorrat an Zeit so gut wie keine verlieren kann. Wenn Melitta im vornehmsten Viertel der Residenz, um den überwimmelten Fuß des Domes, von Modegeschäft zu Modegeschäft taumelt wie die Biene von Blüte zu Blüte, mit dem Stachel des Geschmacks den Seim der Waben verkostend, wahrhaftig ein Insekt höchster Ordnung die untere Naturgeschichte wiederholend, die promenierenden Damen auf ihre Stufe hin prüft, gleichsam Heerschau über den Stand des Werdens haltend, während die von ihr nicht beachteten Männer in dem oberirdischen Labyrinthe an einem gedachten Faden dahineilen; wenn sie im Sommer auf einem der Holzbalkone der »Laetitia« oder im Garten, von Bienen und Wespen umschwärmt, aber nie gestochen, oder auf einem der Alpenseen, im Kahn, bei eingelegten Rudern oder abgelegten Flossen, weil sie nicht nur geschwommen, sondern Fisch gewesen ist, stundenlang sich sonnt, der Lungen statt der Kiemen sich freut, der Hitze statt der Kühle, mehr des Begriffes als der Sache, lebt sie jenes konfliktlose, vorrationale, du-, aber auch ich-lose Leben, das durch ein du-liebendes und persönliches nur für einige Zeit katastrophal unterbrochen, aber nicht für immer verlassen werden kann. Daß sie in ein Vacuum stürzen, dessen früher oder später Wiedergefülltwerden sie aus ihm vertreiben wird, bloß eine günstige Gelegenheit nützen wie die zufällig vor einem Hause stehenden Bettler, dessen Herr eben Geld durchs Fenster wirft; daß wohl die Zumeinung echt ist, aber der Zubestimmung ermangelt; nicht also eine Person, sondern nur eine Funktion der Person gemeint wird, das wissen dumpf die schon längst vom Werdensschoße abgenabelten Personen, die Mannsbilder, und kommen umso früher, je intelligenter sie sind, mit der Eifersucht der notwendig anrückenden Untreue zuvor. Sie setzen sich selbst den Dolch an die Brust, mit dem sie demnächst durchbohrt werden. Und so verkürzen sie ihren Aufenthalt im schönen Vacuum, das, weil es dadurch seines Mangels bewußt wird, die über[...] Fülle herbeiruft, wie der Überfallene den Polizisten. Dieses Richten des Schwertes, ohne in es sich zu stürzen, das ist der Fehler des Obdeturkis gewesen, der Fehler seines zu tiefen Wissens bei gleichzeitigem Handelnwollen wie ein Unwissender.

MELITTA Sie hätte Schauspielerin werden wollen; aber auch zum Ergreifen dieses Berufes sei sie zu faul gewesen! sagte Melitta. Und gefiel sich und ihrem Publikum sehr in der Rolle der sich Anklagenden. Begreiflich! Denn: wenn der Komödiant behauptet, keiner zu sein, befindet sich er und befinden wir uns der Wahrheit, ohne Zweifel, am nächsten. Wer sollte besser als der Lügner über die Wahrheit Bescheid wissen? Und wer wird nicht dem Nein eher glauben als dem Ja? Wimmelt doch die Welt von Roßvertauschern, weil sie, die Welt, nun einmal ins kentaurische Bild vom Genius vergafft ist, trotzdem aber gerne jede Gelegenheit ergreift, ihre Verliebtheit in es als einen Selbstbetrug zu entlarven. Einmal ist die Wahrheit da, einmal ist sie dort! Das eine Mal bei den Theologen, das andere Mal bei den Atheisten! In Ordnung! Um sie zu finden, muß man sie verloren haben! Und so geht sie um wie der Plumpsack. Jetzt scheint er in den Händen der Neinsager zu sein. Und wenn da einer sich an die Brust schlägt, gleich fällt den andern der gewisse Stein vom Herzen. Wie gut also, daß es die Konfessoren gibt! Die sich auseinandernehmen wie Zwiebeln und einen tränenerregenden Gestank verbreiten! Man weiß endlich, was an der Menschheit ist, wenn ihre edelsten Exemplare, unter die Räuber gefallen, ihnen nur Irrtümer, Fehlleistungen und Laster zu bieten vermögen. Vor so großen Beispielen des Versagens – denen später vielleicht gegebene des Gelingens sichtbarer und unsichtbarer Meisterwerke der Kunst, der Heiligkeit, des verschieden schmerzlichen Büßens fürs Erfüllthaben der Vorbedingungen des Büßenkönnens nicht gleichkommen, weil den ersten Platz im noch unbeeindruckt gewesenen Gemüte die leichter zu begreifenden des Mißlingens einnehmen, vergeht den kleinen, unbegabten, unkentaurischen, des genialen Hoffens aufs Umschlagen des positiven Neins in ein wenigstens gut fingiertes Ja unfähigen Leuten jeder Mut, mit ihren Fehlern Staat zu machen. Das hinter dem Nabel für sicher gewußte Nichtkönnen läßt sie nicht einmal mehr versuchen, über die Rampe aufs Theater zurückzuspringen, von welchem vielleicht sie während eines Wahrheitsanfalls ins Publikum hineingesprungen sind. Ob nun einer diesen Sprung getan oder nicht getan hat, also immer schon unten gesessen ist, gleichviel, gleich gut, gleich schlecht – innerhalb der Bescheidenheit gibt es keine Grade; anders des Geizens nach höherer Ehre auch in ihr kein Ende wäre –: aus solch kümmerlich Versagenden setzt jede Art Publikum sich zusammen. Es drängt sich vor allen Rampen. Vor denen der Theater, der Foren, der Religionen. Jenseits welchen, zum Greifen nah und doch unergreifbar – als ob eine Glaswand, von jedermann respektiert, von niemandem auf ihr Vorhandensein hin geprüft, die ein und selbe Wirklichkeit in zwei Wirklichkeiten zerlegte –, das im Zuschauerräumlichen nicht Sichzutragenkönnende und auch nicht -sollende ebenso wunderbarer- wie natürlicherweise geschieht, jenes künstliche Staunen erregend, das nicht zu Philosophie verpflichtet. Ein großes Aufatmen geht durchs Publikum! Und nun wollen wir nur kurz untersuchen – kurz nur, weil das Ergebnis schon feststeht –, welche Rolle Melittens Aufrichtigkeit in Melittens unkomödiantischem Leben spielt. Ist, fragen wir zuerst, das Nein zu der Begabung, die sie besitzt oder zu besitzen glaubt, nicht dem Wrackstück vergleichbar, das einen Schiffbrüchigen doch an Land bringt? Weil aber an den Strand eines vom Reiseziel bis zu antipodischem Gelegensein entfernten, nach heilem Überleben der unbürgerlichsten Abenteuer und unter viel größerem Aufsehn als – wenn überhaupt eins – seine ordentliche Ankunft, sei's oben im Norden oder auch hier im Süden, erregt haben würde? Wird dem zwiefach glücklich verlaufenen Schiffbruch zufolge Melitta nicht auch im Publikum noch ein Publikum finden und zu ihm wie eine außerhalb desselben Stehende sich verhalten können? Zerlegt sie dank diesem jenseits von Kunst und unter dem Bewußtsein angewandten Kunstgriff das von der gleichen Unbegabtheit aller seiner Teile zur letztmöglichen gesellschaftlichen Einheit zusammengeschossene Publikum nicht – wenn auch hinter Null – doch wieder in zwei Teile? In einen, der spielt, ohne als Spielender von einer Bühne gebrandmarkt zu sein, und in einen, der zuschaut, ohne zu wissen, daß er immer schon zugeschaut hat? In einen Melitta heißenden, dem mehr daran liegt, verstanden als besessen zu werden, und in einen andern, von Melittens Verehrern gebildeten, dem weniger am Zugreifen liegt als am Begreifen? Welch' beide

Teile also ab nun ebensowenig des wirklichen Theaters bedürfen wie der wirklichen Liebe? Ebensowenig der Philosophie wie der Religion? Weder jener halben, von der Rampe zerschiedenen Ganzheit, wie ehdem, noch dieser unscheidbaren ganzen, nach der zu verlangen sie früher nur unfähig gewesen, jetzt aber deutlichen Nichtwillens sind? Und zwar deswegen jetzt so deutlichen, renegatenhaften Unwillens, weil die Freude der bisher allerletzten Einheit, des Atoms, des einzelnen Anonymus im anonymen Publikum, über der neuesten Forschung Resultat, nicht mehr der allerletzte oder urerste Baustein zu sein, sondern wie nach vorwärts so nach zurück auf noch kleinere und unzählige Träger, Fortsetzer des Unendlichen, blicken zu können, in einen Mögestand von ungeheuren Ausmaßen, größer ist als die darüber, Begrenztes zu beginnen oder zu beenden und den Lohn für getreues Dienen, lang vor Auszahlung, aber schon auf Heller und Pfennig berechnet, in der Tasche zu haben.

MENSCHENVERACHTUNG Zur Menschenverachtung brauchen wir den Menschen, und das läßt uns auch uns selber verachten. Welch schmachvolle Abhängigkeit vom Mittel zum Zweck! Wie unmöglich, was so möglich scheint! Gibt es also wirklich nur die Liebe? Nicht nur um den andern, sondern auch um uns selber zu ertragen? Es bedarf also das Leichteste, nämlich: das uns doch geschenkte Leben zu verleben, ein Vermögen zu verjubeln, das wir nicht erarbeitet haben, der allergrößten Anstrengungen, und wird es bei nur etwas geringeren sogleich fehlerhaft.

METHODE, UNSERE Unsere Methode ist eigentlich sehr einfach: wir malen ein Bild, treten zurück und erklären es uns und den Leuten. Das heißt: wir versuchen das, was als Kunst in die Natur gekommen ist, als wieder eine Natur erscheinen zu lassen und mit der Übernatur aufs Neue zu verbinden. Das Bild ist zwar selbst schon Erklärung nach oben und nach unten und

Verbindung des Oben mit dem Unten, es ist jedoch noch nicht die letzte Erklärung und bewerkstelligt noch nicht die letzte Verbindung, weswegen die jeweils wenigstens vorletzte zu geben und die jeweils wenigstens vorletzte zu knüpfen möglich ist und, wenn möglich, dann auch Pflicht. Weil die absolut letzte Erklärung und die absolut letzte Verbindung einzig und allein durch den sich offenbarenden Gott gegeben und vollzogen wird, und zu einer Stunde, die wir nicht kennen, darf nichts, was – wenn auch unter außerordentlichen Anstrengungen – noch rational erklärt und noch logisch verbunden werden kann, ihm überlassen bleiben, als wäre dies seines Amtes. Sonach ist die bis zur wirklich unaufschließbaren Ausfallspforte des Denkens gehende Dialektik die wahre Frömmigkeit des Schriftstellers. Das Bild erweist einen Maler. Den großen Maler jedoch erweist, daß derselbe bei seinem Aufschwunge in die ihm zugänglich gewordenen Teile des Himmels das schöne, ja, auch das schönste irdische Bild mit Füßen tritt.

Motto Das Motto metaphorisiert den Text, an dessen Stirn es steht. Wehe, wenn es des Textes Extrakt oder das Testimonium eines anderen für diesen! Oder – was das Schlimmste –: Ornament an glatter Geistesfassade! Das wahre Motto muß dem Autor, dem es entnommen worden, noch im Grabe Bauchgrimmen verursachen, denn: so hätte er es nicht gemeint! Wenn wir Daniel zitieren, Matthäus, den Kardinal Lambertini, die große Teresa, so würden diese Autoritäten, wenn sie noch lebten, uns nicht mit der Fingerspitze anrühren, ja, wie Vögel aufrauschen bei unserem Nahn. Und recht so!! Der gute Vergleich wird erjagt, aus dem Blauen geholt mit dem Pfeil, der uns im Herzen steckt, und mit dem Bogen, den wir um die (uns gewiß gemäßeren) Ersatzsätze schlagen. Eine Hure die Metapher, die sich anbietet! Nein, der eine Autor brauche Gewalt, Deutungsgewalt, über den anderen Autor, der von Literatur eben wieder zu Natur geworden, wie sich's gehört, und wie's auch nur sein kann beim Verwittern durch die Jahrhunderte, wenn's mit rechten Dingen zugeht! Oder: zwei Bücher gebliebene Bücher sträubten die Stacheln ihrer Buchstaben wider einander und spießten mit ihnen gemeinsam den gemeinsamen Feind auf, den Geist, den Lebendigmacher, wie einen toten Schmetterling.

MUTTER Der Sohn, wenn er ein echter Sohn ist, nicht nur der *mater*, sondern auch der *materia*, einer also, dem noch etliche Quellen archaischer Frömmigkeit fließen, ehrt an seiner gealterten Gebärerin gerade die geminderte Intelligenz, das Hingeopferthaben nicht nur aller Leibes-, sondern fast auch aller Geistesgaben. Der Mangel auch des mindesten Ehrgeizes *in spiritualibus*, das fast schamlos offene Zeigen der erschreckenden Ruinenhaftigkeit Leibes und Geistes, das ist, was den echten Sohn zu Verehrung zwingt. Wer die Zerstörung, die er verursacht hat, nicht auf den Knien eines Engels anbetet, dem wäre besser, er wäre nicht geboren.

MUTTER Man geht zur Mutter, weil in ihr und um sie die Geschlechtsruhe herrscht, der große Sabbat der Physik, der siebente Tag der Schöpferin alles Lebens, und man ginge nicht zu ihr, wenn er dort nicht herrschte; denn dann herrschte eine mit der Tiara gekrönte Unzucht, eine wahrhaft babylonische, auf der entheiligten Schwelle läge die Dornenrute des Fluchs, und der Sohn müßte die davor wachhaltende Erinnys als eine barmherzige Schwester begrüßen, die der zögernden Genesung mit einer Roßkur Beine macht. Glücklich, wenn die Mutter ein altes Weib ist, ein solches geworden durch Altern oder durch frühe Bekehrung zur höheren Würde! Wo dereinst die Penaten gesessen sind am Herde, dort hätte dann, unter der Esse, das Pneuma eine warme Stätte. Allerdings: ehe das Kind Ulyß gute Aussicht hat, bei Mutter Penelope zu landen, muß es gescheitert sein an der Sirenenküste. Was weiß ein glücklicher Liebhaber von dem Kreuzwege nach Golgatha, wo neben dem Marterholze das Haus zu den sieben Schwertern und Schmerzen steht, ein Gotteshaus, dessen erstes Gesicht in der *visio* des zweiten erloschen ist! In diesem Hause oder Sesam gibt es die stille, graue, altmodische Stube, innerste Herzkammer der Welt, wo auf dem Tischchen am weißgescheitelten Fenster noch der vor zwanzig oder vierzig Jahren gestopfte Kinderstrumpf liegt und genau dasselbe einmahnt wie die in der Wüste am weithin sichtbaren Stecken hängende eherne Schlange. Bist du nun ein frommer Israelit, mein Sohn, so beug dein Knie zum Schemel der alten Füße, verliere den Faden, der dich aus einem Labyrinth ins andre, von einer Unsicherheit sicher zur andern geleitet hat, winke der Welt ade mit dem silbernen Fingerhütchen und leg dich in Mutters Nähkörbchen schlafen.

MUTTER Den rätselhaften Tatbestand, daß ich unlöslich mit einer Frau verbunden bin, die nicht mein Weib ist und überhaupt kein Weib im Sinne des Mannes, also auch nicht meine Geliebte, obwohl ich sie zärtlichst liebe; ferner, daß ich nur lebe dank ihr, noch heute aus ihrem Fleisch und Blute lebe, obwohl sie längst schon nicht mehr lebt; daß ich niemanden schmerzlicher misse als sie, die ich verunehrt, verlassen und nicht vermißt habe: kann die größte Intelligenz ihn erklären? Kann sie erklären, warum der Einsicht zu Trotz in die Nichtigkeit aller weiblichen Wesen dieses eine weibliche Wesen ausgenommen wird von dieser Einsicht? Warum der Sohn, wenn er die Mutter erblickt, die Hand vor das Aug' und das Licht seines scharfen Verstandes wirft? Warum er hier nicht sehen will, was er überall hat sehen müssen und immer wieder sehen wird? Das kann nicht mit rechten Dingen zugehn! Aber auch nicht mit unrechten! Da muß ein Drittes dazwischengefahren sein, zwischen die dauernd provozierende Dummheit und die dauernd provozierte Intelligenz, daß diese jene nicht erschlüge und jene diese nicht wahnsinnig machte, sondern beide, indem sie hilfreich einander korrigierten, erst zu ihren wahren Funktionen erstarkten. Wird die Blindheit des Sohnes für die Mutter nicht von der Sonne einer Liebe verursacht, die von einem unsichtbaren Himmel niederstrahlt? Es gibt also ein Licht, bei dem man nicht sieht, und eine Finsternis, in der die augenlosen Molche Physiognomik betreiben könnten. Man muß also Sohn oder Mutter sein, um die unnötige Wissenschaft von der Perfidie der Männer und von der Treulosigkeit der Weiber nicht zu erlernen, ja, nicht einmal zu erfahren, daß eine solche gelehrt wird!

MUTTER Welch seltsames Wesen doch das Kind aus der Mutter macht: ein viel älteres, als es ist, und ein geschlechtsloses. Begreiflich: vor der geheiligten Tür legt auch der männlichste Sohn den Phallus ab wie vor dem Tempel die Keule der Held. Man trägt das überzeugendste Argument wider die Räuberinnen nicht dorthin, wo über Gerechte wie Ungerechte dieselbe Sonne scheint, und man nimmt, um das göttlichste Geschenk, die Willensfreiheit, solenn zu ehren, eine einzige Frau, die Mutter eben, vom Vollzug des Verdikts, mit dem Knüppel der Logik niedergeschlagen zu werden, aus. Dieser Gnadenakt, den eine über dem Verstande stehende Vernunft zu setzen uns erlaubt, nötigt, ja, verpflichtet die Mutter – wenn sie eine geborene ist und keine zufällig gewordene –, aus der gebückten oder eng an die Erde geschmiegten Haltung des entweder lauernden oder furchtsamen, angreifenden oder Angriff fürchtenden Tieres sich zu erheben und zu menschlicher Größe sich aufzurichten, die aber nur die der Matrone sein kann, so jung die Frau auch sein mag. Man bringt nicht Kinder zur Welt und entzieht sich den Gesetzen, die diese Kinder mit zur Welt bringen, so wie man nicht die Priesterweihe empfängt, um gültige schwarze Messen zu lesen. Man muß wissen, wohin vor dem Altare, der, das erbsündlich Vergiftete zu entgiften, errichtet worden ist, die Ehe das Geschlechtliche führt: zu seiner Überwindung, aber ohne einen Überwundenen zurückzulassen.

MUTTERLIEBE Wohl dem, der keine andre Liebe kennenlernt als die der Mutter! Er ist bereits am Ziele, das wir, bei ihm erst zu laufen beginnend, nie erreichen. Einmal begangen den Fehltritt in die Zukunft, haben wir sie für immer im Rücken. Die Untreue des Sohnes wird nie vergeben. Es gibt ein geheimes Müttergericht, das sie dauernd bestraft. Die Untreue der Gattin ist die Rache der Mutter.

Nachher Wo einst sie gesessen sind, von Rosen umwölkt, sitzen heute die Richter mit den kahlen Stäben des Gesetzes, die nur nach oben und nach unten zeigen. Das Oben haben jene verloren, nun gilt's im Unten die Strafe anzutreten. Schon immer waren die beiden durch die Verschiedenheiten ihrer Seelen getrennt, aber dank der falschen Meinung, sie liebten einander, noch verbunden gewesen. Nun ist auch diese Kette gerissen. Der Schlange gleich, die um den Baum des Erkennens von Gut und Böse sich geringelt hat, liegt sie, von Engeln des Paradieses entzweigehauen, am Boden. Und wie vormals Adam und Eva wandern auch sie jetzt, mit den Tierfellen der entschwundenen Sinnlichkeit bekleidet und inbrünstig auf einen künftigen Irrsinn Gottes hoffend, der allein den Erlöser von jeder, und so auch ihrer, Schuld hervorbringen kann, in ein Leben hinein, das von leibhaften Irrtümern wimmelt.

Nächstenliebe In dem Gebote »Liebe deinen Nächsten wie dich selbst« erscheinen das Du und das Ich, der Altruismus und der Egoismus einander gleichgesetzt und also miteinander vertauschbar. Das kann – in Anbetracht der abgründlichen Verschiedenheit der beiden Größen – nur die metaphorische Redeweise des Dichters sein, des Brückenschlägers über Ozeane, des Stifters grammatischen Verkehrs zwischen Hieroglyphen. Wenn wir die miteinander Verglichenen vom Joch des Vergleichs befreien, das sie zu einer fiktiven Einheit gemacht hat, wie die zwei pflügenden Ochsen auch, die ohne es auseinandergelaufen wären, so erhellt sofort die hohe Zweckmäßigkeit dieses Sprachmittels, erhebt sich aber ebensofort

Frage, ob ihm, dem durch und durch menschlich-vernünftigen, mechanisch-praktischen Mittel, nicht jener Hintersinn fehle, der einem göttlichen Worte, trotz seiner stark verkürzten, militärischen Gerichtetheit an Rekruten des Gesetzes, doch eignen müsse? Nun ist kein Soldat, wer zu wissen begehrt, warum er gehorchen solle, und kein Offizier, der seinem Befehle eine Begründung vorausschickte oder folgen ließe. Nur in ferialer Verfassung und dann nur zufällig, wenn etwa wir, die gefüllte Menageschale in der Hand, am Zimmer der niederen Dienstengel vorübergehn, deren Gedanken nicht die unsern sind, deren Sprache aber die unsere ist – weswegen sie dem Unerfraglichen eine Beantwortungsmöglichkeit zuzumuten wagen dürfen und das Ungesagte, wenigstens gestammelt oder geschimpft, verlauten zu lassen vermögen –, werden wir eine Interpretation des eingangs erwähnten Gleichsetzens erlauschen. »Du dreckiger Egoist«, schreit der eine Feldwebel den andern Feldwebel an, »wend endlich, was du bisher nur dir zugewendet hast, mir oder dem da, oder wem du willst, zu! Glaub aber ja nicht, daß dein Mist weniger Mist wird, wenn du ihn in den für ihn bestimmten Kübel wirfst! Wisse vielmehr, daß nur ein Ortswechsel stattgefunden hat! Schund bleibt Schund!« Was Nützliches mit ihm unser oberster Chemiker vorhat, wissen wir nicht. Wohl aber wissen wir: das sogenannte Veredelungsverfahren verändert nur den Aggregatzustand des Produkts, nicht die Natur des Produzenten.

Nänie Hinkender Bote einer vergangenen Zeit sein! Leute bestatten, die schon lange das Grab hüten! Eine Trauer tragen, die niemand mehr würdigt! Eine Sprache sprechen, die, als wir geboren worden sind, aber schon gelebt hatten, hätte gesprochen werden sollen! Erben eines Vermögens, das bereits verjubelt worden war für ein paar Tonscherben Musik an den fiedelnden Tod der Walzerpest, und zwar nun wieder erworben wird (mit Schweiß statt mit Lorbeer an der Stirn), aber für keinen Erben! Denn der ist nicht da, der großartig ausgeben könnte, was wir so mühevoll einnehmen! Das Kontinuum ist zerrissen, die uns von der Vorsehung gebaute goldene Brücke eingestürzt, und um über die in der Not geschlagne Eselsbrücke einer halbwegs anständigen Fiktion zu gehn, sind die Leute zu dumm. Also stehen wir am Ufer eines Bachs, der zum Flusse, eines Flusses, der zum Meer wird, wie die Forellen zu Delphinen, die Delphine zu Walen, die Kähne zu Auswandererschiffen werden, und lassen den dem Morgen zugedachten Siegeskranz in die Ebbe gleiten, die ihn am Mondhorn aufhängen wird, und den Ring des Polykrates in die Flut. Vielleicht, beim Ausweiden des Fisches, findet ihn jenes Mädchen, das wir zur Gattin genommen haben würden, wenn unsere Uhren nicht ein volles Menschenleben auseinandergegangen wären. Ach, wir Armer: Posthumus des neunzehnten Jahrhunderts!

Klage, Glocke, klage
mit dem Freudenschlage
an das Trauererz!
Tod und Hochgezeiten
aus demselben Ton bereiten
kannst du, weites Herz!

NARRETEI Auf dem Weg zur Vollkommenheit, ihn querend, liegt als letzte Sphinx die Narretei. Vor ihr macht, klugerweise, halt der Humorist, um zum gesunden Menschenverstande rückzukehren. Mutig geht der Heilige die Prüferin an. Einen weiten Bogen um sie schlägt der ernste Gerechte. Wie mit einem zahn- und klauenlosen Löwen spielt mit ihr der Possenreißer.

NICHTENTSCHEIDUNG »Der Tag ist zu Ende, die Schurken triumphieren, möge ich heut nicht einer der ihren gewesen sein! Wenn aber nein, so dank ich nur Dir, o Gott, die Unbeugsamkeit meines Geistes, von der ein Beispiel zu geben, Du mich Unwürdigen beauftragt hast. Wolle also nicht, daß durch die Sünde des Stolzes ich das Beispiel von innen her anfalle, ausmergle und aufhebe. Habe ich aber gefehlt in der Schwachheit des Fleisches, so weißt Du, alles auf das beste Wissender, daß ohne Stoß und Sturz Dein Knecht nicht in die Knie gebrochen wäre, auf denen allein Deine Schöpfung beschrieben werden darf und nur bei solcher Haltung auch beschrieben werden kann. Du lässest einen schwanken Wanderer einen vorbildlichen Umweg zum Vaterhause machen, um zu zeigen, wie man irrt, wenn Irren menschlich, und daß, wenn nur das Ziel feststeht, nämlich hoch über allen Venusbergen, gar nicht geirrt zu werden vermag. Du hast zu Deiner Ehre auch solche geschaffen, die auf der kürzesten und geradesten Bahn von Geburt zu Tod eilen, auf abgelegener Au, wo man vormittags die Rennpferde tummelt. Sie arbeiten an dem Geruche der Heiligkeit, den sie hinterlassen, wie die Rose einsam erblüht, eh' sie zu Markt gebracht wird. Sie zeugen, indem sie das Fleisch weglassen, für das ihm innewohnende erschreckliche Skelett deiner unerbittlichen Logik. Als einen Totenschädel halten sie den *nucleus* der Welt in der Hand. Sie meinen natürlich nicht den Tod, sondern das Leben, das ewige Leben. Aber die Symbolsprache solcher Schweiger über das Unwesentliche hat kein anderes Wort für jenes als dieses, mit Sündenschwarz auf Unschuldweiß geschrieben. In ihre Schar hast Du mich nicht berufen, aber berufen hast Du mich mit der Stimme der Wahrheit, und löge ich auch wegen Mißhörens der Stimme. Schuld des Ohres, Herr, nicht des Hörens! Schuld des Menschen, der gemalt wird, nicht des Malers! Und wären Modell und Maler eine einzige Person! Das ist es, Herr, das ist es: daß Du mich gespalten hast in ein unbestechliches Aug' des Geistes und in ein unbeweglich posierendes Mannsbild von Stoff! Die mindeste Bewegung, die eins von beiden machte, würde auf der Tafel den Tatbestand fälschen, um dessentwillen das eine Element aus seinem Spiegelbilde den Meister des Pinsels hat springen lassen und von dem das andre, dieser Meister, ausgegangen ist, aber nur, um unter Vollendung des schönsten Bogens zum Ausgangspunkte zurückzukehren. Wie gerne, ach, wie gerne würde ich Veränderung erleiden, durch Bekehrung gut die

Hälfte des Gewichts meiner Person verlieren! Aber: mein Amt ist die Nichtentscheidung, nicht die Entscheidung. Wenn aber Amt, dann ist mein Privatleben kein Privatleben! Dann sind Schwanken und Michermannen, Fallen und Micherheben, tadelnswert die eine, lobenswürdig die andre in den Augen jener, die eigentlich keine zu besitzen bräuchten (da sie weder scharf sehen wollen wie der Porträtist, noch persönlich dreinblicken wie der Porträtierte), gleichwertige, wenn auch nicht gleich lustvolle Bewegungen, die der, so sie jederzeit in der Erniedrigung des bloßen Stoffes hält, mit unparteiischen, von Fluch wie von Segen nie geladen gewesenen Händen zu einem Werke der Kunst umbildet. Ein solcher zu sein, gilt es: es gibt keine andere Personsverfassung, die Schutz böte vor den entwurzelnden Stürmen, die zu Entscheidung raten!«

(Abendgebet eines Schriftstellers)

NICHTVORHANDENHEIT Bist du in einem Menschen, den du gut kennst, den du vielleicht sogar liebst, nicht vorhanden, und hast du dich aufs gewissenhafteste davon überzeugt, daß derselbige weder aus einer verzeihlichen Schwäche des Fleisches, noch unter eines Unglücks zermalmendem Felsblock, noch wegen ernstlichen Wandelns auf dem schmalen Wege zur engen Pforte dich hat fahren lassen – welche Umstände, so schmerzhafte sie für dich auch sind, dir nichts von deiner Würde nehmen –, so ziehe dich schneller als aus brennendem Hause aus dem Elemente dieser deiner Nichtvorhandenheit zurück, mit beiden Füßen auf einmal, im Luftsprung, ohne zu bedenken, wo du zu liegen kommen wirst, denn: schwarze Flammen gibt es, die dich zu Asche brennen, doch das Papier nicht bräunen in deiner Hand; reißende Tiere, deren Zahn du erst spürst, wenn sie schon lange dich verschlungen haben; Gifte, an denen du stirbst, obwohl dein Gedärm sich wohlbefindet; Räuber, die dir Gutes tun, weil sie deines Besten dich beraubt haben; Mörder, die dich hochleben lassen, weil sie ja wissen, daß du tot bist. Hörst du nicht auf meine Warnung und tust du nicht, wie ich rate, so gewöhnst du dich an das Nichtsein und lebst in diesem, als wär's das Sein. Und das ist das entsetzlich friedliche Scheinleben nach dem verlorenen Kriege, nach dem versäumten Heldentode, aus welchem Überleben ohne Verdienst und aus solch einer verdächtig zwiespältigen Gnade es keine wirkliche Rettung gibt, weil in ihm auch kein wirkliches Unglück, keine Bekehrung also, weil der wahre Gott, ohne aufzuhören, der wahre zu sein, deines falschen Standortes wegen, gleichfalls auf einem falschen sich befindet. Erkenne denn mit dem letzten Reste deiner Vernunft, soferne du trotz aller Gescheitheit einen solchen noch besitzest, daß du ob nicht mehr befugten, sinnlosen und doch fortgesetzten Wohnens in einem anderen Menschen zur Strafe der ohnmächtigen Teufelei verurteilt worden bist.

DER NOTAR wird durch den »Aufbruch« (wie er's bei sich nennt) seines Schulkameraden Enguerrand zu einem Autor, Beschwörer, Richter, Farbebekenner (und in solch hohem Alter) dermaßen erregt, daß er, der schon wer geworden und als solcher petrefakt (sich selber) erschienen ist, es mit einer Todesangst bekommt (aber unter allen Anzeichen eines heftigen Frühlings), niemand zu sein. Das Beispiel des Freundes wird zu einem höchsten Eros. Seine Sorge ums Schloß, das gelegentliche Betreten desselben, die Ekstase, in der er sich befindet, sooft dies geschieht, sind die Metastasen dieser späten und reinen Leidenschaft für ein hohes Beispiel, das in keiner andern Kategorie als in der der *imitatio Enguerrandi* sich auswirken kann. Sein Zynismus, seine Schimpforgien, auch seine leibliche Monstrosität zeigen: wie fern ein Mensch der Welt ist, in welcher er sich so beträgt. (Der Grund aller wahren und tiefen Originalität! Wer sich »benimmt«, hat keine oder nur eine geringe Ahnung von der Transzendenz!)

OBDETURKIS Mußte er wieder einmal ein Bild verfertigen in Hinblick auf einen mutmaßlichen Käufer – der Ausdruck Verfertigen sagt dem Psychologen, daß einer, für den die Malerei bereits untergegangen ist, sie streng logisch rekonstruiert –, so gehen dem verzweifelten Entschlusse viele Streifereien durch geschichtsträchtige Straßen, viele Kaffeehaus- und Kirchenbesuche voraus. An den berühmten Fassaden hängt er minutenlang wie an einem Köder; während jenen läßt er stundenlang seine Gedanken von dem Gleichschritt der Gegenwart übertönen, und in den heiligen Tempeln stürzt er kopfüber in den Unglauben. Kurz danach neigt seine Vernunft zum Protestantismus, der gleich jedermann – und dieser Jedermann ist ab Reformation eine bedenkliche Figur – in den kanonischen Schriften, entgegen der Irrtumslosigkeit ihrer Verfasser, viel Ungereimtes erblickt. Ja, die Huren und die Betschwestern, die Kaufleute, die Mönche, die Handwerker, die Marktweiber, die rennenden Agenten, die lauernden Herumsteher – Räuber- und Diebsaspiranten –, die Schwangeren und die sonstwie Kranken sind, was sie sind. Eine erstaunliche Aussage, die doch nur vom Bilde gemacht werden kann, das, mit Farbe auf Leinwand, eins mit seinem Inhalt ist! Man wird sonach sein eigenes Modell, der Fehlmeinung zufolge, es fielen auch in jedem Menschen Sein und Wesen zusammen. Alle jene Fluchten vom Arbeitsplatz, radialen und radikalen, zur Peripherie des Garnichtstuns geschehen aus dem hartnäckigen Widerstande gegen die zu erneuernde Bekanntschaft mit seinem zweiten Selbst, dem malenden. Deswegen also steht er vor dem trüben Fenster einer nicht mehr bewohnten Wohnung, in der die Mutter seines Kindes ihn, der von einer kurzen Reise jahrelang nicht zurückgekommen ist, erwartet hat. Er mußte eben anderswo ein anderes Versäumnis nachholen, welches entweder das erste oder das zweite Selbst verschuldet hatte. Nun bietet er, Frühlingslaub in den Händen, es dem winterlichen Skelett des Baumes an.

OBDETURKIS Heute, wenn ich Roßäpfel auf der Straße liegen sehen, gedenke ich des Paradieses.

Obdeturkis Mitten im Erleben verlang ich nach Rückschau. Ach, sag' ich zum Jetzt, wärst du doch schon Geschichte! Wie genau würd' ich zielen mit dem langen Rohr der Überlegung! Wie recht tun, wenn nur ein Jahr die Zeit zögerte! Sagt man nicht auch zum Modell »Halt!«, und bleibt es nicht stehn, wie's steht, solange das Malen seines Bildes dauert? Nur der geliebte Mitmensch will in einem Nu getroffen sein! Er hat keine Geduld zum Vollerkanntwerden. Und für's Begafftwerden von Scheitel bis Sohle! Es tut's auch ein Nicken. Wenn nur sofort genickt wird! Wie auch dem Laien das bloße Erblicken von Palette und Pinsel genügt, um zu wissen: mit den beiden wird, was ich nicht verstehe, hergestellt. Aber auf das Herstellen von Farbe und Pinsel verstehe ich mich. Und so bleibt's beim schnellen Kinderkriegen von irgendwem, der auch keine Zeit hat.

Obdeturkis Durch dieses Fenster wird ins Weite geschossen. Und wird die Beute auf die Staffelei geschleppt. Er würde wahrscheinlich auch ohne den Umweg die Dinge wie durch ein Mikroskop gesehen haben. Das wäre aber nur eine banale Vergrößerung gewesen. Und hätte mit Hilfe eines überscharfen Augs das innere Maß der Dinge – wie's urangelegt in jedermanns Aug' sich befindet – mehr oder weniger willkürlich überschritten. Von solch unerlaubter Freiheit war er frei. Wenn nicht als Maler, so doch als philosophischer Betrachter der Malerei. Denn: auf der glücklichen Entartung eines Kunst bloß materiell bedingenden Organs ein Talent errichten, führt notwendig entweder zu unverdient hohen Gagen oder zum ziemlich verdienstlosen Manierismus. Er verabscheute daher die Oper, dieses Gesamtkunstwerk aus lauter Hälften, und hütete sich – gleichsam als Sänger mit nichts als erfolgreich krankhafter Stimme –, es ihr gleichzutun. Weil er aber nun einmal ein Adlerauge besaß, dieses aber als einen Defekt erkannte innerhalb des schon ein gutes Jahrhundert dauernden kurzsichtigen Wiedergebens von Gegenständen, suchte er nach einer Idee, die vermöchte, dessen abwegige Eigenschaft – den tief unten hopsenden Hasen wie aus nächster Nähe wahrzunehmen – als eine doch noch ordnungsmäßige erscheinen zu lassen. Er fand sie im Zurückgehn bis zum göttlichen Schöpfungsakt. Er nahm an oder glaubte – Fingieren und Glauben sind während des menschlichen Schöpfungsaktes das ein und selbe; erst später, bei eintretender Impotenz werden sie zu verschiedensinnigen Bezeichnungen –, daß nach Adams Sündenfall das Schrumpfen des paradiesischen Zustands nicht auf die abgekürzte Weise des biblischen Erzählers, sondern unter Respektierung von Raum und Zeit, die ja gleichzeitig gesetzt worden sind, erfolgt ist. Wie sonst hätte kommen können, argumentierte er für seinen Glauben, daß die nämliche Bibel berichtet, es gäbe in Kanaan noch Riesen, und – zwischen den Zeilen – das ängstliche Staunen vermerkt, mit welchem Israel die von zwei Kundschaftern an einem Stecken getragene schwergewichtige Weintraube betrachtet. An dieser Stelle seines Denkens hielt er inne und ist bis zur Minute nicht über sie hinausgelangt. Zweifellos lebt gar kein Mensch in seiner Zeit – die nur ein kalendarischer Begriff –, sondern dort, wo sein Atavismus endet. Wo er auf den mächtigsten der Ahnen stößt. Dessen Religion oder Häresie er unter der Schwelle der jeweils herrschenden Orthodoxie annimmt. Und mehr oder minder auch betätigt. Dort also, wo das noch halbwegs illuminierte Auge noch einen tiefen Gegensatz des Jetzt zum Vormals wahrnimmt, ohne den Grund desselben, ob falsch, ob richtig, erklären zu können, siedelte unser Maler sich an, ergriff er den Pinsel als Spaten und grub er Dinge aus, die es in dieser Größe heute nicht mehr gibt.

OBDETURKIS (als die Geliebte reiste) Weil Deine schöne Seele noch ungeflügelt ist, Du also nur auf schönen Füßen Dich fortbewegst, muß mein Geist Dich begleiten, der jede Landschaft, die unter dem kleinen, weniger das Licht als viel Größeres wegschließenden Sommerhütchen Du durchwandelst, in eine gemalte verwandelt und kraft dieses gar nicht selbstverständlichen Tuns einen selbstverständlichen Urheber setzt: den

Nachschöpfer für den Schöpfer. Also führt die Kunst denen, die den philosophischen Gottesbeweis nicht begreifen oder, so sie ihn begriffen, von ihm nicht im Gemüte würden ergriffen werden, einen vors Aug', den es aufnimmt wie die Blume den Tau, ohne zu wissen, was Tau ist und woher er kommt, aber dank ihm gen Himmel sich entfaltend. Was mehr als dies, Mann, willst du von der Blume des Lebens? Das geisterhafte Gehen neben der Melitta mit dem Wanderstabe, der auf die Dinge deutet, die – o Überschätzerin ihrer – doch nur des Stabes wegen da sind wie die Brücke wegen der beiden Ufer – und überschritte sie nie je ein Mensch –, das ist mein Amt, ob ich von Dir geliebt werde oder nicht. Wer in Haus und Hof verharret wie auf Ehrenwort in einem unversperrten Gefängnis, wer mit Weib und Kind und Kindeskindern an der Erdkugel arbeitet, daß sie in sein Zimmer passe, wer nicht ortloser Reisebegleiter sein will, nicht Mittler zwischen oben und unten, die beide ihm durch die Finger rinnen, nicht niederster aller Engel, der ob seiner Engelhaftigkeit ein unsichtbares und daher unbelohnbares Handwerk betreibt, der weiß nicht, was Liebe ist.

Obdeturkis (sagt) Hilfe ist, wie bekannt, weder von einem Menschen noch von sonst einem Geschöpf zu erwarten. Was sie aber, recht gebraucht, hergeben, sind rettende Fiktionen. Die Unerkennbarkeit jedes Wesens für jedes Wesen resigniert in dem langen Prozesse, den das Subjekt um die buchstäbliche Wahrheit des Objektes führt, zum Pinsel des Malers, der das, ob schön, ob häßlich, zwecklose Bild hervorbringt, bei dem man, als bei dem einzig erlebbaren Ende der Beschäftigung zu leben, sich beruhigen kann. Was also eigentlich zwischen dir, der Geliebten, und mir, dem Liebenden, existiert, ist nicht das höhere Dritte unseres Einsgewordenseins, auch nicht die wiedergewonnene Urerstheit unseres Einandernichtkennens, sondern ein Genius von höchst faktischer Konstruktion wie auf einem Alteisenfriedhof, der aber während der südlich warmen Jahreszeit des Denkens von den Blättern, Blüten und Früchten der Theologen und Philosophen prächtig überwuchert wird.

OBDETURKIS (sagt) Seltsam! Nach dem Malen habe ich ein gutes Gewissen, nach dem Schreiben ein schlechtes. Warum wohl? Weil ich malend schweige, was ich sehe nur male, schreibend rede und redend natürlich lüge, bald schlechter, bald besser, manches Mal großartig. Die beschriebenen Modelle sind ja – im Unterschied zu den gemalten – nie gegenwärtig, sind auch nie vollkommen sie selbst, sondern halb Ich, halb Du, also Mischlinge, und können daher, weil weder gegenwärtig noch ohne Webfehler, ihren Porträtisten nicht korrigieren. Vielmehr betragen sie sich wie die Komplizen eines Verbrechers. Statt ihn zu mahnen, verstehen sie ihn dauernd – eine gräßliche Eigenschaft! –, weil sie so besserungsunfähig sind wie er selbst, wenn auch nicht so böse und so kühn.

OBDETURKIS (Selbsterkenntnis) Ich muß nun bei der Erkenntnis mich beruhigen, daß ich ein unbedeutender Maler und ein unbedeutender Schriftsteller bin. Kein schlechter. O nein! Dieses Meinen würde so wenig wahr sein wie jenes, ich sei ein guter. Wahr ist, allein wahr, daß ich in beiden Künsten Amateur bin. Ein Mensch also, der nur gelegentlich, und dann nur mit ferialer Freude, sich in sie begibt, um bei der ersten Schwierigkeit, die harte Werktagsarbeit fordert, mich aus ihnen hinauszubegeben. Der fragmentarische Charakter meiner *opuscula* bestätigt, daß sie ihr Dasein dem kurzfristigen Hedonismus verdanken. Und dieser Hedonismus hat seine lange Geschichte! Ich war zu Freude geboren. Mir selbst und andern zu Freude. Ich war auf die unmittelbare, unübertragene und auch unübertragen bleiben wollende Wirklichkeit hingeordnet, wie Mann auf Weib und Weib auf Mann hingeordnet sind. Ich hätte das Gebiet der übertragenen Bedeutungen nie betreten sollen, denn die sich selbst bedeutenden Geschöpfe haben in Menge und auf den Knien mir sich angeboten, um von sich erlöst zu werden durch mein sie Inbesitznehmen, wie die Scheune die Ernte in Besitz nimmt. Ich aber habe die Ernte auf dem Felde verfaulen lassen, um ein Grashälmchen in Silber, eine Ähre in

Gold nachzubilden. Ich habe die Freude aus dem Verkehr gezogen, denen entzogen, die ihrer bedurft hätten, sie gehortet wie der Geizhals die Münzen hortet, so doch nur für Waren stehn, und an abstrakter Freude mich erfreut. So bin ich denn eines häßlichen Tags, von dem her nun meine Tage laufen, im Bockshorn der Kunst gesessen, in das hinein ein Dämon mich gejagt hat – ich kenne seinen Namen, wage aber noch nicht, ihn zu sagen –, und aus dem heraus ich nicht mehr kann, obwohl ich könnte, weil ja der Dämon seine Pflicht getan und Feierabend gemacht hat. Ich weiß aber, daß außerhalb meiner Eremitenhöhle, meiner Sackgasse, ich nichts zu Findendes mehr vorfinden würde. Und so muß ich meine Liebhabereien als eine Arbeit treiben, die doch keine Arbeit ist, die den Schweiß nicht der Edlen, sondern der Sklaven kostet, eben als Hadesstrafe treiben, als ein Bruder der Danaiden oder des Sisyphos, als eine unvollendbare, weil vor der vollendbaren ich geflohen bin. Und weil ein Faß ohne Boden kein Maß ist, und weder ein Eckstein noch ein Stein des Anstoßes jener Stein, der immer wieder hinangewälzt wird, nur um immer wieder den Händen zu entgleiten und hinabzupoltern, geschieht auch die größte unterweltliche Tat ohne jede Bedeutung für die Oberwelt, hat sie weder Wert noch Unwert, muß sie nur getan werden unter dem blinden Auge der Ananke, gut, schlecht, besser, schlechter, gleichviel: die Ananke merkt nur das Nichttun, und dann zuckt ein leuchtender Peitschenknall durch die Finsternis.

OBDETURKIS (spricht) Ich liebe meinen Vogel nicht. Allerdings würde ich ihn schwer vermissen. So ähnlich ist es auch mit meiner Liebe zu den Frauen: sie sind meine entferntesten Nächsten. (Die mir näheren schätze ich weniger.) Nur jene sind die Ziele meines weittragenden Pfeils. Dennoch fühlen sie sich nicht getroffen, obwohl ich aufs genaueste schieße. Ein Zwischenraum nämlich von unsichtbarer Kugelgestalt trennt sie von dieser Welt und sind sie doch mitten in ihr. Also kann das Wort sie nur umkreisen. Sein wohllautendes Schwirren erregt sie, und sie folgen gespannt dem fremden Himmelskörper, ohne seine Herkunft und Absicht zu verstehn.

OEDIPUS Wie die Mutter das erste Weib gewesen ist, das man besessen hat, ab Nichts neun Monate lang, in der hockenden Stellung eines Bettlers zum Leben, so auch ist es das letzte, von dem man besessen wird, unter allen Greueln der tiefsten Reue darüber, daß man ihr untreu geworden mit der einen oder mit den vielen aus allen denen Frauen, die nicht unsere Mütter sind, und wenn nicht Mutter, was dann? Wenn es mit dem Weibe nur eine einzige Verbindung gibt, die nicht zum zeitlichen Tode (sehr oft sogar zum ewigen) führt? Warum ist die Mutter nicht die Gattin des Sohnes, warum ist der Sohn nicht der Mann der Mutter? Warum muß die einzige Einheit, die es geben könnte, zerlegt werden in ein Nacheinander, und die einzige Einheit, die es nicht geben kann, gesucht werden im Nebeneinander? Bei innigst gleichem Raum treibt Mutter und Sohn die Zeit auseinander, Liebenden und Geliebte bei gleicher Zeit und innigster Nähe der nie ein und selbe Raum. Wir sprechen hier von Raum und Zeit nicht als von den Anschauungsformen der Vernunft, sondern als von Tatsachen, die zueinander in dauernder Opposition stehen und in einer also extremen, daß die eine Tatsache so lange nicht aufgeht, bis die andere nicht unter dem Horizonte verschwunden ist. Wir glauben in dem *nunc*, aber nicht *hic*, in dem *hic*, aber nicht *nunc*, in der Unmöglichkeit des Koexistierens von physiologisch rechtem Raum und von psychologisch rechter Zeit die Wurzel des Tragischen gefaßt zu haben an ihrem äußersten, feinsten Endchen, mit dem eben ins hyperboreische Dunkel hinaus der Materie es sich verlieren wollte. Die Götter haben mit dem Oedipus ein Beispiel aufgestellt, dem in der Idee zu folgen wäre, dem aber *in praxi* des kontrapunktischen Hintereinander von Raum und Zeit nicht zu folgen ist, und haben an dem, der nach ihrem grausamen Ratschlusse es hat geben müssen, ein Exempel statuiert, das oft über die Bühne gegangen ist, aber kaum je in die tiefsten Tiefen des Gemütes, wodrinnen und -drunten der hypostasierte Dichter also mit seinem unglücklichen Helden sich identifiziert, daß er für möglich hält, was doch unmöglich ist, und von dem nur der Bildung bekannten tragischen Ausgange nicht weniger überrascht wird als der hinsichtlich aller Dramatik gänzlich ungebildete Oedipus. Denn schon mit dem ersten Zuge – der dem Leser noch nichts, dem Schriftkundigen aber bereits alles sagt – malte ein unterrichteter Dichter, und zöge er sich den Doktorhut so tief als möglich über die Ohren, einen vertrauten ins Antlitz des Protagonisten einer von Anfang an verflixten Sache. Dann hilft natürlich auch ein langer Lastzug voll dunkler Metaphern nicht über die Tatsache hinweg, daß der ihm angehängte Thespiskarren auf lichten Gleisen zu einer wohlbekannten Endstation fährt. In der neuesten Zeit, der noch viel weniger heilig ist, als der eben älter gewordenen gewesen, hat die Psychoanalyse ein zweideutiges Licht auf einen Mann geworfen, der ehlos bleibt, um mit seiner Mutter zu leben, in einem lichtarmen Hofkabinette, das recht und schlecht den (bequemeren) Uterus symbolisiert, und hat diesen armen Mann, der das Rechte tut mit den untauglichen Mitteln, die allein zur Verfügung stehen, zu Salzsäule erstarren lassen, wie natürlich auch uns, die wir die allgemeine Bewegung der Sterblichen zurück zu dem Schoße, von dem ihre Sterblichkeit den Ausgang genommen, kompromittiert sahen durch jenen Kurzschluß in der Zeit, der einen, der auch den Raum für vorhanden hält, notwendig zum Patienten macht, und die Kopftafel über seinem totalitären Bette zu einer Warnungstafel für alle, die noch lustig wandeln wie unser Till etwa, der einem Verlangen nachgibt, dessen besonderer Reiz in seiner Unstillbarkeit liegt, zum Unterschiede von allen anderen Arten des Verlangens, die befriedigt werden könnten, wenn sie auch nicht befriedigt werden. Die absolute Hoffnungslosigkeit eines unmöglichen Verlangens bei absoluter Richtigkeit dieses Verlangens konstituieren jenen Menschen, der den Begriff der Idealität in die Welt setzt und den einzigen, von keiner Krankheit des Leibes oder Geistes anzufallenden Habitus schafft; insoferne nämlich ein solcher Mensch schon *ab initio* dort sich befindet, wohin wir andern – und hiezu muß uns Gott noch wohlwollen – nur auf dem Irrweg der Desillusionierung zu kommen vermögen, bei stets gleichbleibendem Zwange, dahin gelangen zu müssen, unter welchem Zwange, wenn er übermächtig wird, bei keinen oder zu geringen Verstandes- und Sprachmitteln, das *non possumus* klar zu denken und zu sagen, die Neurose entsteht, das *tertium comparationis* der erworbenen Dummheit und der angeborenen Verderbtheit.

Orthodoxie (Brunos Interpretation) Gott, der mir gebietet, den Nächsten zu lieben wie mich selbst, und der mich warnt zu richten, weil sonst ich gerichtet werden würde, scheint zu wollen, daß ich Seine Geschöpfe rechtfertige oder vielmehr Ihn vor Ihm selbst, daß Er sie und wie Er sie geschaffen hat. Ich darf also weder des Nächsten Handlungen noch die meinen, die, weil von jenem, wissentlich oder unwissentlich, bewirkt, jenem auch zu einem Teile zugehören und, obwohl einmal gesetzt, unveränderbar sind, doch nicht als die falschen oder die richtigen Lösungen vorgefundener oder von mir selbst mir gestellter Aufgaben betrachten, sondern als solche, die dadurch, daß sie ins Dasein treten, und zwar als Denk- und Gewissensbeunruhigungen, erst Aufgaben werden. Demnach muß ich gerade die einsichtigsten Beweggründe ihrer negligieren und zu den fernen und fernsten vordringen. Denn: umso tiefer ich ins urwaldhaft Unglaubwürdige gerate, dorthin, wo der gesunde Menschenverstand und das Maßgefühl für Ehre und Gerechtigkeit Halt machen und zu den sicheren Gesetzen zurückflüchten, desto näher komme ich dem einzig Glaubwürdigen, dem nämlich, daß auch im Übel kein letztlich Übles steckt, sondern alle Gedanken und Handlungen, die bösen wie die guten, an einem Jüngsten Tage zusammengerafft und aneinandergepaßt, genau jene Art Vollkommenheit ergeben werden, die von Ihm diesem Stücke Seiner Schöpfung zubestimmt worden war. Wir würden nämlich, glaube ich, die Größe der Barmherzigkeit des Allerbarmers nicht gebührend empfinden – wozu unser Gemüt aber ausreicht und daher auch verpflichtet ist –, wenn wir sie ohne ein ihr angemessenes innerstes Geheimnis dächten, dessen Endziel dann nur sein Offenbarwerden sein kann, wenn wir nicht annähmen, daß sie ihren einzigen Anlaß, überzuströmen, in die Zeitunendlichkeit vorausgeworfen habe, um ihn dereinst mit dem Tigersprung der Ewigkeit einzuholen. Jedoch: ein Schritt nach aufwärts in die eigentlich nicht vorgesehene Erahnung des Göttlich-Unbekannten fordert von uns, die wir die Demut für heilswissender halten als die kühnste Heilswissenschaft, wenigstens drei Schritte hinunter. Denn: was wir freiwillig zur Erhellung des Dunkels leisten, das als erbsündliches Dunkel seine unabdingbaren Rechte hat, trägt nichts zu unserer Rechtfertigung bei, weil des Christen wesentliche Aufgabe ja nicht ist, das *depositum fidei* zu vermehren, sondern mit ihm hauszuhalten als mit dem Vermögen, das wegen seiner Unbeträchtlichkeit weder unsere Ehrlichkeit in Versuchung führt noch unsere Fähigkeit übersteigt, es gut zu verwalten. Es ist das gerüttelt volle Maß dessen, was der getrübten Vernunft zugemutet werden kann. Demzufolge weicht jedes Mehr und jedes Weniger an Behelfen zum Wirken des Heils gleich weit, ob nun nach rechts oder nach links, nach zurück oder nach vorwärts, von der feinen Linie des groben »Du sollst!« ab und nicht anders, wie der Schmerbauch und der Hungerleider vom olympischen Kämpfer abweichen.

PATHOS »Wenn Du gehoben redest, mache Du Dir keinen Vorwurf draus in Deinem einfachen Herzen: Du bist im Amte. Ich leihe meinen überlangen Arm nicht jedem auf der Rostra. Der Entfernten wegen in Raum und Zeit lasse ich Dich weiter ausgreifen als den schnellsten und stolzesten Renner. Nur denen, die Dir jetzt schon glauben, gilt Deine schlichte Rede. Am Herd erzähle, was die Grenzen des Orts nicht überschreitet, wo Du wohnst. Solches Erzählen erschöpft sich in dem Verdienste, den des Gemalten Sicherkennen im Bilde abwirft, unter Klatschen in die Hände oder mit dem Niederzählen von Geld auf den Tisch. Kunst ist nicht Brot, wo Hunger, und nicht Trost, wo

Trostlosigkeit herrscht. Nach so nahen Zielen spanne ich nicht meinen stärksten Bogen. Eine Stadt, die zwar in Ordnung ist, aber keine Soldaten hat, kann gegen die Unordnung nicht Krieg führen. Halte daher nichts von einer Sprache, die das Lob der waffenunfähigen Schulmeister findet und den unmündigen Schülern ins Ohr geht. In einer solchen Sprache wohne ich nicht mit meinem Winde, dem Pneuma. Sie platzte, wenn ich mich regte, wie ein Sack, in dem einer mich gefangen zu haben glaubt. Sie ist auch wie ein reiner Tisch, auf dem nichts zu essen steht. Du aber sollst nicht nur Zeugnis geben von meiner Weisheit, sondern auch ein Echo sein vom Donner meiner Stimme. Wer mich nicht auch hört, versteht mich nur halb. Lebendig schäume mein Tonfall aus Dir, meinem Sprachrohr, nicht glänze er dran wie ein erstarrter Glasfluß.« *(Gott zu Jonas)*

PERSON Insoferne die Aufrechterhaltung des Kontinuums der Person jene erste und höchste Aufgabe ist, unter der alle andern Aufgaben, so nur von dieser dependieren sollen, sich verstehn, ist auch da, wo nach des Moralisten Ansicht nicht zugestimmt werden darf, sittlicher, zuzustimmen als nicht zuzustimmen. Sollte nun jemand das Kontinuum seiner Person nicht unterbrechen können, weil nur Laster es zusammenhalten, so erwirbt er trotzdem Unsterblichkeit, allerdings die der Verdammten. Der Moralist wird überlegen lächelnd auf dieses Jemandes Möglichkeit, sich zu bekehren, hinweisen. Der Moralist weiß nichts, oder will nichts wissen, von dem unheimlichen Grunde der schweren Hemmung, die eine echte Person dicht vor dem Sichbekehren befällt. Der Übergang von Sünde zu Tugend wird deshalb nämlich nicht oder nur im Zustande einer glückhaften Sinnesverwirrung – wie wir das Wirken der Gnade nennen wollen – angetreten, weil, um wirklich ans andre End' des sittlichen Maßes zu gelangen, ein Niemandsland passiert werden muß, für dessen Länge und Breite das nur für die eine oder für die andere Totalität geltende Versprechen der Unsterblichkeit aufhört zu gelten. Das eine Kontinuum ist beendet, das andere hat noch nicht begonnen: und vor diesem Intermittieren des einzig Wesentlichen – welches Intermittieren das einzige wahrhaft Unsittliche – scheut die Person, die, wie immer sie sich verhalte, ethisch sich verhält, oder sie ist, wenn auch ein Tugendbold, nicht Person, zurück.

Pietät Das steinerne Sitzen auf den verkohlten Balken des bis zum Boden herabgebrannten Hauses; durch Bleiben bekräftigend, daß man keine Bleibe mehr hat! Natürlich kann man nicht dauernd gegen das Verhängnis, von peinlichst genauen Mechanismen umgeben und selber ein unerbittlich folgerichtiger Mechanismus zu sein, protestieren, aber: aber man muß es, wenigstens eine Zeitlang; das ist die gesollte Welt sich selber schuldig. Die kleine Kerze, die man sich wie einem Toten anzündet, um bei ihrem Scheine, und solange der kümmerliche währt, in einem ungeschriebenen Buche zu lesen, ist das Urlicht aller Pietät. Was nicht geboren, was nicht geworden und was gestorben ist, dem, unterschiedslos, gilt die Pietät. Dem verlassenen, nun leeren Platze, dem Vacuum von Anbeginn, dem Intervalle in der Zeit und dem Unmöglichen. Wir verehren, was es nicht gibt, noch nicht oder nicht mehr, und was es nicht geben kann. Deswegen ist alle echte Liebe traurig als ein von vorneherein verfehltes Beginnen. Wenn unter allen Menschen einer am deutlichsten um Hilfe schreit (in der Taubstummensprache seiner Physiognomie), so fliegt der einzige herbei, der von Beruf ein Retter, und ertrinkt mit dem Ertrinkenden, wenn er ihn nicht gleiten läßt, um nicht selbst zu ertrinken. Keinesfalls wird er dem aufs vollkommenste aus seiner Unvollkommenheit Leuchtenden anzustücken vermögen, was ihm fehlt. Denn die Verehrung gründet sich ja auf der Pietät, das ist: auf der Erschütterung des Gemütes durch das Nichtvorhandene.

Rechthaben Es gibt ein einziges sicheres Zeichen dafür, daß und wann das zweifelloseste Rechthaben Unrecht hat: wenn es unter dem Unheiligenschein der absoluten Humorlosigkeit auftritt.

REMEDIUM Malerei ist die Kunst jener, deren Sinnlichkeit, weil übermächtig, mit der Übersinnlichkeit, weil unterentwickelt, in keinen Konflikt kommen kann, der nicht schon von vorneherein, wenn dem *Individuo* auch unbewußt, zugunsten der Sinnlichkeit entschieden worden wäre. Diese glücklich Ausgenommenen von den Gespenstererscheinungsgefahren des Weges nach Damaskus, sie allein dürfen, gleichsam auf verseuchtem Gebiete, ein Leben führen, das so wenig ein Erkranken am Transzendenten zu fürchten hat, daß Gegengifte hervorzubringen es gar nicht für nötig findet. Anders, doch nicht minder glücklich, wenn auch unter dauernd unglücklichen Umständen, verhält es sich mit dem Schriftsteller, der, dem alchimischen Salamander gleich, im ewigen Feuer des Konfliktes lebt, den seine Sinnlichkeit und seine Übersinnlichkeit miteinander austragen, aber bei höchster Verpflichtung beider, öffentlich einander spinnefeind zu sein und insgeheim einander die Waage zu halten. Er jedoch vermöchte weder den leiblichen noch den seelischen Gefahren wirksam zu begegnen, die ihn während der Erfüllung seiner wahrhaft herakleischen Aufgabe bedrohen, der Aufgabe nämlich, zwei Welten zu verbinden und zu trennen, und zwar mit demselben Handgriff: die Dezision, um die allein es geht, nicht zu setzen, nur zu beschreiben, die Nichtdezision hingegen, zu welcher der Begriff des Schreibens zwingt, mit den verführerischesten Reizen auszustatten, wenn die Materie seines Handwerks, die Sprache, in der Unfug und Fug so innig wie notwendig zu Herstellung eines annähernd vollkommenen Bildes von der Totalität miteinander vermischt sind, nicht – weil sie, alles in allem, nur Schwäche und Kraft, Sünde und Heiligkeit, Unter- und Überwelt –, auch das sicherste aller Heilmittel absonderte.

René Maurisette hatte, genau gezählt, zweiunddreißig Männer gehabt, den Gatten (wie immer) nicht gerechnet, von dem sie bald geschieden worden war. Sie hätte natürlich, wenn also schon zweiunddreißig, auch tausend und mehr Männer haben können: in der Quantitas, sie sei noch so groß, liegt nicht die mindeste Qualitas. Eine wesentliche Vermehrung unserer Kenntnisse von der Liebe werden wir durch keine Zahl, die höher als Eins ist und den Einen auch wirklich meint, jemals erzielen. Es ist die wahre Treue, die die wahre Liebe vor dem gelegentlich auch ihr zugemuteten sinnlosen Versuch bewahrt, mit einem Löffel das Meer ausschöpfen zu wollen, und vor dem Aberglauben, aus zwei und mehr Löffeln mehr über die Natur des Meeres erfahren zu können. Ob sie auch mit ihrem Vetter, unserm René, geschlafen hat? Wir sagen unbedenklich Ja, und gefragt wann, antworten wir: in ihrer, von uns aus gesehen, schlechtesten Zeit, in der sie die Jünglinge im Dutzend genommen hat wie die Spargel vom Markt. Doch hierüber ist, wegen der organischen Diskretion eines echten Weibes wie Maurisette und vor allem bei der das Zimmer, in dem er sitzt, durchdringenden und bis zur Tapete ausfüllenden Schweigsamkeit Renés, nichts zu erfahren. Eher noch sieht man vom Seelenabgrund dieser Frau die Knochen der dahinuntergeschlungenen Eintagsgatten heraufbleichen, als auf dem gleichmäßig dunkelblauen Nachtgesicht dieses Mannes das Sternchen eines Erfolges blinzen oder in einer tiefschwarzen Weltraumhöhle den Mißerfolg polypenhaft sich regen. Die Meisterhaftigkeit seines Beherrschens der Physiognomie und der Zunge, der Augensprache und der Gebärden, ja sogar seiner Füße, die niemals eilen, hasten, stolpern, stammeln, widersprüchlich einander übertreten, beruht auf stetig tiefstem, unwendbar gerichtetem Fühlen: es kann eben nicht anders als Maurisette und nur diese Maurisette lieben, vor welchem *non possumus aliud* die Frage, ob Maurisette ihn liebt, noch liebt, geliebt hat, nicht geliebt hat, wieder einmal lieben wird, zu Gegenstandslosigkeit herabsinkt. Allerdings läßt eine solche, ebenso erhabene wie sture, unwendbare Gerichtetheit auf einen fast absoluten Mangel an Vorstellungsvermögen hinsichtlich des Werts oder des

Unwerts der in des Ares Netz verwickelten Personen schließen, somit auch an Phantasie, wenn nicht – und die Möglichkeit kann gesetzt werden – ein religiöser, doch theologisch nicht beflügelter Trieb sich einen Gottersatz im sonst unerträglich Rationalistischen geschaffen hat, was eine Art von Himmel auf die Erde ziehen heißt, die sonst eine Art von Hölle wäre. Zur Erklärung des Renéschen Falles genügt, glauben wir, die Phantasie, die er nicht hat, in so auffallender Weise nicht hat, daß uns wie von einem materialisierten Geisterhändchen die Vermutung nahegelegt wird, in dem Danaergeschenk dieses Mangels stecke ein Göttergeschenk, und gelegentlich wisse der junge Mann um es und sei dann, wie Sokrates auf den Teufelkommraus weise, ganz ausnahmhaft staubtrocken. Nun ja, man muß den Olympischen von dem opfern, das sie gegeben haben! Wenn wir nun Phantasie (des Liebenden) als die mit panischer Schreckrückwirkung auftretende Fähigkeit definieren, der tiefsten Verlassenheit, der grenzenlosesten Einsamkeit, der hoffnungslosesten Unverstehbarkeit jedes Individuums, vor allem also seiner und der geliebten Person – je nachdem, wer wen, der Getreue die Ungetreue, die Treue den Untreuen in der fürchterlichen Glorie der Autarkie erblickt – gerade auf dem Punkte innezuwerden, der das dramatische *punctum saliens* einer bisher scheinbar idyllisch verharrenden Liebesgeschichte und der jetzt erst sichtbar gewordene, aber angeborene Schönheitsfehler einer jeden ist, also am unrechten Orte und zu unpassendster Zeit – was entweder verzweifeln macht und zum Strick greifen läßt, oder milde und zum Kreuz –, so ergibt sich aus dem Renéschen Nichtbesitz einer Phantasie die von der Vorsehung gewissermaßen nicht vorhergesehene und von der Psychologie nicht auflösbare Zwischenlösung vollkommener Undramatizität. Es geschieht sozusagen gar nichts, weder nach vorn noch nach hinten. Der Akteur, der vielleicht auch nie agiert hat, wird, zu seiner wahren Erstarrtheit erwacht, weder sympathischer noch unsympathischer; er verdichtet und perenniert sich – fast aus Bosheit, möchte man glauben – zu einer mit keinen Kräften mehr vom Schachtbrett zu schiebenden Figur und erreicht durch die gelungene Petrefaktion des letzten Augenblicks einer gerade noch positiv gewerteten Beziehung, daß er in der schönen Wirtin parasitieren und mit der Überwirklichkeit einer Wachsstatue des Panoptikums in dem gewohnten Raume stehenbleiben darf, ein Ziel, das die wenigsten verabschiedeten Liebhaber erreichen, weil sie mehr oder weniger – aber schon ein Handheben zu Schlag oder nicht mehr gestatteter Zärtlichkeit genügt – dramatisch sind. Wir mobilen Soldaten des Eros, die wir unserm Herrn und Feldherrn, der hinter der Front, auf dem *mons Veneris* feldstechernd, die eigentliche Schlacht leitet, natürlich weit voraussein müssen und, ganz uns selber überlassen, natürlich auch in Lagen kommen, die das Dissimulieren von Phantasielosigkeit fordern, bestaunen mit Recht, ja betrachten oft mit Neid den Renéschen echten Mangel an Phantasie, der zweifellos eine Hand Gottes ist, eine Begnadung des offnen Augs nicht mit Blindheit – die käme ja nur aus einem schwachen, Apperzeptionsverweigerung betreibenden Hirne –, sondern mit der strahlenden Leere der Augen griechischer Statuen. Wir armen, staubigen, blutenden Gladiatoren der erotischen Arenen, aus deren Himmels- oder Sonnendache nicht bestechliche Götter, sondern die unbestechlichen Schiedsrichter der Physik walten, befühlen mit berufsharten Fingern, die aber sogleich zu den weichen Walzen der Weinbergschnecken werden, wenn sie ihn befühlen, den wunderbaren Panzer, in dem dieser René steckt, diesen Schildkrötenpanzer, den dieser Mensch schon auf die Welt gebracht hat, diese überall, wo's der unbewußten Verteidigung notgedünkt, nachgiebig ein- und energisch vorspringende Form und Zirkumvallation des Renéschen Inhalts, dem Körper angeschwungen wie ein Mieder und prall wie das, was drinnen. Er kann also, was uns andern dauernd droht, die Wahrheit des Satzes: Unglück ist gleich Unform, nicht erleben. Er ist durch einen Gnadenakt um das Stück gerade zu kurz gekommen, das einen Gnadenakt erst möglich beziehungsweise nötig macht, um jene Haupteslänge nämlich, die vom erreichten Nullgrad jener Gleichung an entweder nach oben oder nach unten, ins dezidiert Böse oder ins dezidiert Gute, vorstößt und den Menschen, dem sie zugelegt wird, so erst zum Menschen vollendet, nicht nach dem Maße seines Sollens, als ob ihm dieses plötzlich bekannt geworden wäre – wir bewegen uns, trotz des hypothetisch hereingenommenen Begriffs der Gnade, in der aethischen Welt der Physik –, sondern nach allen Möglichkeiten oder in alle Richtungen seines Müssens, sie brauchen ihm gar nicht bekannt zu sein; genug, er verwirklicht diese, schlägt jene ein und erreicht, gleichgültig (für diese Untersuchung), ob dem Himmel oder der Hölle zu, jedenfalls die weiteste Entfernung vom Breizustand der Identität des Unglücks und der Unform, nicht aber ohne ihn gründlich verkostet zu haben. Auf einer höheren Ebene ist dieser hier gezeichnete Weg der Aethiker und Ethiker (vom Religiösen geht, trotz der oben erwähnten Hand Gottes, noch immer nicht die Rede) in die Schnapsschenken, Lupanare, Perversionen, ins Kriminelle und ins Zuchthaus, in die Abstinenz von Wein, Weib und Gesang, also ins Unmusische, in die politischen Rigorismen jeder Parteifarbe, also ins Genferische, Calvinistische, und in den Charakter, also ins sittliche Freidenkertum, auch der Weg des dramatischen Philosophierens, der, das immanente Vorwärts in seinem Damme, gar nicht anders kann, als von etwas forttreiben, fortführen und zwar – weil wir uns auf ihm in einem Philosophieren befinden, das philosophieren will –, möglichst weit fort von dem Satze: A ist gleich A, hinter dem ja nichts mehr zu philosophieren ist, hinter dem jedoch, als seine schauerliche Urmutter gleichsam, die ihn aus der konkreten in die abstrakte Welt hinübergeboren hat, die Gleichung: Unglück ist gleich Unform, steht, in welcher Gleichung Knochenmühle man schon einmal bis zur Materie zerrieben worden sein muß, um die Gefahr, von neuem in ihren Malmgang zu geraten, nach allen Richtungen von Sinngebung fliehen zu können, *stante pede,* ohne Überlegung, unaufhaltsam, gleichwie aus einem warnenden Wissen *a priori,* welch einsinnige, immer wieder vollzogne oder im vollen Vollzug geschaute Flucht ins Metaphysische das Metaphysische zwar nicht beweist, wie die Metaphysiker glauben, aber als eine echte Erscheinung des Lebens dartut, was auch die Positivisten zugeben müssen. Vom ersten Augenblick an seines bewußten Denkens, von irgendeiner Not ihm bewußt gemachten Denkenkönnens, bewegt sich der geborne Metaphysiker zuerst wie ein Schlafloser, der auf seinem Bett sich wälzt – nennen wir solch Gehaben unterm Druck eines Alls ein jünglingshaftes –, dann wie ein Gefangener, der in verrückten Gewaltmärschen seine Zelle ausmißt – wir schreiben Leistungen dieser Art dem Manne zu –, und schließlich wie ein endlich Befreiter, der möglichst der Luftlinie nach seiner Heimat oder Urheimat, seinen Lieben oder Urgeliebten, dem Reiche des Logos, den Ideen zustürzt, welche letzte Bewegung immer die des Greises sein wird, er sei wirklich alt oder scheinbar noch jung. Was auf solcher Bahn und Fahrt und Flucht von Nacht zu Nacht und durch den einzigen Tag zwischen zwei Ewigkeiten immer steiler zur Mittagshöhe der Ratio steigt, während die anfänglich es begleitenden Empfindungen – statt gleichzubleiben oder gar stärker zu werden wie in dem Genius, der vor der nackten Idee, gleichgültig welcher, in die Büsche des Konkreten flüchtet, wo die Feigenblätter wachsen für die schamlose Scham – ins Chthonische zurücksinken, wie die Morgennebel an die Brüste der Erde, wenn Helios ihr entfahren, das ist die Angst, die Urangst vor dem Bodenlosen unter dem Boden der wenigen Axiome, vor dem arationalen Meere unter dem Kiele des Selbstevidenten, vor dem tiefsten Punkte, unter dem es keinen noch tiefer gesetzten gibt, weil die Welt, die wir mit unserem Geborenwerdenwollen bejaht haben – o hätten wir es nicht getan! – dort eben ihr Ende findet, ein Ende, das wir zwar apperzipieren, aber nicht definieren können, aus welchem Ende wir zwar handeln (wodurch es zum Anfang in der Zeit wird), aber ohne die Vernünftigkeit unseres Handelns je wirklich beweisen zu können, denn worauf eigentlich es sich gründet – wenn nicht besser zu sagen: wovon eigentlich es sich fortbewegt –, ist der Vernunft nicht zugänglich. Jetzt verstehen wir, von welchem Zwecke der Sinngebungsdrang (es kann, mit demselben Erfolge, auch ein Unsinngebungsdrang sein) betrieben wird: die unterste Grenze der Ratio am weitesten zurückzulassen und die oberste, der merkwürdigerweise eine absolute Festigkeit nicht eignet – dieselbe Stelle, wo gestern noch dem Wahnsinn verfallen worden, liegt heute in mathematischem Lichte –, aufs weiteste hinauszuschieben. Schneller als das Chaos ihm sich entgegenwirft, das Deflorieren seiner jungfräulichen Nichtform zu verhindern, stürmt das dramatische Denken vor, Gesicht, Hals, Brust, Unterleib und Schenkel bedeckt mit dem rasenden Anklatsch der Blätter aller noch nicht beblätterten, ja nicht einmal noch gepflanzten Bäume, ein Schauspiel für Götter, die es nicht gibt, aufhängend in leerer Luft den schönsten Garten der Semiramis, die Theologie, und über diese und ihre morgenländische Üppigkeit hinaus noch nach dem Mondapfel des Hesperus langend, nach der ründesten, silbernsten, kunstvollsten Frucht und Form der Verzweiflung, nach dem kategorischen Imperativ Kantens, und bei all dem leidenschaftlich herakleischen Tun den kältesten aristokratischen Blick, den je ein dezidierter Nichtselbstmörder zu versenden gehabt hat, in das substanziell und anschaulich gewordene Nichts sendend, den pessimistischen, der, nach innen gerichtet, den Menschen sich selbst als einen Gott ohne Schöpfung erkennen läßt oder als die Schöpfung selber, aber ohne einen sie geschaffen habenden Gott, so daß er von jenem die unvorstellbare, grenzenlose Einsamkeit gewinnt – wenn Größe des Fluchs Gewinn ist – oder von dieser das unbeschreiblich hohe Sichselbstgenügen des Axiom Gewordenen, zu welchen Zielen, zu dem oder zu dem, der ungeheure Aufwand, den die Sinngebung treibt, führen muß, weil nur in ihnen, wenn sie erreicht werden, die Frage nach der Vernünftigkeit der Flucht von der einen Grenze der Vernunft zur andern, von der einen Gefängnismauer zur anderen Gefängnismauer, zur Ruhe kommt, zu Grabesruhe, zu heroischem Schweigen, was besser ist als die heroischeste, aber immer noch sprachvermengte Antwort.

So verständlich wir nun, wie wir glauben, Ursprung und Endziel des dramatischen Denkens gemacht haben, so schwer, fürchten wir, wird uns fallen, die Renésche Undramatizität einigermaßen in die ihr widersprechende Bewegung zu bringen, aus einer welchen heraus aber sie erst begriffen werden kann; denn von einem Philosophieren, das vom Philosophieren Heil erwartet, ist bei René keine Rede. Wir haben aus seinem Munde nie jemals einen echten Gedanken gehört; es ist uns nie einer, von René stammend oder auch nur ihm zugeschrieben, hinterbracht worden; wir haben auch nie den Niederschlag oder den Abglanz eines solchen auf seinem Antlitz wahrgenommen. Trotzdem haben wir uns nicht täuschen lassen. Es mochte ihm das Sichtotstellen, wie gewissen Käfern, noch so gut gelungen, das Aufhalten des ohne Aufenthalt einher- und dahinbrausen wollenden Denkzuges mit dem blutroten Fähnchen der Gefahr des Zusammenstoßes mit den leidigen Tatsachen noch so sehr Lausbubengewohnheit geworden sein, die, perpetuiert, wirklich erreichte, daß das Drohende nur wie gemalt dräute: wir haben ihn, der Wahrheit, der Verehrung und der Liebe zuliebe, nie für den eingeschlafenen, faulen, ja dummen Menschen gelten lassen können, den er, das vollendete Opferlamm unter den Händen einer schönen, mit seiner üppigen Wolle gedankenlos spielenden Frau, spielte und deshalb so vortrefflich spielte, um nicht den letzten Einsatz, die oben erwähnten, verewigten letzten Minuten einer Beziehung, auch noch verlieren zu müssen. Nun aber steht die Person des Spielers in so gar keinem Verhältnisse zu ihrem Einsatz! Ein junges, kräftiges, vielversprechendes Leben anhalten, um aus seinem gesamten Stoffe, dem gegenwärtigen wie dem noch zu erwartenden, nichts als die letzte, lebenswert gewesene Szene dieses (erst anhebenden und schon zu Kristalltod verurteilten) Lebens in Leichenwachs zu bilden und in jenem Panoptikum, zu dem nach Ermordung der Zeit, nach dem Herzschlagtod der Uhr, die Welt wird, aufzustellen, wäre Narrenangelegenheit, wenn die Narren nicht etwas Gescheiters zu tun hätten, als das sinnlose Reststück einer sinnvollen Kausalreihe in ehernen Händen zu halten, nämlich: wahnsinnig zu sein. Nun befinden wir uns in einem echten Dilemma! Haben wir vorhin keine Spur einer Renéschen Vernunfttätigkeit um das Problem seines Lebens herum bemerkt, sondern es staubiggrau und starr in stereoskopische Luftlosigkeit ragen sehn, so können wir jetzt, besten Willens, zur billigeren Erklärung durch Pathogenes zu greifen – schon um diese Untersuchung zu enden –, auch keine Spur einer Renéschen Unvernunft entdecken. Ist also möglich, daß Verstandesbesitz und Verstandesverlust – der Leser möge ja keinen Augenblick lang der Lebensgefahr, aber auch nicht des hohen Überwinderlohnes und -glückes vergessen, die beide mit salomonisch gerechten Händen dem leidenschaftlich Liebenden drohen und winken! Der Leser würde sonst glauben müssen, wir spalteten hier Haare mit schallenden Axthieben, während wir in Wahrheit doch etwas viel Leiseres tun: in der schmerzlichsten Wunde, die ein Vivisezierter an sich tragen kann, nach dem erlösenden Remedium wühlen! –, daß dümmste Gedankenleere und vollste Gedankenfülle, Sinngebungsdrang und Undramatizität, Fliehen und Beharren, Urangst und Angstlosigkeit einträchtig im selben Menschen leben können? Das ist natürlich unmöglich! Mit dem Dietrich der Psychologie also werden wir die Renésche Verschlossenheit nicht öffnen, deswegen nicht, weil René selber, und zwar symbolisch-bindender Weise, den legalen Schlüssel hingeworfen hat, welcher Fortwurf – ein *sacrificium* sehr hohen Grades – alle Dietriche ins Unbrauchbare verzaubert. Wir werden also seinem stoischen Gesichte, das nie jemals einen Satz der Stoa ausgesprochen hat, wir werden seiner vollendeten Gewöhnlichkeit, die er auch *in camera intimissima* nicht durchbricht, niemals eines sicher stattgehabten Denkens letzten Schluß entreißen, welcher Schluß auch mit dem Denken Schluß gemacht hat. Wir finden in seiner Stube – sie ist eigentlich nur ein Bett im Kinderzimmer eines widerwillig Obdach gebenden Verwandten, das er spätabends aufsucht, zeitlich morgens verläßt, um für andere, insbesonders für Maurisette Besorgungen zu machen oder für sich weite Ausflüge, von denen er nichts heimbringt als sein unverändertes Selbst, braungebrannt oder verfroren, niemals Blumen, gelegentlich aber einen Skolopender mit nur drei Beinen oder einen gar nicht ungewichtigen Feldstein, dem nur er was Merkwürdiges abmerkt (weswegen man ihn, René, für boshaft hält, für einen, der seine vorbildliche Dummheit leuchten lassen will, um die gescheute Nichtintelligenz seiner lieben Nächsten bloßzustellen, für einen Sonderfall und Abfall von einem Sokrates, dem das Orakel gesagt hat, daß er der blödeste aller Menschen sei und dem daher obliege, jedermann als innerhalb der Dummheit lebend, die er mit dem von Apoll geeichten Maßstab durchwandert, zu erweisen) –: wir finden also, sagen wir, in dieser Stube kein Bild, das ihn einer Beziehung zu den schönen Künsten verdächtigte, kein Buch, das ihn des Umgangs mit Literatur bezichtigte, ja nicht einmal Tinte und Feder, mit denen man, wenn schon nicht Gedichte, doch Briefe schreibt, die er aber auch nicht schreibt: so radikal hat er die großen und die kleinen Brücken, die eisernen und die aus Zündhölzchen, so vom Ich zum Du hinüberspringen, abgebrochen. Keine Pfeilergrube, kein vergessener Sparren erinnern am Ufer seiner Person die bestandene Verbindung mit einer andern Person. Auch nicht mit Maurisette. Von der er kaum spricht, das heißt, nicht mehr, nicht besser, schlechter, wärmer, kälter spricht als von seiner Schwester Melitta, von seinem auf dem Felde der Ehre gefallenen Bruder Max, von Till, der sein Freund ist, oder von dem jungen Brombeer, dessen Freund er, René, ist und bei dem er jetzt tagelang sitzt und beinahe echt idiotisch dreinschauend altes Prozellan klebt. Er umschleicht auch nicht Maurisettens Haus auf den immer engeren Bögen eines ausgehungerten Wolfs, wie dies verschmähte Liebhaber zu tun pflegen, und wenn sie es zufällig nicht tun, nur aus dem Grunde nicht tun, weil sie fürchten, die Geliebte bei einer Freiheit zu ertappen, die sie *de iure* hat; er besucht sie auch nur auf eine formelle Einladung hin, die weit öfter erfolgt, als einem von den aus dem Nichts des Uterus schlagenden Flammen gebrannten Kinde lieb sein kann; aber er spürt sie nicht; unbewegt wie Mucius Scaevola seine Hand, hält er den Stumpf seines Herzens über das Feuerloch des amorischen Altars. Es ist durchaus möglich, daß er mit der Anwendung römischer Manieren auf die tief verwundende Manierlosigkeit der weiblichen Natur diese des Glaubens werden läßt, sie würde nicht mehr geliebt und sei hinsichtlich des gewohnten blutigen Opfers – das blasphemischerweise dem stellvertretenden der heiligen Messe gleich (weil von der Liebe für die Lieblosigkeit dargebracht) – in die Fasten versetzt worden, welcher mit Erfolg suggerierte Glauben sie eines guten Dutzends der gefährlichen Waffen beraubt, die auch nach dem vollkommenen Siege des alogischen Wesens, das periodisch seine Saturnalien feiern will und muß, von diesem Wesen über den zum logischen Störenfried, zum lästigen Einmahner des Einmaleins herabgesunkenen Geliebten, geschwungen werden. Es geht nicht an, scheint René (in mythischen Tagen) erkannt zu haben, dem Irrationalen das Rationale entgegenzusetzen. Und es geht deswegen nicht an, weil das Irrationale eine vollkommene Totalität ist oder eine totale Vollkommemheit (nicht im moralischen Sinne natürlich), das Rationale hingegen das scharf begrenzte, unvollendbare, also nicht zu vervollkomnende Bruchstück eines zwar für weit größer gehaltenen, doch nicht unendlich groß sein könnenden Ganzen; denn zum Begriff der Ratio gehört der Begriff der Begrenztheit. Jedermann – er sei denn ein Idiot oder, ausnahmsweise, eben glücklich – kennt die Unmöglichkeit, gegen ein Weib zu prozessieren. Die Fora, vor die das männliche das weibliche Wesen und das weibliche das männliche zu zitieren vermöchten, sind inkomparabel. Begeben sie sich trotzdem auf den Weg der Rechtsfindung, der das weibliche nur in ein ihm gänzlich fremdes und zuwideres Element hineinführen muß, das männliche doch nie und nimmer aus dem seinen herausführen kann, jenes in die Rüstkammer der Logik, wo es einen lächerlichen Anblick bietet, was es nicht sollte, dieses in allen Ewigkeiten nicht auch nur in die Nähe des alogischen Paradieses, aus welchem die Schlange statt verführen zu wollen, des vergeblich faszinierten, lusterstarrten Vogels und Pechvogels spottet, so entstehen die alltäglichen Tragödien des Irrsinns und des Selbstmords, in denen, wie in den antiken, die unbewußten Vergehen gegen die Orakelsprüche bestraft werden. Mögen (in der Idee) das Weib unheilig, der Mann heilig sein, mag es *in concreto* oft umgekehrt sein, heilig ist und bleibt, und soll uns sein und bleiben, die Landesgrenze zwischen den beiden. Trachte niemand, der sie leider erreicht hat, sie zu überschreiten. *Si Halyn transgrederis imperium magnum perdidisti.* Woher nun unserm weder gelehrten noch auch philosophierenden René im Augenblicke des von Maurisette Verlassenwerdens die tiefe Erkenntnis gekommen ist, von Tisch und Bett des Inkommensurablen geschieden worden zu sein, mit so kräftigem Schnitte, daß er von dem und von jenem sich erheben konnte wie von einer wirklich ungenießbaren Mahlzeit und wie aus einem von Würmern wimmelnden Pfühle, das wissen wir nicht, und wenn wir jetzt die Gnade herbeiriefen, wozu wir das Recht unseres Glaubens hätten und mit welcher Zitation so unrecht nicht, würden wir diese Untersuchung nur auf eine uns unerlaubte Weise abkürzen. Denn hier handelt es sich nicht um eine geistvolle oder religiöse Erklärung, die den oder jenen, der nicht in Renés Lage sich befindet, befriedigt – nur Glücklichen gefallen Paradoxa und nur Resignierthabenden genügen Konzentrate; der Unglückliche (es müssen durchaus nicht auf ihn die Gassenjungen mit den Fingern zeigen; er kann diskret unglücklich, er kann unsichtbar unglücklich sein) will und muß dissoziieren, zerfasern, haarspalten und darauf bestehn, daß kein Zwischenglied einer Folgerung übersprungen werde, denn: auch die ihn Folternde hat jeden Gang der Daumenschraube mit peinlichstem Gehorsam gegen die so befehlende Natur angezogen und ihm unter Zufügung fast unerträglicher Schmerzen ein keine Ungenauigkeit mehr ertragendes Denken beigebracht –, sondern um eine vom Beispiel René abzuziehende Anleitung, wie der im Kampf der Geschlechter Unterliegende (und ein solcher kann immer nur der Mann sein, der als genau Definierter und Definierender dem undefinierbaren und niemals definierenden Weibe, den Heniden- und Mänadenschwärmen, wenn die Dionysien aus dem Weltunterleibe brechen, unbedingt zum Opfer fallen muß, nie das so beschriebene Weib, das, wenn es Unglück hat, nur Pech hat, das es nicht haben darf, nicht an einem Schicksal zugrundegeht, nur an einem Konstruktionsfehler, nicht an einem Pfeile des Eros stirbt, nur an den Bissen der tauglicheren Raubtiere, wenn es beim wölfischen Umtanzen und Umheulen des rohen phallischen Fleisches sich als zu wenig bein- und stimmkräftig, kurz, in unserer Sprache, als zu wenig arational erwiesen hat) seine Ausgangssituation, die er nie hätte verlassen sollen, wieder zu erreichen vermöchte, ohne mehr eingebüßt zu haben als eine Illusion. Vielleicht muß man, um einen geordneten Rückzug aus den Katalaunischen Gefilden der apokalyptischen Unordnung antreten zu können, von adeliger Geburt sein wie eben unser René, was soviel heißt, als das Ahnen- und Enkelbewußtsein von weit mehr denn bloß zweier oder dreier Vorfahren in sich zu tragen, eine viel größere Summe legal erworbenen rationalen Lichtes als von dem erleuchtetsten Menschen, wenn derselbe gerade nur seine neun Monate abgesessen hat, mit jeder Hilfe des Genius zusammenzubringen ist. Es kann nicht ohne bedeutenden Einfluß sein, daß Urväter gerade uns gewollt haben, so gewollt haben wie wir – hoffentlich! – geworden sind. Mit diesem Willen, der unsere Ururmütter gewählt und die rechte Stunde unserer Zeugungen (für die unrechte bei sonst recht gehender, eigenhändig aufgezogener Uhr zeugt der alte Herr Shandy), wird, wie ein Pfad durch den Dschungel geschlagen, eine vernünftige Handelsstraße durch die Wildnis des Arationalen gelegt. Unmöglich können soviel Manneskraft und Überlegung, soviel tiefere Absicht bei sonst so gedankenlosen Vollzügen, die das Üble, wie wir wissen, so stark bewirken, verlorengehn, boshafterweise, bloß deshalb, weil sie auf das Wohl der Nachfahren, auf eine sittliche Idee gerichtet gewesen sind. Die Biologie, aus den Erfahrungen ihres Bereiches, lehrt uns, daß das Erbgute, wenigstens theoretisch, ziemlich unendlich dauere, das Erbüble hingegen in etwa der dritten Generation schon wieder zu erlöschen pflege. Nun reden wir hier nicht von Gut und Böse und dürfen wir daher der Zeugenschaft der Biologie, weil sie ja nur für Nützlich und Schädlich argumentiert, nicht in ihrem Sinne uns bedienen! Was bei so falscher, sophistischer Anwendung einer an sich richtigen Behauptung herauskäme, wäre die Gleichsetzung von Rational und Gut, wäre der so beliebte Kurzschluß eines Denkens, dem die Theologie interessanter als die Logik. Wir, bescheidener und weniger gelangweilt von unserer Untersuchung als der Leser, den wir jetzt nach dem Rauschgift der Konzentrate langen sehn, begnügen uns mit dem Gewinne, daß, wenn Gut und Böse sich auswirken, auch andere Duale sich auswirken können oder müssen, also auch Logisch und Alogisch, Rational und Arational, und zwar – hier unterbaut die Biologie unsere

Behauptung – bis zu jenem Grad vollkommener Verkörperung, den die Unvollkommenheit des Ganzen gerade noch zuläßt, und bis zu jener Katastrophe, die reine Fälle immer im Gefolge haben werden. Eine möglichst lange Reihe gewollter, gezüchteter Menschen – und die von Rudigiers können auf zwei Ästen ihres Stammbaums bis ins fünfzehnte Jahrhundert vorkriechen, in nördlicher Richtung zu einem Freiherrn von Rudigier, der in Eferding gesessen und wider die aufständischen Pauren geritten ist, in südlicher bis zu einem König sogar von Bosnien, dem ein Arm mit einem Krummsäbel aus dem gekrönten Helm auf dem Wappenschild kommt; die Frauen hinwiederum entstammen so üppigen Lokalitäten wie Augsburg, Wien, Venedig und Ragusa, kurz: Zeiten und Räume sind lang und bedeutend genug, um das herrlichste englische Parkgras, das man auch nur einige wenige *saecula* pflegen muß, wachsen zu lassen – wird nicht nur die Ausgangsphysiognomien bis zur apollinischen Schönheit des makedonischen Alexander, bis zu Habsburgerlippe und Bourbonenkretinismus vor- und zu Ende treiben (dermaßen also, daß sie wie gewendete Röcke nun nicht mehr gewendet, nur fortgeworfen werden können), nicht nur Tugenden und Laster von Alabasterweiße und Sammetschwärze bilden, nicht nur Manieren und Unmanieren nach den am weitesten auseinanderliegenden Stilen, des Dixhuitième und des Pantagruelismus, immer neu erstehen machen und die dazwischenliegenden, nichts als arbeitsamen, experimentierenden Jahrhunderte mit ihren notwendigen Mischstilen einfach streichen (und dies großartige Wegjagen der nichts als Wahrer des Kontinuums, der Erzeuger des täglichen Brotes, dessen auch Prometheus bedarf, um für seinen Adler seine Leber zu nähren, vom Tische, auf dem schon Nektar und Ambrosia oder bereits die abscheulichsten apokalyptischen Gerichte stehen, ist es ja, was vom Adeligen her zu den Nichtadeligen so sehr kränkt, beleidigt, schmerzt und gegen welche hoch- und ausfahrende Geste der Nichtadelige gelegentlich denselben Prozeß führt, unter der Jakobinermütze und mit aus dem Mund hängender Marseillaise, den wir schon oben, als wir von jenem redeten, den die geschiedenen Geschlechter widereinander zu führen versucht werden, als einen in sich unmöglichen erklärt haben), sie wird auch, und nun sind wir auf dem Punkte, der uns so lange unerreichbar überschwebt hat, den Mann und das Weib, so in die der Psychologie zugänglichen öffentlichen Gärten der Zwischenformen mehr oder minder sich verloren und dort Kompromisse mit den Kompromissen geschlossen haben, dermaßen energisch und mit einer solchen sittlichen Entschiedenheit ihrer schändlichen und ihnen abträglichen Verbindung einerseits mit dem Logischen, andrerseits mit dem Alogischen entreißen und sie zu Besinnung, Gesundung, vielleicht auch zu Strafe für das zum Begriffshimmel schreiende Eingehn auf Kompromisse und faule Friedensschlüsse, so dicht und fest an das allerdings versperrte Gitter ihrer beiden Paradiese drücken, des Rationalen und des Arationalen, daß zwischen Stäben und Rippen der reine Begriff, in dem allein sie glücklich gewesen sind und wieder glücklich zu werden vermöchten, zum Durchscheinen kommt.

Roman Es ist unerlaubt, die Technik des Romans an ein antikisches Stadtwesen der Historie oder der Gegenwart – sofern es in letzterer ein solches geben sollte – oder gar an das Dorf, ob groß, ob klein, gleichgültig, in welcher Landschaft, noch gleichgültiger, in welchem Jahrhundert es liegt, zu wenden. Die Polis fällt, besonders wegen der Art ihrer Fortpflanzung, die Kolonisierung heißt und Parthenogenese ist, so sehr aus dem heutigen Tage, der nun schon gut zwei Lustren dauert und denen beiden ausschließlich jene Technik zugehört, heraus, daß sie nur Gegenstand der Poesie, nicht aber der Prosa sein kann, die als solche weder staunt noch bewundert, sondern untersucht, zweifelt, kritisiert. Nicht besser, was sein Mißverhältnis zu gemeinter Technik anlangt, nur anders, urtümlicher, hoffnungsloser (für den Schriftsteller, nicht für den Poeten) verhält es sich mit dem Dorfe oder mit der Kleinstadt, die das Dorf ja nur dissimuliert. Bewohnt von geschichtslosen Fellachen, die auf den Rädern der Zivilisation, unter die sie, ohne das Überfahrenwordensein gemerkt zu haben, gekommen sind, an ihre Geschäfte eilen, wenn sie nicht – was im Effekt aber aufs selbe hinausläuft – noch einen Holzpflug ziehn und dem Lehm, aus dem sie gemacht worden, näher stehn als dem, der aus diesem Lehm sie gemacht hat, dämmern echtes und getarntes Dorf noch weit hinter der schon für die Polis behaupteten Unmöglichkeit, *de jure* vom Roman ergriffen werden zu können. Denn der Roman ist eine echt großstädtische Erfindung. Sie wäre schon in Alexandreia möglich gewesen, ist aber trotz Alexandreia doch nicht möglich gewesen, weil dieser ersten wirklichen Weltstadt unseres Kulturkreises, des griechisch-römischen, noch ihre herabgekommenen Christen gefehlt haben, jene überaus interessanten, aber nicht mehr als interessanten Gestalten, denen auch der Begriff der Interessantheit zu danken ist – siehe unsern Lunarin! –, die ihren freien Willen zum Bösen aus der orthodoxen Ablehnung der Prädestination beziehen, aus ihrem subtilen Abfall vom Erlöser von aller Psychologie die pseudoerlöserische Droge einer christlichen, den Nächsten mehr als Gott liebenden Psychologie herstellen – alle Psychologie ist ihrem Ursprunge nach christlich, dem Wesen ihrer Therapie nach widerchristlich, mantisch, was der Faszinator, der Charmeur und sein entmannter Doppelgänger in der bodenlosen Weisheit des *tout comprendre c'est tout pardonner* und Stifter des religionfreien Liberalismus bündig beweisen – und nach ihrem Bruch mit der Einheit der Welt diese Welt mit den Debris der vielzähligsten Dezimalbrüche überschwemmen. Die Technik des Romans ist die artistische *par excellence;* weswegen sie – wir können dies bedauern, aber nicht leugnen – Totalitätsanspruch erhebt, welchen Anspruch alle anderen Techniken auch bereits anerkannt haben oder über kurz oder lang werden anerkennen müssen. Der Roman ist, in Nietzsches dramatischem Bilde vom platonischen Dialog, dem Vor-Bilde des Romans, »der Kahn, auf dem die schiffbrüchige ältere Poesie samt ihren Kindern sich rettete«. Wer das Aug' nicht für die eigene Tragik verschließt, wer nicht glücklicher, nicht begabter, nicht »klassischer« sein will, als sein Aion sein kann, wird nun mit Wehmut vielleicht ob des Abschiednehmenmüssens von vielen liebgewordenen Substraten begreifen, daß die Technik des Romans nur dort applikabel ist, wo mit der Technik überhaupt auf peinlichst gleiche Höhe und auf dem Du- und Bocksfuße gestanden wird; wo man ihr Schicksal zu dem eigenen gemacht hat; wo man mit ihr steht oder fällt, ja, auch fallen will, weil ohne ihre selbstverständlichen Wunder das Leben wieder mysteriös würde und also nicht mehr lebenswert wäre; wo man nicht mehr an Gott, sondern an den Atheismus glaubt, aber mit derselben Inbrunst. Den von der Romankunst dargestellten Leuten darf die Grundbedingung ihres Lebens, ihres So-und-nicht-anders-Lebenwollens, natürlich nie zu Bewußtsein steigen. Zu dieser Grundbedingung muß der mit einer dauernd starken Schlagseite zu Kritik dahinsegelnde platonische Kahn, will er nicht scheitern, distinkten Abstand wahren. Das dezidiert Bewußte und das bewußt Dezidierte gehen gegen den Strich des Romans, der, um bei seinem Begriffe zu bleiben, unerschütterlich fest auf der Ergriffenheitsstufe stehen muß, die ihn emporgeboren, zum Dank für das *sacrificium intellectus*, das er seinem Begriffe bringt (welches *sacrificium* nur die minderen Intelligenzen, doch die sinnlicheren Naturen, darzubringen vermögen), mit Totalität ausgestattet und zu einer Alleinherrschaft erhoben hat, wie sie noch niemals von einer Kunstgattung ausgeübt worden ist. Jetzt ist es an der Zeit, das Wesen dieser innerhalb der Christenheit bis nun nicht dagewesenen Ergriffenheitsstufe zu verraten: Gesamthaltung gewordene Undezidiertheit. Solange jenes allgemeine, in den Demokratien auch gesetzlich festgelegte Sich-nicht-Entscheidenkönnen oder -wollen, das, wir sind versucht zu sagen, pathogene Vorrecht einiger Weniger gewesen ist – was wissen wir von den Dummköpfen etwa der Zeit Bernhards von Clairvaux? –; solange erst nur eine rechtlose ungeheure Mehrheit die Masse von heute, diese heute allein rechtsetzende juristische Person, vertreten hat – was wissen wir von der Helotenschaft Spartas, von den Sklavenheeren Roms? –; solange es das furchtbare Phänomen einer perennierten Gegenwart, des eines Tages, der zu einem seiner Augenblicke sagt: Verweile doch, du bist so schön (und das einzige Vehikel, unser aller Rollen ins Gericht zu verzögern!), noch nicht gegeben hat, nur ein Gestern und ein Morgen, zwischen denen nichts als der ethische Blitz vermittelte; nur eine nächste Vergangenheit und eine nächste Zukunft, nichts dazwischen, die an dem Menschen zogen wie die Rosse an den Magdeburger Halbkugeln, und dieser Mensch kaum mehr war als Widerstand gegen das Zerrissenwerden und Drang, zu zerplatzen, in welch scheinbar unaufhebbaren Dilemmas Not einige wenige aus den zu physikalischen Spielbällen Herabgewürdigten die *dea ex machina* der *decisio* vom Himmel geholt haben: solange also alles wie beschrieben gewesen, ist in dem einzig erleuchteten Blickfeldstreifen der historischen Nacht nur der Dezidierte gestanden, Held, Dichter, Heiliger, Philosoph, der allein dadurch schon ein Dezidierter war, daß er mit vollstimmiger, neidloser Zustimmung der Recht- oder Namenlosen von eben diesen sich unterschied, ohne, verzinsend gleichsam die gezollte Zustimmung, dem göttlichen Willen zu unüberbrückbarer Kluft zwischen gottebenbildlichen Wesen – er täte denn ein Übriges, aber auch dieses nur auf seiner nicht überschreitbaren Ergriffenheitsstufe, wie des Kaisers Vetter, der Graf von Aquin, der zum Bettelmönch Thomas wurde – das menschliche Gerechtigkeitsgefühl entgegenzusetzen, das russische Herz, das soziale Gewissen; ja, ohne auch nur zu ahnen, daß solche anfangs heilsamen, später unbedingt tödlichen Gifte überhaupt gewonnen werden können, hatte der Roman wegen des Fehlens, noch mehr wegen des gar nicht Gedachtwerdenkönnens der ihn erst konstituierenden Totalität, die Hoch und Nieder, Reich und Arm, Fromme wie Unfromme, Revolutionäre wie Konterrevolutionäre im selben Ausmaß säkularisieren wird, keine Stätte.

ROMAN (noch einmal) Über unsere Aufgabe in einem literarischen Leben, das es vielleicht wieder geben wird, nachdenkend, kommen wir dahin, sie im Verbreiten von Unsicherheit zu sehn. Wir zum Beispiel versprechen einen Roman, verfassen einen solchen auch, so gut wir können, das heißt soviel wie:

besser denn gemeiniglich gekonnt wird, lassen aber keinen, der nur einigermaßen auf unseres Handwerks Finesse und Symbolik sich versteht, im Zweifel darüber, daß die Tafel, die wir so präzis bemalen, nicht die letzte Wand ist, davor unser Vermögen, zur Schöpfung zu gelangen, und dahinter das der Schöpfung, zu uns zu gelangen, resignieren. Wir bekennen offen, und sind uns der Bedeutung unseres Credo voll bewußt, daß eines Romanes Anfang ein zufälliger ist und sein muß, und daß sein Ende unendlich weit hinausgeschoben werden kann und soll; keinesfalls hat er ein solches notwendig in sich: nur die Müdigkeit oder der Tod des Autors setzen es. Was nun die ihm eigentümliche Breite anlangt, sein mähliches Sichergießen in die Runde, das den ursprünglich pfeilgerechten Ablauf zu einem dem Weltumfange gleichen Kreise krümmt, so ist zu sagen, daß an die Peripherie auch der sie Beschreibende nie gelangt: des Lebens Weitschweifigkeit kann gar nicht abgesehen, sein dauerndes seitliches Ausbiegen vor dem Sog zu einem Ende in der Zeit nicht vorausgewußt, seine galoppierende Flucht auf dem Kreuzer aus dem Gulden nicht verhindert werden. Es macht also die in unserer Physik begründete Schwäche die Unmöglichkeit eines rein physikalischen Naturalismus offenbar: Versuche, das Beilager des Begriffs mit einer astronomischen Zahl zu schildern, zu schildern bis zum unvermeidlichen Abortdekkel, den der also Schreibende auf sein Tintenfaß legt, scheitern auf der tausendsten Seite Buchs und Lebens genau so früh, wie spät auf der dreihundertsten oder zweiten, wenn der schon *ab initio* schiffbrüchige Autor einsichtig und gütig genug gewesen wäre, es bei der oder jener bewenden zu lassen.

Roman (zum letzten Mal) Um nicht seltsam zu erscheinen, haben wir dieses Werk auf dem Titelblatte als einen Roman bezeichnet. Hier aber, *inter augures*, können wir ihm und seinesgleichen ruhig den rechten Namen geben: Materiologie. Was ist also »Sonne und Mond«? Der strenge Bau einer genau erforschten Tatsachenwelt über den Begriff des Kommissariats.

SCHEIDUNG Du trittst in das vertraute Zimmer. Die Möbel stehen an ihrem Ort, aber die Laden sind herausgerissen, und das Geld ist weg. Du hast, als du es besaßest, nicht sonderlich Wert darauf gelegt. Nun aber wächst jeder Gulden zu Vollmondgröße. Das kannst du deiner Gefährtin nicht sagen. Sie würde zu Recht erwidern: Hättest du es höher geschätzt und besser bewahrt! Die Antwort trifft aber nicht den Kern der Sache. Ein Diebstahl setzt einen Täter voraus. Sowohl in gegenständlichen wie in seelischen Dingen. Über alle Voraussetzungen jedoch herrscht das Gebot: Du sollst nicht stehlen! Und was aus diesem hervorgeht: Du sollst aber auch dem Dieb nicht entgegenkommen! Das fiele unter dieselbe Sünde! Und ist die Liebe dahin, tritt die viel schwerere Aufgabe heran: sowohl dich wie deine Gefährtin vor dem Falle mit irgendeiner anderen Person zu bewahren. Sei's auch mit Gewalt!

SCHRIFTSTELLER Der Schriftsteller tut gut daran, ein solcher zu sein, der da was gehört, dort was gelesen hat, irgendwo bei irgendwas dabeigewesen ist, und besser zufällig als beruflich, und der sogar das, was ihm am meisten am Herzen liegt, das Schreiben nämlich, nicht allzu vollkommen betreibt, damit er ja nicht ins Virtuosen- und Spezialistentum falle, sondern *per negationem* wenigstens und durch kunstvolle Fehler in der Universalität bleibe.

SCHRIFTSTELLER Es lehnt einer am Geländer einer Brücke und blickt in den Strom, den er zu seinem Grabe machen will. Da wird von Geisterhänden das Geländer weggezogen, und sieh da, Geistesauge! – noch immer lehnt er am Geländer, am nicht vorhandenen, an der Idee des Geländers, und blickt er in den Strom, als wollte er noch, ja, als könnte er je in das Wasser fallen. Dann richtet er sich auf und geht, als wäre, was geschehen, nicht geschehen, und was nicht geschehen ist, geschehen, stadtwärts an sein eigentliches Geschäft, so wenig, heute wie immer, es als das eigentliche ihm erscheint. Dieser Selbstmörder *in abstracto,* aber nicht *in concreto,* ist der Schriftsteller. Die Casuisten müssen ihn verdammen, den Materialisten gilt er für ein Greuel; nur der Gott, den beide nicht kennen, zeugt mit einem Wunder für seinen lieben verlorenen Sohn, den, Gott sei Dank, die undurchdringbarste Befangenheit vor der indiskreten Wahrnehmung des Mirakels bewahrt. Er geht, ohne Schuld und Reue, als wären weder Tod noch Errettung vom Tod gewesen, stadtwärts, in Rätseln zu sich selber sprechend von dem, was er leicht auch wissen könnte, wenn, ja, wenn sein Erkennen das Wissen zur Kategorie hätte, was es aber nicht hat.

SEGNEN Mit Erfolg wird gesegnet, wenn, was gesegnet werden soll, zu uns so gleichgültig sich verhält, wie gleichgültig zu ihm wir uns verhalten. Wer segnen will, muß das unnatürliche Opfer der natürlichen Bevorzugung dieser oder jener Person, dieses oder jenes Geschlechtes und Alters gebracht haben. Denn der Segen reift als Rente von jenem Vermögen ab, das die Motten nicht fressen können und der Rost nicht zu zerstören vermag. Der Liebende betet für die Geliebte; ob er erhört wird, steht dahin. Der Segnende jedoch braucht nicht erhört zu werden, denn er selbst ist der Erhörende nach eigenem Gutdünken und der Gebende aus eigener Fülle. Fülle, wahre Fülle, sammelt sich nur an, wenn weder geliebt noch gehaßt wird, wenn, was am schwersten fällt in dieser leichten Welt, vollzogen, nämlich die Absage an jede Neigung, und das Mühevollste in diesem Tale der Tränen vollbracht worden ist, nämlich die Wohlgefälligkeit jedes Gotteskindes vor unseren Augen aus dem einzigen Grunde des gemeinsamen Vaters. Der Schöpfer allein kann, unbegreiflich wie Er ist, Seine Geschöpfe leidenschaftlich lieben, ohne aus Seiner Vollkommenheit zu stürzen. Der Priester hingegen – und jeder unparteiisch und daher erfolgreich Segnende ist Priester, wenn auch ungeweiht – hat, um ein echter zu sein, den subtilen Verzicht zu leisten auf die nur dem höchsten Herrn mögliche Unvollkommenheit seiner Vollkommenheit.

SEHEN, FLACHES Das Beredte wird dem Stummen vorgeworfen, das Denkende der Gedankenlosigkeit, das Rationale dem Irrationalen, denn: seit dem Sündenfalle werden die Erde der Welt und das Magma der Unterwelt täglich ein bißchen durcheinandergeschaufelt. Leute, die ins Faß der Danaiden schöpfen, des Sisyphos Stein bergan wälzen, nach des Tantalus Frucht und Wasser gieren, meinen, ehrliche Arbeit zu tun. Der eine geht gepfählt von Liebe, der andere hängend am Strick, der dritte schwimmend im Dreck, und die feine Grenze des plutonischen Reiches, überschritten um eines Nagels Rand, erweist sich, wenn genauer zugesehen, daß heißt, wenn das tiefe Schauen aufgegeben wird, als ein Haar im Fernrohr.

SEHNSUCHT Sehnsucht ist ein Tag und Nacht, wachend und schlafend, die Geliebte bei den Händen Halten. Im Alter lassen die Hände nach und die Liebe auch. Diese wird immer mehr zu einem geistigen Zusammensein, das, eine zeitliche Ewigkeit vorwegnehmend, über uns stattfindet. Noch lebend, wohnen wir unserem Leichenbegängnisse bei, küssen einander die erblichenen Stirnen und ordnen die verwirrte Sache nach den Geboten Gottes.

SELBSTBEKEHRUNG Die größte Gefahr für einen, der anders denkt, als er tut, ist die Selbstbekehrung. Weil nämlich der Tag kommt, an dem das Denken das Oberwasser, das es heimlich schon immer gehabt hat, als eine Sintflut über die unsittliche Empirie ergießt. Eins, zwei, drei sitzt der Sünder, auch wenn er nicht will, in der Arche und wird gerettet, und schriee er aus allen Schiffsluken und Leibeskräften nach den Genüssen der untergehenden Welt. Für die Proteste der bloßen Psychologie hat die Gottheit nur taube Ohren. Hättest du eher zugesehn, daß dein Denken dein Tun rechtfertigte! ruft sie. Du wärest verloren gewesen, und für ewig, mit deinesgleichen. Jetzt ist's zu spät! Jetzt hat dich der Dekalog am Wagen, wie an dem seinen Achill die Leiche Hektors, und schleift dich hinein ins himmlische Jerusalem.

SELBSTERKENNTNIS Obwohl ich der kleinen Mängel und der großen Fehler voll bin, müssen doch diese die alleinigen Ursachen meiner Ungeliebtheit nicht sein, wenngleich zur Ehre des Nächsten ich innig wünsche, sie wären's. Es könnte nämlich auch so sich verhalten, daß der einzige Vorzug, den, verdient oder gegnadet, ich besitze, daß eine Tugend, bei Abgang aller andern Tugenden, daß also der Widerschein des einzigen göttlichen Gesetzes, dem ich gehorche, aus dem entweihten Tempel fallend, die Vorübergehenden blendete und die Geblendeten hinderte, den Tempel, immerhin Gottes, zu betreten. Weiß ich denn nicht, um wieviel der Mensch die Wahrheit scheut als die Lüge, um wieviel mehr das Licht fürchtet als die Dunkelheit? Vor Gott, ja, darf und soll meiner Sünden ich mich anklagen als der Ursachen, wenn nicht schon meines zeitlichen, doch dann meines ewigen Unheils. Der die Reinheit selber, hat keine unreine Beziehung zu mir, und an keinem meiner Fehler erkennt sich als mein Verwandter der Fehlerlose. Der Mensch hingegen als ein geschaffenes, zusammengesetztes, undurchsichtiges, also unreines Wesen, liebt den Menschen als den ebenfalls von vorneherein Geminderten, dessen Gemindertheit er, kaum gefühlt oder ungefähr ermessen, schon mit der seinen verbindet: denn das Zusammengesetzte ist gezwungen, das Zusammensetzen zu wiederholen, wie das Sandkorn zum Sandsturm aufzuschwellen und das hangabrollende Schneebällchen zu Lawine. Durch diese zwangbedingte Vergesellung zweier einander entsprechender Unvollkommenheiten wird von Unzähligen und allerorten und Tag und Nacht die kleinste Einheit jenes Baustoffes hervorgebracht, aus welchem die Welt, wie sie ist und nicht sein soll, besteht. Die Liebe ist sonach ein länger oder kürzer verpflichtendes Schwören, das von ihr zu Norm erhobene, immer minime Quantum intellektlicher und physiognomischer Qualität – geerbt und nicht gemehrt, oder wohl gewirkt, dann aber nur bis zum Rande der meisten anderen Gefäße hochgetrieben – weder zu über- noch zu unterschreiten. Es kann daher ein Jemand, der keinen anderen Jemand findet, der mit ihm jenen Schwur zu schwören bereit ist, sehr wohl zu dem Glauben kommen, hinsichtlich der geschöpflichen Unvollkommenheit die ins Bodenlose hinabgestoßene Ausnahme von der Regel zu sein – die hiedurch ihren verläßlich ehernen Charakter verlöre –, einen so hohen Grad im Fehlerhaften einzunehmen, daß ein gleich fehlerhafter Partner nicht gefunden werden kann, wenigstens nicht auf Erden. Diese Selbsterkenntnis, niemals irrend, auch nicht im Tugendhaftesten, soferne beim Lichte der vollkommensten Vollkommenheit, des Schöpfers, sie geübt wird, irrt immer in Ansehung eines Geschöpfs, gleichgültig, ob man von demselben geliebt oder weil man von ihm nicht geliebt wird. Keinesfalls nämlich ist das Geschöpf das Maß, an dem wir unsere Vollkommenheit oder Unvollkommenheit messen dürfen, und zwar deswegen nicht, weil ihrer beider Begriffe von dem höchsten Maße herrühren und also das dem nicht eingefügt werden kann, was aus ihm nicht gewonnen worden. Es ist ein Verfehlen der rechten Instanz und ein Mißbrauchen der Materie eines Sakraments, vor einem Menschen und wegen eines Menschen sich sündig zu fühlen und als Sünder sich zu bekennen. Wer so handelt, fromm am falschen, weder geweihten noch zu weihenden Orte, also auf eine sehr sublime Weise Religion säkularisierend, begibt sich der Möglichkeit zu sehen, daß, zu Zeiten und in Fällen, nicht seine tiefste Verfinsterung den lieben Nächsten abstößt, sondern das eine Fünkchen Licht, durch welches Handeln er zwar sich die Unehre gäbe – was nur billig –, aber Gott nicht die Ehre, was die eigentliche Frömmigkeit.

SELBSTMORD Um – im tiefsten Frieden – dem Tod ins Aug' schaun zu können (was aber man können muß, um dies Aug' beschreiben zu können; und auf das Beschreiben, auf das *testimonium linguae,* kommt es an vor dem letzten Richter und ersten Schöpfer aller Dinge), muß man ihn, der jetzt im Verborgenen metzelt und das Meucheln seine natürliche Handlungsweise nennt, herausfordern. Wirf ihm den Handschuh hin, den deine Geliebte bei ihrem Liebhaber vergessen hat! Ja, wenn trotz Waffenruhe und ferialer Dionysien einer mit ihm kämpfen will, kann er sein arbeitsloses Heldentum nur in der Versuchung zum Selbstmord an den rechten Mann bringen, eben an den Knochenmann. Also gehe er weiter, als erlaubt ist und ungefährlich in der bis zur Erschöpfung (aller galanten Gelegenheiten) still gewordenen Stadt, treibe er die Situation auf die Spitze des Dolchs, und setze er sich auf der Bank eines verwahrlosten Parks den melancholischen Reizen der Hinterfronten des Etwas aus. Kehrt er zurück von dem scheinbar so harmlosen Spaziergange, den ein Triumphgeschrei säumen sollte, hat er den furchtbarsten Gegner besiegt. Kehrt er nicht zurück, nun, so ist er ehrenvoll gefallen. Der tiefe Frieden soll uns Definitoren wesentlich vorchristlicher Begriffe nicht täuschen. In seiner tiefsten Tiefe kämpfen immer etliche Unentwegte. Tauchen wir den Lorbeer nur auch ins Wasser!

Selbstmörder, der (spricht) Wenn ich mich rettete, wer dann schriebe die Geschichte der vervollkommneten Verzweiflung? Wenn ich die Todeswunde überwände, wer dann klagte den Mörder an? Muß nicht endlich einer einmal sterben, um den Tatbestand eines Verbrechens zu hinterlassen, das bis nun straflos hingegangen ist? Warum denn überlassen wir alle Eintragungen ins Buch des Gerichtes immer dem lieben Gott! Aus Faulheit! Ja, nur aus Faulheit bauen wir auf Sein allerbestes Gedächtnis! Und aus absichtlicher Unbegabtheit auf den schöpferischesten aller Schöpfer! Setzet euch also hin, eh ihr von dannen geht, ihr Beschreibfaulen, und zeichnet die Schurkereien auf, mit Tag und Stunde der Schurkerei, und mit Namen und Wohnort des Schurken! Wohl, tuet Gutes denen, die euch Böses tun, aber rächet es an ihnen als makabre Schriftsteller. Ich seh' in die Zukunft und geb' euch mein Wort: nur das Werk wird leben, dran einer gestorben ist.

Sentimental Seit etwa hundert Jahren sind die Weiber drauf und dran, das von Lessing mit »empfindsam« übersetzte Wort »sentimental« in Verruf zu bringen. Schon wagt kein rechtes

Mannsbild mehr, von Jungfräulichkeit und Dezenz, von Treue und von Widerstand gegen Versuchung zu Untreue, von der Heiligkeit des Eides und des Herdes, von der den Liebenden in sichre Aussicht gestellten zusätzlichen Hilfeleistung durch das Sakrament der Ehe, und schließlich vom Schöpfer aller Dinge und all ihrer Eigenschaften so zu reden, als hätte er auch über das abgeschlossenste Fortpflanzungsgeschäft seiner Geschöpfe ein unumstößliches Vetorecht; nein, es redete, also redend, ja nicht empfindsam, sondern sentimental und verlöre vor jedem Lärvchen sein Gesicht. Was ist nun eigentlich vorgegangen auf dem Wege von Lessing zu Ausgelassenheit, abgesehen davon, daß der Mann von dem seinen gewichen und den des Weibes unter die Füße bekommen hat? Dieses: das Weib ist der weiblichen Hysterie überdrüssig geworden, des Dissimulierens seiner ontologischen Verlogenheit, des ermüdenden Tanzens auf zwei Hochzeiten, auf der von Kana, die sogar der keusche Heiland mit seiner Anwesenheit beehren konnte, und auf der dionysischen, der überhaupt kein Mann beiwohnen durfte, und besteht nun, weder der pathogenen noch der esoterischen Diskretion fähig, auf der Anerkennung seines wahren Wesens (soferne die ontologische Verlogenheit ein »wahres« Wesen hat); und das ist unseres Zweifels nagender Wurm im Apfel der Eva, an der vom Weib uns so offenherzig dargebotenen neuen Psychologie. Daß doch die mit falschgemünzten Wahrheiten berauschend klirrenden, im artistischen Sinne fehltrittlosen Eiertänzerinnen der nächstbeste beschäftigungslose Teufel holte, der da auf eines Höllenhafens Kaimauer neapolitanisch lümmelt! Und wenn auch die Idee des Weibes keine sein sollte!! Wir Materiologen haben es, Gott sei Dank, nur mit dem konkreten Weibe zu tun. Mit einer Melitta etwa, die um so öfter das Wort »sentimental« gegen ein empfindsames Wort Tills schleudert, den Urtext gegen die Übersetzung, je mächtiger sie sich versucht fühlt, statt der Liebe zu genießen, welches Genießen an Bedingungen geknüpft ist, endlich einmal sich selbst zu genießen, was bedingungslos geschehen kann. Der Materiologe allein, dem das südliche Meer der Liebe nicht zum Untergehn in ihm, sondern zum Trocken-Hindurchgehn wie den Juden das Rote bestimmt ist, weiß, wem das sibyllinisch besserwissende Lächeln einer Frau wie Melitta, das mit den lieblichen Reißzähnen die morgendländisch weißen Zinnen des Felsenschlosses der Unansprechbarkeit zeigt, gilt, nämlich: dem stierisch manischen Wahn, der uns immer wieder gegen das rote Tuch des Nebenbuhlers – den zwängischen Reiz, den es übt, mit der eigentlichen Ursache unserer Gereiztheit verwechselnd – anstürmen läßt, welch sicheres Treffen ins Leere oder Falsche die Heiterkeit der Damenestrade natürlich bis zu jener rätselhaften steigert, die ein Lionardo gemalt hat, aber als ein warmer Bruder der Mona Lisa auch verstanden haben dürfte. Kurz: unser eigentlicher Nebenbuhler ist das Weib, das wir lieben, nicht der andere Mann, den es liebt. Des Weibes viel berufene Rätselhaftigkeit beruht auf der einfachen Tatsache seiner Selbstliebe, und des Weibes Unansprechbarkeit für den logischen Appell gerade dort und dann, wo und wann die Wege, nicht die Menschen, von denen sie begangen werden, auf ihrer Trennung voneinander bestehn – als ob ein Zauberschuh über den Fuß, der in ihm steckt, geböte –, ist das untrügliche Symptom des echten Narzißmus. Sagen wir ruhig (nachdem wir soviel getobt, das heißt, alles getan haben, das Mögliche wie das Unmögliche, das Richtigste und das Falscheste, beides, um nichts zu versäumen, weder in Anbetracht der Gesundheit einer Patientin, noch hinsichtlich der Krankheit einer uns weit überlegenen Gesunden): das Weib ist wahnsinnig. Wahnsinnig, nicht weil und wenn es uns nicht mehr liebt (das geht hin, das läßt sich verstehn), sondern weil es vom Wechsel des Spiegels – und mehr als ein Spiegel sind wir nicht in seiner Hand – eine erhöhte Wirkung seiner Reize auf sich selbst sich verspricht, und weil es, was es sich versprochen hat, auch hält und also wirklich erhält, was von einem bloßen Wechsel der Spiegel, vorausgesetzt, sie seien alle gleich blank, nicht zu erwarten gestanden ist. Wenn aber nun einmal ein Jemand entdeckt hat, daß er nur seiner selber bedürfte, um sein Wertgefühl bis zur Decke des Liebeshimmels zu steigern, wie sollte der noch gezwungen werden können, zum viel untauglicheren Mittel einer objektiven Person, zu einem gleich ihm realen Du, zu greifen und die mit einer vollrealen Person verbundene Würde zu achten? Wer wird mit Kanonen nach Spatzen schießen? Wer im Schweiße seines Angesichtes eine Hütte baun, wenn schon ein Wink des magischen Händchens genügt, ein Freudenhaus des Selbstwerts zu errichten?

Die interessante Situation Eine interessante Situation entsteht, wenn wer wem was weggenommen hat, sei es ein Weib oder einen Gedanken, und sei er der Dieb oder der Bestohlene. Die interessante Situation ist immer eine neben dem Gesetze oder wider dasselbe, gleichgültig, ob man aus dem Gleise gerissen wird oder andere aus dem Gleise reißt. Adler oder Kopf: die Münze bleibt die nämliche. Man sollte so wenig Unrecht tun, wie einem Unrecht zugefügt werden sollte; denn die kränkende Schuld und die gekränkte Unschuld schaffen, so ungleich vor dem Gesetze ihre Positionen, die gleiche Atmosphäre. Der Betrogne wie der Betrüger atmen eine Luft, die es vor dem Betruge nicht gegeben hat; sie leben, der eine *nolens*, der andre *volens*, in einer Welt, die durch den Betrug erst entstanden und auch danach ist. Nun kann, eine künstliche Welt zu liquidieren, ebensowenig eine natürliche Beschäftigung genannt werden, wie eine künstliche Welt aus dem Schoße der natürlichen zu evozieren. Der Räuber wie der Beraubte sitzen in dem nämlichen erfindungsreichen Zuge, der erfundene Gegenden durchrast, auf dem nämlichen krankhaft ausgewachsenen Aste, der mit unglaublicher Vehemenz vom Baum des Lebens ins hemmungslose Nichts dringt. Ob dem Till die Melitta gestohlen wird, ob der Lunarin die Melitta dem Till stiehlt: nach dem Abspulen ihrer so verschiedenen Rollen, ja schon während desselben – sie müßten nur über die wuchernde Hecke ihrer Affekte zu blicken vermögen –, sind sie Brüder durch dieselbe Situation, in die man, wenn man nicht das verzwillingte Brüderpaar des Mörders und des Ermordeten wäre, nicht geriete, zu schweigen davon, daß man sie schüfe. Ob die Melitta dem Till gehört oder dem Lunarin oder dem, dem sie nach Lunarin gehören wird: sie kann nur gestohlen werden, und hätte sie auch noch keiner besessen: sie ist dem Wesen nach unrecht Gut.

SOLIPSISMUS Im Geistigen sehen vier Augen weniger als zwei.

SONDERLING Der Sonderling ist der zu Person erstarrte Übergang von einer einen Person zu einer andern. Einmal, während seines Werdens, hat der jetzt Sonderling Genannte die Gorgo erblickt und das Auge nicht mehr aus ihrem Haupte zu ziehen vermocht. Und so steht er noch heute, wie sehr auch er sich bewegt; denn der Erstarrte, sofern er überlebt, kann, sich selbst und uns täuschend, sehr lebendig sich bewegen. Aus dem Grunde dieser Selbsttäuschung ist der Sonderling in der Regel unansprechbar durch den Heilgott. Wegen der stets drohenden Krankheit zum Ich muß man also immer das Allgemeine vor Augen haben.

SONNTAG Sonntags zerfällt die knechtische Ordnung, die uns so angemessen ist und so vertraut geworden war, daß wir hilflos vor den geschlossenen Toren der Fabriken und Geschäfte stehen würden, wenn nicht die göttliche – der allerdings wir freiwillig uns unterwerfen müssen – bereits den reich geschmückten Fuß höbe, an ihre Stelle zu treten. Aber aus der jetzt fast allgemeinen Nichtheiligung des Sonntags erkennen wir mit Schrecken, wie schwer doch dem Knecht fällt, Herr zu sein, genauer gesagt, wie schwer, einen wirklich freien Willensakt zu setzen. Die Fron enthebt uns der Mühe zu wollen, in einem die Würde des Menschen weit unterschreitenden Maße, und beraubt uns fast zur Gänze der Möglichkeit, den dezidiertesten aller Entschlüsse zu fassen: Gott oder der Welt zu dienen, der übersittlichen Religiosität uns zu ergeben oder der religionsfreien Nichts-als-Sittlichkeit, insoferne nämlich diese zwo unvergleichbaren Größen auf eine unheilvolle, von der

Orthodoxie noch nicht gebannte, aber trotzdem echt häretische Weise, deren eines Phänomen das Arbeitsethos, miteinander verwickelt, ineinander verbissen, einander gleichgesetzt erscheinen. Es gilt also, diesen gordischsten aller gordischen Knoten mit jenem Schwerte zu durchhauen, das in der Offenbarung Johannis aus dem Munde des Menschensohnes geht: die einzige Freiheit im Dienste Gottes zu sehen, und die einzige Sklaverei in jedem Dienen der Welt. Es ist also der Entschluß, den Sonntag zu heiligen, ein viel schwererer und entscheidenderer als etwa, ein Weib zu freien, ja, sogar einer bösen Tat sich zu enthalten, weil vom ganzen Verstande keine Antwort auf die Frage gegeben werden kann, warum nach dem zwar immer unvollkommenen, doch mit dem vollkommenen Einsatz unserer schwachen Kräfte geübten Gehorchen der dekalogischen Stimme, dem Herrn vom Berge Sinai noch gesondert und besonders gedient werden soll.

Sprache Ein Gedanke hat genau soviel Wert, als die Sprache darauf legt, eine zu sein. Hinter dem Wort steht so wenig das eigentlich Gemeinte, wie hinter dem Spiegel wir stehn, wenn wir davor stehn. Daß dem anders sei, glauben nur die Affen der Zoo- und der Ideologie. Vergeblich hoffen die Geschreibseligen, man werde die Sprache, die sie nicht haben, mit den Gedanken entschuldigen, die sie zu haben glauben. Ja, nur glauben, denn: nicht sie haben, begatten, bezeugen, durch Zeugen ἐν τὸν καλλόν, den Gedanken, sondern er hat sie wie der Hund den Hasen, den er entgegen allen Bewegungen eines Hasen beutelt. Wieviel, Wahres und Falsches, Gutes und Böses, jenes ohne zu fruchten, dieses mit gesegneten Würfen Unheil säend, wäre nicht gedacht oder wäre wenigstens nicht niedergeschrieben worden, wenn es der Zensur der Grammatik sich unterworfen hätte oder wenn es wenigstens geahnt haben würde, daß es eine solche gibt! Sowohl die paradoxale Wirkungslosigkeit des zweifellos Wahren, wie die ebenso paradoxale Wirkungshaftigkeit des offenkundig Falschen gehen als auf ihren letzten Grund auf den Nichtbesitz einer autochthonen Sprache zurück. Die Nichtsprache hat demnach zwei merkwürdige Eigenschaften: sie entkräftet das Wahre, ohne zugleich sein Licht zu verdunkeln, und verstärkt das Falsche, ohne der Gewißheit, daß es uns betrügt, gegen den großen Reiz der illusionären Welt zum Siege verhelfen zu können. Einesteils also ist sie mächtig genug, die Sonne ihrer Wärme zu berauben, andernteils ist sie außerstande, dem Mißbrauch derselben Mächtigkeit durch die Geister der Finsternis vorzubeugen. Welcher Schluß nun muß aus so distaktem Verhalten gezogen werden? Der vor allem: daß der Nichtbesitz einer autochthonen Sprache eine eminente sittliche Gefahr für den Besitzer eines solchen Nichtbesitzes bedeutet, und sei er schon im Mutterschoße mit noch soviel natürlichen Tugenden übergossen worden. Notwendig werden diese natürlichen Tugenden, wenn der Nichtsprache tatsächlich jene zwei Eigenschaften innewohnen (woran wir aber nicht zweifeln), die das Licht um jenes Wort bringen, das man nur erleuchtet lesen kann, und die in der Finsternis lesbar machen, was nie hätte niedergeschrieben werden sollen, immer schwächer werden und schließlich auch ihr natürliches Ende finden, statt, organisch in ihn übergehend, ihren übernatürlichen Anfang. Die sittliche Person, wenn sie eine solche zu bleiben wünscht, hat also neben ihrer einen Pflicht, das Gute zu tun, auch die, dieser einen homologe, grammatisch zu denken. Ohne die zweite zu erfüllen, gleichzeitig, besser noch: vorzeitig, kann die erste nicht erfüllt werden; jedenfalls nicht *à la longue.*

SPRACHE Es brennt! Die Sprache rennt und gießt Öl ins Feuer.

SPRACHE Die Sirene Sprache singt, bis ein Ulyß dahergeschwommen kommt, der nicht an den Mast eines vorgefaßten Gedankens sich fesseln läßt, sondern sich anziehn von dem Poesie vortäuschenden Wesen und so Krallen verfällt, mit denen niemals eine Harfe hätte gezupft werden können. Den grausamen Göttern Dank, daß alles an der Sprache zu Dichtung verlockt! Daß sie die Chimaira mit faulem Zauber und den Großmutters Legendenschoß eben entsprungenen Toren mit dem Drang nach neuen Märchen ausgestattet haben! Sie würden sonst, ohne Mißverständnis von der einen Seite und ohne Betrug von der andern, nie zusammenkommen: der künftige Grammatiker und die ewig auf der Lauer liegende Grammatik, die virtuell jede Aussage enthält, die nur irgendeiner machen kann. Natürlich muß der Aspirant zuvor zerrissen und entknocht, zerkaut und verschlungen, in der Peristaltik dieses Weltmagens gehoben und gesenkt, gefällt werden, wie die Chemie ihr unbaumeisterliches Tun nennt, das keinen Stein vom Tempel des Phönixleibes auf dem andern läßt; muß er seine unsauberen Gefühligkeiten ohne Bedauern als Dreck abgehen lassen durch den After des Wesens, das er nährt, damit es ihn gebäre, mit seinen eisernen, salzigen, phosphorigen Substanzen ihm zu Kopf steige, ihm die Wangen röte, das Feuchte der Augen aufpoliere, das dünne blonde Haar zu schwarzem, wildem Schopf verschreckliche und verfilze, den Bauch zum Liebeshimmel wölbe, der leicht dann die Last des über ihn hinwegeilenden Giganten erträgt, und den Finger des Schweigens von den Schamlippen wegstoße.

Sprache Von Zeit zu Zeit wird die Sprache trächtig und macht ihren Wurf, ob der Nährvater gerade bei Gedanken oder nicht; er muß sie eben herbeischaffen; viele, wenige, gleichviel; es kommt nur auf den guten Willen an, auf eines Vaters großes Herz, auf die Herzens- und Schoßesform, in die ein von Herz und Schoß Ausgeschüttetes nun einmal gehört. Was dann ein so aus dem blauen Ehehimmel überfallener Vater in der höchsten Eile, die not tut, bei aller Not, bei allem Reichtum, keinen Heller drüber und keinen drunter, zuwege bringt, das allein darf man ein Gedicht nennen. Ein Schelm, wer mehr gibt, als er hat, und ein Schuft, wer weniger. Rede uns nun keiner von Inhalten, die vor der Sprache dagewesen sein sollen! Und sind sie dagewesen: pfui! Welch abscheulicher Vorsatz, zu lieben, ohne ein vom Blitz der ersten, immer einzigen Liebe gezeichnetes Objekt zu haben! Die reine Hurerei! Nein, wenn der Krug, der so lange zum Brunnen gegangen ist, daß man zu Recht von einem unbewußten Gehen sprechen kann, bricht, alsdann wird man ja sehen, was drinnen gewesen ist.

SPRACHE Das Elend der Philosophie ist nicht – wie die gescheitesten Esel des Fachs meinen – das elende Philosophieren, als ein welches den Materialisten das Idealistische und den Idealisten das Materialistische erscheint, sondern die elende Sprache, an der alle Wahrheiten (gesetzt, es gäbe außer Gott, der sie ist, auch nur eine, in der er sein könnte) notwendig zu Schanden werden, mit dem erfolgreichen Mißerfolge, daß die Schande, nicht recht schreiben zu können, weit über die Schande, nicht recht denken zu können, hinauswächst. Mit wenigen Ausnahmen – und diese wenigen überzeugen durch grammatische Gründe von der Gleichgültigkeit logischer – sind die Denker keine Schriftsteller; wenn aber keine, dann was? Und wenn wirklich keine, also weder Meister der Rede, noch Meister des Griffels, auch nicht – wenigstens – Beschämte durch den höheren Rang des verachteten Erzählers, dieses neuen Zöllners der alten Bibel, muß ihnen, anläßlich der strafweisen Neubestimmung der Begriffe und Kategorien, dann nicht die Stummheit oder die Gebärdensprache zugeordnet werden? Und nun, verehrter Leser, stellen Sie sich einen Philosophen vor, der, weil er während des Suchens nach dem Absoluten eine solche Kleinigkeit wie etwa die *consecutio temporum* mit Füßen getreten hat, dazu verurteilt worden ist, im tonlosen Lakonismus eines Irokesenhäuptlings oder mit dem bloßen Fingerschwall eines neapolitanischen Kellners den Unterschied zwischen *ens purum* und *ens impurum* zu erklären! Wir glauben, die Schattenwelt des Hades um eine neue Jammergestalt bereichert zu haben.

SPRACHE Vieles grub ich in Marmor. Dennoch verging es. Manches aber haucht' in ein Ohr, ja, bloß in die Luft ich, und siehe: oftmals erkenn' ich die fremdeste Stadt an den eigenen Worten.

Sprache Über das, was wir sagen sollen, entscheiden die Götter. Über das, wie wir's sagen, entscheidet das Göttliche in uns.

Sterben Wenn der Mensch schon sterben muß, so soll er auch sterben wollen. Für einen, der wahrhaft die Freiheit liebt, ziemt es sich, daß er die unaufhebbare Unfreiheit aus freien Stücken antizipiere, um, nach rühmlichem, aber vergeblichem Kampfe in Gefangenschaft fallend, sagen zu können, er habe von allem Anfange an es auf sie abgesehen gehabt. Die frühe und freie Wahl der eigentlichen Todesursache macht das Sterben zur letzten Folge eines festen Entschlusses, der dann mit lobenswertem Eigensinne zur Ausführung gebracht wird. Niemand nenne unser Sterben ein freiwilliges, weil wir bei der ersten Begegnung schon mit dem kleinen, noch ahnungslosen späteren Sieger über uns, zum Rechtsmittel der Unfruchtbarkeit greifen, zur Adoption. Wir adoptieren das furchtbare Kind des Nichts und des Etwas, damit, was geschehen muß, wenigstens in unserem Namen geschehe, nicht durch ein Fremdes, sondern durch ein Verwandtes. Von jeher ist bei uns gestanden, zu sagen: das wird mein Tod sein; daran werde ich sterben! So stark, auch in Glück und Freiheit, im Kreis der Lieben und der Tribute, ist unser männliches Wesen gewesen, daß wir Vorsorge getroffen haben für die überlegene Abwehr der unvermeidlichen totalen Entwürdigung; daß wir nicht etwan stürben, ohne sterben gewollt zu haben. Der jeweils letzte Römer und Stoiker, hellsichtig das blinde Verhängnis nützend, die auf der Bühne nicht mehr geglaubte Tragik zum Hausgebrauch (welcher Gebrauch das Haus zerstört, als sei's der Atriden), wählt in seiner Geliebten seinen Tod. Sie ist der antike Dolch, den er sich in das neumodische Herz stößt; sie ist das zu schleichendem Gang gezügelte Gift, das zu um so sicherer Wirkung er sich einverleibt, je gläubiger aus dem Becher getrunken wird, den eine verräterische Hebe ihm hinhält. Weil geendet werden muß, trachtet er schon von Kindesbeinen an, ein Ende nach seiner Art zu nehmen, und wählet er in glücklich-unglücklicher Farbenblindheit das schwärzeste Los.

Strümpf Man spricht von Strümpf als von dem Strümpf. Durch diese unwillkürliche Begabung des Strümpf mit dem bestimmten Artikel distanziert sich der Sprechende vom Besprochenen als von einem, dessen Dasein und Sosein – ontologisch untrennbar miteinander verbunden – empirisch getrennt voneinander existieren und den man deswegen wie einen seltsamen Käfer mit den Fingerspitzen vom Boden hebt und sich vors Aug' führt. Sein Sosein hat in seinem Dasein keine zureichende Begründung. Man sieht es gleichsam mit Luftwurzeln über diesem hängen. Ob des geringen Wirklichkeitsgrades des Strümpfschen Daseins, und wegen des gauklerischen Soseins, ist es unmöglich, Eltern des Strümpf sich vorzustellen: tritt schon dieser nur wie ein Relief aus der Nebelwand der nachrückenden Vorzeit, können jene nur hinter derselben, in der reinen Potentialität zu physiognomischer Bestimmtheit, gelebt, gewallt, geschleimt haben. Deswegen wirkt Strümpf wie ein neuer Versuch zu einem Menschen neben dem alten, gelungenen oder eben gelingenden Versuche. Da entringt sich ein Maulwurf seinem Hügel, erblickt mit schwachen Augen, aber zum erstenmal die Welt und ist deswegen allen Starkäugigen, die nicht mehr im Stadium des ersten Sichverliebens sich befinden, überlegen.

Suggestibilität, Suggestor Wohl das meiste, was im Alltag und in der Unzahl für Liebe oder Freundschaft hingeht, ist Suggestibilität. Suggestibilität, die in diese Formen verschlagen worden wie Wasser und Sand in eine Muschel am Meer. Nicht jede echte Form prägt auch einen echten Inhalt. Es gibt hysteriforme Inhalte, die sich so anstellen, als ließen sie sich prägen, und so tun, als wären sie bereits geprägt. Ein solcher Inhalt ist die Suggestibilität. Ihr fehlt, um wirklich geprägt werden zu können, der entgegenkommende Wille zur Form und zu einer einzigen Form. Sie ist, weil sie nicht sich entscheiden will, und weil sie ihr Nichtwollen zu einem Nichtkönnen gemacht hat, und weil sie, statt unter schier unbegrenzten Möglichkeiten, unter recht begrenzten zu wählen sich entschlossen hat, eine freiwillige Parodie auf die Willensfreiheit, also etwas spitzfindig Diabolisches. Sie setzt an die Stelle des Freunds oder des Geliebten und als den nicht vorhergesehenen dämonischen Dritten den Suggestor, den unumschränkten Herrn über die beschränkten Möglichkeiten, welche sie – das ist nun einmal ihr Hexengesetz – nur aus zweiter, eben aus seiner Hand zu empfangen vermag, obwohl sie dieselben aus erster eigener besitzt. Diese schon von allem Anfange an geübte Zurückweisung des originalen Ich zugunsten eines überkommenen – schnurgerade wider den in neunundneunzig von hundert Menschen hör- und sichtbar arbeitenden Trieb, als einzigartige Person aufzutreten und ins Feld zu rücken und dortselbst das Urteil dem Gottesurteil zu überlassen, das allein über ersten, zehnten, fünfzigsten Rang entscheidet – macht den hysteriformen Freund und Liebhaber tragisch unter dem Aspekte des irdischen Ziels (weil der Suggestor woanders liebt, wenn er liebt, und liebte er zufällig nicht, nie den Suggestiblen lieben würde), und komisch *sub specie aeternitatis* (weil da überaus deutlich an Tag tritt, daß er die Nachgeburt des freien Willens aufgezogen und zur Größe jedes Originals, das ihm begegnet, aufgeblasen hat). Mit diesem Originale wird er so lange sich verwechseln, bis eine überraschende Dezision dieses Originals ihm Halt gebietet, doch nur so lange Halt gebietet, wie der tüchtige Imitator braucht, Inhalt und Ausdruck auch dieser Dezision sich anzueignen. Bei der funebren Gelegenheit des Jüngsten Gerichtes wird ohne Zweifel erlebt werden, wie die Suggestiblen, die Nachahmer, die Einfühlsamen um knapp eine Nasenlänge zu spät kommen und dann weder Erde noch Himmel, noch – sich selber vorfinden.

SYSTEMATIKER, DER Der Systematiker ist allen jenen solitären Einfällen, die man geistreich, tiefsinnig, originell, auch Brillanten nennt, Edelsteine des Geistes also, die, ohne je eine Fassung gehabt zu haben, doch wie für eine solche zugeschliffen sind, aus innerstem geometrischen Herzen abhold. Und deswegen abhold, weil sie, je heller sie strahlen, ja, je unbedingter sie von einer Zentralsonne der Wahrheit Zeugnis ablegen, mit desto leereren Händen (bei angeblich oder wirklich vollen Taschen) auf ein System hinweisen, das nicht existiert, aber existieren sollte, denn: *penser oblige*, nämlich zu System. Man bleibt nicht auf halbem Wege und mit offnem Munde, dem ein pythisch Wort entfahren ist, stehn wie – in seltenem Verein – Dorfkretin und Prophet, sondern geht ihn zu Ende, auf die Gefahr hin, auch in die Irre gegangen zu sein. Man muß riskieren, daß die Summe, auf die man im jugendlichen Überschwange die Welt geschätzt hat, im reiferen Alter nicht mehr zulangt, sie *en bloc* zu erwerben. Aber ohne einen fetten Gewinn vor Augen kann man seines schlaffen Beutels nicht innewerden. Die Goldprobe auf alles, was glänzt, ist das System.

THEORIE Zauber des Unglücks, daß einem die Augen übergehen vor Einsichten, die zu nichts Irdischem mehr taugen, die das Lichtreich nicht mehr verlassen können, also theoretisch bleiben! Keine Hebelkraft bricht diese von dir in blindem Verein mit der Vorsehung gelegten Fundamente aus dem Boden des himmlischen Vaterlandes, und Myriaden von Pferden schleppten sie nicht zu profanen Bauten auf den der *magna mater materia*, sosehr auch du die Göttliche verehrst und ihre erhabenen Pläne bewunderst. Ein Palast wartet dein, dessen jedes Staubkorn du dir aus dem schmerzenden Aug' gewischt hast, dessen jeden Stein, daß er tauge, die Bauleute verworfen haben müssen. Schlafe ruhig auf der nackten Erde, du für diese Zeit verbannter Fürst! Über deinem Haupte, während die Welt schlummert, steigen die Engel auf und nieder auf der Leiter der Theorie, mit Kelle und Mörtel und weiß von deiner

Unschuld, die an den Tag kommen wird, der bis zum Abend bei nicht der mindesten Praktik dich angetroffen hat.

TILL Till hat *grundsätzlich* ein gutes Gewissen!

TILL Till sieht zugleich das Nahe und das Ferne, bald mikro- und bald makroskopisch. Psychologisch gesprochen: dic Elongaturen seines Denkens und Tuns sind ihm als im Guten endende unbewußt bewußt. Wenn er unsicher, verzweifelt ist, ringt, so fehlt ihm stets das eigentlich Komplettierende des vollen Maßes von Unsicherheit, Verzweiflung und Ringen, was die meisten Menschen doch so rasch erreichen und weswegen sie auch menschlich sind. Ich nannte ihn nicht ganz zu Unrecht Phoibos Apollon, denn ein Gran des Göttlichen im Menschen genügt, das Menschliche unvollendbar zu machen. Vielleicht ist die Unvollendbarkeit des Menschen das erste, aber auch überzeugendste Symptom von Seele. (In dem menschgewordenen Christus fehlt etwas – der Eros!)

TILL Wenn es den gibt – und es gibt Ihn –, der in die Abgründe meiner Beweggründe schaut und aus der Tiefe der Seinen, der meinen, die Oberfläche vernachlässigt, so versteht sich aus diesem wunderbaren Vermögen, dank welchem allein ich das kommende Gericht vielleicht nicht zu fürchten brauche, daß die Übernatur nicht retten kann, wenn die Natur nicht Schiffbruch leidet, ja, wenn auf den Schiffbruch hin sie nicht schon entworfen worden ist. Es muß also dem Vermögen der Gottheit, wider meine Handlungen mich zu rechtfertigen, mein absolutes Unvermögen entsprechen, vor einem irdischen Richter, er sei Mann oder Weib, der gütigste oder der gescheiteste, erfolgreich mich zu verteidigen. Ich habe, scheint es, um wenigstens drüben sicherzugehn, von zwei Anwälten den hartnäckigsten und von zwei Tribunalen das unbestechlichste gewählt; ich weiß nur nicht, wann und wo und bei welchem Anlaß; es mag in meiner Kindheit, es mag vor meiner Geburt gewesen sein. Eines jedoch weiß ich für bestimmt und halte es mir stets vor Augen – erstens, um nicht doch einmal Gerechtigkeit zu fordern, zweitens, um den immer schwanken Besitz von Person durch währende Besinnung auf den Akt der Erwerbung von Person kräftig zu stützen –, daß, wie die eine, ich auch die andere Möglichkeit gehabt habe, und zwar zu gleichen Schalen, nämlich: solche Beweggründe meines Handelns zu wählen, die dieses Handeln jedermann verständlich und verzeihenswert gemacht haben würden.

TILL Als einer der wenigen, denen die üblichen Prüfungen erlassen zu werden pflegen, ist Till zu einem englischen Leben in der Welt bestimmt gewesen. Seine Mutter weiß das, wenn auch nicht mit theologischer Bestimmtheit, sondern aus jenem Madonnengefühle, das sich regt, wenn der geringste Anlaß gegeben scheint. Denn wie die jüdische Mutter auf den messianischen Sohn hin orientiert ist, so die wahrhaft christliche auf einen Nachfolger, *imitator*, des Heilands. Die wahrhaft christliche Mutter allein strebt im Sohne weg vom Vater, erhofft vom Sohne die Erlösung aus der Sklaverei des Geschlechtlichen. Deswegen erwartet sie und zählt sie die Zeichen seiner Sendung, hütet sie die Keuschheit des Knaben und beachtet dieselbe noch am Jüngling und ledigen Manne und tritt dem Weib, das sie selbst ist, mit dem flammenden Scheit, aus dem heiligen Herd des Hauses gerissen, entgegen, gleichsam eine Renegatin ihres Geschlechts und von diesem auch also empfunden und verachtet und gehaßt. Auf der Höhe ihrer Strenge hat Mutter Mathilde den Sohn zwar nicht dem geistlichen Ideale nachzuformen versucht – mit keinem Worte –, aber doch das Beispiel einer gegen sich selber sehr harten Frau gleichsam geometrisiert. Wenig Freude, wenig Lachen, wenig Zärtlichkeit und ein großer Abstand zu Gefühlen, Sachen und Personen genügt, den wenigen Raum zu umzirken, dessen, und keines weitern, der sittliche Mensch bedarf, um sowohl die Freiheit wie das Gesetz zu erleben und zwar – wie es im

Apostolicum von den Naturen Christi heißt – sowohl als untrennbar wie als unvermischbar: ἀχωρίστως καὶ ἀσυγχύτως.

Till O Gott, ich verstehe nicht die Hälfte von dem, was die Leute zu mir reden. Sie halten mich für gescheit und für gebildet. Das Merkwürdigste aber ist, daß die Dümmsten noch viel gescheiter sind als ich. Ich muß nun ihre Quellen aufbrechen, die sie selbst nicht hätten aufbrechen können, und wenn ohne sie, sie verdurstet wären. Ich muß der Stab Moses' sein, der ohne Moses an die Felsen schlägt.

Till Ehdenn der Unglückliche beschließt, sein Leben zu enden oder zu ändern, fährt er noch einmal alle Wege aus, die zu diesem oder jenem Entschlusse führen werden, genauer, führen sollen. Ob kraft eines erlaubten oder kraft eines unerlaubten Mittels er dem Labyrinth entrinne, ob auch mit dem Leibe oder nur mit der Seele, scheidend zwischen Gut und Böse oder der Wahl sich entziehend durch Abscheiden: über Ja und Nein zum Leben steht da plötzlich der unsterbliche Teil des Menschen und urteilt über den sterblichen, von höchster Warte, so als ob ihm sein und sein Schicksal gleichgültig wären. Nur wer die rasende Objektivität der Verzweiflung kennt, hat durch sich selbst und für sich selbst den Beweis erbracht, daß er an sein ewiges Fortbestehen wirklich glaube! Seitdem Till weiß, daß Melitta für immer gegangen ist – ein Wissen, gleichend der umfassendsten Bildung, die den Einklang des einzelnen mit Naturgeschichte und Geschichte herstellt und so das Nichtwissen auf die Weisheit Gottes beschränkt –, fährt er in dem oberirdischen Labyrinthe, das dem Glücklichen fast nur offene Tore bietet – wie auch im dichtesten Walde ein Abstand herrscht zwischen zwei Stämmen, auf der Wiese zwischen zwei Gräsern, im Molekül zwischen den Atomen –, ausgangslos hin und her. Hier hast du sie geküßt! Es ist wahr. Hier habt ihr miteinander gestritten! Es ist nicht minder wahr. Dort hast du sie erwartet; erfolgreich, vergeblich erwartet! Gleichviel!

Ihr Kommen und ihr Nichtkommen sind unvergeßlich. Wie der Kiel des Schiffes die Wellen wirft nach rechts und nach links, so wirft Klios Griffel Freude und Schmerz zu seiten, unbeirrbar fortsetzend die gerade Zeile. Nun geht man den Umkreis der hinterlassenen Denkmale ab, die versteinten Wogen mit den unsichtbaren, nur vom Tastsinn lesbaren Inschriften, den Randbemerkungen der Moira zu einem unverständlichen Text. Und das heißt: erinnern. Und erinnern heißt: Pompeji ausgraben und nicht einen einzigen Pompejaner verlebendigen. Diesem in sich mangelhaften, doch aber als ein vollkommenes uns erscheinenden Geschäfte – würden wir den Spaten an die Erde setzen, den Stachel der Vorgeschichte in die Geschichte stoßen, wenn wir nicht mehr hofften, als vernünftigerweise von intellekterzeugten Instrumenten sich erwarten läßt, daß sie nämlich hinunterdrängten zum Auferstehungskeim der Toten, zu den scheintoten Gefühlen, bis in den feuerflüssigen Kern der äußerlich erstorbenen Liebe! – ging Till nach, schon drei Wochen lang, Tag für Tag, ein brotlos gewordener Zauberer, dem das existenzwichtige Kunststück, in den leeren Händen die Fülle der Welt erscheinen zu lassen, nicht und nicht gelingen will. Ebensolange schon beobachteten die Halterbuben aus ihren von Disteln, Brombeer- und Himbeerstauden, Baumstümpfen und Ziegenköpfchen gebildeten Hinterhalten, die Holzknechte am obersten Waldrand des frischgeschlagnen Blicks ins Tal, die lehmfigürlichen Bäuerlein auf den ursprünglich holpernden Leiterwagen, die Kleinhäusler im lauernden Dunkel der noch kleineren, überdies mit Topfblumen vollgestopften Fenster und die andern desselben Wegs, nur vernünftig erreichbaren Zielen zugeordnet wandelnden Leute einen Eigentümer, der durch sein Eigentum wie durch ein fremdes irrt, bald tiefgebeugt, als ob er einen schweren Sack schleppte, bald in ein wildes Gestikulieren zerspringend, als sei mit der Last auch die Zucht gewichen. Wer ihn nicht, aber die Gegend wenigstens ein wenig kannte, würde ihm gerne Bescheid gegeben haben, wenn da nicht bei näherem Zusehen die Feuersgefahr des Banditen oder gar des Wahnsinnigen bestanden und schleuniges Entfernen geraten hätte. Weil aber fast alle ihn kannten, die meisten auch als ihren Herrn, Boden- oder Arbeitsherrn, mußte er, im Bekannten ungewiesen, auf sich selber angewiesen bleiben. Ein aus ältesten Zeiten stammender Respekt hindert den einfachen Untertan noch heute – man wird ihn allerdings nur auf dem Lande finden –, auch dann dem Könige sich zu nahen, wenn dieser der Samariterhilfe dringend bedürfte, oder dem Helden, den die Eifersucht der Götter verfolgt. Von ihren Händen hat der Sterbliche seine Finger zu lassen. Einmal, gegen Abend – das ist die belebteste Zcit auf dem Lande: mehrere, denn ausgegangen sind, kehren heim –, kam er, dem alle Wässerlein hier gehören, an ein Bächlein, das ihm erst jetzt gehörte, weil es weder gestern noch jemals hier gewesen war. Weswegen es auch noch kein Bett sich hatte geben können. Über niedergedrückte Gräser floß es eilends, erfreulich glucksend wie der Wein in der Flasche an des Trinkers Mund. Der fröhliche Laut machte den Traurigen noch trauriger. Und weil der Genuß der Traurigkeit die vom Greifbaren verlassenen Sinne bis zum Wahrnehmenkönnen der Begriffe, der winzigen Widersprüche, die allein das Gelingen des sie umklammernden Vergleichs bewirken, und der vom Wesen der Sache abgetrennten Akzidentien schärft, konnte auch ihm scheinen, es wollten die kleinen Stromschnellen sehr große Entfernungen hinter sich bringen. Sofort fruchtete das Schauen dieses glücklich erfundenen Mißverhältnisses. Mit ähnlich weit ausholenden Schritten, dachte er, und ziemlich laut – das ungewohnte Fehlen des Partners zwang ihn, die eine Stimme zur zweiten zu erheben, die eigne zu der des andern –, stürme ich dem End' entgegen, als ob das End' ein Ziel wäre! Mit jedem Schritt setze ich ein Vorbei! Die Jahreszeiten durchfliegend, um ans End' aller Jahre zu kommen, ein Selbstmörder, der seinem Tode vorauseilt! Oben blühend, unten im Herbstlaube raschelnd, auf den dürren Winterarmen den Schnee! O Eitelkeit der Eitelkeiten! Und alles ist eitel! Ach, ich ruf's wie Salomo! Aber: mach' ich's auch wahr? Muß ich nicht auch übers Buch der Bücher hinwegkommen, das einem Lesenkönnenden viel zu weit entgegenkommt? Was nützt ein Wissen, das früher erworben wird als die Erfahrung, daraus es gezogen worden?

Braucht aber Till Salomos Weisheit noch, wenn er bereits Salomos Torheit besitzt? Wenn die ordentliche Abstammung jener von dieser wiederhergestellt ist? Wenn auf der freigeräumten Bahn, wie zurück bis zu ihrem Anfang, es auch vorwärts bis zu ihrem Ende geht? Welch' Ausrede noch hätt' ich, sie nicht zu befahren? Bin ich datierende Geschichte, die als solche auf das, was schon gewesen ist, natürlich Rücksicht zu nehmen hat? Bin ich nicht vielmehr – oder ganz eigentlich – Vorgeschichte, in der, was später auch, dann aber eben aus zweiter Hand, geschieht, zum erstenmal geschieht? Hab' ich – der Himmel mein Zeuge! – Liebe von früher Liebenden gelernt? Nein! Und um die Verzweiflung zu können, soll ich bei Musterverzweiflern zur Schule gehn? Nein! Und noch einmal Nein! Also hat auch der jetzt Verzweifelnde wie zum erstenmal zu handeln, und hätten Abertausende vor ihm gleich oder ähnlich gehandelt! Wissen und Tun sind zwei Reihen, die in verschiedenen Zeiten laufen: die eine läuft nachzeitlich – ab einem bestimmten Tage –, die andere vorzeitlich, aber nicht zu diesem Tage hin. Denn: wenn Tun wüßte, müßte ihm eine Theorie vorausgegangen sein, und wäre es nicht das Erstige; und wenn Wissen täte, würde das Kind die Mutter gebären. Das sagte Till natürlich nicht, das dachte er auch nicht, das rumorte nur in ihm, unter dem Nabel, in seinem (und jedermanns) Chaosrückstand, der, während die Chaoshauptmasse ringsumher bereits zu Sinn geschossen starrt, ihre Entwicklung nachzuholen hat durch Steigen von Unbewußt zu Unsinn, von Unsinn zu immer weniger Unsinn, vom Drachen, als ob es noch Drachen gäbe, zur Eidechse, obwohl es sie gibt. Auf halbem Wege zwischen dem und der stand Till, als er am Bächlein stand, gewandet wie anno heute, doch unter dem Gewande teils nackend, teils bärenfellig, seit kurzem erst Mensch, ein Troglodyt, viel verwandter noch sich fühlend mit den Nichtmehr-Seinesgleichen denn mit den Jetzt-Seinesgleichen, die so gern wie er wieder herausfallen würden aus dieser in sich brüchigen Gemeinschaft deutlich voneinander abgehobener Wesen – jedes seine eigene Statue, kunstvoll vereinsamt, unbewegbar zur nächsten hin – und zurück in die durch und durch gemischte Brüderschaft der Nicht-Ichs, in die magische Demokratie, die mit den Ohren welches andern immer hören, mit den Händen welches andern immer sich kratzen, aber auch, wenn nötig, mit den ihren überall und zur selben Zeit, also tausendhändig helfend eingreifen kann. Kein Wunder im Wunderbaren, daß die Rettung im zu Rettenden sitzt! Denn: wo alle eins sind, gibt es nur das Nebeneinander, nicht das Nacheinander. Ein Griff, kurzarmig wie der aus dem Bett zum Nachtkästchen, und man stößt an die Säulen des Herkules oder gar hinaus in den Weltraum, nicht ohne die ganze dazwischenliegende Harfenbreite aller nur möglichen Erscheinungen zum Aufrauschen gebracht zu haben. Kein Wunder bei dieser Gelegenheit aller Gelegenheiten – alle in der einen vereint und gleichen Ranges –, daß jede die rechte ist, daß kein Gefühl abwegig, kein Gedanke absurd und kein Rettungsversuch schon in sich unmöglich ist! Glückliche Zeit, aber nur vom Unglücklichen aus der Tiefvergangenheit heraufzuholen! Schöpferischer Widerspruch, wie der Dichter auch! Also dichtete Till, daß der Name Melitta wie eine schöne, aber fleischfressende, ihn, Till, fressende Blume in ihm wese! Und sofort auch tat er die Gedankenschritte des Gärtners zu dem Unkraute hin, es auszurotten. Weil er aber ein verliebter Gärtner war, kam ihm ein Verliebtenbrauch zu Sinn, besser, in die Quere. Wie dem Beter später Jahrhunderte der bereits geregelte Gottesdienst in die Quere kommt. Den ehdem schnurgeraden, einsamen, nur je einem Geher Raum bietenden Weg mit massenfassenden Kathedralen breit verstellend. Der vervollkommnete Dienst ist früher da als jede Art von Seelennot. Eine für alle Unglücks- und Glücksfälle vorgeprägte Sprache nimmt den Hilferufern und Danksagern, den Fluchenden und den Segnenden ihre eigenen Worte als ungeeignete, wie immer sie sein mögen, aus dem Munde, um in feierlichem Stile, gleichsam prozessionierend, sie himmel- oder nächstenwärts zu tragen. Es gibt also einen neuen Stand, bekannt unter ganz anderen Bezeichnungen und daher unbekannt seinem wahren Wesen nach: den der grammatischen Zwischenhändler. Ob sie am Altare stehen oder am Schreibtisch sitzen, auf beiden Augen blind für alles, was nicht zum

Rituale gehört oder zum Roman, eben nicht zum Handwerk des Veredlers der angeblichen Rohstoffe –: mit einem dritten Auge – das zu haben sie nicht wissen, und dies Unwissen garantiert die Dauerexistenz von echter Kirche und echter, literarischer Literatur – wachen sie eifersüchtig darüber, daß der Laie Laie bleibe *in religiosis* und *in aestheticis* Dilettant. Daß die Rampe – eine tiefsinnige katholische Erfindung – Aktor und Publikum trenne. Allerdings sammelt sich dann – und das ist der unvermeidliche Nachteil des vorzüglich Gedachten, der unvergeistbare Pferdefuß des vergeistigten Pegasus – im abflußlosen Parterre ein ungeheurer Vorrat von Zitaten an, die uns die gebildete Möglichkeit gewähren, jeder neuen Situation auf den Kopf zuzusagen, was sie uns meine. Wenn der heutige Odysseus aus dem Phrasenmeer an den Strand kriecht, was erblickt er? Natürlich die Nausikaa! Es müßte schon mit dem Genius selbst zugehn, wenn bei weit und breit keiner Königstochter ein wütender Köter den Landenden am Landen verhinderte!

(Fortsetzung)

TILL Auf einem Unterbau von schlechtem Gewissen ruht – wenn man ruhen sagen darf – die Menschenwelt. Nachts lebt sie in den tiefen Fundamenten, tags auf dem flachen Dache. Ihre großartige Vergessensleistung – zuerst eine bewußte, dann eine unbewußte – ist das Ersteigen der Stufen vom vorwurfsvollen Mond zur alles verzeihenden Sonne. Schlafend nimmt sie Qualen der Hölle vorweg, wachend Freuden des Paradieses. Wann lebt sie im Diesseits? Nie! Es gibt keins! Um vom Zusammenprall zweier Jenseitigkeiten nicht erdrückt zu werden, nimmt man an, es bestünde zwischen ihnen, wie zwischen Scylla und Charybdis, ein immer eben jetzt sich öffnender Durchgang. *Carpe diem!* ruft der Schiffer und fährt gegen eine Felswand.

TILL (sagt) Ich bin nun endlich wirklich einsam geworden: in mir und außer mir. Ich kann mich Melitten nicht mehr mitteilen, weil sie mich ja nur noch mit dem physischen Ohr hört. Ich liebe sie auch nicht mehr, weil man nicht lieben kann (und auch nicht lieben darf), was einem andern gehört im schändlichen Sinne des *mancipium*. Eine also obsedierte Person ist untauglich zum Depot. Eine solche Person wird weder wahrhaft apperzipieren noch unverbrüchlich thesaurieren. Wenn ein Dieb in der Bank sitzt, wird man sein Geld daselbst nicht hinterlegen. Es ist sehr bitter für mich, mich ihr verschließen zu müssen; denn sie ist der einzige Mensch, dem ich mich geoffenbart habe und folgt ihm keiner mehr nach, und hätt' ich doch mit dem seinen aúch mein Heil gewirkt. Aber meine Pfade sind ihr allzu verschlungen gewesen, und so hat sie gemeint, in die Irre zu gehen, und jenen graden Weg gesucht, den sie nun unter den Füßen hat, den viel einfacheren Weg, auf dem und mit dem gegen den komplizierteren zu protestieren man in der glücklichen Lage ist, das heißt, in die Ansicht der Mehrheit einzustimmen, von der großen Welle sich tragen zu lassen, hinaus ins ungenaue Meer, fort von den ein für allemal bestimmten Ufern, deren eines ich bin. Was mir bleibt, ist die Sorge um ein teures Geschöpf, das es billiger gegeben hat.

TILL (sagt) Die einzige, die nicht glaubt, daß ich glaube, ist Melitta. Untrübbar durch ihr trübes Handeln wider mich und wider den, gegen den wir alle uns vergehn, bleibt ihre Clairvoyance für mich. So daß ich sagen darf: kann ich sie nicht überzeugen, bin auch ich nicht überzeugt. Andrerseits aber darf ich ihr Überzeugtsein von meiner Nichtüberzeugtheit nicht teilen, so sehr auch mein Trieb zu Aufrichtigkeit dies will. Ich muß der Wahrheit widerstehn (der charakteriologisch bedingten) um der Wahrheit willen (der absoluten, der von nichts in mir bedingten). Weil ich – wie es den Anschein hat – bloß mich bestrebe, zu glauben, darf ich nicht glauben, daß ich nicht glaube. Und schließlich ist zuzugeben, daß man nicht glaubt, nicht von derselben Ebene wie zuzugeben, daß man kein Geld hat.

TILL (sagt) Melitta ist jenes letzte Stück Welt, das mich an die Welt noch bindet. Nur dieser Bindung wegen ertrage ich die übrigen Bindungen. Löst sich diese, lösen sich auch die andern.

Wenn ich im Ertragen nicht sehr geschickt wäre, würde ich Melitta unerträglich finden. Meine Liebe zu ihr ist die Liebe zu dem bißchen Welt, das noch in mir. So, als des einzigen Lebewesens, das den Charakter des Du trägt, gedenkt sorgend der Spinne in einer Ecke seines Kerkers ein Gefangener. Ich armer Verirrter im Labyrinthe! Andere, wie wenn sie nicht von ihnen schwer gebunden wären, hantieren leicht mit den dicksten Stricken; ich muß um den dünnen Ariadnefaden zittern, daß er nicht risse, obwohl nichts an ihm hängt, das heißt, ich Ariadnens Theseus nicht bin.

TILL (spricht nach Jahren zu Melitta) »Du bist meine Geliebte gewesen und mir untreu worden ob Deiner größeren Treue zu Dir und ob meiner noch viel größeren Untreue wider mich. Für den von mir verlassenen Gott hast Du Dich empört, ohne den Gott zu kennen. Er ist's, der auch den Heiden dankbare, der heute mich also zu Dir sprechen heißt: vergib dem Einsamen von Beruf, der nur die verwandelte Hostie in Händen hätte halten dürfen, nicht in den Armen das unverwandelbare Weib, daß er sich unterfangen hat, Dich auf die ihm unerlaubte Art zu lieben. Als mein Herz durch Dich erhoben worden war, hätt' sogleich ich rückkehren sollen in die Zelle und das restliche Leben lang dem Herrn danken für den freudig erlittnen Beweis, daß *ein* Mensch wenigstens *einen* Menschen zu lieben vermocht hat. Ich aber habe die himmlische Flamme zum irdischen Feuermachen mißbraucht. Und mit dem entzündeten Span von Herd zu Herd zu laufen, hab' ich für das rechte Laufen vermeint. Nun fällt kein Feuer mehr vom Himmel. Vom Markt trägt man's in irdenen Töpfen nach Hause, wie das Brot, das Fleisch, das Grünzeug auch. Als Adam aus dem Schlafe erwachte und die Gefährtin sah, die Gott ihm entbildet hatte, und keine zweite, gleiche, ähnliche, unähnliche, sind da nicht Liebe und Nächstenliebe das ein und selbe gewesen? Nun liegt die wunderbare Rippe verblichen in der Wüste, und des von zahllosen Gefährtinnen überfallenen Adam Brust klafft wie eine räuberisch erbrochne und also gelassne Tür. Mühselige Samariter träufeln schalen Wein und ranziges Öl in diese Weltwunde.«

Till (spricht zu sich) Was kümmert dich die Kälte draußen, wenn du drinnen Feuer hast? Hüte dich, in dieser Winternacht das Fenster der Einsicht zu öffnen! Der Erkalteten Weg durch Schnee und Eis verstehend zu verfolgen! Die Kristalle blühen ihr einen neuen Frühling vor, im Froste taut sie auf! Du würdest erfrieren. Aber sitzen bleibend beim Ofen der Erinnerung, kannst du unendlich lieben.

Till (Die innere Stimme) Seitdem du mit der Einsamkeit verheiratet bist, hast du ihr oft und oft die Treue gebrochen, aber eine echte neue Gemeinsamkeit nicht zu gründen vermocht. Blicke jetzt einmal um dich: wie leicht fällt den Vielen, immer wieder andere feste Bünde zu schließen! Gewiß, sie dauern nur kurze Zeit, doch auch für diese tragen sie alle Insignien der Dauer. Wie bei den Weisen die Wahrheit, fruchtet bei den Toren der Wahn. Fruchtbar sind sie aus Fruchtbarkeit. Weil nicht Korn, bringen sie Unkraut hervor, wuchernd mit jeglichem Samen. Sie irren nämlich nur in der Person, nicht in der Sache. Je öfter sie jene wechseln, desto richtiger erweist sich diese. Du aber irrst in der Sache und infolgedessen in jeder Person. Erkenne also endlich, daß die Gewalt des Sakraments der Ehe dich mit der Einsamkeit verkerkert hält, daß du ungeboren schon mit ihr vermählt worden bist, und daß du dem Willen der elterlichen Geister nicht zu widerstehen vermagst! Nicht mit der Schöpfung selber, sollst du wissen, bist du verbunden, sondern mit den Abbildern der Schöpfung, in welchen Abbildern das Urbild sich in dem allein dir zuträglichen Zustande befindet: nicht wie rohe, sondern wie gekochte Speise. Dem zahnlosen Kinde gleichst du, dem die Nahrung vorgekaut wird.

Der Blitz des unmittelbaren Anschauens würde dich zerschmettern. Durch den erhobenen Finger jedoch des Genius fährt er entwaffnet in die Erde. Der wirkliche Leib einer Geliebten würde deinen Verstand zerstören, der glaubt, daß zwei Körper denselben Raum nicht einnehmen können. Infolgedessen bist du unfähig zu lieben. Denn die Liebe in ihrer tiefsten Tiefe unterschwimmt dieses Axiom.

TILL (Die innere Stimme) Wenn du noch Ehre im Leibe hast nach der Verneinung deiner Person als einer männlichen, intelligenten, menschlichen durch eine andere Person, von deren ununtersuchtem Ja du bedenkenlos gelebt, so mußt du jetzt den Zustand wiederherstellen, der vor deiner Begegnung mit ihr zwischen dir und ihr geherrscht hat: denselben, der zwischen Ungeborenen und Toten herrscht. Denn Eros ist so gut der Gott der Befreundung wie der Entfremdung. Ihm gehört das Jedermannsland und das Niemandsland. Weil du also, noch fern der Lethe, nicht vergessen kannst, so mußt du verlassen: Haus und Amt, den schmerzlich vertrauten Ort, das nicht mehr sinnvolle Gefängnis des Vaterlandes – denn seine Türen sind aufgesprungen vor deiner lächerlichen Unschuld an allem Zeugen und Gebären –, ja sogar den Kontinent – weil Erde mit Erde zusammenhängt wie das noch Feuchte des Tuchs mit dem längst geleerten Waschbecken –, um wenigstens metaphorisch jene unermeßliche Entfernung zurückzulegen zwischen dem Nochnichtseienden und dem Nichtmehrseienden. Glaube daher keinem, der dich trösten will, weil er dir die Trostlosigkeit raubte, die allein zum rechten Tröster führt: Gott! Erhebe dich zu deiner früheren ungebeugten Gestalt und ergreife das Maß aller vergänglichen Dinge: den Wanderstab. Höre nicht auf deine Freunde! Sie können nie und nimmer ausmitteln, was eigentlich mit dir geschehen ist und bringen dich durch ihre begreifliche Ungenauigkeit um dein genaues Wissen: daß du ein Nichts bist. Bewahre dies unbeweisbare, von jedem erfolgreich zu bestreitende Wissen, wie das Nichts sein Nichts bewahrt und daher es selbst bleibt. Das Etwas hingegen in Aussage besteht und durch Aussage vergeht. Deine Schande jedoch besteht ewiglich, wenn du nur willst. Und du wirst wollen, unglücklich Glücklicher, denn: nirgendwann noch bist du so sehr bei dir, so tief in dir und so sicher deines Existierens gewesen als in deiner Schande! Wenn du die unseligen Bewohner der Hölle und die seligen des Himmels befragen könntest, was Zeit ihres irdischen Lebens sie für sicherer gehalten hätten, die Verdammnis oder die Erhöhung, so würden alle wie aus einem Munde dir antworten: die Verdammnis! Die einen, weil sie zu stolz gewesen wären, ihre Sünden zu bekennen, die andern zu demütig, auf ihre Vergebung zu hoffen. Es gibt also im Bodenlosen, o Gestürzter, einen einzigen Punkt, was sage ich, ein Pünktchen, auf dem du siedeln kannst, allerdings nur wie der Säulensteher auf der Säule oder wie das Birkenstämmchen in der Mauerfuge oder wie das erste Saatkorn in der ersten Krume Erde: dein Verneintwordensein. Zusammengedrückt von der Faust Gottes, sitzest du in ihrem Hohlen, mit deiner Stirn deine Zehen berührend, kreisend in dir selbst, ein All, das seinen alten Namen verloren und einen neuen noch nicht bekommen hat.

Till (Die innere Stimme) Die Tür fällt zu. Du bist hinausgestoßen. Die sich entfernenden Schritte kehren nie mehr zurück. Ab nun bist du von andrer Ebene als die andern. Wegen deiner geringern Wirklichkeit schwebst du einen Fuß hoch über der Erde. Du hast wohl mehr Rundsicht als früher, aber keinen Standpunkt. Um dich ist die Leere eines ungebräuchlichen Maßes. Wer was zu messen hat, trägt's an dir vorbei. Die Häuser, die du bewohnt hast, die Bäume, unter denen du hingegangen bist, sind nur langdauernde Fata Morganen. Jetzt ist überall Platz für ein neues Leben, denn: Spiegelbilder nehmen keinen Raum ein. Jetzt kannst du nicht mehr wie ehdem sagen: Hier nicht, sondern dort, oder: Heute nicht, sondern morgen. Auch das *hic et nunc* ist dem einen Augenblicke und dem bestimmten Orte entwurzelt worden. Noch nie bist du so unbestritten Herr über dich selbst gewesen! Begreiflich, daß du nicht weißt, was du tun sollst, weil du alles tun kannst und weil nichts falsch sein wird, allerdings auch nichts richtig: eine Familie gründen, einen Orden, ein Reich! Du kannst bleiben, du kannst reisen. Du kannst sogar wählen zwischen Sterben und Weiterleben. Und es ist gut, daß du eine lange Weile im langweiligsten Gleichgewichte stehen mußt: das nimmt beiden Schalen der Waage die finale Bedeutung. Du wirst zum unbeschriebenen Blatt: die teuersten Schriftzüge rinnen an dir herab. Ohne arm zu werden, verlierst du wahre Schätze der Erinnerung. Du trauerst ihnen nicht nach, denn: du kannst auch nicht mehr trauern. Die Trauer gehört zum Gestern; du aber bist von morgen schon heute und wirst auch morgen von heute sein. Armer Unsterblicher!

TILL (Die innere Stimme) Gott ist der Ehre, die du Ihm durch dein Bewundern Seiner Geschöpfe zu erweisen glaubst, nicht bedürftig. Auch will Er nicht aus zweiter Hand empfangen, was du aus erster Ihm schuldest. Deiner Sinnlichkeit nicht Abbruch tun zu müssen, gibst du vor, Ihn durch die geschaffnen Dinge hindurch zu erkennen, und opferst Ihm ein Flämmchen von dem Feuer, das dich für jene verzehrt. Durchschaue doch den Doppeltrug, den Leib und Seele, auseinanderstrebend, weil schlecht vereint, und ineinanderfließend, weil nicht klar geschieden, als einfachste Wahrheit dir vor Augen stellen! Es ist der Alten Frömmigkeit gewesen, den Stoff von der ihr einwohnenden Gottheit durchknetet zu fühlen, die Bewegung als der Gottheit Bewegung zu verehren und der erstarrten Masse, wie dem flachsten aller Reliefe, ein Antlitz der Gottheit zu enträtseln. Du aber bist spät geboren: lange nach des Schöpfers Verlassen seiner Geschöpfe. Er wohnete unter ihnen, hat es geheißen. Also wohnt Er nicht mehr bei ihnen. Also führt auch dein Weg, armer Wanderer, dich über sie und über dich selbst hinaus, Seiner neuen Heimstätte entgegen, deren Mauern und Tore du nirgendwo erblickst. Schwer fällt dir, ich weiß es, du Treuer, Abschied zu nehmen von der Vergangenheit der Religio, denn sie ist deine Vergangenheit; noch schwerer, von den

Geschöpfen, denn die Geschichte deiner Liebe zu ihnen ist die wiederholte Geschichte der frühen und frühesten Weisen, den Schöpfer zu verehren.

TILL (im Tartarus) Was immer er tut, ist sein eigen Tun nur eine kleine Weile; grad reicht sie hin, es zur Welt zu bringen, zur Unterwelt. Dann, im Nu erwachsen, tut es mit ihm, packt es ihn beim Schopfe, drückt es sein Aug' nach innen. Also hört Hand auf zu werken, Fuß zu gehen, fällt die Gegenwart wie Mörtel von einer Wand, an die man gewaltig mit dem Kopfe stößt, mit dem plötzlich weltkugelgroßen Kopfe, kommt der rohe Ziegelbau des Universums zum Vorschein. Er schreibt einen Brief, den ewigen Brief an die ewigen Numinosa, der aus derselben Feder von Trennung und Vereinigung spricht, von der *complexio oppositorum*, zu deren Herstellung, wegen Fehlens der Zeit, des Nacheinanders, des Früher und Später, jetzt die rechte Zeit wäre –, jedoch: der Brief zergeht auf der spiegelnden Tischplatte zu wehenden Najadenarmen, schrifttätowierten, und bald bedeckt Melittens Bild den Acheron, verzeichnet von der sich wellenden Tafel Wassers. Wohinaus immer er stürzt, in welches Freie des unendlich weiten Kerkers, wohinein immer, in welche türlose und leere Zelle er tritt, überall ist sie da, die Geliebte, die ihn verlassen hat. Wie viele Schildwachen stehen vor ihrem fürstlichen Nichtvorhandensein ihre herablassenden Erscheinungen: vor ihm, hinter ihm, rechts von ihm und links. Der von Natur Treue möchte zu ihr, die in die Treulosigkeit, in ihre Natur verschwunden ist, wie der einzelne Stein ins eine Urgebirg, das Schwert ins Eisenall verschwinden wird eine Stunde vor Jüngstem Tag, wenn die große *restitutio in integrum* anhebt zu beginnen und auch alle Kleider verschwinden werden ob des notwendigen Nacktseins der auferstehenden Leiber. Laß mich passieren, sagt er zu einer der Schildwachen, du kennst mich doch. Ich kenne dich nicht, sagt die Schildwache, sperrt mit einem abgebrochenen Stundenzeiger den weglosen Weg ins Wesentliche und knirscht mit ehernen Zähnen. Es ist also möglich, ruft der Liebende, dich zu kennen und von dir nicht erkannt zu werden?! Es ist möglich, daß dies möglich ist, sagt die Schildwache, aber: philosophieren ist nicht meines Amtes. Du siehst, daß ich im Dienste bin. Du hörst es, du fühlst es, du weißt auch – unter dem Nabel –, daß ich immer im Dienste bin, genauso wie du im Dienste deiner Verdammnis bist und die Pflicht hast, dich zu quälen mit Fragen; dich, doch nicht mich. Wohl: ich locke dich, mit mir zu reden, daß ich meine Pflicht erfüllte, dir nicht zu antworten. Im Dienste bin ich nicht das beseelte Wesen, das ich gewesen bin und noch zu sein scheine, sondern eine unbeseelte Natur, weder fähig mich zu erkennen noch dich. Bedenke doch, Mann, sprech' ich beiseite, aus einem Schlitz meiner Larve, ohne Stimme, daß der Totenrichter mich nicht höre, bedenke, wie wenig richtig dein Erkennen sein würde, wenn das meine an dir werkte! Bedenke, daß von Zweien Einer immer der Andere ist, also auf Erkanntwerden hingeordnet, nicht auf Erkennen! Du stehst offenen Mundes? Du staunst? Du hörst zum erstenmal vom Loswurf über das Paar? Auch ich staune: bist du denn, o Mensch, nie jemals der geliebte Mensch gewesen? Der, den der Andere angezielt hat? Dessen Pfeile nicht dein Herz getroffen haben, sondern in das Holzbein an deiner Seele gefahren sind? Du mußt, o Geist eines Geistes, zu Unglück bestimmt worden sein, weil du unfähig gewesen bist, unglücklich zu machen! Und nun erkenne ich, zwar ein schweres Dienstvergehen begehend, aber es sei – die Schildwache entblößte ihr Gesicht mit einer wegziehenden Silberwolke von Hand: und für wenige verbotene Augenblicke strahlte das Melittens unter der Mittagssonne des andern –, warum ich dich nicht erkenne. Man erkennt nämlich nur seinen Mörder oder den, der unser Mörder hätte werden können! Den, der die unsterbliche Liebe bis auf den Tod zu verletzen, die Glaubenskraft des Unglaubens gehabt hat.

TILLS TRAUM NACH MELITTENS BESUCH Viele schwarze Brüste, die nebeneinander wogen, hoch über messerscharf eingeschnittnen, kreisrunden Straßen, die nur der kühn in ihre weiche Enge Eindringende ein Etwas zu erweitern vermöchte; bewegt in ihrem Innern von einem brodelnd sich mit sich selbst verschlingenden Magma, das nach vulkanischer Öffnung drängt, doch sich selbst genug bleibt, wenn ihm nicht geöffnet wird; auseinander- und zueinandertanzende Kuppeln, an jeder eine zarte Spitze auf parapluiegespannter Seidenhaut: die Unterweltlandschaft des Mutterschoßes.

TOD Es gibt nur ein Argument, daß wir gelebt haben, dem und jenem, wenn auch vergeblich: den Tod. Ihm allein beugen sich, die zu hinterbleiben bestimmt sind. Er ist unsere treffsichere, sublime Rache an denen, so Verrat an uns geübt haben. Sie können ihn nun nicht mehr gutmachen und sehen sich gezwungen, wenn sie ihn gutmachen wollen (und sie wollen, wenn's bereits zu spät ist, immer; also will's die Uhr, die dann erst recht geht, wenn sie falsch geht!), uns in die Ewigkeit zu folgen auf demselben Wege, den wir gegangen sind: durch Verratenwerden und Verzweifeln, vorbei an den Bäumen, die voll von gut geseiften Stricken hängen, an den jähen Rändern der Abgründe, aus denen es auf hohlen Knochen pfeift, empor die harten Kirchenstufen zum Hafen jenes Meeres, das höher als die Erde liegt und in dem man nur zum Ziele des Schiffbruchs sich einschifft. Die herzlichst ladenden Matrosen wissen zwar weder Tag noch Stunde – der kann ein langes Menschenleben zögern zu erscheinen, die in der nächsten Sekunde schlagen –, geben aber ihren Fahrgästen keinen Augenblick Ruhe, sondern üben mit ihnen unverdrossen das heroische Untergehn, den tränenlosen Abschied, die vollkommene Reue, bei jedem Passagierblick auf die dauernd zum Greifen und zum von ihr Ergriffenwerden nahe Küstenlandschaft endgültig verlaßnen festen Bodens und auf das südlich glatte blaue, in keiner Sintflut noch brausend tätig gewesene Gewässer mit seinen unschuldig-schuldigen Nereiden, Tritonen, Sirenen und mit ihren nichts als spielenden, um alles und um nichts einsatzlos spielenden Windhunden, den Delphinen, die alle – den falschen Göttern sei echter Dank! – noch Heiden sind, glücklich, und den bezaubernden Unfug daher straflos treiben dürfen. Das, Geliebte, ist unsere Rache, eine Angelhakenrache, eine Menschenfischerrache!

Torggler Alles, was den Glauben an ein vernünftigerweise Gesolltes angreift, erschüttert den Glauben selbst. Es ist unmöglich, die gemachten schlechten Erfahrungen zu herzen als ein kostbares Gut, dafür aber keiner, der sie noch nicht gemacht hat, auch nur einen Groschen gäbe, und zugleich Gott zu lieben. Es besteht ein sublimer Zusammenhang zwischen dem Erkennen, wie die Welt läuft, nämlich übel, und dem Abfall von einem Schöpfer dieser Welt, welchem eine solche zuzuschreiben, gerade der Dutzendverstand sich schämt. Ehre seiner zarten Empfindung, die auf Gottes Ehre mehr Bedacht zu nehmen scheint, als von der Dutzendgläubigkeit wirklich angenommen wird, insoferne diese das *sacrificium intellectus* zu gerne und zu oft bringt und mit solcher Leichtfertigkeit zugunsten des Schenkers das Geschenk herabsetzt! Jedoch: eine schöne Empfindung, und wenn sie noch so trefflich *ad hominem* argumentiert, kann auf die Dauer keine Bresche erfolgreich verteidigen, die sie selbst, in der Rüstung und Tarnung des Verstandes, geschlagen hat. Ein vernünftiger Schöpfer einer unvernünftigen Welt ist und bleibt ein Absurdum. Wer ihn leugnet, gebraucht die ihm nur beschränkt zugeteilte Vernunft richtig; wer ihn trotzdem setzt, tut so, als besäße er mehr Vernunft, als ihm gegeben worden. Zwischen diesen beiden Extremen des landläufigen Falles bewegt sich nun (zu seiner Schande, vielleicht auch Überwindung) der eines ganz andern Wegs daherkommende Materiologe, behauptend, daß nicht diese oder jene vernünftigen oder unvernünftigen Schlüsse, gezogen aus der Beschaffenheit der Materie oder wider die rechte Beschaffenheit des Urhebers derselben, die Blasbälge oder Wolken vorstellen, so in dem einen das Licht des Glaubens verlöschen und in dem andern das Licht der Ratio verdunkeln. Es genüge, sagt der geschwärzt, doch nicht geblendet aus dem plutonischen Reiche zurückkehrende Forscher, schon die bloße

Beschäftigung mit der Materie, um jene Folgen zu zeitigen, gleichgültig welche Schlüsse gezogen werden, aber immer, bezeichnenderweise, in Hinblick auf das höchste Gut, ob es nun nicht mehr verstanden oder schlecht verstanden wird. Wer in die Sonne schaut, erblindet; wer in die Finsternis blickt, nimmt trotz ungebrochner Sehkraft nichts wahr. Wem unter dem Glutball der Gottheit das äußere Aug' zerschmilzt, dem öffnet sich ein innres, das lauteres Licht zu trinken vermag, ohne je ans End' des Durstes zu kommen und den Boden des Bechers zu sehn. Wer nun sein Aug' dem Stoffe zuwendet, und sei es auch nur (wie er fest von sich glaubt), um ihn zu durchforschen, in den auch zieht eine große Offenbarung ein, wahr nicht weniger als die aus dem unhörbaren Munde der Gottheit, aber nicht, wie sie, zu ewigem Leben berauschend, sondern zu ewigem Tode. Es wird keiner zum Erforscher von Materie, der nicht gern in ihr lebt (bis zum Selbstmorde gern, anders er ja vor der Hinrichtung dem Henker entfliehen würde!) oder nicht allzulange (um der autobiographischen Akribie noch sich entziehen, der Sorge um sein Kontinuum noch sich überheben zu können) in ihr gelebt hat. Er ist verdammt, mit dem so metaphorisch wie wirklich aufgehäuften Stoffe fertigzuwerden, und wolle Gott, daß er keinen zu großen Haufen gehäuft hat, er also eines paradiesisch schönen Tages die Totengräberschaufel wird fortwerfen dürfen.

Torggler Wenn gelebt wird mit der vorweggenommenen Enttäuschung, und dann noch mit der vorweggenommenen Verzweiflung über die vorweggenommene Enttäuschung; in Harmonie mit der prästabilierten Disharmonie; in der neuesten Verfassung des Prometheus, eines Prometheus ohne Götter, den kleinsten oder engsten Verstand für genügend groß und weit zu halten, dem totalen Unverstand die Denkerstirn bieten zu können – welches Dafürhalten, wenn Innen und Außen wirklich so hoffnungslos ungleich widereinanderstehn, ein heroisch ressentimentales genannt werden muß; gelebt wird weder in der schlechtesten noch in der besten aller Welten, sondern in der Qualitätslosigkeit als Welt (weil an keinem Maße, das sie nicht selbst enthielte, zu messen); mit mißtrauischer Vorsicht gegen den Willen zum Leben, den die Art dem Individuum aufzwingt, diesem dann also nicht primär eignet, und wenn nicht primär, ihm auch keine echten Aufgaben stellt, an denen gültig zugelangt oder gültig versagt zu werden vermag –: wenn also vor keiner Sphinx kein Rätsel zu entgarnen ist; wenn kein Orakel weiß, wer man zu sein hat; wenn außerhalb des Fragenden überhaupt nichts gewußt wird (ausgenommen von Wesen der gleichen Art, die wenigstens wissen, daß sie ebenfalls nichts wissen, welches Nichtwissen als einzig sicheres Wissen die einzig mögliche Gemeinschaft begründet, die Gemeinschaft der Formen ohne Inhalt, der leeren Krüge, gebeugt zur Quelle, die nie geflossen); wenn also drei, höchstens vier Erkenntnisse, aber ehernen Charakters, das größte Quantum Mammon darstellen, das in der fast absoluten Armut an Wahrheiten gehäuft werden kann, dann, doch nur dann, entsteht jene gottverlassene Euphorie, jene zitternde, der dem Jünglinge und dem Mädchen, die zum ersten Male lieben, gegnadeten Freude (über das Machthaben ohne Verdienst) ähnliche Freude über die Ursachelosigkeit jedes Schmerzes wie jeder Lust, jene Freude an sich, deren vollen Genuß (an der nackten Idee Gottes), die Theologen den hypothetischen seligen Geistern zuschreiben. Denn die Theologen, wenn sie ewige Wonnen setzen (und von der Dialektik gezwungen, nicht von einem harten Herzen, auch ewig keine), übertreiben ja nur die aller Freude zugrundeliegende, weder weiter rückführbare noch sinnhafte Euphorie des Atheisten und so lange, bis die ursprüngliche Anschaulichkeit der Metapher den Boden unter den Füßen und sich in die hypothetische Ursprungslosigkeit verliert, wo dann für das materiale Urbild, dem die Sprache nie und nimmer gerecht werden kann, das spirituale Gottesbild, davor wenigstens die innern Maleraugen übergehn, auf dem Himmelsthrone sitzend erscheint und der Vergleich um das zu vergleichen Gewesene also gebläht wie der unendliche Kosmos um ein Staubkörnchen in ihm.

TORGGLER Es gehe eigentlich doch nicht an, meint Doktor Torggler, daß einer immer überwände; im Wesentlichen zu Tode getroffen, doch das Zauberkunststück des Auferstehens zuwege brächte und durch es nicht anderes, Geringeres, Furchtbareres dartäte als dieses: daß das Wesentliche gar nicht das Wesentliche sei. Nein, es müsse auch und endlich einmal ein Beispiel von Zerstörung gegeben werden! Das Überwinden zu überwinden, sagt Doktor Torggler, ist gelegentlich von höchster Wichtigkeit. Wie denn sonst sollen wir den Leuten, die nur zu gerne das Krumme grad sein lassen und den Schlendrian für die Gangart der Natur halten, wieder Respekt beibringen vor der Liebe, vor der Ehe, vor der Vater- und Kindschaft und in weiterer Folge vor der staatlichen Ordnung, wenn allenthalben und unwidersprochen von den überwinderischen Jahrmarktsgauklern gelehrt und gezeigt wird, daß und wie man diese Dinge grade dann nicht ernst nehmen dürfe, wenn sie mit uns Ernst machen wollen? Was sind das doch für Hundsfötter, die dem Gotte, wenn er ihnen gnädig, nicht byzantinisch genug für seine Gabe danken können, aber sie sofort für eitel erklären unter verächtlichem Geschnipp mit zwei Fingern, wenn der Brotkorb und was darin ihnen höher gehängt wird, oder gar tiefer und ihrer Verachtung verdächtig legal entgegenkommt?! Nein, das Wesentliche darf man nach Tisch nicht anders lesen als vor Tisch. Man kann es mit einer andern Stimme lesen, mit anderen Betonungen; denn Gott liebt, das Einfache sehr geheimnisvoll zu sagen und an unsere Einsicht sehr hohe Anforderungen zu stellen.

TORGGLER (Brief an Till) »Ihr Unglück, lieber Till, hat in der Umgebung ein beträchtlich größeres Aufsehn erregt, als das gleiche, andere treffend – und wie häufig! Ist es doch die Regel! – erregt haben würde. Ob der Hans die Grete bekommt oder sie ihn, bewegt, mit Ausnahme der Leidtragenden und ihrer nächsten Anverwandten, niemanden. Ihre Person jedoch ist ein so überzeugender Zeuge für die Richtigkeit der von jedem jungen Menschen mit Wort und Tat heftig bestrittenen Meinung des

Alters, die sonst so verschwenderische Natur habe in die Lotterie des Glücks nur lächerlich wenige Preise gestiftet und überdies noch den blindesten der Waisenknaben an den Lostopf gestellt, daß Sie, lieber Till, mit Ihrer stummen, aber weithin sichtbaren Leidenspredigt jetzt mehr Konvertiten machen, als die gütigsten Teleologen des kommenden optimistischen Aions – denn wir nähern uns aus Verzweiflung über den nicht und nicht hereinbrechen wollenden Jüngsten Tag ohne Zweifel der versuchsweisen Etablierung des irdischen Paradieses – je machen werden. Abgesehen davon, daß diese verweltlichten Laienbrüder eines säkularisierten urchristentümlichen Ordens, gezwungen, ihre Beweisstücke *ad oculos* zu demonstrieren, sie der *misera plebs* entnehmen müßten, deren Glück unserer Vorstellung von Glück geradezu ins Gesicht schlägt. Sie selbst werden, natürlich, keine Erbauung finden im Spielen Ihrer Rolle als *argumentum ad hominem* oder besser, als *argumentum* gegen jedes Menschen Glauben, der schwarze Punkt zu sein, in welchen zu treffen das ganze Universum dauernd sich mühe, und nur deswegen mit noch wenigen Erfolgen gegenwärtig, weil es das Schießen erst lernen müsse, nicht aber, weil bloß Minen losgehn, die niemand gelegt hat, deren Splitter da einen fruchtbeladnen Zweig, dort einen dürren vom Baume spellen. Und doch sollten Sie's: denn, wo Sie stehen oder zu stehen gekommen sind, nach dem Hinaus- oder Emporwurf, ist der Archimedische Punkt, den die berufsmäßigen Philosophen vergeblich zu erspringen streben. Sie haben ja Weib und Kind, Titel und zahlende Hörerschaft und erreichen daher niemals – auch nicht bei tiefstem, jedoch amtlich geäußertem Pessimismus – die anschauliche Wüste eines wirklich anderen Planeten, der trotz Größe und Unbewohntheit doch nur für einen Siedler Platz hat. Der wahrhaft Erkennende nämlich ist ein Mensch, der verurteilt worden, mit seinem Werte allein zu leben, und infolge des Zeugeseins für etwas, das nur er sieht, aber doch jedermann abhält, ihm zu nahen, dauernd in der Gefahr schwebt, das Positivum für ein Negativum zu erklären. Was den Zustand eines so echten Philosophen (oder echten Menschen) zu einem verzweifelten macht, ist, daß dieser philosophische Mensch zwischen zwei vollen Anschaulichkeiten zerrieben wird, wie ein am Auge vorbeigeflogenes Sandkorn zwischen zwei marmornen Augäpfeln. Ebenso anschaulich wie die Vergesellung der auf der Erde zurückgebliebenen Menschheit ist ihm seine Einsamkeit und daher von demselben sittlichen Adel. Ein Widerspruch, in dessen Metastase schon die Verfasser des Neuen Testaments mit denen des Alten sich befunden haben: jene lehnen das Fleisch ab, das heißt, und genauer, halten sogar das Denken über den Eros für Gedankensünde, diese hingegen scheuen sich nicht, das nackte »Mehret Euch!« auszusprechen und damit das Gebiet des Erotischen einem halb lüsternen, halb abstrakten Philosophieren, kurz, der ebenso potenten wie impotenten Rabulistik preiszugeben, die Sie heute unter dem Namen Psychoanalyse wieder im Schwange finden. Allerdings wird – nebenbei bemerkt – nur ein Dummkopf, in dem ein Splitter Häretikerintelligenz steckt, auf dem erwähnten Widerspruche als einem stringenten Beweise für die Heteronomie der beiden Schriften bestehn. Nichtjude und Nichtchrist, der ich bin – denn meine herzliche Freundschaft zu dem Abbas Bruno gilt dem Phänomen, gleichgültig wann, wo und wie es mich antritt, in der Kirche oder außerhalb derselben, gilt – zum Vergleiche – nicht den Tropen, sondern den dort furchtbareren und schöneren elektrischen Entladungen, nicht den Pyramiden so sehr als dem Napoleon, der von ihnen Jahrtausende hat herabschauen sehn – überlasse ich, obwohl, dank Bruno, theologisch genügend beschlagen, um selber das Dilemma als keins erweisen zu können, den bestallten Vertretern desselben Gottes, der das eine Mal so, das andere Mal so gesagt hat, was wie Widerspruch scheint, als providentiellen Zusammenhang auszumitteln. (Ich wollte, die Kurpfuscher, die mehr Erfolge als wir Ärzte erzielen, hielten's ebenso. Der eine hat die natürliche Gabe, der andere den berufenen Mund. Dazwischen liegt der allein entscheidende Unterschied: der Standesunterschied. Und: ein wissenschaftlicher Irrtum ist noch immer kostbarer und fruchtbarer als eine Wahrheit des gesunden Menschenverstandes.) Wundern Sie sich nicht, daß meine und vieler Augen jetzt auf Sie gerichtet sind, und glauben Sie ja nicht, dieser optische Einbruch durchs Schlüsselloch sei die übliche Pöbelrevolte der Indiskreten gegen den, der das Kollektivgeschäft der Fortpflanzung, ob geglückt oder nicht geglückt, dem größeren Kollektiv, dessen Eigentum es ja zur guten Hälfte ist, zu entziehen trachtet, nach Weise etwa der Dienstboten, die vom Einkaufsgelde etliche Groschen für die eigene Tasche abzweigen, oder der großen Diebe, Staat und Kapital, die das Einkommen der kleinen Diebe wegsteuern mit dem heiligen Rechte des gemeinsamen Unrechts. Die Schamhaftigkeit ist nur selten eine Tugend, meistens die mildeste Form des krassesten Egoismus. Sie jedoch, lieber Till, besitzen diese Tugend nicht, weder eigentlicher- noch uneigentlicherweise. Die einzige Tugend, die Sie besitzen oder besser, von der Sie ganz besessen werden – und von welcher das Wort *virtus* herkommt –, ist die des Mannseins, mit all deren Kräften Sie den Nichtbesitz von Schamhaftigkeit verhehlen, den Aufschrei, den man von Ihnen erwartet, unterdrücken und expressivsten Muskel- oder Mienenspiels mitteilen, daß Sie nichts mitzuteilen hätten, was das gerade Gegenteil des gewünschten Eindrucks hervorruft: den Besitz einer außergewöhnlichen Schamhaftigkeit. Sie könnten jedem Bildhauer für die Allegorie einer solchen Modell stehn! Daraus folgt, daß Sie ein öffentlicher Mensch sind, einer, der schon im Mutterleibe des Privatlebens beraubt worden ist. Der Eingriff hätte auch ohne Verletzung des Verbindungsstranges mit dem Lebensgüterdepot abgehen können, wie er so bei den Königen frühester Zeiten abgegangen ist, die ihr Beilager – aber eben doch Beilager – vor dem ganzen Stamme haben vollziehen müssen. Bei Ihnen ist er schlecht ausgegangen. Das solchem Hochamte auch heute noch zu ministrieren gewohnte Volk ist, wie Sie sehen und hören, zwar da, aber der Zelebrant erscheint unbeweibt. Begreifen Sie nun das viel größere Staunen der Menge und ihre noch viel größere Gier, als zu schauen, was sich zuträgt, zu schauen, daß sich nichts zuträgt? Das Klandestine und das Publike einer solchen königlichen oder schloßherrlichen Figur befindet sich nun einmal in der anschaulichsten *coincidentia oppositorum* und kann diese kunstvolle Legierung weder von Ihnen selbst noch von dem kundigsten Vulcanus, den Sie zu Hilfe riefen, auseinandergeschmolzen werden. Am besten wohl vergleiche ich Ihre Stellung, die von der eines Politikers oder Forschers oder von sonst einem bis dato aufgehäufte Geschichte zu resümieren Gezwungenen, persönlich Unschuldigen, also Sündenbocks, nur durch die Art der ruhmschaffenden Fatalität sich unterscheidet, mit einem allgemein zugänglichen Schaukasten, in dem, unter Aufsicht unbestechlicher Kontrolleure, von denen ich einer bin, der neueste chemische, biologische oder atomare Versuch abrollt. Was mit Ihnen und in Ihnen geschieht, geschieht also beispielmäßig und wird dessen Resultat für eine geraume Zeit als der letzte Wahrheitsfund gelten. Und das ist der Trost, den Sie aus dem von einem großen Essayisten – mir fällt ein treffendes deutsches Wort jetzt nicht ein – mit Ihren Bestandteilen arrangierten Drama ziehen sollten! Denn eine jede Szene derselben steigt bergan, einem gebückten Fragezeichen nach, das auf dem annoch in Wolken gehüllten Gipfel zu einem erlösenden Rufzeichen sich strecken wird. Es wird Ihnen heute noch sehr weh tun, natürlich, wenn ich behaupte, daß, was dem Paradigma geschieht, es nicht ins Herz trifft, weil es keines hat. Sie werden aufschreien, denn ich berühre eine Wunde, deren Frische Sie über ihre Tiefe täuscht! Oder noch grausamer gesagt: Sie schreien, weil Sie der Ursache die Wirkung, dem Begriff der Wunde den Schrei schuldig zu sein glauben. Aber Sie würden nicht das Paradigma sein – für ein welches Sie zu halten ich Ihnen leider die Ehre geben muß –, wenn Ihre (oder dessen) prästabilierte Mittel, sich selbst rein darzustellen und das heißt, alle gleichen fremden Fälle zu übergreifen, den eignen Fall aber als überzählig und daher platzwegnehmend auszuschließen, die dem Kunstwerk gezogenen Grenzen verletzten und nach Weise der Korruptionisten die Amtshandlung des Beispielseins und -gebens nützten, das Ihnen rechtmäßig abgesprochene Privatleben zu ordnen, genauer gesagt, endgültig zu verunordnen. Sie würden alsdann tun wie einer, der, den Cäsar spielend, das Gebot der Rolle, unter den Dolchen der Verschwörer zu sterben, mit seinem wirklichen Tode sowohl erfüllte wie überträte. Wirklich sterben also ist die letzte Ausflucht derer, die als Erkennende und Darstellende dessen, was gewesen, mehr leiden, denn sie als unmittelbar leidende Person gelitten haben oder als jene geschichtliche gelitten haben würden, und die deswegen zu den immer noch erträglicheren Peinen dieser zurückeilen, wohl wissend oder nur ahnend, daß die Würmer einer verwesenden Zeit, die ins Unzählbare sich vermehrenden Erinnerungen eines leider genauen Gedächtnisses, das Geschäft des für natürlichen Tod hingehenden Selbstmordes schon an ihnen besorgen werden. Die wahren Unglücklichen nämlich sind die zu Unglück überdies noch Unbegabten, und diese eben sind die Menschen von Herz. Achtung ihnen und alle letzten Ehren, weil sie den Angelegenheiten der Liebe mit einem Ernste sich gewidmet haben, den diese Angelegenheiten derzeit noch nicht verdienen, aber gewiß einmal verdienen werden, und nicht zuletzt dank dem Opfer ihres Lebens. Denn Märtyrer, für welch' eine Idee immer sie fallen, fallen nie umsonst. Alles, was ist, ringt darum, auch wahr zu sein, und das heißt: die angeborne Unvollkommenheit abzustreifen. Es liegt also an uns, daß die wahre Wahrheit wahr werde. Ein Paradigma jedoch ist notwendig herzlos – nicht gegen andere, sondern gegen sich selbst – oder hat ein sogenanntes Herz nur so lange, als es dieses zum Apperzipieren der Schicksalsschläge benötigt, deren schmerzliche Folgen zu ertragen und zu überwinden, es von der über das gegenwärtige Höchstmaß von Schmerz hinausplanenden Natur bestimmt worden. Ein Wort Ihrer heiligen Schrift auf meine profane Weise interpretierend – daß Gott keinen über dessen Kräfte versucht –, wage ich die Behauptung, daß das sehr verführerische und daher auch ein wenig wahllos zugreifende Fräulein von Rudigier – Sie sind dieses ew'gen Mädchens (das am Frauentume vorübergeht wie mit gehobenen Röcken an einer Pfütze) nicht erster Geliebter und wird der interessante Graf nicht sein letzter sein – sich's trotzdem zehnmal überlegt haben würde, Ihnen das Messer in das Herz zu rennen, wenn ihm nicht auf eine annoch unbekannte Weise – aber wir Materiologen werden auch das zwischen Subjekt und Objekt den befruchtenden Nachrichtendienst versehende Insekt einmal ausmitteln – bekannt geworden wäre, daß Sie ein so verletzliches, unmittelbar mit dem Tode zusammenhängendes Organ gar nicht besitzen. Was demnach – fahre ich in meinem bösen, desillusionierenden Schließen fort – Sie für den echten Schmerz einer verschmähten echten Liebe halten – verschmäht von einer schlechten Kennerin des Guten, Wahren und Schönen –, das ist – vergeben Sie mir die harten Worte – nur der gar nicht edle Schmerz über das begreiflich lächerliche Resultat des Ihnen nicht verstatteten und, wenn doch gebraucht, sogleich die Fehlleistungen und Fehlhemmungen des amorischen Dilettanten setzenden Triebes zu Nachahmung der wenigen Berufenen oder Ausgelosten. Es ist das verneinende Beschiedenwordensein Ihres, wie Sie bisher geglaubt haben, berechtigten Aufnahmebegehrens in die angebliche Regel des Liebens und daher auch Geliebtwerdens. Es ist Ihre allzeit ungemäße, entweder zu frühe oder zu späte, immer also vergebliche Flucht nach jenem von einer üblen Denkgewohnheit als Höhepunkt gedachten Punkt, ab dem, gleichgültig, wie viele Aussagen – und vielleicht erst die eigentlichen – ihm auch noch folgen sollten, der Mitteilungsquell des Lebens für erschöpft zu gelten hat. Den Leuten nämlich graut vor der Ewigkeit schon in der Zeit und so versuchen sie denn, der dieser innewohnenden Endlichkeit – sozusagen der moralischen Quintessenz der Zeit – möglichst rasch sich zu versichern. Dieses ametaphysische Grauen ist der Urbeweggrund zu dem einen Charakter, zu dem einen Berufe, zu der einen Liebhaberei, zu dem einen Weibe und – verzeihen Sie einem konstitutionellen Atheisten und Anzeiger der Monotonie, wo immer er sie hört, die ihm gewiß nicht leichtfallende Vervollständigung der Reihenfolge – zu dem einen Gott statt zu den vielen Göttern, die es natürlich ebensowenig gibt, aber der Wahrheit in und außer uns besser entsprechen. Kurz: zu jener totalen Vereinfachung, die unter dem Titel einer Predigerin der höchsten Sittlichkeit und Sucherin nach der letzten Wahrheit nichts anderes will, als mit der für inkommensurabel erkannten unendlichen Mannigfaltigkeit der Welt endlich und legal fertigzuwerden. Und das heißt: den recht schwachen Appetit auf möglichst viele Akte Apperzeption in den Hunger eines Löwen verwandeln durch Vorsetzen einer einzigen und leicht verdaulichen Speise. Neigt nun aber Einer – und einer dieser wenigen Einen sind, unglücklicher oder glücklicher Weise, Sie (welcher Weise liegt in Ihrer Hand) – zu universeller Apperzeption – wobei ganz außer Acht zu bleiben hat, ob eine solche überhaupt möglich, denn wir befinden uns da ja im reinen Sollen oder im von uns selbst verursachten Müssen und sind, obwohl im sozusagen konkreten Nichts, doch schöpferisch tätig –: neigt also Einer zu der allein Sittlichkeit zu nennenden Akribie hinsichtlich sämtlicher Tatsachen, Gedanken und Empfindungen, so bewegt er sich – schon bei bloßer Neigung – auf der höchsten Ebene dessen, was auf der niedersten Untreue heißt, und ist mit der anschaulichsten Konkretion derselben, dem Weibe, zwar nicht verwandt, aber identisch. Deswegen verstehen Sie und Melitta einander dort, wo im Unendlichen die Parallelen einander schneiden, und verstehen Sie und Melitta einander nicht im zeitlich-räumlich Begrenzten, weil in diesem Ihrer beider Aufgabe ist, den immer gleichen Abstand voneinander aufs genaueste einzuhalten. Das Fräulein von Rudigier ist also in seinem besten Rechte und bei seiner eigensten Pflicht gewesen, als es Sie verlassen hat. Sie jedoch werden erst dann recht gehandelt haben, wenn Sie Ihrem Verlassenwordensein als dem ein und selben Phänomen Untreue zustimmen, dessen weibliche Art und Weise von jedem Toren begriffen wird, dessen männliche Form aber einen Weisen braucht, um verstanden zu werden.«

TRAUM Das Unterbewußtsein zeigt uns, neben viel Unerfreulichem, auch etwas sehr Erfreuliches: man begehrt im Traum eine Frau, die man im Wachen nicht begehrt hat. (Ist auch die Umkehrung möglich – aber dann natürlich als Goldprobe, als inappellables Urteil –: daß man im Wachen eine Frau begehrt, die man im Traum nie und nimmer begehren würde?) Dieses Phänomen beweist folgendes: erstens einmal, daß unser stures Bestehn auf einem einzigen Weibe, dem zuliebe wir in fremde

Taschen greifen oder gar zum Selbstmörderstrick, seinen Urgrund nicht allein (vielleicht überhaupt nur metaphorisch) in der Leidenschaft hat, sondern auch (vielleicht aber auch ausschließlich, also wirklich) in der Treue zu jener rationalen Oberwelt der Bezogenheit des einzelnen auf den einzelnen, die wir das ethische Wachsein nennen wollen, zu dem wir uns aus dem Feucht-Tellurischen emporgearbeitet haben auf den immer härter und kälter gewordenen Stufen der Jahrtausende. Wir wollen also, wenn wir Eide schwören und schwören lassen, die im Unberechenbaren eine Rechtsperson fingieren; wenn wir mit dem Wachhund der Eifersucht um diese fragwürdige Rechtsperson herumgehn; wenn wir endlich den Zusammenbruch der erotisch ausgetrockneten, ethisch unmöglichen Lehmfigur erlebt haben und inmitten der Zeit wieder am Anfang der Zeiten sitzen: wir wollen da, obwohl wir praktisch gar nichts Gescheiteres zu ersinnen vermöchten als das Gegenteil, einfach nicht zurück ins Tellurische, in die personlose Unzahl des eigenen und des fremden Geschlechts, die gleichgültig erscheinen läßt, wer mit wem sich gattet; wir wollen die ungeheuerlich großen Investitionen an Jahrtausenden und Anstrengungen, die wir zu dem Ziele, dessen Lorbeer uns heute von einem unzurechnungsfähigen Wesen, halb schöne Friseurpuppe, halb Gorgo, entrissen wird, aufgewendet haben, um keinen Preis verloren geben. Wir umklammern in solcher Not das Symbol der Treue, wenn es eines geben sollte, um etliche Händedrücke stärker als das phallische – dadurch allein schon bedenklich uns ins Unrecht setzend vor dem der Unterwelt ergeben gebliebenen Weibe – und fahren auf der Mondscheibe des im Urtakt des Kosmos schwingenden Perpendikels, der vor grauen Zeiten nach links, nach dem rein Triebhaften ausgeschlagen hat, nun nach rechts, ins rein Geistige hinein, ohne ihn auch jetzt bei seinem diesmal für uns tragischen Ausschlagen hindern zu können. Und zweitens beweist das Phänomen: daß, wer will, wen oder was, und im hintersten Hinterkopfe weiß, daß er es auch wollen soll – Auftrag jedoch wird nie Natur –, in Unsicherheit über sein wirkliches, eigentliches Müssen lebt, und lebte er im Gewollten und Gesollten noch so leidenschaftlich, ein welches so leidenschaftliches Leben im selbstgeschaffenen Kühl-Rationalen natürlich antinomisch zu diesem stehe. Deswegen brechen von Zeit zu Zeit – es sind die Zeiten der Krisen – unter der Größe und Schwere dieser tief verschwiegenen, nicht zuzugebenden Unsicherheit die doch noch recht schwachen Böden der Sicherungen ein und lassen das annoch kaum mehr als ratioide Wesen Mensch in die uralte Unterwelt seiner Physik stürzen, wo ihm der schon sehr Denkerhaupt gewordene Kopf wieder wohltätig gemindert und überhaupt zurechtgesetzt wird. In diesem seinem eigenen Hades, befreit dortselbst von dem zeitlich soviel späteren ethischen Zwang zu rechtspersonaler Vereinzelung und zu Bezogenheit auf nur wieder rechtspersonale Einzelne, schaut er – in den Visionen der Träume – neben Typhonisch-Entsetzlichem auch das verschmähte, verlassene Glück der tellurisch-neptunischen Klimate, jene Urgeschichte, die er vor Urzeiten zu Urungeschichte gemacht hat dadurch, daß er ab einem willkürlichen Jahr Eins die selbstverständlich allgemein mehr oder minder bekannt gewesene Geschichte der Urgeschichte oder Vorgeschichte unerbittlich verdrängt und so radikal als möglich vergessen hat. In dem geträumten Beischlafe nun mit der ungeliebten, im Wachen nie zu liebenden Frau werden die zugunsten des heroisch aufdämmernden Ethischen dereinst verworfene problemlose Beglückung und seine heutige Verstiegenheit in Gebirgen, die des Weibes unbeschuhter Fuß nicht ersteigen kann, und seine tiefe Verschuldung gegen eben dieses Weib, das nur an ihm, nicht vor der Natur und nicht vor Gott als minderwertig sich erweist, dem Sünder durch Sündenlosigkeit bis zu bitterster Reue nahegebracht. Wohl dem, der, aus solchem Heilschlaf erwachend, weiß, das er dem Asklepios einen Hahn zu opfern hat.

TRAUM Der Künstler Traum trifft nicht so sicher die Gestalt als den Ton. An der Gestalt verspielt er sich, aber der Ton spielt auf ihm. Jener einzigartige Ton jeden Geschöpfes, den wir mit dem entsprechenden Sinne nie ganz zu umgreifen vermögen, weil er nur zu einem geringen Teile vom Stoff der Sinne! Surrealist Traum kann an dem Seelenton, an der Seele, die Ton geworden, an der Übernatur, die in der Unnatur als die natürliche Natur erscheint, nichts ändern. Er kann ihn falsch verwenden, aber er kann ihn nicht fälschen. Seine Bildnerhände, mächtig gebietend über ein Material, das in Raum und Zeit sich erstreckt, also mächtig, daß sie Raum und Zeit zu atomaren Räumen und Zeiten zerstückeln und zu ultrawahrscheinlichen Neugebilden zusammensetzen können, erschlaffen an Saiten, gespannt von der Spannung der allem Leben zugrunde liegenden, wohl nicht letzten – die ist die unerkennbare Gottheit –, aber nicht mehr weiter rückführbaren Ursache. Da liegt also, nach vielem Drehen des Hirns, der kein Ziel in sich habenden, aber allen möglichen wie unmöglichen Zielen zugemeinten Kegelkugel, Till unendlich ruhig im gläsernen Sarg des Traums wie weiland Schneewittchen, eine Apfelschnitte Realität in der falschen Kehle, und in dem grünsamtenen Lehnstuhl Melittens, der aus dem Turm aufs Schloß geschafft worden – was nicht wohlgetan gewesen ist, denn: in ein und derselben Liebe soll man nicht umziehn; das wirbelt Staub auf und alte Geschichten, weckt neue, die das Aus- und Umsteigen sonst verschlafen hätten, und ruft Ananke, die Scheuerfrau, herbei, die für lang genug schon währendes Dulden des Anachronismus, das Zwei einander lieben, nun gründlich *tabula rasa* macht –, sitzt die vom unerschöpflichen Lunarin (der, außer strahlend unterzugehn, sonst nichts zu tun hat) befriedigte Melitta (hingegen Till, der unaufhörlich emporsteigt, auf dem Pfühl der Liebe zu oft, begreiflicherweise, rastet) und singt oder singtsagt nach einer alten Operettenmelodie (Operettenmelodien sind immer alt, auch wenn sie jung sind; die Entwicklung der ihnen angeborenen Greisenhaftigkeit zu gepreßter Blume und zu Duft aus Mutters Schmuckschatulle in unglaublich kurzer Zeit macht das Altern zu einem hörbaren Vorgang, dermaßen ohrenanschaulich, daß wir schon heute über einen Walzer herzbrechend weinen, den wir noch gestern lachend getanzt haben. Die unnatürliche Verkürzung des Lebenslaufes eines Einfalls –: was soll sie sonst erregen als Tränen? Daß einem Komponisten gelingt, aus einem Glücksfall einen Unglücksfall zu machen, den Genius schon im ersten Monat abzutreiben: solch Auskratzerkunststück auf den zum Lob des Lebens gespannten Saiten ermöglicht mitten im Essen den Nachgeschmack desselben, ein Phänomen, wie's nur eine Zeit, die keine Zeit hat, weil sie – mit gepantschtem Weinlaub in der Perücke und von gonorrhoetischen Zigeunern totgefiedelt – hollodrioh sterben muß, hervorzubringen vermag. Leichtsinnige Wehmut! Staub, der nie auf einem Buch gelegen ist! Fröhlicher Pandorabüchsenknall! Himmelhochjauchzende Dreckfontäne! Zu Tode betrübte Unwissenheit einer hübschen Gans über die vier letzten Dinge! Um ein Flinserlgericht Fiakerhumor verkaufte Unsterblichkeit! Also hinkend dialektischer Weise wird jener tückische Ziegel aufs Dach gebracht, der uns tief ins Herz fällt und dort dem Fasse der Danaiden erst den ausschlaggebenden Boden ausschlägt, wenn wir unter des unrichtigen Liebchens Fenster promenieren: die Sentimentalität.) –, ja nun, da sitzt also Melitta wie einst im grünsamtenen Lehnstuhl, aber weder nach heutiger noch nach irgendeiner je künftigen Mode gekleidet: auf halbem Weg zu ganzem Insekt, noch ganz Melitta, gleichsam zum Abschied von Till und von ihr, Melitta, selber, mit höchster Anstrengung für diesen einen Augenblick, doch schon den Hebel, den phallusförmigen, in einer Hand, die giert, ihn endlich niederdrücken zu dürfen, der den bequemen Fahrstuhl des Vacuums sanft und schnell hinunterbewegen wird ins selig unansprechbare Reich der apparatlichen Tiere. Braunschwarz gegürtelten Wurmleibs, silbrig überstriemten Gesichts, gefangen hinter den Gitterrippen der Vorstellung, die Till, der Kerkermeister ihres Herzens, von ihr hat, angeklagt von dem starr und still Hingestreckten – furchtbarer als jeder thronende und den mit dröhnenden Glocken behängten Speer der Worte schüttelnde Richter ist ein wie tot Daliegender! – eines Verbrechens, das keines ist für das Weib, und verteidigt sich auf die einzig richtige Art, gefunden aus Gnade der Henide, mit den vereinigten Herzbrechern, Melodie und Text, des dummen Liedes: »Glühwürmchen, Glühwürmchen, weiß nicht, weiß nicht!« »Nein!« schreit der Scheintote und springt auf. »Nein!« schreit der Gemordete, der den Gemordeten gespielt hat, und hält sich die Ohren zu. (Natürlich ist die Apfelschnitte aus der Kehle gesprungen und haben die Splitter des Glassargs Traum eines klirrenden Kometenschweifes Sturz durchs All angetreten.) »Ja! Ja! Bei allen Göttern und auch in Dreiteufels Namen! Wie, ja wie soll denn ein armes Glühwürmchen wissen, was Furchtbares es getan hat und daß es überhaupt etwas getan hat!« Und er läuft, die Hände ringend, hin und her, im Zimmer und vor Melitta, die den Hebel bereits niedergedrückt hat und gar nicht mehr versteht, was der fremde Mann, der komische Mann da, ihretwegen eigentlich will. »Wie hat mir nur zu Sinn kommen können, ein armes Glühwürmchen richten zu wollen?« ruft der Arme. »Kenn' ich denn den Kosmos einer Juninacht? Kenne ich auch nur eine seiner zahllosen Erdkugeln dunklen Gebüsches? Bin je ich unter dem mit durchsichtigen Adern kassettierten Plafond eines Blatts gesessen und auf dem ihm gleichen, ebenso kostbaren Fußboden gestanden? Je auf den Balkon einer Jasminblüte hinausgetreten? Habe ich je die Gewalt des lauen Lüftchens erlitten, das kein Haar meines rohen Hauptes flattern macht, aber die Glühwürmchen aneinanderprallen läßt und für ewig ihre Laternen verlöscht?« Aufschluchzend wirft er sich nieder vor dem Insekte im grünen Lehnstuhl, das inzwischen zu Ende sich geharnischt hat und nun aussieht wie ein Ritter, wie ein Taucher und wie ein zur Mensur bandagierter Student. »Verzeih, Unanklagbare, die du zu meiner Welt dich herabdemütigst aus der deinen, in der du selig bist; die du viel weiter gehst, als deine Füßchen dich eigentlich tragen; die du dich rechtfertigst in einer fremden Sprache, vor einem dir fremden Gesetze, vor einem dir fremden Manne! Größer, als deine Liebe je gewesen, ist deine Güte, erklären zu wollen, was dir klar ist und mir nie zu erklären!«

Treue »Als Du mich verließest, hast Du mir den größten Dienst erwiesen, den mir ein Mensch hat erweisen können. Ich sehe, wo ich geblieben wäre, wenn Du mich nicht gestoßen hättest. Mein Weg wäre zu Ende gegangen gewesen, vernagelt geblieben mit den Brettern, auf denen die abendlichen Vergnügungen plakatiert werden. Der Hammer in der Faust würde nichts Rechtes mehr zu schlagen, die gefalteten Hände würden nichts Neues mehr zu beten gehabt haben. Im Glück sind alle Tätigkeiten nur abgeleitete, umschreibende, und richten alle frommen Gedanken sich an einen verständlich gewordenen Gott. Gewiß: auch die Dankopfer sind heilige. Aber: ist zu danken für etwas, das uns schmerzt, ja, das uns vielleicht sogar vernichtete, wenn wir nicht für es dankten, ist ein solches aus dem Herzstück der Vernunft genommenes Opfer, dem Zauberglauben, höchste Klugheit und ein unnennbar Drittes, ohne welches die zwei andern Kräfte nichts bewegten – es könnte die Gnade sein! – assistieren, nicht von subtilerer Heiligkeit? Ich weiß: Dir wäre lieber, daß ich Dich verfluchte! Dir erscheint unmännlich, daß ich die Hand küsse, die den Eid gebrochen hat, den Du geschworen hast. Ich aber, meine Teure, habe diese von Dir nicht mehr empfundene Männlichkeit (weil sie die phallische Zugbrücke von unbelebter Materie zu erster Empfindung nicht mehr schlägt) vor keinem Geringeren als vor dem Tode selbst zu bewähren, der mit dem Lockungen von Strick und Kugel mich versucht, und nicht vor einem Weibe, das mich nicht mehr versuchen will. Du siehst: wie die Falltüre ob einer Spindeltreppe zur Plattform eines Turmes öffnet sich Deinem Till eine neue Aufgabe, die erste, an deren Bewältigung Du nicht mehr teilhast, nicht mehr teilhaben kannst, und das erst ist die urkundliche Besiegelung unseres Bruches. Du verstehst jetzt nämlich nicht mehr, wozu Du mich, und noch und noch weiter, befähigst und was ich, obwohl Du nicht mehr da bist, vor Dir und Dir zu Lobe, wie *ad maiorem Dei gloriam,* tue. Du hast mit dem Meilenstein des neuen Geliebten die andere Grenze Deines Verstandes erreicht, deren eine ich gewesen bin. Zwischen Mann und Mann, nicht zwischen dem mathematischen Axiom und der kühnsten metaphysischen Behauptung wie bei uns Männern, liegt bei Euch Frauen das immer nur schmale Lichtreich Eures Verstandes. Wohl: es ist, solange es dauert, nicht weniger strahlend als das unsre, aber es dauert eben nicht lange genug, jedenfalls und tragischerweise nie so lange, als ein Gedanke braucht, die Kinderschuhe auszutreten, zu Mannshöhe aufzuwachsen und goldgelb zu altern. Gewiß: Ihr denkt richtig, nicht weniger richtig als wir denken, aber Euch fehlt die integrale Neugierde zu erfahren, was aus einem Gedanken wird. Und um wirklich einer zu werden, braucht er Zeit, viel Zeit. Diese Zeitfülle nun, die der fast Unersättliche braucht, gibt man ihm in der Treue, die man sich selbst hält dadurch, daß man sic dcm andern hält. Treue, ihre kürzere oder längere Dauer, ist sonach der getreue Ausdruck eines kürzeren oder längeren oder eines sehr großen, nur mit der Person, die ihn besitzt, zu Ende gehenden Verstandes.«

(Aus einem Briefe, den Till an Melitta geschrieben haben würde, wenn er ihn hätte schreiben können)

ÜBERWINDER Der Überwinder überwindet das Beste und lebt aus dem Schlechtesten weiter.

ÜBERWINDUNG Was ein Liebender gegen die Geliebte sagt, noch ärger, was er wider sie schreibt, das kann er mit all seiner Geisteskraft nicht wieder hinwegheben, diesen Gruftstein der Sprache über einer Grube, die er sich und ihr gegraben, weil er geglaubt hat, mit ewigen Lettern über das arme, armselig Vergängliche triumphieren zu müssen. Es wäre besser ungesagt geblieben, und sei es noch so gut gesagt worden. Es gibt *arcana,* die man nicht einmal sich selber verraten soll, Siege, die man um keinen Preis erringen darf, Überwindungen, die eine Schande sind. Als was für ehrliche Kerle, gemessen an solchen Hinwegrednern über die Auferstehungsmöglichkeiten einer gestorbenen Liebe, liegen doch die entmündeten Selbstmörder in einer ungeweihten Ecke des Kirchhofs, weil sie den Hinweggang der Sonne des Lebens nicht hatten überleben wollen; lieber stimmten sie ein ins natürliche Schweigen der Vögel am Abend und alles frommen Getiers! Wenn es dem unerforschlichen Ratschluß der Göttin gefällt, sich zu entgöttlichen, das

Blau des Himmels und das Gold des Mittags abzustreifen, als eine Hure unsern Glauben an eine unzerstörbare Jungfräulichkeit zu erproben, als ungerechte Herrin unsere Hoffnung auf Gerechtigkeit, als uns Hassende unsere Liebe, so ist's das leichtere Werk, und deswegen das falsche, auf den vom Irrationalen verlassenen Sockel die Ratio zu stellen und für zurückgestoßene Hände ein neues Anbeten zu erfinden. Man räche sich nicht am Wahn, dem man verfallen gewesen, in Gestalt eines Psychologen oder Psychiaters! Man beziehe nicht die Position, wenn die Negation ihr Opfer heischt, weil man, das Opfer verweigernd, so praktisch wie grammatisch, in der Negation sich befände!

UNZUCHT Die Unzucht entfernt uns aufs weiteste von Gott, obwohl Gott nicht nur nicht von uns sich entfernt, sondern, im Gegenteil, noch viel mehr da ist als bei lauer Tugend, allerdings nicht mit Seinen himmlischen Geistern, sondern mit Seiner ganzen Hölle. Die Strafen, unter denen die Selbstvorwürfe nicht die kleinsten sind, zeigen Ihn – und das ist mehr Gnade, als wir, die wir gar keine zu bekommen hätten, verdienen – von Seiner begreiflichsten Seite. Und daß Er uns diese und nicht den Rücken und auch nicht die Glorie zeigt, für die wir in unserer tiefen Fleischlichkeit kein Verständnis haben würden, das eben ist Gnade, nicht Lauf der Dinge. Der Lauf der Dinge verlangte unsere vollkommene Abdunkelung gegen das Licht, verlangte die Leugnung der Existenz eines Wesens, das uns quält, wenn wir unserer Natur folgen, verlangte Uneinsicht in den Zusammenhang von Schuld und Strafe und Friedensschluß mit dem Bösen als Akt der Anerkennung seiner größeren Macht, dem, zum Danke, die Ausgießung einer gewissen trügerischen Ruhe folgte. Sooft wir fallen und den Fall schmerzlich spüren, müssen wir Gott danken, daß wir leiden. Allerdings dürfen wir nicht, darauf bauend, daß wir leiden werden, uns der Wollust ergeben. Ein solches Leiden wäre ein vermessenes, weil es den Schöpfer an die von Ihm geschaffene Mechanik des Geistes gebunden erachtete und Ihn, daß er seine

Freiheit wahre, veranlassen könnte, ihr für unstörbar vermeintes Funktionieren aufzuheben. Glauben wir ja nicht, daß wir, weil wir heute Reue empfinden, sie auch morgen empfinden werden. Die Geduld Gottes ist wohl unendlich, in Ihm selbst und hinsichtlich der Gesamtheit der Geschöpfe, nicht aber hinsichtlich des einzelnen Geschöpfes.

VERFLUCHTSEIN Das sicherste Kennzeichen des Verfluchtseins ist das Gespaltenwerden der natürlichen Gabe des Talents in zwei oder gar mehrere Talente, wahrhaft sprechend ähnlich den Hydraköpfen, die einander gleichwertige Köpfe sind und, abgehauen, immer wieder nachwachsen. Und das heißt: es ist unmöglich, diese Vielköpfigkeit bei doch nur einem Leibe auf das bloß eine natürliche Haupt zurückzuführen. Den nämlichen mythischen Kampf kämpft der verfluchte Liebende, gleichgültig, welche Person welchen Geschlechtes er liebt. Inmitten der amorischen Beziehung liegt nicht – wie der Lauf der Dinge und der Flug der Pfeile annehmen lassen (sonst würde kein Fuß gehoben und keine Hand an die Waffe gelegt!) – das Schwarze, sondern liegt das Weiße, und trifft, wer von Geburt aus ein Meisterschütze wäre, in dieses. Er kämpft also nicht mit Hilfe des Bogens um den Sieg, sondern, gleich weit von Sieg und Niederlage, gegen des Bogens widerspenstige Verzauberung. Sooft er ihn spannt, kann er des Fehlschusses sicher sein, bei festester Gewißheit, recht zu zielen.

VERGÄNGLICHKEIT Wenn es eine Anhänglichkeit an das Ich gibt – und sie gibt's; die Todesfurcht beweist's –, dann bin ich nicht mein Ich, denn: man hängt dem Vergänglichen nur an, weil es vergänglich ist, aus Mitleid mit ihm, aus der gewissen Erkenntnis, daß es nicht perenniert werden kann, und aus der verzweifeln machenden, daß es nicht perenniert werden soll. Wir lieben die Frauen aus dem tiefen Grunde des Wissens, daß sie vergänglich sind, und diesem unbewußten Wissen entgegen tun wir das Unmögliche, sie zu verewigen. Dieses Tun des Unmöglichen mit dem Leibe und mit der Seele ist die Liebe. Sie ist das mit dem Todeskeim der Trennung schon zur Welt kommende Einanderumarmen derer, die untergehen müssen, und derer, die gar nicht untergehen können, wenn in dem hohen Sturme nach langer glatter See der vorbestimmte Schiffbruch der doch nur lose zusammengefügten Geschlechter endlich statthat.

VERLASSENHEIT Die Verlassenheit schoppt sich um einen Kern, der kein Kern ist. Vergeblich müht sich der Verlassene, das Verlassensein sich vorzustellen, wie ein Künstler es bilden würde; aber er ist auch von der Vorstellungskraft verlassen; er bildet mit einem Schatten von Hand in einem Meer von Luft. Ist der, so verlassen worden, Brei, ist, wer verlassen hat, Stein. Kann jener sich nicht fassen, so deswegen, weil dieser ihn eisern gefaßt hält. Er ist, und dächte er das Tiefste, der Gedanke seines Besiegers, so wenig oder so Flaches der Sieger denkt. Er ist ein Ich, das er nicht ist, nicht sein will, auch nicht sein dürfte, aber sein muß, wie der gefangene Barbarenfürst die jämmerlichste Figur im Zug des Triumphators. Ja, hinge der Verlassene nicht an der Sklavenkette, die im Wachen und im Träumen ihn zwingt, alle Bewegungen des Herrn mitzumachen, er könnte trotz einer ganzen widrig fremden Welt doch wenigstens ein Luftbläschen eigener hervorbringen und es kartäuserisch behausen. Aber Hektor kann auf der Bahn nicht wandeln, auf der Hektors Leiche geschleift wird. Es lebt eben der Verlassene in dem, der ihn verlassen hat, und die zwar erlebte, doch nie beweisbare Widerlegung des Satzes, daß zwei Körper denselben Raum nicht einnehmen können, bereitet dem Verstand des Verlassenen jene Hölle, in der er brennt, ohne zu verbrennen. Auf also, der du verlassen worden bist! Stürze das Standbild der treulosen Geliebten vom Sockel und krieche aus dem Scherbenhaufen, wenn du bei dem Vorgang, der um dich geht, heil geblieben sein solltest! Nur wenn du mit deinem Herzen brichst, wird dein Herz nicht brechen! Du bist Gott ein autochthones Ich schuldig! Unverletzt, unbeschnitten, unbeschmutzt vom noch so reinen und waffenlosen Ich eines andern! Kehre zurück zur armen Unschuld deiner ersten Tage! Besser ist, unwissend zu bleiben gewisser Höhen und Tiefen des Lebens, als reich an Erlebtem zu werden, das du nicht erlebt haben solltest! Denn: wo gipfelt der Gipfel, wo gründet der Abgrund? Unendlich empor steigt jener, ins Bodenlose hinunter dieser. Wer in den Bilderteppich der Natur nicht als ein Faden sich schlagen lassen will, der reiße ihn schnell zurück, und risse er auch in der Hitze des Affekts.

VERLUST Es ging einer, der was verloren hatte, spazieren, des Verlusts zwar durchaus nicht getröstet, gewiß aber, nötigenfalls ihn zu überleben, entrückt gewissermaßen dank einem zufällig eben gebührenden Urlaube der Bearbeitung des eigenen Akts, so also spazieren, als könnte er, wenn er nur nicht allzu zudringlich wollte – das macht die abhandengekommenen Kragenknöpfe leicht unwirsch und verstockt –, wiederfinden, was er verloren hat. Man muß ja, wie die Bibel lehrt, den verlorenen Söhnen Zeit lassen bis zu ihrem Essen mit den Schweinen aus dem Troge. Dann krümmt sich der Pfad von selbst zurück. Allerdings haben die wenigsten Menschen, Väter, Gatten und Liebhaber und die vielen ordinären Verlustträger, jene Eselsgeduld, die allein mit dem Schneckengang der besseren Einsicht Schritt, den hartnäckigen Hahnreischritt, zu halten vermag. Unser Jemand schien sie zu haben. Jedenfalls machte er alle Anstalten eines Mannes, der auf dem Bockshorn, in das er gejagt worden, sitzt wie auf einem gekenterten Kahne, gerettet wohl, aber auch mutterseelenallein auf der weiten ozeanischen Flur: er schwang sein Stöcklein wie der Schiffbrüchige sein Hemd und ruderte mit den Füßen durch die Landschaft wie ein Radfahrer ohne Rad. Wenn ihn wer gesehen hätte – doch war ja, wie gesagt, niemand da, der ihn hätte sehen können –, der würde gesagt haben: das ist bestimmt ein Nichtstuer, der es eilig hat, dorthin zu kommen, wo es bestimmt gar keine Arbeit gibt. Ein Wort, das auch auf alle Sonntagsausflügler paßt. Ein kleines Fieber ist ihrer gesunden Faulheit immer um ein heißes Nasenspitzchen voraus, und an ihrer müßigen Eile sieht man, daß sie große Überwinder nicht des kleinsten Hindernisses sind. So, nur so, gerät ja dem bratenden und backenden Sonntag die mehr als Arbeit ermüdende und eben wegen dieser rätselhaften Ermüdung in den abendlichen Streit dann ausartende Ferialität. Wenden wir uns aber jetzt von dem Eindruck, den der Mann macht, dem Manne selber zu! Lernen wir ihn kennen!

Wenn er über das der Landschaft von einer weichen Windbürste aus der ein wenig buckligen Stirn gestrichene Gras hinsah, zwischen dessen Strähnen der verlorene Gegenstand vielleicht sich verheimlichte wie das aus dem Täschchen gerutschte Billett oder der vom Finger gestreifte, weil zu weit und unbeliebt gewordene Ehering in einer Lederkluft des Eisenbahnabteils, auf engstem Raume vorhanden und doch nicht vorhanden (ein Narr, wer auf der Dinge Versteckenspiel hereinfiele! Wer Kinder ernstnähme! Oder Frauen, denen jeden dritten Augenblick der Zopf des Kontinuums ihrer Person aus den Haarwurzeln geht und uns in der Hand bleibt, die doch nur leicht an ihm gezogen hat wie an der Nachtglocke eines etwas nervösen Freundes!), oder wenn er die Raben, Häher, Elstern verfolgte, die möglicherweise (sie fliehen so verdächtig, mit dem Knattergeschrei: Haltet den Dieb!) eben im Schnabel tragen, was ein also ungeflügeltes Geschöpf wie unser Wanderer ihnen nie abjagen wird, mußte er, wahrhaftig, den Wunsch, des geliebten Gegenstandes je wieder habhaft zu werden, als einen wohl der törichtesten von der Welt erkennen und durfte er, angenommen, er erkännte richtig, den so gut wie unerfüllbaren Wunsch durch einen vernünftigerweise erfüllbaren ersetzen, genau nach dem von Gott und Geschichte angeblich oft gebilligten Rezepte sehr edler Leute, die gegen einen gleichviel ob blau- oder ochsenrotblütigen Tyrannen das immer unedle Volk aufbieten, ohne je ob solchen Aufgebots mit ihrem feinen Gewissen in ein Gedränge zu geraten.

Er machte also, während er wie beschrieben dahinschritt und, wie gesagt, einem munteren Gesellen glich – in Wirklichkeit war er ein Beinhaus auf Übersiedlung vom Friedhof zur

Knochenmühle, befördert allerdings von einem etwas betrunkenen Kutscher –, allerlei Pläne zum Beantworten der jetzt vordringlichsten Frage, wie er, statt des verlustig gegangenen Gegenstandes wieder Herr zu werden, des Verlustes Herr werden könnte. Es waren durchaus saubere Pläne. Kein anständiger Mensch (aber wir lassen dahingestellt, ob in einem so vertrackten Falle ein bloß anständiger Mensch den entsprechend vorgebildeten Richter abgibt), hätte was wider sie einzuwenden vermocht.

Er wollte, zum Beispiel, heiraten, eine Familie gründen auf und aus dem Grunde, auf und aus welchem Gott sie gegründet hatte (mit anderer Gesinnung unser Jemand und wir eines so unmäßigen Werkes, das die Opferung aller außer ihm möglichen Werke, also auch der Person verlangt, die in die Archetypen Vater, Mutter, Kind einzugehen hat oder sie läuft Gefahr, für das verfehlte volle Maß jenen sittlichen und künstlerischen Dilettantismus großzuziehen, der dann einem halben Jünger Christi oder Apolls auch nur ein halbes Modell der Wirklichkeit bietet, nicht uns unterfangen dürfen); er wollte peinlich darauf sehen, daß die Mitglieder dieser Familie weder der größesten Liebe füreinander noch der unnachsichtlichsten Strenge miteinander noch der höchsten Achtung voreinander entbehrten, damit sie nicht wie die Heiden, die in nicht bewußter Kenntnis des Entbehrten ungezwungen dasselbe tun, gezwungen würden, wessen sie im eigenen Heime ermangelten, im fremden zu suchen gleich den Dieben und Räubern aus Notdurft. Denn was uns aus der gottgewollten Enge, die so enge gar nicht ist, wie der Kosmos zeigt, zu einem welchen unterm Mikroskope der Wassertropfen wird, und aus der so epigrammatisch als möglichen Abgekürztheit des kostbaren Exemplares Mensch (der wohl sich vermehren, das heißt, seine eigne Kostbarkeit weitervererben, nicht aber der bloßen Vermehrung wegen sein Maß unterschreiten soll, weil er durch solche Unterschreitung dem Wiederholen des Einfachen, Gelungenen, Seltenen schon im Anfang ein Ende machte und fürderhin nur das ziemlich unendlich variierbare Mißlungene, Geklitterte und Dutzendmäßige hervorbrächte) hinaustreibt in die Freiheit der

Heiden, die irrigerweise unserer göttlichen Herkunft angemessener scheint, oder in die noch unbesiedelten Räume, als wären diese nur zu dem Zwecke da – welcher Schluß, um wahr zu sein, zu simpel ist –, mit Massen von Nachkommen eben jenes kostbaren Exemplares bevölkert zu werden, das wohl seine Gestalt, nicht aber die vorzüglichsten Eigenschaften dieser Gestalt fortgepflanzt hat, bevölkert zu werden nach dem Maße des an sich unerschöpflichen und also an sich qualitätlosen Samens: das ist die nie ganz auszulotende tiefe Enttäuschung über die Verfehlungen gegen die Idee der Familie, so ihre Mitglieder, denen sie wie Priester und Priesterin anvertraut worden, sich haben zuschulden kommen lassen. Kein Wunder in einer Welt, die deswegen kein Wunder mehr sehen wird, daß schon Jüngling und Mädchen die entheiligte Schwelle leicht überschreiten und so unbewußt, wie Heiden das Unheilige, das wohl immer noch vorhandne, aber nicht mehr versperrte und nicht mehr konditionierte Heilige wegtragen, auf der Gasse umher- und überall hintragen und schließlich in dem Schoße der Barbarei deponieren, wo es, statt besser behütet zu werden, nur eine Weile verständnislos, aus Sammler-, nicht aus Beteraugen, angeschaut wird, um bald darauf mit den andern gleichfalls säkularisierten Schätzen, den zu versiegelten gewordenen Büchern (weil ihr Inhalt zugleich mit der Form an Tag liegt, welch innige Koinzidenz man auf den Fleisch- oder Fischmärkten in Ordnung findet, nicht aber in der Literatur), den Reliquien, die niemand mehr, wie sie's verlangen, zu berühren versteht, den Zaubergeräten, deren Bedienung dem gescheitesten Materialisten nicht gelingt, und Elixierflaschen, von denen die ihren Gebrauch erläuternde Beschriftung schon vor Jahrhunderten sich gelöst hat, zugrundezugehn, nicht wie ein gescheiterter Genius (das wär' noch was!), dem wenigstens die ihm verschuldete Zeit, ergriffen von ihrem Glücke, den peinlichen Gläubiger loszusein, dankbar in die Grube nachblickt, sondern wie Bodenkram, den schließlich die Dachdecker stehlen, oder wie ein Schiff, das, statt im Meere standesgemäß dramatisch zu versinken, im Dünensande episch langweilig vermorscht.

Weil unserm Jemand aber auf entgöttertem Altare noch ein

Flämmchen zuckte, das er nicht zu löschen wagte; weil die Göttin, obwohl für ihn empfindungslos, das heißt, so gut wie tot, ihm doch noch lebte; weil er's nicht über seinen Stolz brachte zuzugeben, daß, was er zu ewiger Dauer geschaffen hatte, ihn hatte sterben lassen; weil er also, um die Wahrheit zu sagen, die keine Geliebte je erfahren darf, in der Liebe sich selbst liebte – ob zu Recht, ob zu Unrecht, ob als einen Wert oder als einen Unwert, wird der Erfolg solchen Wahnsinns, des allem Verhandeln mit einem Du nämlich zugrundeliegenden Narzißmus, lehren, welcher Erfolg eben nur der wunderbarerweise vernünftige einer bis zum Äußersten getriebenen Unvernunft ist (es lebe der Quantensprung von Kategorie zu Kategorie!) –; weil unser Jemand also, abgesehen von dem Unglück, das ihn betroffen hatte (und Pech macht immer schmutzig), ein rechtschaffener Mann war, der mit einer alten Flamme keinen neuen Herd anstecken wollte, entschloß er sich, um nicht nichts zu tun – bei welchem Tun ihn, wie Siegfrieden an der Quelle der finstere Hagen, der böse Feind gewißlich überrascht und sicher tödlich getroffen haben würde –, das Entfernteste von dem zu tun, das ihm am nächsten lag: entschloß er sich, die Weihen zu nehmen.

Sage nun niemand (von der Gegenseite), ein solch an sich schon absurder Entschluß sei in diesem Falle doppelt absurd, oder (von der unsern), er entheilige das Amt eines Priesters, Diakons, Subdiakons, Akolyten. Wenn wir schon einsam sein müssen und zölibatär leben, so wollen wir die Einsamkeit und den Zölibat wenigstens in ihrer und in seiner gültigen und achtbaren Form haben. Nicht, daß die Gassenjungen auf einen Sonderling zeigten, dem keine Zivilinvalidenuniform Respekt verschaffte, die geilen kleinen Mädchen einander eine Behauptung zukicherten, die wir ohne Verletzung dessen, was wir bewahren wollen, nicht zu entkräften vermöchten, und anläßlich unseres paradigmatischen Auftretens die Studierten ehrerbietig von der neumodischen Affenschande des Pathologischen redeten! Die Menschenwürde, rief unser munterer Geselle, während er einige unschuldige Distelköpfe abhieb, verlangt, daß wir in einem ausgesprochenen Stande lebten! Und:

in einem katholischen Leben muß alles eindeutig sein! Wir wollen ja keine Romanfiguren werden, zu welchen aber die Leute, seitdem sie nach Neigung und aus Gesinnung im Undezidierten sich herumtreiben, geworden sind! Ja, das war seine größte Angst: Romanfigur zu werden! Eine Person, vor der der Selbstmörderstrick baumelt, hinter der das Zucht- und Irrenhaus steht, um die herum die Aasgeierpaare Lupanar und Kneipe hocken (sie können auch noble Orgie und gute Gesellschaft heißen) und die den Schnapsbuden nichts nachgebenden Trostbuden der Jahrmarkts- und Jahrhundertphilosophien sich etablieren, ganz- und halbmaterialistische, idealistische (die bekanntlich aufs Ganze gehn, nie halb sind, sondern immer ganz, nämlich ganz konfus), mystische (weitaus mystischere als die in den Schriften eines Johannes vom Kreuz oder einer Teresa von Avila enthaltenen) –: wichtig ist ja nur, und dieser Umstand allein verleiht diesen Philosophien jenen unschätzbaren Wert, den dann für Gelahrt und Ungelahrt sie besitzen (einig beide in der Schätzung des leichten Tuchs, feiner noch als der zu Indien getragene Schleier der Maja; man kann durch es hindurch beinahe sehen, was Gott denen bereitet hat, die Ihn lieben, und das sind doch alle, alle, nicht wahr?, auch die, die von der wahren oder falschen Sachlage nichts, gar nichts wissen, denn: wer wird so wenig allwissend vom Allwissenden denken und vom Allbarmherzigen so unbarmherzig?!), wichtig ist also, daß so steinschwere Worte wie: »Wer nicht für mich ist, ist wider mich. Wer mir nachfolgen will, nehme sein Kreuz auf sich! Suchet zuerst das Reich Gottes und seine Gerechtigkeit, alles andere wird euch dazugegeben werden!«, daß so steinschwere Worte, die in den Köpfen der Damen und Herren eine vielsagende Langeweile erzeugen, eiskalte Wüstenstriche, über die sie ohne mehr Feuerwasser, als es gibt, nicht hinwegkommen, nicht vorkommen. In ihrer oft echten Verzweiflung über die Banalität (das will in diesem Falle sagen: über die unverständlich gewordene Selbstverständlichkeit) der christlichen Forderungen und über die Unanschaulichkeit dessen, was diese Forderungen, erfüllt, hervorgebracht haben oder hervorzubringen vermöchten, greifen sie sofort, wie nach jemandes Druck auf den Zauberknopf, der sie sind, nach eben jenen Schriften, deren größte, aber auch einzige Kunst (von der alle sonst ihnen noch nachgerühmten Künste nur dependieren wie der Gehängte vom Baume) in der außergewöhnlich geschickten, geistvollen und interessant arrangierten Vermeidung oder Außerachtlassung jener Gemeinplätze besteht, auf denen als auf dem allein maßgeblichen *hic* das eine *nunc* gesprungen wird. Und wenn man den einen schmalen Weg durch die entscheidende enge Pforte dezidiert nicht geht, dann natürlich gibt es plötzlich tausend Wege, bequemere, und tausend Tore, weit und hoch, die umfangreichsten und feinstmaschigen Straßennetze, in denen sich die tollsten Fische fangen, und Torengroßstädte, die jede Art von Leben, sie sei nur eine unmögliche, das heißt, eine unvorhergesehene, zu leben erlauben, und an welcher Großstadt Ecken, so viele es auch gibt, zumindest je ein Schriftsteller steht und die wie Krebs wuchernde Mannigfaltigkeit aufzeichnet, die als die eigentliche Weltkrankheit vom Bersten einer Zelle, der Eremitenzelle, vom Fallen unters Maß des einen kostbaren und vorbildlichen Menschenexemplares und der wenigen gleichen Ranges und gleichen Amtes, so mit ihm die geringe und für immer festgesetzte Zahl der Archetypen hätten vollmachen sollen, ihren Ausgang nimmt. Und wenn Sie nun, verehrte Leser, Phantasie genug haben, sich vorzustellen, wie durch die vielen naturalistisch blitzblanken Spiegel der vielen Schriftsteller die ohnehin schon vertausendfachte Mannigfaltigkeit einer wohl zweifellos objektiv vorhandenen, doch trotzdem unberechtigt existierenden Welt noch vermillionenfacht wird, so bis zum kleinstmöglichen Teilchen gespalten wird, daß der wahrhaft verrückte Anschein entsteht, die Fata Morgana hätte den Wüstensand geheiratet und in dieser Ehe eine Unmenge von Halbbeduinen und Luftgeisterhälften hervorgebracht, die nun in erfundenen Oasen herumwimmeln, auf sagenhaften Kamelen reiten, Gedichte von Häusern bewohnen, mit Träumen von Odalisken sich begatten, das heißt, ihrerseits nun eine Rasse fortpflanzen, die es gar nicht gibt und die umso zahlreicher wird, je weniger auch nur von einem einzigen Exemplare derselben die Rede sein kann, fortpflanzen also bis zur völligen Zerstörung und Auflösung des ursprünglichen Menschenbildes –: so werden Sie, verehrter Leser, weniger darüber sich wundern, daß so viele Romane, als darüber, daß verhältnismäßig so wenige geschrieben werden. Aus dieser Tatsache, nicht wahr?, erhellt ein noch langer Fortbestand unseres Planeten. Denn erst dann, wenn ein jeder, auch der kleinste Narr, den kongenialen Porträtisten gefunden hat, wenn also alle Welt sowohl sich malen läßt wie selber malt und, ob solcher Geschäftigkeit ausschließlich backbords, steuerbords das verlorene Gleichgewicht die Hände vergeblich gen Himmel ringt, erst dann kann guten Gewissens das Weltraumschiff endlich untergehn. Die Leute hängen ja aus den lächerlichsten Gründen am Leben. Wenn die Menschheit was Ernstes wäre, würde sie schon vor Tausenden von Jahren ausgestorben sein.

Man sieht, daß unser Jemand, den wir eingangs für Irgendeinen gehalten haben, ins Denken gekommen war, doch in ein höchst verdächtiges und beunruhigendes, in eins fieberglänzenden Augs, hektisch roter Wange und heißer Hand, ins Wegdenken von was, von der eigentlichen Denkaufgabe, ins Verdrängen, ins Sublimieren, in ein – die Herren Berufsnervösen mögen das harte Wort entschuldigen – feriales also, so gut auch, aber gerade uns nicht täuschend, es die Fahlheit der Not zeigt, so großartig es die letzten Kreuzer einer echten Leidenschaft fürs Absolute auf den Roulettetisch der Physik wirft, den die Imponderabilien eines gerissenen Croupiers bedienen (wie die Demagogen sich des Demos), und so richtig, an sich natürlich nur, die dank dem Zufall des Spiels gewonnenen Erkenntnisse sein mögen.

Sie sind, wie soeben gesagt wurde – doch werde es noch einmal und deutlicher gesagt –, von unreiner Herkunft. Sie sind nicht um ihrer selbst willen gesucht worden, ebensowenig wie ihre Anlässe, die beiden Stände, ihrer größeren Gnadenfülle wegen angestrebt worden waren (wenn unser Jemand Ernst mit seinem Streben gemacht haben würde), sondern einzig und allein wegen ihres rechten Stehens auf dem rechten Platz, aus einem, unter obwaltenden Umständen nur allzu begreiflichen, dringenden Bedürfnisse nach etwas einwandfrei Logischem, dessen Befriedigung allerdings der Befriedigung männlicher Notdurft an der Mauer des Salomonischen Tempels gleicht, was schon die gemeine Ehrfurcht verbietet, zu schweigen von den haarfein distinguierenden Rabbinen. Der Leser hat doch, hoffentlich, über die Einfälle unseres Jemand nicht vergessen, daß dieser Jemand irgendeinen Gegenstand verloren hat (ob zu Recht, ob zu Unrecht, steht hier nicht in Frage); daß er ihn, obwohl er ihn nicht sucht, keineswegs für verloren hält, sucht er ihn doch auf eine Weise, die mit bestem Erfolge (nur nicht bei uns) zu verbergen sucht, daß sie sucht, die, weil sie nur eine grundlegende Art des Sichtotstellens ist, nichts anderes, und zwar lebendigsten Leibes, will, vorläufig wenigstens, als den verlorenen Gegenstand in die Sicherheit des Verlorenseins zu wiegen, damit er in seinem nichtsahnenden Schlafe umso leichter gefunden werden könnte. Die Schlauheit blitzt ihm aus all den Augen, mit denen ein also Suchender über und über besetzt ist wie mit Perlen eine ins Wasserglas gehängte Weintraube, während er Augen von tiefen Denkern oder weiten Sehern zu haben glaubt. Und um weder den Gegenstand noch sich selber merken zu lassen, daß er hinsichtlich des vom gesunden Menschenverstande definitiv zu nennenden Verlustes, wie angesichts einer für dauernd eingewirtschafteten Verlustträgerei, auf dem Standpunkte der genauesten Undezidiertheit stehe, auf keinem andern sonach als auf dem, den auch seine elendesten Schicksalsgenossen einnehmen, nur ohne jegliche Aussicht einnehmen, je etwas anderes zu sehen als diesen Standpunkt und einzusehen, daß er keiner ist, vermag unser Schlaukopf als der unbarmherzigste oder gerechteste Weltenrichter sich zu etablieren und nach rechts und nach links, nach vorn und nach hinten so scharfe, dezidierte Hiebe auszuteilen, daß, während die Konkretionen, wie begreiflich, ungeschoren bleiben, die Fetzen von den Ideen fliegen.

Es war auch die Einsamkeit, in der er sich befand, in reinem Gegensatze zu jener, in welcher er sich hätte befinden müssen, wenn er das tatsächlich Verlorene auch aus den Adlerfängen der Seele, den bronzenen gleich, die ein Wappen ob einer alten

Pforte halten, verloren haben würde, nicht nur die schönste von der Welt – denn hier war er mit ihr, der Verlorengegangenen, zweiköpfig, doch eines Leibs, eben jenem Adler der Seele und des Reiches gleich, gegangen als das hermaphroditische Fabelwesen der Urzeit –, sondern beredt wie eine Kaskade in Tivoli oder Frascati, die, indem sie unsere Worte übertönt, in das einzige Wort sie übersetzt, dessen sie mächtig ist (allmächtig, sollte man sagen), das aber alle enthält oder enthalten kann, wenn wir den rauschenden Wassern die Freiheit des wildharfenden Assoziierens geben, erfüllt von den jasagenden Gerüchen eben begatteter Pflanzen, die, verzückt zurückgeworfenen Armen ähnlich, sich ausstöhnten und ausstreckten auf dem nun entspannt und lang wordenen Liebeslager, und gedichtabsondernd wie ein Musenhain unter der Sonne italischen Mittags. Überall quoll's von harzigen Formen, die ein durchsichtiges Versfüßchen ausstreckten (wie die Zehe fragt, ob das Badwasser der Verjüngung wohl die Temperatur der neuen Haut schon habe), verdoppelte sich für den nüchtern Betrunkenen jegliche Erscheinung, das Blatt, der Schmetterling, das Moos, der Stein, der Schatten, der Tümpel, die sichtbare Krot und die vermutete Schlange, gespalten von der silbernen Streitaxt der Elfen, die ja einen steten Kampf führen müssen um ihren goldplättchendünnen Lebensraum mit der dicken und bleienen Materie, gespalten in Urbild und Abbild, in Vergleich und Verglichenes, auf welchem Niemandslande zwischen den beiden eben sie, die Elfen, siedeln, die nie jemand sieht, es sei denn jener selten unschuldige Knabe oder erschütterte Sünder, der in das Unteilbare, wenn es geteilt worden, hineinschauen kann wie in den bodenlosen Kelch der blauen Blume.

Links, am sanft gehobnen End' der Grasdecke, dort wo der gedachte Kopf des Hügels zu liegen scheint, am Ausgang des immer geheimnisvollen Waldes, auch wenn ein gepflegter Weg, auf dem man Sommergästen begegnet, in ihn hineinführt – hier allerdings führte er mehr heraus, lag er wie Asche vor dem Ofen, wie abgefallener und zusammengekehrter (...) vor der Haustür –, stand das vierseitige Skelett einer Warte. Deutlich hätte unser Jemand, wenn er ihm nicht den Rücken zugewendet haben würde, der gekreuzten alten Fichtenknochen rostige Verschraubungen gesehn, mit denen der fast zu Veilchenbläue vergreiste Turm auch im bloß leichten Abwinde, der von der Waldwand rann, knarrte und quietschte, und die Richtung, in die dieser wacklige Lehrstuhl der ferialen Naturgeschichte fallen wird, schon heute, vielleicht erst morgen, sicher übermorgen. Im Vorbeigehn hatte er von einer frischgehobelten Tafel gelesen: Betreten verboten! Ja, so vergeht die Zeit! (Eigentlich kann man nicht sagen: sie vergeht. Das setzte ja einen aufmerksamen Beobachter des reinen Vorgangs ihres Vergehens voraus. Man kann nur sagen – und immer überrascht, peinlich, angenehm: ab jetzt, ab diesem Augenblick ist sie, eine gewisse Zeit, sieh' da!, vergangen.) Ein im Geheimen lang schon bohrender Prozeß – vom Tag der Geburt an oder (spätestens) vom Tag an des Einanderkennenlernens zweier Unbelehrbarer, die das ihnen angeborene Unwissen voneinander aufheben zu können meinen durch das untaugliche Mittel akzidentieller Erfahrungen und mit der Hilfe höherer und höchster Bildung – wird plötzlich öffentlich; Schuldspruch und Urteil springen geharnischt aus dem weichsten Bette und, während der Wecker noch schnarrt, verschwindet der Delinquent, vor einer Sekunde noch ein Ehrenmann, im Zuchthaus, zu dem, ebenfalls im Handumdrehn, sein bequemes Haus geworden ist.

Die Vergangenheit, dachte unser Jemand, der jetzt auf einem Steine saß, nah dem Rand einer nur mäßig tiefen, aber breiten Grube, in der – so wollen's Angst und Phantasie eines Verdammten – es von Schlangen wimmelte (Stacheldrähte von Brombeerranken, mit wenigem, wie vergiftetem Laub behängt, überspannten, gebogen wie Peitschenstiele, der Ureinwohner dieses Planeten geröllgetarntes Pueblo), die Vergangenheit, dachte unser Jemand, kommt immer unversehens über uns. Es ist, als hätte sie einen Zug von Zukunft um den doch endgültig verschlossenen Mund – und, weil die Zeiten miteinander verwandt sind, ja, wie manche Philosophen glauben, nur die Anschauungsformen der ein und selben, könnte es sich wirklich so verhalten –, oder als wehrte sich ein Etwas in uns, ein Höheres (dem allerdings wir nicht Raum geben), gegen die strenge Determiniertheit des Heute durch das Gestern, weil wir diese Determiniertheit unser unwürdig finden, obwohl wir, freiesten Willens, uns oft und gerne selbst entwürdigt haben. Daß wir uns unser Urteil sprechen, ein inappellables, einfach durch das Ernten dessen, was wir gesät haben, das beschämt uns, wenn auch nur um eines Tapezierernagels Stift tiefer, als (so wenigstens fühlen wir) irgendeine Schuld, und sei's die schwerste, zu sitzen vermag. Und deswegen glaubte er auch nicht, unser Jemand, der seine Finger knacken machte, als bräche er jene dünnen, aber harten, sykomorenholzharten Stäbchen, die unserer Gedanken Rückgrat bilden und ihnen die einsinnige Richtung weisen, über ein entschlossenes Knie, daß er wirklich verloren hätte, was er wirklich verloren hat. Wenn es diesen Glauben nicht gäbe, rief er, indem er von dem Steine aufsprang und mit zwei Fingern gen Himmel zeugte, gäbe es nicht die Hoffnung, und wenn es Glaube und Hoffnung nicht gäbe, gäbe es nicht die Liebe, die ja nur unter der Voraussetzung, daß es diese beiden gibt, diese Welt zu betreten wagt. Die Liebe, sagte er, und tat die drei noch fehlenden Schritte zu einem Zaun aus graden Stekken, wie einen welchen städtische Eigentümer ländlichen Bodens zu errichten pflegen, der auch einen gutgeschorenen Rasenhang durchblicken ließ, doch keinen Pfad und kein Hausstück, nur weit draußen und drunten den kleinen Bahnhof, wo ein eben eingeschlichenes Züglein aus einer Bratpfanne von Schornstein qualmte und mit der nun befriedigt ruhenden Pleuelstange die Reisenden sich von der Lende gekratzt zu haben schien, welche Reisenden herumlagen wie verhältnismäßig große, tote Insekten oder wie verhältnismäßig noch gut davongekommene aus einer dicken Suppe zu krabbeln trachteten –: die Liebe, sagte er, setzt blindlings voraus, daß der, den sie auszeichnet, diese Auszeichnung auch verdient, und zwar ist der allein gültige Modus der Verdientheit des Geliebten der, daß derselbige, was er Irriges getan oder Rechtes unterlassen hat, nicht als mit stringenter Verbindlichkeit getan oder unterlassen anerkenne; daß er vielmehr Protest erhoben habe (oder, wenn die Stunde des prometheischen Trotzes erst später schlagen sollte, nicht zögern werde, ihn zu erheben) gegen das scheinbar so tief begründete Meinen, die von uns ausgeatmete und nun strafweis wieder einzuatmende Umwelt sei unsere vollkommene Entsprechung, das Objekt sei das Subjekt und umgekehrt, mit dem sie empfindenden Wesen stürbe auch die empfundene Welt, die Rechnung, die dem präsentiert würde, der sie so hoch hätte auflaufen lassen, ginge in Null auf, und der Schöpfer entpuppte sich als diese Null.

Einer der bohnengroßen Punkte (von der Farbe rosig gefleckter weißer Bohnen), die jetzt, diese schneller, jene langsamer, der Kante des Bahnsteigs zurollten und mit dem unaufhaltbaren Zurollen kundtaten, daß ihr Willensziel in dem Orte, Marktflecken und bescheidne Sommerfrische, läge oder nahe demselben, könnte wohl der verlorene Gegenstand sein, der – wie unser Jemand nun nicht mehr zögerte, öffentlich, das heißt, vor seinem guten Verstande, der ein Kollektivum ist (von Ahnenarbeitern, zum Unterschiede vom besten und schlechtesten, ausschließlichen Eigentume und Produkt eines gegenwärtigen Individuums), zu erklären – dauernd, wenn auch unbewußt, in der Peripetie sich befinden müsse zurück zu ihm, dem Ausgangspunkte des Punktes! Möglich allerdings, daß er den Zenith noch nicht erflogen hat; möglich, daß er seine Bahn zieht in einer Weite von einigen Jahresläufen der Erde um die Sonne; möglich sogar – aber wir wollen's nicht befürchten –, daß der Sprung des Punkts vom punktförmigen Endlichen ins Unendliche ihn in einen Raumabgrund, wimmelnd von wahrhaft astronomischen Zahlen, hat hinunterstürzen lassen, welchen Sprunges und Sturzes Wiedereinholung mehr Leben dann erforderte, als beim besten göttlichen Willen, dem mikro-makroskopischen Schau-, Kampf- und Liebesspiele einen versöhnlichen fünften Akt zu geben, einem verlorenen Gegenstande und einem heimlichen, doch konsequenten Sucher desselben, und türmten sie beide eines Volks von Methusalems Greisenalter aufeinander, je gegnadet werden kann. Aber: kommt's denn auf die Praxis an? Wenn nur die Theorie stimmt! Wenn's nur einer erlebt und sei's des letzten Erdentages letzter Mensch! Wenn nur theoretisch feststeht –

Trösterin Physik! Heilige Mathematik! –, daß in einem gekrümmt unendlichen All jede Bewegung von was weg auf einem gewissen Orts- und Zeitpunkte unweigerlich das gründliche Verkehren ihrer bisherigen Tendenz erleiden und den Rückweg zu dem Was antreten muß, dem, um nichts freier, es hat entfliehen müssen, und zwar nach dem nämlichen Gesetze, das jetzt mit freundlichem Gesichte, aber mit derselben ehernen Hand den tangential ausgefahrenen Ast zum absteigenden biegt. Nicht also, weil einander Verlassen böse ist und nur durch einander Wiederfinden gutzumachen; nicht, weil die Dämonen ihr Spiel treiben und die Engel es stören und umgekehrt! Nein! Es geschieht wie beschrieben nach dem Ratschluß des Schöpfers dieser Mechanik, der die kurzfristigen, aber prometheischen, von halbtierischem zu halbgöttlichem Rang bestimmten Geschöpfe deswegen an die ungeheuren Räder der Kreisläufe gebunden hat, damit, unterm Wagen des Kosmos rollend, sie sowohl den Staub kennenlernten, aus dem sie gemacht sind, wie jene unendlichen Straßen, die, indem sie bei aller Länge nirgendwo hinzuführen scheinen, das Wesen und die Größe des Vaters überzeugender darstellen als die erhabendsten, doch erreichbaren Ziele das vermöchten, wie auch die volle Fracht des Kosmos, deren Ertragen nur das Denken des Lastträgers, halbwegs wenigstens, gewachsen ist, keineswegs sein Tun und Lassen gewachsen ist, das immer einen polemischen, ja revolutionären Charakter haben und, entgegen dem Sog ins Ewige, auf dem *hic et nunc* bestehen wird, wie die Forelle entgegen dem Zuge des Bachs, kurz: damit sie ob eines solchen Damit jedes andern Damits sich entschlüge, ob einer Zwecklosigkeit so erhabenen Stiles jedes kurzsichtigen Zwekkes vergäßen und über ein vernünftigerweise mögliches, wenn auch noch recht künftiges Dasein von Aionenausmaß dieses unmöglichen derzeitigen von Eintagsfliegendauer, das, weil nur zu leben, nicht zu denken, sich getrösteten.

Jetzt vielleicht geht sie schräg (wie die aufgehobne Latte vor dem Scheunentor) über den Bahnhofsplatz, in den alten düsteren Gasthof, wo allein nur, glaubt sie, auch er abgestiegen sein könnte; den halbdunklen, teppichweichen Korridor entlang mit den vielen gleichmöglichen Türen desselben wunderbaren Auf- und Eintritts, des seinen, des ihren; entlang der veilchengepreßten Wand der Erinnerungen mit den tiefbraunschwarzen Ölbildern, aus denen da und dort der unverblichne Bauch einer holländischen Kuh platzt oder ein tonpfeifenrauchender Trinker sich neigt, um den Flaschen des derzeit lebenden Wirts ein bißchen näher zu sein als den fingierten des verewigten Malers, der überdies, ehe er sie gemalt, sie geleert hat; geht sie in ihrem alten Zimmer (das natürlich sie sich hatte geben lassen), aber in dem ans Herz greifenden und wider die persönlichsten Nerven sich benehmenden Geruch desselben (zurückgelassen gleich schmutziger Geisterwäsche von den vielen anderen Paaren und Paarungen, die, wie unsere hypothetisch eingeführte Dame fühlt, von der nämlichen Dame gar nicht zugelassen worden wäre, wenn sie, die Dame, im vollen Sinne der Idealität unserm Jemand die Treue gewahrt haben würde. »Man demoliere dieses Zimmer!« sagte kurz vor seinem Tode der Bischof Polykarp, »Vermaure Tür und Fenster! Mache es leer, wie die Kaaba leer ist! Mache es zu einem Denkmal des Nichts!« Denn die Denkmäler des Etwas unterliegen, wie dieses selbst, der Veränderung, um nicht gleich das Ärgste zu sagen: der Zerstörung, und werden so dem immer unähnlicher, das sie für immer porträtiert zu haben geglaubt haben, wie das Porträtierte wegen seiner Verewigung von gar keinem zeitlichen Abbilde mehr zu treffen ist. Nur das Nichts ist unverwandelbar, unzerstörbar, unbefleckbar. Denn: wenn es auch wer verwandeln, zerstören, beflecken wollte, käme er stets um den uranfänglichen Vorsprung, den das Nichts hat, zu spät!), geht sie also hin und her, die Hände an die in der Gattung so oft von den Selbstmörderkugeln durchjagten Schläfen gepreßt, und sagt sie das einzige, was die Goldfische zu sagen haben, wenn innerhalb ihres Glases und Denkens sie die größte Nähe zur Menschenwelt erreichen: Oh! Oh! Oh! Dann öffnet sie das Handköfferchen, ein Fläschen Eau de Cologne, einen Flacon spanischen Parfums, die silbernen Behälter der Seife mit dem hohen Kastenzeichen von Coty, lüpft sie auch ein wenig und sorgsam die wie aus Molke verfertigte Wäsche, daß das flache Abbild der vollen Brüste wieder Atem holen könne nach dem atemlosen Druck des Verpacktseins, und dann – ja, dann sitzt sie so lange steif wie während des Abbrennens der Opferkerze und geduldig nach einem Zeitmaß, das nur Haarspalter besitzen, auf dem unbequemsten Stuhle da, bis der Badegeruch der Gerüche den beintrocknen Schwamm des verunreinigten Zimmers erweicht, durchquollen, zum alleinigen Inhalt des Zimmers gemacht hat. Nun könnte, sollte, müßte es an der Tür klopfen, die zwischen dem noch leeren Jetzt und den vergangenen leeren Jahren steht als letztes, aber wichtigstes Stück des letzten Hauses einer Wüstenstadt! Denn: wer kann eintreten, ohne über eine Schwelle zu treten, und wer »Herein!« rufen, wenn es kein Draußen und Drinnen gibt, und sei dies Draußen und Drinnen auch nur das einer Bühne, an deren Boden vier Bohrer eine Türattrappe festgebohrt haben?

So weit, so gut! Oder: so logisch wie phantastisch! Oder: wenn's so gehen würde, müßte es so gehn! Ab einer gewissen Voraussetzung, die man bei eigenem Nichthinschaun, während einer blitzschnellen kleinen Ohnmacht, in einem geschickt eingeführten Nichts aus dem Blauen holt, wie ein Stückchen Zucker vom unbewachten Tisch des Vaterhauses stibitzt – welchen absichtlich unbewußten Diebstahl wir den Akt des freien Willens nennen können (oder die Meisterleistung der menschlichen Vergeßlichkeit) –, geht alles wieder, wie's vorher gegangen ist, am Zügel des strengsten Kausaliertseins. Die Tatsache des klaglosen Weiterfunktionierens unseres Verstandes nach jenem Wahnsinnsanfall (man bewundere gebührend die psychologische Kunst der Psyche, halte aber diese Griechin ja nicht für die Seele!) ist eine also echte Tatsache und argumentiert also überzeugend für sich selbst, daß das unbewußte Wissen vom schwindelhaften Ursprung der durchaus vernünftigen neuen Möglichkeitsreihe fast keine Aussicht hat, zu Kopf zu steigen. Und wenn, in neunundneunzig von hundert Fällen, dem nicht so wäre, gäbe es weder Glaube, noch Hoffnung, noch Liebe, die alle drei, diese wahrhaft göttlichen Tugenden, und eben wegen ihrer Göttlichkeit, ohne jenes Hintertürchen der Physik keinen Eingang in die Physik gefunden haben würden. Nur dank dem entgegenkommenden Taschenspielerkunststück, das bei dem Ehebruch des Rationalen mit dem Irrationalen die Rolle der kupplerischen Amme, der bestochenen Servante gespielt hat, den schönen Fremdlingen, den Botinnen des Himmels, ihr Auftreten auf den Brettern dieser Welt, die als Bretter des aristotelischen Kategorientheaters auch ausnahmehaften Gestalten gegenüber von der Forderung nach Einheit des Ortes und der Zeit keinen Deut ablassen, (...). So geschieht denn, daß wir mit Hilfe und unter Mißbrauch der unserer Natur nicht eigenen Tugenden oder ihrer nicht organischen Mittel den Ast, auf dem wir sitzen, zum Hebelarm verlängern, nicht aber, um die rationale Welt aus ihren Angeln zu drücken, sondern im Gegenteil, um ihre Punkthaftigkeit zu unendlicher Linie auszudehnen; daß wir, statt das Unglaubliche zu glauben, das Unverhoffbare zu hoffen, das über alles Lieben Erhabene zu lieben, mit den Riesengeschützen des Glaubens, der Hoffnung und der Liebe nach den Sperlingen des vernünftigerweise Möglichen schießen. Deswegen, nur deswegen, stiert unser Jemand durch das Fernrohr des beinahe Dichterischen (oder wie sonst man das Mißbrauchen wahrhaft abenteuerlicher Distanzen zu dem Zwecke sich selber ungeheuer groß zu sehen beziehungsweise zu vermeinen, weil man trotz ihrer sich noch sieht) ins Nächstliegendste, ohne zu merken (weil er's nicht merken will, weil er sich sein Wort gegeben hat, es nicht zu merken), daß er nicht den Transzensus gemacht hat, sondern, und obendrein noch auf der Ebene des verlorenen Kragenknopfs, nur einen kleinen Schritt in der Richtung des Verlustgangs und in der durch nichts zu erschütternden, gleichsam instinktblinden, sturen Meinung, diesen Knopf nur in dieser Richtung finden zu können.

Die Erde ist allenthalben rund, aber auch groß. Wäre sie flach, eine Scheibe, wie die Alten geglaubt haben, die so alt nicht geworden sind, um jene Erfahrungen machen zu können, die wir nur der Bezeichnung nach jüngeren Völker machen, so würde schon nach wenigen Jahrhunderten sie zu Ebene des vollkommen Logischen entartet sein, auf der dann nichts Unvorhergesehenes, Unerrechenbares, kurz: nichts Überraschendes es gegeben hätte, nichts davon, nur die sekündlich sich selbst beweisende Gesetzlichkeit, bei gänzlicher Außerachtlassung von Subjekt und Objekt, der uns selbstverständlichen und selbstverständlich reinlichst voneinander getrennten Schauplätze oder -räume des zwar nämlichen, aber mit unterschiedlicher Intensität empfundenen physikischen Absolutismus; nichts als jenen totalen Staat, den wir ehrfurchtvoll und schaudernd die Natur nennen, von dem jedoch, um ihn zu erforschen, wir, *hypothetice* wenigstens, uns getrennt haben durch die kühne Konzeption eines eigenen Begriffes Menschheit. Den Materialisten, denen einerseits alles zu danken ist, was von der Physik gewußt wird, muß andrerseits der traurige Ruhm überlassen werden, daß sie, jene hypothetische, heurismatische Trennung des Naturwesens Mensch von dem unmenschlichen Wesen Natur für idealistisch und fideistisch verschreiend und das Liquidieren derselben anstrebend, den Hebelarm absägen, auf dem sie, gerade das beobachtend, sitzen, was sie sonst gar nicht zu beobachten vermöchten.

Nun ist die Erde rund, eine Kugel (rollend in ebenfalls einer Kugel, aber noch unvorstellbaren Ausmaßes), und müßte jeder Punkt ihrer Oberfläche, begänne er der Luftlinie nach zu wandern, wieder, soferne nicht Lahmheit oder Tod ihn unterwegs befielen, zu seinem Ausgangsorte, ohne einen dahingehenden Entschluß gefaßt und ohne den dahinführenden Zwang gespürt zu haben, zurückkehren. Keinesfalls käme er je an den der Ebene oder Scheibe eigenen Rand, der, weil das letzte Etwas vor dem fürchterlichen Nichts, die Um- und Rückkehr aus einem Akte der Vernunft entspringen machte, allerdings nur so lange lebendig entspringen, als dieser Akt Zeit bräuchte, zu einem ein für allemal starr gesetzten zu werden, zu einem *a priori* gewußten.

Wie windig es um unsere Freiheit steht, ersieht man aus Obigem. Aus Obigem ersieht man aber auch, daß es eine Freiheit, allen sie auf eine minime beschränkenden Konditionen zu Trotz, doch gibt. Die Kugelform ist das Meisterstück eines Schöpfers, der das kostbarste Geschenk, nach dem bereits gegebenen wunderbaren des Lebens, einerseits nicht in der Lade seines mit uns geschlossenen Bundes bewahren, andrerseits so darreichen wollte, daß es den Dummköpfen nicht zu Kopf stiege und den Neunmalweisen nie ganz plausibel würde.

Wer auf einer Kugel wandert, die in keinem Augenblicke ihres Bewandertwerdens als eine Kugel anschaulich wird, und der, von Nichts und Niemandem gehindert, die einmal eingeschlagene Gerade zu verlassen, eines gleichsam selben Tages – schlimmsten Falles regnet es im heutigen Heute; im damaligen hat die Sonne geschienen; die wesentlichen Bestimmungen der Identität des Ortes mit sich selbst und des empfindenden Subjekts mit dem empfundenen Objekt aber sind die nämlichen geblieben – bei seinem Ausgangspunkte wieder eintrifft, der ist auf die einzige im Endlichen mögliche Weise über die Unendlichkeit belehrt worden. Oder wissen Sie eine andere? Organischere, unaufdringlichere, vornehmere, wir möchten fast sagen: künstlerischere? So weit, so gut! Wenn Sie nun an dem theoretischen Wandern eines Punktes einer Kugeloberfläche alle anderen Punkte teilnehmen lassen – zu welchem Teilnehmenlassen unser Bild von einer total bewegten Physik, von einer Materie, die nichts als Bewegung ist und nur unter der Zeitlupe der verschiedensten Augenmaße auch als ein mehr oder weniger festes Etwas, das bewegt wird, erscheint, uns geradezu zwingt –, so werden Sie den Schluß nicht bestreiten können, daß ein jeder Punkt auf seinem Wege durch die anschauliche Unendlichkeit unendlich vielen Punkten begegnen muß, die auf ihrem Wege zu dem nämlichen Ziele sich befinden: dessen belehrt zu werden, daß sie, erstens, Freiheit, zweitens, eine begrenzte Freiheit besitzen.

VERSTÄNDNIS Wenn du recht bedenkst, wie sehr du mit dir selbst beschäftigt bist, wirst du auch ermessen können, wie wenig die andern mit dir beschäftigt sind. Verlange nicht Verständnis für das Verständnis, mit dem du dich um dich selbst bemühst! Verstanden, als ein Komplize, wird vom Nächsten nur jener Mensch, der wie dieser ebenfalls von sich selber wegschaut. Jedermann wird den Verzicht jedermanns auf die schwierigere Aufgabe verstehn. Verständnis also kommt nur dort zustande, wo ein möglichst gleicher Grad von Geistes- oder Willensschwäche das *tertium comparationis* bildet und dieses für die höchste Ebene gehalten wird, auf der überhaupt gewandelt werden kann. So erklärt sich die kompakte und militante Majorität des Mittelmaßes, ihre Feindseligkeit gegen den Solipsismus, der, wenn er ihn auch nicht zu ersteigen vermag, den letzten Gipfel wenigstens sieht.

VERZWEIFLUNG Wenn du innere Leere spürst, fülle sie nicht oder lieber mit Verzweiflung. Die Verzweiflung nämlich ist ein so seltener Akt und, wenn er gesetzt wird, ein in der Regel so mißbräuchlich gesetzter, daß endlich einer zu ihrer Ehrenrettung aufstehn sollte und sagen, daß, um ihre Früchte zu sehen, man sowohl jede Möglichkeit zu leben wie jede, sich selbst zu vernichten, erschöpft haben muß. Der Weg zu sich selber ist ein unendlich langer und mühseliger wie (...) nur ein Leugner des Rechts abkürzen wird. Das bloße Dasein bis zum Martyrium erheben: damit allein wird der Wert des Daseins gültig aufgehoben; denn um das aufrichtige Ja zu einem andern Dasein – nicht weil es besser, sondern weil es die Nichtvernichtung der Person erweise, also das Allerbeste – geht der Kampf der Todesstunde. Es kann demnach diese Stunde oder Sekunde, gleichviel, nicht mit dem Wunsche zur Selbstvernichtung, also dem genauen Gegenwunsche, ausgefüllt sein. Aber das aufrichtige Nein des Sich-Erhängenden hat dieselbe rechtsverbindliche Wirkung wie das aufrechte Ja des üblichen Sterbenden, nur in der andern Richtung: zum Verluste der Person.

WANDEL (Brombeer interpretiert die Schrift) Plötzlich, im götzendienerischen Chaldäa, befiehlt der eine Gott einem, dem Abraham, aus diesem Lande zu gehn. Und warum befiehlt Gott also? Daß er, Abraham, den Augenblick nur erst *seiner* Berufung nicht mit dem rechten geschichtlichen Augenblick schon der Berufung aller verwechsle, nicht *hic et nunc* für den Herrn zu missionieren begänne mit den wenigen Erfolgen, den vielen Mißerfolgen der Sendboten eines bereits institutionell gewordenen Glaubens, sondern eilends gehe, fort von dem Hier und Jetzt, hinein in ein Vacuum zwischen den Zeiten, in die Berge, in den Maquis, um dort ein Partisanenheer von Monotheisten zu zeugen, ein Volk, das kraft einer übernatürlich ihm zu verleihenden natürlichen Eigenschaft – der des Sandes, unzählbar zu sein – die zahlreichsten Heidenvölker würde zu besiegen vermögen, auf den Rücken zu werfen wie Schildkröten. Ficht man mit Worten, wo noch keine gemeinsame Sprache besteht? Predigt der Rosenstrauch die Rosenhaftigkeit? Nein! Er bringt Rose nach Rose hervor und überzeugt durch ihr Duften.

WEIB In einer Welt, die alles zu kennen glaubt und mit diesem Glauben so gut fährt, daß sie gar nicht schlechter damit fahren kann, nämlich an jedem Rätsel vorbei und in die Unlösbarkeit ohne Rätsel gerade hinein, ist es heilsam, ein Etwas zu kennen, das man nicht kennen kann; in einer Welt, die an nichts glaubt, an das Glaubenswürdigste schon gar nicht, ist es gut, an ein Etwas zu glauben (inbrünstig), das absolut unglaubwürdig ist und das vermöge wenigstens dieser Absolutheit eine gewisse, wenn auch blasphemische Verwandtschaft mit dem höchsten Gute besitzt. Dieses Etwas ist das Weib. Was sich selbst nicht kennt, wie das Weib – weil es einen Standpunkt außerhalb seiner nie jemals einzunehmen vermag –, kann auch nicht erkannt werden. Denn alles Erkennen vom Ich her bedarf, um zu fruchten (die Frucht kann auch ungenießbar oder giftig sein), des gleichzeitigen Erkennens vom Du her. Auf halbem Wege muß unserer Ratio das Lichtlein der fremden Ratio, das in dem dunkelsten Rätsel des nächtlichen Wanderers geharrt hat, entgegenkommen, freudig entgegenschwanken, oder es ist dort, wohin wir so scharf zielen, nichts zu treffen, nur Dunkel und kein Rätsel. Heilsam also ist, unter den vielen Türen, die aus dem Unwissen ins Wissen hinein aufgehn (ob sie ehrlichen oder Diebsschlüsseln sich ergeben, wird hier nicht gefragt; keine der zwei möglichen Antworten entschiede über das Wesen der echten Türe, eine zu kennen, die mit keinem Schlüssel sich öffnen läßt und, wenn doch und auch ohne Schlüssel, gar nicht geschlossen gewesen ist, gar kein Schloß besitzt und – sieh da! – nirgendwohin führt, nur eine Türe ist, stehend auf einer unendlichen Ebene, an den Boden geheftet durch zwei Bohrer, wie die Türen auf dem Theater, einsam, schrecklich, letzter Baurest einer irrationalen Stadt. Sie schauend (mit dem Auge der Alten, das tiefer denn unsres die Gorgo noch im Leibe erblickt hat), wird uns – wir brauchen nur zu meinen, hier auf dem Blachfelde habe nicht Untergang von Vergangenem, sondern Versuch zu Zukunft stattgefunden –, als schauten wir die erste, unvollständige und unverständliche Hilfskonstruktion zu einem Gott; einen vom Denken begonnenen und vom Denken aus unbekannten Gründen unvollendet gelassenen neuen Begriff. Die Ingenieure und Arbeiter sind fortgezogen, über ihren größern Plan, die Ebene, wächst Gras, und das Stück Technik ist so wenig weit gediehn, daß ihm unmöglich abgesehen werden kann, wozu, vollendet, es gesollt. Gibt es, fragen wir, in unserer profunden Hoffnungslosigkeit hienieden einen tieferen Trost, als mit Recht denken zu dürfen, daß an einem gewissen Begriff nicht weiter gedacht werden kann? Daß, wovon seit Beginn menschlich-männlichen Lebens Unzählige ihre Hände gelassen haben, auch wir sie lassen dürfen? Daß diese absolute Einsamkeit, in der wir jetzt Aug' in Aug', schon organisches Aug' in noch unorganisches, mit dem ersten Aufriß zu einer Gorgo uns befinden, absolut verlassen worden ist? Wo, wenn man immer Gärtner gewesen ist (mit der Schlingpflanze um das Herz), kann man ein besseres Gewissen haben als in der Wüste? Wie soll man Blumen gießen, wenn keine wachsen, mit einem Wasser, das nicht herabregnet? Ja, das Weib ist unglaubwürdig. Erstens, weil alle Idioten an es glauben, zweitens, weil es – nicht zu wenig Mensch; das ginge noch hin! –, nein, weil es zu wenig Göttin, und das ist, bei soviel Talent zu Irrationalität, unverzeihlich.

Das Weib (Lunarin spricht) Das Weib ist einmal – im Jugendalter der Menschheit, im Jünglingsalter des Menschen – aus dem Weibsbild getreten, aus dem Urbild des Weibes, aus dem Rahmen, der gleich fest es sowohl der Devotion wie der Bilderstürmerei entgegengehalten hat, und wird nach seiner abenteuerlichen Wanderung durch die ihm grundsätzlich fremde vierdimensionale Welt des Mannes, in der es als göttliches oder als teufliches Wesen die nämliche aufklärerische Entwertung erfährt, wieder zu seinen zwei Dimensionen zurückkehren und mit einem unbeschreiblichen Aufatmen, das den Busen des Alls um einige Milliarden Lichtjahre weiter dehnt, die strenge Modellstellung für eine *mater Dei* oder *concubina diaboli* wieder einnehmen. Was mich anlangt, so gäbe ich alle Damen des Erdkreises für eine ebenso reine wie willige Magd aus der Zeit der Patriarchen. Ich werde sie aber nicht finden, sondern im Strom nach der Quelle verdursten.

Weiber Selig sind, die sowohl selig wie unselig machen: die Weiber. Von denen eine Trübsal kommt, daraus die Klarheit Gottes scheint, und eine himmlische Freude strahlt, die oft sogar Ihn verdunkelt. Sie allein, die Weiber, weisen die Seele auf die Seele hin, unbeirrbar, nicht so beirrbar wie – wegen der Qual der Wahl zwischen Fleisch und Geist – die männlichen Lehrer, die, ob jenes oder diesen sie dann wählen, zuerst einmal aus der Befangenheit fallen, denn: sie haben Begriff und Wort so für die eine wie für die andere Sache und berauben beide, kraft solch verführerischen Besitzes, ihrer Nichtmehrrückführbarkeit. Aber allein dank dieser ist die Blume die Blume, ist der Berg der Berg, das Dorf das Dorf: der Name nämlich fliegt über die Sachen nicht hinaus, sondern trifft sie ins Herz und dröhnt, gefangenes Echo des Schusses, immerfort weiter in ihnen.

Weiber Sie hinterlassen in unserer Materie Spuren ähnlich den Spuren prähistorischer Wesen, von welchen Wesen man dann zwar weiß, daß sie gewesen, nicht aber, oder nur schlecht, wie sie gewesen sind. Knöchelaufwärts verlieren sie sich ins Erdachte, in eine ungefähre Rekonstruktion. Daher viel weniger, als wir glauben oder besser: als wir gerne glaubten, hat die geliebteste Frau uns bestimmt. In der Regel nämlich wagt der Mensch nicht, dem Schicksal, das er immer selber wirkt, ins Auge zu sehn, und liest es lieber aus den Augen seines Weibes. Was er Fatales denkt in der unübersetzbaren Sprache des Einzelnen, sagt er in der unoriginalen der Paarung. Und so kommt es denn dank einer falsch großzügigen, menschenfreundlichen Grammatik zu ungenauen Aussagen über jene bekannte Situation, Liebe genannt, in der zwei Unbekannte miteinander sich befinden, ohne dieser ihrer Grundeigenschaft, der Unbekanntheit, Wort haben zu können. Die Folgesätze sind nicht wirklich abhängig von den Vordersätzen. Das seinem Begriff nach nur in der Einzahl vorhandene oder mögliche Subjekt verbindet sich bedenkenlos ausschließlich mit nur der Mehrzahl zukommenden Prädikatformen; kurz: das Ich denkt als Wir. Es ist nur eine Frage der Zeit, wann endlich der eine Raum, der nicht zugleich zwei Körpern Raum bieten kann, gegen den eigensinnigen Versuch, einem Axiom zuwiderzuhandeln, sich empört. Soviel über die den Liebenden wesenseigentümliche Gewohnheit, neben der originalen Sprache des Einzelnen, der zwar nicht die Logik, wohl aber das Wort fehlt, und neben der allgemeinen oder zur wissenschaftlichen entfärbten Sprache, in der das Was und das Wie der Aussage so fugenlos ineinander verschliffen sind, daß durch die grammatikalische Eisdecke über der wahren Tiefe des Sprechenden das wirkliche, das orphische Wort, das einzig echte Bruchstück eines echten Ganzen – was üblicherweise Fragment heißt, stammt nicht aus dem Metaphysischen, deutet nicht auf ein höheres Vollkommenes hin, sondern nur auf eine in ihm selbst liegende Möglichkeit – nirgendwo zu dringen vermag, in einem *ad hoc* erfundenen und nur so erfindbaren Idiom, dauernd einander mißverstehend, miteinander sich zu verständigen. Begreiflich nun, warum jedem Dritten das Idiom jeder Zweie immer unverständlich bleibt: erstens vertritt der jeweilige Dritte, der befreundete oder der zufällige Kritiker, stets die restliche Menschheit, die

Ökumene, die *canones;* zweitens spricht er – wenn nicht ein Heiliger – das von denselben augenblicksbedingten Fehlern unübersetzbar gemachte Idiom anderswo. Es ist sonach jedes Paar das letzte eines aussterbenden Stammes und einer aussterbenden Sprache. Und natürlicherweise finden diese Stämme und Sprachen – wegen ihrer nicht zu bewältigenden Unzahl – weder Ethnologen noch Grammatiker, noch Verfasser von Vokabularien (nur Romanschriftsteller, denen das Niefertigwerden mit ihrer eigentlichen Aufgabe wesenseigentümlich ist). Also leben wir – die wir da glauben, das verlautete Wort bedeute immer sich selber und das gedruckte bilde ab, was allgemein gemeint wird – in einem fortwährend niedergehenden Hagel von Dialekten, die von keiner Schriftsprache derivieren, keiner zu stets neuen Ursprüngen dienen und auch nie jemals die Absicht haben, eine zu werden. Sie würden, solches wollend, ihrem Sinn, genauer, ihrem streng kausalierenden Unsinn entgegenhandeln. Wenn nun die Paarung aus zwei eins machen will, und zwar mit Mitteln, die den *consensus omnium* in Sachen der Vernunft und der Übervernunft stillschweigend, nach Verschwörerart, aufheben, so kann sie Gemeinschaft nicht zu Idee haben und ihre Setzung nicht im Sinne. Sie muß vielmehr der erste anarchische Akt sein, der in ein noch Mythisches vorverlegte Protest gegen die – wie das natürliche Gewissen ahnt – nicht zu verhindernde spätere Vergesellung, gegen jenen Totalitarismus, den, als Herrschaft des Einen in Allen, die erwachsene, ihres Begriffes endlich gewisse und ihrer Aufgaben voll bewußt gewordene Menschheit etablieren wird. In der Gegenwart, von der allein wir wissen und allein deren Darstellung uns obliegt, hat der anarchische Akt das folgende Schicksal: Zweie bilden Staat im Staate, und es würde der kleine den großen sprengen, wenn Liebe zu dauern vermöchte. Weil aber der Eros voll des Eros ist – anders er nicht vollkommen er selber wäre, sondern ein Etwas von der unvollkommenen Vollkommenheit des Engels besäße –, wohnt ihm neben der höheren und späteren Fähigkeit zu zeugen auch noch die frühere und niedere der Fortpflanzung durch Zellkernteilung inne. Er kann also auch durch Ausbreitung sich vermehren. Vom liebsten Nächsten ausgehend, ergreift er zunächst das Nahe, dann das Entferntere und schließlich das Fernste. Durch dieses Alles-Übergreifen und Alles-sich-Integrieren schlägt er endlich in den Großstaat um, der dasselbe ist – nur bereits ohne Subjektivität –, was er eben jetzt wird: der entmannte Eros.

WEIBER Die berufsmäßigen Zeitvergeuderinnen, die Tag und Nacht geschäftigen Entblätterinnen stets vollbelaubter Bäume, die durch Verachtung der Kürze des Lebens, durch Nichtnutzung desselben zum Heile anschaulichst auf die Ewigkeit Hinweisenden, in abgründigem Unterschiede zu den Männern, die durch die Sorge um ihr Heil auf die Zeit hinweisen und so dem Tag, der Stunde, dem Augenblick eine Bedeutung geben, die von den Sündern unter ihnen zum Entschuldigen ihrer eben nur jetzt zu befriedigenden Leidenschaften gebraucht wird –: die Weiber – wenn sie richtig gehen – schweben über den Steinen des Anstoßes und können, wenn sie vom Mann her kein sittliches Hindernis sich zu eigen machen, bis zum Wolkenthron der babylonischen Hure gelangen.

WEIBER Die Intelligenz ihrer Hände und Füße, die grammatisch klare Sprache ihrer Bewegungen und Blicke, ihre venusische Liebe zum Wasser, ihr englisches Wallen in Wolken von Wohlgerüchen und in Schuhen, die hoch vom schmutzigen Erdboden abstehn, und nicht zuletzt die Aufrichtigkeit, womit sie, sowohl im tiefsten Winter der Moral wie in dem der Natur, zur ursprünglichen, zur paradiesischen Nacktheit sich bekennen dadurch, daß sie die transparente Schönheit der Gewandung über die häßliche Notwendigkeit, den Leib zu bedecken, triumphieren lassen – welch letzterer Umstand für den Besitz eines so weit zurückreichenden Gedächtnisses spricht, daß es zu Recht sich unfähig oder unwillig zeigt, die Ephemeriden des Heute zu behalten –: alle diese, dauernd in Erfüllung sich befindenden Voraussetzungen eines Aktes von ältester Herkunft und, wie man glauben sollte, auch von weitestem Fluge und genauester Gezieltheit, erweisen sich nicht nur in der Regel, sondern ohne Ausnahme als ebenso viele den orthodoxen Glauben an die Bestimmung der je schönern Form zum je höheren Inhalt erschütternde Widersprüche dann, wenn es zur unvermeidlichen Wahl des Mannsbildes kommt, des einzigbleibenden oder auswechselbaren, gleichviel, denn keines ist das rechte, und kann auch keines jemals das rechte werden. Zur Erwerbung nämlich der rechten Art, ein Begehrding zu gebrauchen, bedarf es des zuvorigen Sichbefundenhabens der möglichst vollständigen Erkanntheit des Begehrdings im Erkennenden, wohl nach der Weise des Erkennenden, die dafür zu sorgen hat, daß auch der nur einen Wahrheit gegenüber der Person die Personenhaftigkeit erhalten bleibe, doch mit der Beschränkung dieser auf die allen gemeinsame Vernünftigkeit, welche auf den Axiomen beruht und dann als sicher gelten kann, wenn das fugenlose Wiedereinpassen des dingentblößten Begriffs in das des Begriffs beraubte Ding gelungen ist. Es gibt sonach keine grobe Fehle im Ding, sie gehöre zu seinem Wesen oder sei von ihm erworben worden, die während des Erkenntnisvorganges nicht miterkannt werden würde, ausgenommen den einen Fall – und von dem ist hier die Rede, voruntersuchend, nicht vorurteilend –, das Wie des Erkennens entstelle bis zu Unkenntlichkeit das Was des Erkennens. In diesem bis auf weiteres klinischen Falle befindet sich oder begibt sich in denselben, bei krassester Gesundheit aller sonstigen Funktionsweisen, das weibliche Erkennen, wenn es den Mann zu seinem Gegenstande nimmt, wahrhaftig zum Gegenstande (als wäre er des Begriffs bereits entblößt), und wahrhaftig nimmt (als wäre er schon der Hand ausgeliefert, nicht erst dem Denken). Es wird, heißt das, aus vielen Begehrdingen der gleichen Art das eine Begehrding erlesen, ohne der eigentlichen Erlesung unterworfen worden zu sein, sozusagen auf den ersten Hieb hin, der auch sitzt, weil, wenn rundherum Holz zum Hacken da, gar nicht fehlgetroffen werden kann, unter beispielloser Außerachtlassung also aller übrigen Qualitäten, guten und schlechten, die zusammen erst den je diesen Menschen bestimmen, der dann – wie begreiflich – entbürdet, federleicht, mit nur einer Qualität, jauchzend oder grunzend, in das Weib eingeht. Es irrt daher das weibliche Erkennen wegen des ihm wesenseigentümlichen, sofortigen und vom Willen unabhängigen Verengens seines Gesichtsfeldes auf den Raum eines Katzenaugenspalts oder Schlüssellochs, das den schmalen Weg und die enge Pforte darstellt, die zur irdischen Glückseligkeit führen, also die umgekehrten Kriterien der himmlischen sind, wenn ein zeugungsfähiger Mann in demselben erscheint; und es irrt dauernd, weil es dauernd zu irren bereit ist und demzufolge von einem dauernden Mißtrauen auch gegen andere Wahrheiten erfüllt sein muß. Es irrt das Weib in einer Unschuld, die ebensoweit von der erdfernen Unschuld eines Engels wie von der des erdklugen Tieres absteht, in einer Unschuld also, die wegen ihrer rationalen Annochunbestimmbarkeit als Unschuld nur vorschnell verehrt oder vorschnell geschmäht werden kann. Nun könnten wir bei diesem Befunde als bei einem von axiomatischer Gültigkeit nach der Weise der Anachoreten uns beruhigen, die das Kreuz, das sie über die Welt gemacht haben, auf sich nehmen, das heißt aus der einerseits verdienstlosen, andrerseits unverdienbaren Zweisamkeit – je nachdem dem bloßen Triebe oder der ihn er- und verklärenden Liebe entsagt wird – in die reichlich verdiente Einsamkeit, genauer, in den vorausbezahlten Ruhestand eingehn. Mögen die fleischlich Gesinnten, sagen die Anachoreten, zusehn, wie sie auf ihre aktive Weise mit dem Befunde fertig werden; ihm zustimmen als überflüssige Beweise des Bewiesenen oder bis zum Verbluten gegen den Stachel löcken, den sie nicht und nicht ihm zubilligen wollen! (Nun: vom Fernsein des Philosophen lebt ja jede Nähe.) Man bringe ihn zurück in die Situation der Situationen, und man könnte ebensogut Wasser in den winterlich glühenden Ofen schütten: die Verstellungskraft des Feuers geht bis zum Erlöschen. Soviel über den Anachoreten, der gut dran tut, sich in einer Höhle zu verbergen. Wandelte er unter uns, im Tarngewande des lieben Nächsten, würden wir nie erfahren, daß der Schneck Fühlhörner hat, die Mimose Mimosenhaftigkeit besitzt, gewisse Käfer nicht tot sind, sondern nur tot sich stellen. Auch von unserer eigenen

Natur käme nur eine Seite an den Tag, und zwar die beste, denn sie ist die einfachste. Die Dezimalbrüche verschwänden aus Schulheft und Leben; jedermann wäre eine ganze Zahl, durch und durch voll von der Wirke des Gesollten, wie ein Stück Brot durch und durch Brot ist. Die Straßenräuberprobleme, die sofort uns überfallen, wenn der faszinierende Blick des einzig befugten Simplifikators, des sazerdotalen Menschen, sich von uns wendet, sind, siehe da!, nicht da: es herrscht ein zaubrischer Sabbat, der die Füße hindert, mehr Schritte zu tun, als am Sabbat erlaubt sind. Die Welt aber, wider die so überzeugend geweset wird, bleibt im Argen liegen. Da muß es denn den einen Einen geben, der, von der Welt für ihresgleichen gehalten, in der Welt verharrt (wie auf einem dauernd sinkenden Schiffe der ruhig weiter amtende Kapitän, weil wissend, daß auch die Bewegung dem Ende zu kein Ende nimmt und das Erwarten des Jüngsten Tages keine Beschäftigung ist) und versucht, wider den andern Einen, der (als die umgekehrte babylonische Hure) auf ihrem gültigen Verworfensein sich etabliert, die Welt zu rechtfertigen. Es muß also, wenn der orthodoxe Levite vorübergegangen ist, der ketzerische Samaritaner kommen, Öl und Wein in die ewige Wunde des unter die Probleme Gefallenen gießen, ihn auf das Maultier seiner Zeit heben und in die Herberge bringen, wo das Opfer genau jetziger Umstände nach dem Stand der genau jetzigen Wissenschaft gepflegt und, wenn schon möglich, geheilt wird. Der Therapie nun, welcher ein solcher Kranker vom Herbergsvater unterworfen wird, liegt die Annahme zugrunde, daß wir weniger fehlgehn, wenn wir von einem Wesen, das wegen seiner anderen Schienung nicht in die Ausnehmung unserer Logik paßt, höher denken als niedriger; weil nämlich – und das ist die eigentlich erstige Annahme – die aufsteigende Linie ein dichter besiedeltes Wahrheitsgebiet durchquere als die absteigende und um so seltener geirrt werden würde, je öfter das Nein zum Ja hinüberwechselte. Es wird hier, sieht man, mit dem Ja ein ernsterer Ernst gemacht, als jener höchst respektable einer ist, der das Gesicht der exakten Experimentatoren zu dem einer Bulldogge verzieht, die über die Sicherheit ihres Herrn wacht und das Beschnüffeln fremder

Personen so betreibt wie dieser das Forschen, nämlich mehr in der Hoffnung auf ein Nein als auf ein Ja, genauer gesagt: in der Hoffnung auf ein Ja zum Nein, auf einen Biß in eine Wade; in welchem Promenadedrama der Biß die Position darstellt, die Wade die Negation. Sind so – oder so ähnlich – bald auf dem himmelnäheren Dachboden, bald auf der gemeinen Straße nicht auch die Frauenverächter, die Weiberfeinde verfahren, getrieben von der merkwürdigen Leidenschaft des Exkludierens, des Dezimierens, von der Sucht nach einem vollkommen Unwerten, nach einem seienden Nichts, nach dem real existierenden Bösen, nach dem Demiurgen der Gnostiker? Haben sie nicht durch ihre Metzeleien die Sicherheit so sehr vervollkommnet, daß infolge Mangels an Nebenmenschen (lieben Nächsten) kaum mehr sich leben läßt? Haben sie nicht ein Heer von Einsamen geschaffen, ohne zu bedenken, daß der Begriff »Heer« dem Begriffe »einsam« schnurgerade widerspricht? Sind sie also nicht wirklich beim Ja zum Nein angelangt? Wir haben sie liegen sehen, die großartigen Erschöpfer der Schöpfung, in der letzten Windung des Bockshorns, mit durchschossener Schläfe, diese Unbedingten, die mit dem Kopfe durch den Schoß wollten wie die Narren mit dem Kopfe durch die Wand! Wie wär's also, wenn wir für des Weibes Kopf des Weibes Schoß setzten? Wenn wir zu begreifen suchten, daß die Weiber nicht, wie wir Männer, von oben nach unten denken, sondern von unten nach oben? Auf ihre Art so logisch wie auf die unsere wir? Daß, wenn Mann und Weib einander umarmen, weniger zwei Menschen als zwei Logiken zusammenstoßen, die ihr Nie-jemals-miteinander-zu-Deckungkommen nicht nur als die tiefste Ursache des unendlichen Vergnügens am Versuche, das Unmögliche zu ermöglichen, in sich tragen, sondern auch als die höchste sittliche Pflicht? Hängt nämlich der Fortbestand der Welt nicht von ihrer grundsätzlichen Unvollkommenheit ab, von einem in der Zeit nicht zu behebenden, weder von Tugenden noch von Lastern wesentlich zu verändernden Dilemma? Es geht daher nicht an, daß die bloßen Träger ihrer Logiken einander verstehen! Daß dieser da, dem selbst nicht eignet, was er hat, sich aneignet, was auch jenem dort nicht gehört! Wohin kämen wir, wenn wir nicht sofort die Polizistenhand erhöben und der fraudulösen Vertauschung von *privatio* und *cognitio* Einhalt geböten? Einem Forschungstriebe, der durch den strotzenden Urwald des Etwas einen schnurgeraden Weg ins Nichts sich bahnt, nicht ein noch üppigeres, noch undurchdringlicheres Hindernis entgegentürmten? Sind doch der weibliche und der männliche Mensch nicht die Eigentümer, sondern nur die kommissarischen Verwalter ihrer je anderen Geschlechtlichkeit! Und gehört doch zum Wesen eines Verwalters, daß er weder über die Herkunft des ihm anvertrauten Gutes noch über dessen künftige Bestimmung sich Gedanken mache, noch den nächstnachbarlichen Verwalter in die Versuchung führe, anders zu denken und zu handeln, als er selbst denkt und handelt. Dieser würde als der Verführer, jener als der Verführte, dieser trotz Redlichkeit in der eigenen Amtung, jener trotz fremder Schuld an der Unredlichkeit in der seinen der gleichen kapitalen Strafe des Befangenheitsverlustes verfallen. Es ist sonach jede Kritik, die der eine Kommissar an dem andern Kommissar übt – auch die einen derzeit unbeteiligten Dritten vernünftig und heilsam dünkende –, das sicherste Zeichen dafür, daß der eine die Schatzkiste des andern erbrochen und natürlich zuvor den Verwalter derselben mit dem Besitzer derselben gleichgesetzt hat; denn dem Sichversündigen läuft ein Sichverdenken voraus. Nur aus diesem Sichverdenken als aus dem Leitirrtume einer mächtigen Herde von Irrtümern kann recht begriffen werden, warum das Weib für das Weib verantwortlich gemacht wird! Warum es vom Manne, vom unfrommen Manne her, eine Psychologie des Weibes gibt, die das Weib verurteilt, weil es wider die eigene und auch wider die fremde Wahrheit in einer scheinbar frevelhaften Unschuld verharrt, der umfassenderen Wahrheit nach aber der treuere Verwalter ist; weil es den auf die Reinheit der eignen wie der fremden Hände abgelegten Eid nicht bricht, weil es nie jemals das echte Bedürfnis spürt, den Mann, statt mit allen, wenn auch eingeengten Sinnen zu empfinden, mit weitgeöffnetem Geistesauge zu erkennen! Als ob es eine Psychologie der Dienstpragmatik gäbe, des Exerzierreglements, des Dekalogs!

Als ob man ein Axiom weiter rückführen oder dessen ewige Gültigkeit anders beweisen könnte als durch den stets mißlingenden Versuch, den nur für einen Krug zulangenden Raum von zwei Krügen einnehmen zu lassen! Nun aber haben an dieser Psychologie nicht die Dummköpfe, die Schlechtweggekommenen, die Böslinge geschaffen, und das stellt sie unter unsern Schutz, gleichwie ein von Wetterunbilden oder Lausbuben gefährdetes Kunstwerk, sondern die gescheitesten Köpfe, die Wohlgeborenen, die unmittelbar auf gut hin Gesonnenen. Sollten alle diese die immer tiefere Einsicht in ihr Verwesertum bis zur absoluten Nichtmehreinsicht in das Verwesertum des Weibes getrieben haben? Durch ein von der Intensität des Denkens in den Denkfußboden gebranntes Loch ins Bodenlose hinaus? Verführt von der Herrlichkeit des dialektischen Bogenschießens bis zum Ernstmachen mit dem Treffen in den liebsten Nächsten, der wegen nur seiner Aufgabe, die Antithesis zur Thesis darzustellen, am weitesten entfernt von uns zu stehen hat und so zu jenem Ziele werden muß, dem der Meisterpfeil gilt! Wahrhaftig: wer steht uns zugleich näher und ferner, wer noch ist zugleich die auf uns zuschnellende und sich in den Schwanz beißende Schlange, wenn nicht das Weib? Wer noch ist mit solcher Gleichgewichtigkeit Anlaß zu Hymne und Anlaß zu Fluch? Und: wer kann bei eignem Hin- und -Hergeworfenwerden das Ausgewogensein des nächst andern ertragen? Wer wird das Spielen vieler Rollen billigen und die schlußendliche Folge des Unfugs, die grundsätzliche Verwandlung nicht fordern? Blickt aus jeder Maske nicht das immer selbe Auge? Wie soll einer glauben, Venus liebt, wenn die gleiche Venus plötzlich nicht mehr liebt? Sollte ihr nicht wie dem Denker, wenn er in die Wochen der Dezision kommt, der Helm des Denkerhauptes aufgesetzt werden, der die Züge der höchsten Gespanntheit trägt, die Zeichen sowohl des Verwelkens wie des Knospens, und den Zusammenprall der verschiedenen Jahreszeiten wie eine klaffende Wunde?

Willensfreiheit Ist der Mensch nach dem dreifaltigen Gotte, der allerseligsten Jungfrau und den Engeln das höchste Wesen, so versteht sich für jeden, der nur einigermaßen den Glanz und die Würde sich vorzustellen vermag, welchen er eigentlich ausstrahlt und welche er eigentlich bekleidet, daß dieses überaus hohe, der Gottheit so nahe und der Tierheit so ferne Wesen nicht wie eine Marionette oder wie eine Ameise gelenkt werden kann und auch nicht gelenkt werden darf. Es muß ihm nicht nur ein mächtig Teil des souveränen Willens, den sein königlicher Vater besitzt, als Erbe überantwortet, es muß auch mit dem Vorrechte ausgestattet worden sein, geheime Sprachen, rätselhafte Andeutungen, merkwürdige Zufälle, tiefe Gleichnisse zu verstehn. Zu ihren leibeigenen Knechten und Mägden redet die Natur offen und eindeutig. Zu dem Menschen jedoch, den sie, obwohl er gefallen, für ihresgleichen achtet, redet die Gottheit zwei- und vieldeutig, in Anspielungen, in dunklen Worten nicht nur, sondern auch in dunklen Sachen, und aus gar keinem anderen Grunde redet sie so als aus dem der adeligen Herkunft des Menschen, mit der zugleich ihm die Freiheit verliehen worden, den verborgenen Sinn suchen zu können, und die Fähigkeit, ihn durch alle Vermummung hindurch zu erkennen.

Wir Der Erzähler, der auf dem Titelblatte mit einem einzigen Namen sich nennt (ohne einen Vornamen, weil er einen solchen, der im Munde einer Frau von selber sich bildet, wie Hans oder Heinz – die am Kalender erstarrte Ausrufe dicht vor dem Spasma sind –, nicht besitzt), reitet auf dem *pluralis maiestatis* keineswegs aus Hochfahrenheit daher oder weil das Wagnis der Ironie ihm das gewappnete Sitzen im Sattel der gesalbten Autorität geböte. Nein, seine Ironie richtet sich vor allem gegen ihn selber! Und wer an solcher Selbstaufhebung des Erzählers nicht sich zu freuen vermag, soll ihn lieber nicht lesen. Er liefe, ihn lesend, Gefahr, in einer Schule durchzufallen, in der das Durchfallen des Erzählers unterrichtet wird. Unser Erzähler also geht zwar wie ein gewöhnlicher Mensch zu Fuß, jedoch wie die Jünger nach Emmaus zu dritt. Dieser Erzähler besteht nämlich aus drei Menschen: aus einem, der das Ungeformte erlebt, aus einem, der das Erlebte formt, und aus einem, der das Erlebt-Geformte deutet. Und so gründlich sind diese drei Personen voneinander geschieden, daß, was in der Zeit ein Nacheinander ist, in der Idee als ein Nebeneinander erscheint. Belehrt von dem Phänomen der Trias in der Monas, haben wir uns zum Wir bekannt.

WIRKLICHKEIT Steht ein wirklicher Mensch, und das ist der Genius, und nur er, an einem wirklichen Kreuzweg, so sind beide zur Wahl gestellten Wege wirklich; nicht führt der eine ins Etwas und führt der andere ins Nichts. Die Wirklichkeit des Objektlichen folgt aus der Wirklichkeit des Subjekts (solchen Subjekts), und nicht folgt jene oder diese oder folgen beide aus einer dritten, die außer ihnen, ja, auch ohne sie vorhanden angenommen wird von einem Denken, das dann auch als ein nichtvorhandenes Denken denkenkönnend gedacht werden müßte. Hinsichtlich der Wirklichkeit des Genius müssen wir allerdings von jener einfachen Wirklichkeit absehn, wie sie von den summarisch verfahrenden Begriffsdefinitoren jedem Körper zugeschrieben wird. Eine verallgemeinernde Sprache wie die wissenschaftliche, die notwendig eine immer mehr verflachende ist, kann das Besondere nicht fassen. Sie wird mit umso größerem Rechte sich glauben, wenn sie doch auf dieses Besondere stoßen sollte, einer Täuschung zu erliegen, einem transzendentalen Blendwerk, je stärker, je kühner sie ihrer demokratisierenden Tendenz folgt, die hinter dem faltenlosen Mantel der Logik den angeborenen Fehler einer gerade und ausschließlich wider Begriff und Konkretion des Subjekts gerichteten Apperzeptionsverweigerung verbirgt. Dieses Subjekt nämlich, das Ursubjekt – wider welches die verallgemeinernde Sprache eine aprioristische Abneigung verspürt, weil es jene überhöhte, dreimal bis unendlich oftmal gestrichene (um einen Terminus des Musikers passend zu verwenden) Wirklichkeit besitzt, von der die gemeine, allen Körpern gleichmäßig zugesprochene (einfache) Wirklichkeit nur dependiert, was eben und aber nie und nimmer zugegeben werden darf (daher die angeborene, nicht weiter rückführbare, als edler Affekt, als Wahrheitsleidenschaft auftretende Apperzeptionsverweigerung) –, ist das schöpferische, gleichgültig für diese Untersuchung, ob das bloß metaphorisch so genannte der Psychologie: der Genius, oder das direkt und allein gemeinte der Theologie: Gott. Für den Materiologen, der das aus seinem punktförmigen Existieren ins Ausgedehnte geratene Transzendentale auf den ihm allein würdigen und zustehenden Platz, und das ist, sozusagen, die Spitze einer im Universum verlorenen Stecknadel, zurückführen will, und der deswegen viel länger als alle andern denkenden Wesen, die Materialisten eingeschlossen, mit natürlichen Erklärungen – statt stracks zu leugnen oder schlicht als unsinnig abzuweisen, was über eine zu eng gefaßte Materie hinausgeht –, sich plagen muß: für den Materiologen handelt es sich in beiden Fällen, wenigstens *hypothetice,* um das ein und selbe Phänomen und nur um ein Phänomen der Physik, das er zu beschreiben hat, das heißt, dem er mit der Sprache, mit der Grammatik zu Leibe rückt (den es also haben muß), mit dem so ältesten wie neuesten, einzig eigentlich wissenschaftlichen Instrumente, das, vom rechten Manne recht gehandhabt, gar nicht anders kann, wie vergleichsweise ebensowenig anders die Rute des Wasser- oder Goldsuchers, als dort gen Boden zu klopfen, wo eine Quelle der Wahrheit springen will und von Weistümern ein wahrer Schatz zu Tag steigen möchte; nicht strebt er (wir sollen gleich hören, warum nicht) einen neuen Gottesbeweis an, noch glaubt er, dem Genius einen zweiten Hinterkopf anstücken zu müssen. Nach des Materiologen Meinung haben weder der Schöpfer noch die schöpferische Person, und zwar wegen ihrer selbstevidenten Überwirklichkeit (auf welcher die paradoxe »Täuschung« beruht, es gäbe sie nicht), weder einen Beweis nötig, noch eine Ergänzung. Jenes wie dieser bedürfen vielmehr und im allergrößesten Ausmaße die Körper (und Personen) von nur einfacher Wirklichkeit, von welchen Körpern als angeschauten und von welchen Personen als anschauenden der ganze Unfug, passiv und aktiv, der Frage nach Wirklichkeit (überhaupt, beziehungsweise nach der gewisser Personen und gewisser Phänomene) ausgeht. Ihre bloß einfache Wirklichkeit ist es, die ihnen ihr Schauen als unzulänglich und das Angeschaute als nicht genügend wirklich oder als unwirklich oder als gar nicht existent erscheinen läßt. In einer Welt, die nur von Göttern und Genien bewohnt wäre, würde die Frage nach ihrer Wirklichkeit gar nicht gestellt werden können, ja, würden auch der Begriff der Wirklichkeit und der Gegenbegriff nicht zu denken sein. Der Materiologe behauptet – und er muß wohl Näheres wissen, denn er ist in allen gegenwärtigen Kämpfen nicht nur der am verbissensten fechtende und den tödlichsten Waffen eben des gegenwärtigen Falles (aus dem Abstrakten ins Konkrete) am schutzlosesten preisgegebene avantgardistische Soldat, sondern zugleich (und beide Bestimmungen erst machen den Materiologen) der vorungeschichtliche Zeuge des Urfalls und den jetzigen an jenem unwillkürlich Messende, soferne er ihn überlebt; aber eben durch Überleben erweist er sein unvorstellbar hohes Alter –, der Materiologe behauptet also, daß es eine Urabneigung gegen das Ursubjekt gebe, und führt sie auf den ungeheuren Schmerz zurück, den die bis zur Teilung vorgeschrittene, sozusagen hermaphroditische Urgestalt des Denkens anläßlich ihres endlichen Zerfalles (der mit dem Schöpfungsakte identisch) in ein Ich und in ein Du, in ein Subjekt und in ein Objekt, erlitten und als die erste aller Erinnerungen in der zugleich entstandenen personalen, nicht mehr kollektiven Mneme – zu ewiger Ruhe, wie geglaubt und gehofft – beigesetzt hat. Weiter behauptet der Materiologe, daß im selben Trauerzuge, der die erste Unlustempfindung (die, wie auch die ihr entgegengesetzte, um empfunden zu werden, der vollzogenen Teilung bedarf) bestattete (mit welcher Bestattung der Tod in die Welt gesetzt wurde), auch der erste echte Gedanke des nun denkfähig, weil dialektisch gewordenen Denkens verdrängt worden ist, der Gedanke nämlich, es könne Leiden nicht von dem leidenden Wesen selber, das ja noch keinen Augenblick lang Geschichte gehabt, also Karma gewirkt hat, verursacht sein, sondern müsse zum Urheber eine Potenz außerhalb dieses Wesens oder über diesem Wesen haben, ein unendlich Subjektives in einem unendlich Objektiven, ein unendlich Höheres in einem unendlich Größeren, das, was viel später der transzendente Gott genannt wird, ohne als ein tatsächlich Existierendes bewiesen oder widerlegt werden zu können: und zwar deswegen weder noch, weil diese Urverdrängung ein Konstituens des Denkens ist. Daher kommt es, behauptet der Materiologe, daß die einfache Wirklichkeit eine weiße Scheibe sieht, wenn man vor ihren Ohren Gott oder den Genius anruft. Etliche blinzen wohl, als ob sie was oder wen sähen, und sicher viele wünschen, daß sie sähen, aber die eingebaute Hemmung ist stärker, der zu Norm gewordene Defekt nicht rückzuwandeln, die Abneigung gegen das Ursubjekt (besser gesagt: gegen die notgedrungene Setzung eines solchen, also gegen ein Müssen des Denkens, das noch kurz zuvor kein Denken gewesen ist, und als gar nichts Kennendes auch kein Müssen gekannt hat) größer als die Neigung zu ihm, denn über den vom Schöpfer zugefügten Schmerz kommt das durch diesen Schmerz Geschaffene nicht oder nur wunderbarerweise hinweg. Hier, in der Not einer Neigung, die natürlicherweise nicht bestehen kann, und wenn sie wider alle Natur und Erwartung doch aufkeimte und zu bestehen suchte, entspringt der Begriff der Gnade. Der Materiologe behauptet also, zusammenfassend, für die einfache Wirklichkeit ein ihr wesentlich angehörendes Nicht-Angesprochenwerdenkönnen durch die überhöhte, das Vorhandensein sozusagen eines untrüglichen Organs des Nicht-Wahrnehmenkönnens der dreimal oder unendlich oftmal gestrichenen Wirklichkeit. Das heißt: die Blindheit verschuldet sich nicht, wenn sie nicht sieht. Der Irrtum irrt nicht, wenn er irrt. Sie und er sind in ihrem niederen, doch wohl erworbenen Rechte, und zwar durch den auf der ersten Stufe des Existierens erlittenen Schmerz, wenn sie hinsichtlich des Gotts (oder des von ihm dependierenden, ihn nur erläuternden und metaphorisierenden Genius) nicht hinter das begreifliche Verhalten des gebrannten Kinds, nicht über das ihnen eingebrannte *prius* hinausgehen wollen. Die einfache Wirklichkeit erscheint also aus einem ihrem bewußten Denken nicht zugänglichen (nur dem Genius bekannten) Grunde gerechtfertigt, wenn sie sich verhält, wie sie sich verhält. Nun fragen wir (rhetorisch): Kann ein Jemand von dichterer Wirklichkeit gegen einen Jemand von dünnerer prozessieren? Angenommen, diese beiden Wirklichkeiten hätten unter der (falschen) Voraussetzung der Gleichheit alles Menschengesichtes vor den Begriffen einander ihre Leiber verhandelt und ihre Seelen, und entdeckten nun die nirgendwo als legalen Grund zum Bruche festgelegte *vis maior* der Verschiedenheit ihrer Psychologien! Darf einer, der dem hypostasierten schmerzverursachenden Ursubjekt – so sehr er auch selber litte – näher steht als dem bloß verursachten Subjekte, das von jenem nicht im Sinne direkter Abstammung dependiert, es nicht in kindhafter Kenntnis seiner Urväterschaft metaphorisiert, darf dieser einen Weg beschreiten, den Rechtsweg, von dem er wissen muß (oder wissen sollte), daß er nur hinunter ins Chthonische würde führen können, keinesfalls aber zurück und das Chthonische mit empor? Daß kein Rechtsweg ist, der nicht in einen gemeinsamen Rechtsplatz mündet? Kann er diesen Weg einschlagen, ohne schon beim ersten Schritt den tiefsten Fall (einen vergeblichen noch dazu) in die einfache Wirklichkeit zu tun, für welche einfache Wirklichkeit jedoch der einzig entsprechende Fall, nämlich der nach oben, so sprachlich wie physikalisch unmöglich ist? Wie sehr auch ein Wesen der einfachen Wirklichkeit – und für ein solches kann paradigmatisch das Weib stehn – den Genius gekränkt haben mag: er umarme es, wie Nietzsche den Turiner Pferdekopf umarmt hat, unter Tränen, die er verachtet, mit dem Mitleide, das er verpönt. Er umarme, was, von Penia geboren, von Poros aber nicht gezeugt, in dünnem Stoffe frierend schlotternd so wenig da ist, daß es mit Recht den Rechtsweg beschreitet und mit Erfolg beschreiten wird, unter welchem Rechtsweg wir jenen verstehen, der es zu seiner Natur zurück- und fort vom Genius führt, aus dem Mißverständnisse ihrer beider Gleichheit vor dem Menschenbilde. Er umarme es, weil es, gemißhandelt, Recht sucht und weil es, obwohl Rechtsfunde so selten, Recht findet. Wie arm also an Wirklichkeit muß ein Wesen sein, das schon hier auf

Erden und in und von einer nicht weniger dünnen Wirklichkeit Recht erhält! Weil das Pferd ganz Pferd ist, nicht weniger und nicht mehr als Pferd, als Streitroß wie als Karrengaul, zerreißt es uns das Herz, und hätte es uns auch die Kniescheibe zerschmettert während unserer ihm unverständlichen Liebkosung. Für jenes Wesen hat ja gerade das Sinnlose Sinn, bedeutet ja gerade das Mißverständnis den höchsten Grad von Verständnis, den es, begreifend und begriffen, zu erreichen vermag! Verüble ihm nicht den Irrtum, durch den allein, wie durch ein unbeirrbares Organ, es die Existenz des Wahren, regend sich in einem unzugänglichen Nebenzimmer, feststellt, nicht als die des Wahren natürlich, sondern als einer nicht näher bestimmten starken, feindlichen, mit neuerlicher Schmerzzufügung drohenden Macht. Fühlst du, Ethiker, der du weißt, wer im Nebenzimmer sich regt, wirklich ebenso mächtig der Wahrheit Macht, wie das anethische Wesen sie fühlt, das von ihr, wie von einer Bombe Luftdruck hinweggeschleudert, in Stücke gerissen aus der gestern noch innigsten Umarmung – und, fliegend schon zurück in alle traulichen Winkel seiner Natur, doch noch umhergewirbelte Arme nach dir auszustrecken sucht –, fühlst du also gen Himmel dich geschleudert wie jenes sich zu Erde, dann wirf den ersten Stein auf solch ein Wesen!! Aber: kein Ethiker hat je den Stein des Anstoßes gehoben! Nicht widerlegt durch die größere Kraft der Physik; durch die erhabene blinde Mutterliebe der Materie, die mit Leichtigkeit ausführt und darstellt, zu welch gleicher Ausführung und Darstellung das Transzendentale keinen Finger eines Geistes rührt; nicht erschüttert in seinem beweislosen Glauben an die Metaphysik, an die (allzu diskrete) Vaterliebe des Ursubjekts, ja, sogar mit einem wehen, feuchten, verliebten Blick auf die ehrfürchtig zur Erde gebeugte Erde, der nur *expressis verbis* zu beten verwehrt ist; bloß ein wenig beschämt als ein ohne Pfingstwunder zu den Völkern Redender, als ein Sprachgewaltiger ohne eigentliche Gewalt, als ein Geber von Brot, der aber kein wunderbarer Vermehrer von Broten ist: geht der Ethiker still hinein in das Monasterium seiner höheren Wirklichkeit, in die furchtbare Einsamkeit des Sichselbstevidenten, allwo ihn jeder Menschenbrief erreicht wie jeden und keine Botschaft vom Himmel wie ebenfalls keinen. Seltsame Ungleichheit: er empfängt mehr nicht, als die andern empfangen! Er ist also reicher, wenn auch an Nicht, nur kann er solchen Reichtum natürlich nicht beweisen. Er hat eine berechtigte Forderung an das Ursubjekt (daß es nämlich aus dem Wolkenloche spräche: Dieser ist mein vielgeliebter Sohn), aber kein Gericht, wo er sie einzuklagen vermöchte, denn Gerichte gibt es nur in der einfachen Wirklichkeit, die ihren Einzelfällen mit peinlichst gerechter Rechtsprechung lohnt, daß ihnen das Gesamtunrecht des Existierenmüssens widerfahren ist. Welch andern Grund, die strengste Gesetzlichkeit, ausnahmslos, protestierend und vorbildlich, zu üben, sollte die Physik auch haben als den ihrer unbewußten Gewißheit, einer Ungesetzlichkeit, die zugleich das erste Geschehen gewesen, ihr Sein danken zu müssen, welches Sein sie, statt es mit höchster Gewissenhaftigkeit zu erhalten, ohne Bedenken unverzüglich vernichten würde, wenn sie gewiß wüßte, daß es ein höheres Sein gibt?! Muß nicht zwischen Nichtexistieren und Existieren ein Zwischenspiel von Eingriff gedacht werden, eben das schöpferische Zwischenspiel, dessen Dichtstoff wir Materie nennen, an welchem Stoffe Nichtexistieren und Existieren erst zu Erscheinung kommen? Begreift man nun, daß die Materie sich mißbraucht fühlt, weil sie nicht sich selber, nicht ihrem Begriffe Ausdruck geben darf, sondern zweien andern Begriffen, die an ihr nur demonstriert werden sollen, Ausdruck geben muß, zwischen denen genau in der Mitte sie liegt, beziehungsweise steht als Zünglein einer Waage, doch nicht wert, auf ihr gewogen zu werden?! Versteht man nun ihre Abneigung gegen das Ursubjekt und warum es so gründlich verdrängt worden ist? Und wenn wir nun annehmen, was wir unbedingt annehmen müssen, wollen wir nicht alles bisher Ausgesagte aufheben, daß der Atheismus zur Physik gehört wie die Luft in unsere Luftwege, daß Physik ohne Atheismus nicht Physik sein würde, kommen wir da über Ja und Nein zu dem allerdings ein wenig paradoxen Schlusse: auch der Atheismus ist von dem Gott, den er leugnet, geschaffen? Ohne eingeborne Feindschaft wider die Ungesetzlichkeit (des Wunders einer Schöpfung aus dem Nichts) keine (tief polemische) Gesetzlichkeit! Ohne gründliche Verdrängung des Ursubjekts keine Materie, die ihrem gottlosen Namen Ehre machte! Ohne Pflicht zum Eidbruch kein Eidbruch! Ohne Schuld des Geistes, des vom Ursubjekt in grader Folge herstammenden Subjekts (in welchem notwendig, weil es ebenfalls noch geschaffene Wirklichkeit ist, wenn auch dreimal gestrichne, Schuld wird, was das ungeschaffene Ursubjekt in selbstevidenter Unschuld gesetzt hat), kein Abfall vom Geiste! Das Weib also, ihr unglücklichen Liebhaber, die ihr mit der Topik der Verschmähtenhölle unter den brennenden Füßen herumrennt, ist gerettet vor einem Gerichte, das es nicht gibt, vor einem Richter, der in selbstgesetzter Unschuld Schuld gesetzt und so des Weibes (und der Physik) strenges Kausalieren in die von Ihm vom Zaune des Nichts gebrochene Welt! Eure Liebe ist gerettet, weil ihr sie nicht an ein unwürdiges Wesen, sondern an ein unzuständiges gewendet habt, wohl an ein treuloses in eurem Sinn, nicht aber an ein treuloses in seinem! Denn nur auf das von euch und eurem ursubjektlichen Vater verletzte Recht (auf schmerzloses Nichtexistieren), vor welchem Rechte allein das Weib – sollte es von der Physik beschuldigt werden, mit dem Geiste konspiriert zu haben – sich zu rechtfertigen hat, vor dem aber, weil den Eid zum Nichteid im besten schlechten Gewissen, es bestehen wird, kommt es an, nie und nimmer darauf, eurem verletzenden Rechte auf höheres, dichteres Existieren, das tragikomischerweise nun einmal selbst verletzt worden, Genugtuung zu schaffen. Bestenfalls könnt ihr Verzeihung erlangen für eine Liebe, die eine Wunde, die Urwunde, aufgerissen hat, doch kein Tor des Paradieses, wie ihr verliebte Toren geglaubt habt. Fort also mit euch in eure Klöster und Einsamkeiten, in die euer dichteres Existieren metaphorisierenden Behausungen und Zustände, nicht um zu büßen – wie könnt ihr je bereuen, geliebt zu haben! –, sondern um aus einem unendlich zureichenden Grunde wirklich zu lieben: aus der jetzt erst errungenen Christlichkeit. Denn nach des Materiologen Überzeugung ist Christlichkeit (unter anderm) die tiefstmögliche, eben bis zum Berührungspunkte der Stirn und des Fußbodens sich verdemütigt habende Einsicht in die vom Ursubjekte gewollte atheistische Grundhaltung der Materie. Aus dieser Einsicht folgt, als die ihr legitimes Gewinnen bestätigende Handlungsweise, das unverzügliche Aufunsnehmen aller Kreuze, die, wenn es zu Tal geht, der unvermeidlichen Niederlage entgegen, in einen Abend, dem keine Liebesnacht mehr folgt, von dem Venushügel, wo sie unter unserm leidenschaftlichen Drucke zahlreich aufgeschossen sind, weggeschleppt werden müssen, aber nicht eine heilige *via crucis* entlang nach Golgatha – die Ehr', o nein, die wird uns nicht, kann uns nicht werden von Seiten einer durch selbstgewollte Leugnung ihrer auch jede *imitatio* einer gleichfalls dann nicht vorhanden gewollten zweiten göttlichen Person unmöglich machenden Gottheit! –, sondern hinein in ein Depot voll Hadesgrau und Knochenstaub als die für alle kommenden Aione wertlos gewordenen Requisiten eines abgesagten Passionsspiels. Richtet nicht, heißt es, die einfache Wirklichkeit, auf daß ihr nicht gerichtet werdet nach euren an und in ihr begangenen Verfehlungen wider eure eigne dreifache Wirklichkeit!

WIRKLICHKEIT Wir legen den allergrößten Wert auf die Feststellung (oder Behauptung), daß unser Metaphorisieren der Wirklichkeit nicht das Mindeste an dieser ändere. Wir sind nicht und wollen nicht sein: Erfinder einer der Kafkaschen etwa ähnlichen Welt, die zu wirklich ist, um existieren zu können, und zu phantastisch, um nicht doch zu sein. Auf dem ein und selben Blatte die Porträtähnlichkeit der ein und selben Person bald *un poco più*, bald *un poco meno* zu treffen, ist mehr Zauberei als Kunst, und wenn nur Kunst, dann nicht die höchste, deren hervorstechendstes Kriterium, daß sie mit sich in kein Dilemma kommt, daß sie nie mit beiden Füßen in einem Schuh steckt, der wegen seiner Monstrosität auf dem Boden der Wirklichkeit, auf dem er steht, vergeblich steht. Ja, die dialektische Untersuchung (einer Sache) ist eine hochnotpeinlich gründliche. Wer scharfe Augen hat, kann ihren Ergebnissen blind vertrauen.

WIRKLICHKEIT, DIALEKTISCHE »Ein Mensch wie ich, der, ob nun gegnadeterweise oder freventlich-prometheisch, steten Umgang mit den Ideen, mit – ich scheue mich nicht, zu sagen (aber nur, um mich anzuklagen!) – der Gottheit gepflogen hat und noch pflegt, kann natürlich nicht im Ehebruche leben, und wenn er in ihm lebt, nicht straflos bleiben. Die stärkere Beziehung, und das ist die zu den Ideen und zur Gottheit, setzt sich eben mit allen Mitteln durch, und unter diesen allen die zahlreichsten und wirkungsvollsten sind die züchtigenden. Andere mögen in ihrem dem meinen aufs getreueste ähnlichen Falle eine neue komplizierte Psychologie entdecken, im Ehebruch selber ein Problem wahrnehmen, jene erfolgreich handhaben, dieses sogar lösen oder gelöst zu haben meinen: in Wahrheit erhalten sie (keine gültige Methode und schon gar keine Frucht vom Baum des Lebens, sondern) nur ihren genauen Lohn und keinen Heller darüber von dem Dämon, dem eigentlich sie dienen, so sehr auch meiner ihnen aber feindlichen Gottheit sie zu dienen glauben. Auch in ihnen also setzt sich – allerdings mit physikalischer, nicht mit höherer Notwendigkeit – die »stärkere Beziehung« durch; sie merken's nur nicht oder nicht so gründlich wie ich, erstens nicht, weil sie »glücklich« sind (was eine bedenkliche Herabminderung der Apperzeptionsfähigkeit bedeutet), zweitens nicht, weil sie weder gnadenweis noch freventlich zum Dämon stehn – solches kann man nur im Hinblick auf Ideen und Götter –, sondern in Wahlverwandtschaft, und die eben macht glücklich. Nun begreift sich's schon am Rande, daß ich wegen der konstitutionellen Unmöglichkeit des Übereinstimmens mit Unideen oder ungöttlichen Personen gar nicht glücklich zu sein vermag, und wenn ich auch noch so sehr wollte, und wenn die Umstände auch die glücklichsten von der Welt wären. Der Wahrheit die Ehre gegeben, jetzt – nach dem erklärten Bankerotte –, wo es auf eine Wahrheit mehr oder weniger nicht mehr ankommt: Ich bin auch nie wirklich glücklich gewesen. Jetzt unter der Strafe, bis zur Angst, unaufhaltsam hinzusterben, leidend, seelisch und leiblich, zugleich aber auch alle Qualen eines verschmähten Liebhabers leidend, als *homo religiosus* mein Verbrechen erkennend, als *galant'uomo* und *cicisbeo* es fortzusetzen mich sehnend, flieht vor mir, wie vor der tantalischen Lippe das Wasser, die einst bewußt abgewiesene, erlösende *decisio,* und weil ich sie so bewußt, aus bestechend philosophischen Gründen, abgewiesen habe, und das ist die Hölle, die Strafe der Strafen: das Verstoßensein von dem Götzen, den ich angebetet habe, und von dem Gotte, den ich nicht angebetet habe. Sind sie nicht eigentlich das ein und selbe fürchterlich gerecht richtende Phänomen: das gleich mir sündige Weib und die allerreinste Gottheit? Das unbewußt gehorsame Werkzeug und die Hand, die bewußt es meistert? Kommt zum schlimmen Ende der schlimmen Geschichte nun nicht an Tag, daß ich nur betrogen habe, um betrogen zu werden, verraten habe, um verraten zu werden, treulos gemacht habe, um zum Opfer der Treulosigkeit gemacht zu werden? Daß ich die Hölle, in der ich jetzt lebe, selber erfunden, erschaffen habe – und zwar, welch Hohn!, in den glücklichsten Tagen – und daß außerhalb meiner es sie gar nirgendwo gibt? Ist es nicht furchtbar, daß ich unbezweifelbar wo bin, wo ich aller Vernunft nach gar nicht sein kann? Daß ich von meinem eigenen Werke, dem Werke so schwacher Hände und so zarter Nerven, kyklopisch ummauert bin, daß ich die Mauer meines eigenen Werks, die der Mörtel der *personalitas* – der zum Fluch gewordenen – magnetisch verklammert, nie und nimmer zu durchbrechen vermögen werde? Wer kann in sein Spiegelbild verschwinden und dann auch aus dem Spiegel unter einem einzigen Drüberwischen mit einem unvergeßlich parfümierten Taschentuch, und doch noch dasein, zwar nicht da, wo ihr alle seid, aber irgendwo, wo ich nicht bin und wo ich doch bin? Ich, ich Unglücklicher!«

Die obige Stelle ist einem Briefe entnommen, den wir am 23. Mai des Jahres 19.6 – die genaue Datierung hat nur für uns und den Turm Bedeutung – von einem Freunde des Grafen Lunarin erhalten haben. Er weilt nicht mehr unter den Lebenden. Der Tod, der einzige Erlöser aus der zeitlichen Hölle, aus der, durch einen Dammbruch zwischen zweien Kategorien, Objektlichkeit gewordenen Subjektivität, einem dem Wahnsinn nahen Zustande, hat sich seiner erbarmt. Getreuer und erschütternder kann man wohl nicht zu dem angeblichen Problem des Ehebruchs reden, als der arme Höllenbewohner getan, der, wenn er durch unsere schöne Stadt gegangen ist, eine ganz andere Topik – und welch eine! – unter den Füßen gehabt hat. Man soll uns ja nicht mehr mit der (hinterkopflosen) Wirklichkeit der Naturalisten kommen, in welcher Himmel und Hölle keinen Platz haben. Daß es – wie wir aus dem Brief eines auf dem Lunarinschen Weg von den Harpyen zerrissenen Mannes ersehn (Dank ihm noch in die Grube hinein für sein überzeugendes *testimonium*!) – Orte gibt, die es nicht gibt, auf denen man lebt, obwohl man auf ihnen gar nicht leben kann, diese erstaunliche Tatsache spannt die Wirklichkeit erst zu ihrer vollen Raumgröße aus: zur dialektischen Wirklichkeit. Wohl dem, der über sie nicht den Verstand verliert, sondern einen zusätzlichen gewinnt!

Herr von Wissendrum Wenn die Huren Damen werden und zu teuer, die Damen Huren und zu kompliziert, werden sie Gegenstände einer abrückenden Psychologie, und das Mannsbild kann *legitime* aus dem Lotterbette steigen wie die Fliege aus dem Teller, zwar mit Suppenhose an den Beinen und etwas schwerfällig, aber doch gerettet. (Es weht was Windiges um die *pro domo*-Psychologie!) Gerettet also, aber nicht vor dem Triebe – und darauf gerade wär's angekommen! – konstruiert man nun jenseits der schlechten Erfahrungen, die allein, wenn überhaupt welche von Bedeutung, zu machen sind, die Möglichkeit von guten, das heißt, man schafft, kleiner Gott Priap, ein – billigeres Weib, das für jeden Erotiker, schon wegen des sparsamen Komparativs, so gut wie kein Weib ist. Es gibt da im nächsten Dorfe immer eine Lehrerin, die einen leichten Körperfehler hat, ein nicht unhübsches, aber bereits ältliches Postfräulein, dessen letzter, nicht mehr erwarteter Liebhaber man wird. Begreiflich, daß solche aus dem Nichts zurückgerufenen Geschöpfe die Dankbarkeit von auferstandenen Lazarussen verströmen, welche Dankbarkeit den gottgewollten Sachverhalt auf den Kopf gestellt zeigt, wie, aufs neue umgekehrt, die

Gestütsgeschichte vom beschälenden Hengst, die diesen vor Vergnügen furzen läßt und nicht, wie sich's gehörte, die Stute. *Non decet delectatio viri.*

WISSENDRUM Weil der Egoismus eine uneinnehmbare Burg ist, kann der Burgherr nie jemals aus ihm befreit werden.

WISSENDRUM Wenn du auf deinem Lebenswege der verkörperten Beziehungslosigkeit zu allem Menschlichen, das um sie herum weset, begegnest, dem einzigen also, der noch nie unter die Räuber gefallen ist und auch nie je fallen wird, denn auch der Räuber ist nur ein Mensch, so wirst du, weil du ein Samariter bist – nicht von Verdienst, sondern von Natur – dem auf hohem Rosse Reitenden doch, als wäre er ein Niederer und Unglücklicher, alles unbedurft Gute tun und erst viel später, wenn ums Verrecken nicht er dir die kleinste Wunde zeigen will, ihm eine zufügen, mit chirurgischem Bedachte natürlich und nur zu dem Zwecke, Öl und Wein in sie zu träufeln. Aber auch das gutgemeinte Böse wirst du vergeblich tun, denn: für Gaben, welcher Art immer, hat er keine Hände, und unter der Haut trägt er einen Panzer unbekannten Metalls. Mit dem nämlichen Erfolge hättest du auch einen Götzen sowohl anbeten wie zertrümmern können. Heil oder in Stücken bleibt er der nicht antwortende Gott. Und nun kommst du, menschlicher Mensch, heldischer Schwächling, von dem Schatten bloß eines Gefäßes umgebener Inhalt, und bekennest, vor den Kopf gestoßen von einem Nichts-als-Kopf, von einem planetenkugelrunden, der allein, ohne Hals und Rumpf, durch das All rollt, daß du ihn bewunderst, gefördert, geliebt, ja, daß du sogar deinen Ruhm dem seinen geopfert hast, nie jedoch aus seinem Munde gehört hättest, er sei des von dir an dir selbst begangenen Unrechts sich bewußt und würde, wenn du arm anklopftest, nicht zögern, sein Brot mit dir zu teilen. Und weil du diesen Herrn, der übrigens jedem, den er kennenlernt, zuerst einmal sein Adelsschild ins Gesicht wirft, daß es in die physiognomische

Maische des Proles sich verwandle, aus der er dann modeln könne, was ihm beliebe, für gar nicht gut befunden hast, hältst du, billiger Schwarzweißmaler, ihn für böse. Bist du denn kein katholischer Christ? Bist du ein Korpokratianer, ein Markionite, ein Manichäer? Einer jener Irrgläubigen, die, obwohl sie zu dem wahren Gotte sich gezogen fühlen, doch nicht wissen, daß er die Gutheit oder das Sein selbst ist, nicht sie oder es zu Beischaft hat, und die aus dem scharfen Distinguieren dort, wo bei schärfstem Dinstinguieren überhaupt nicht mehr distinguiert werden kann, weil das Identischsein mit sich selber nur einem einzigen Wesen zuschreibbar, nämlich dem alleinigen höchsten Herrn, und weil, wenn im Innern gar kein Unterschied herrscht, es auch kein Außen gibt, gleichsam zu Strafe ins Gegenteilige verfallen und noch ein zweites allerhöchstes und ebenfalls nicht mit sich identes Wesen annehmen, das hinwiederum die Bösheit zu Beischaft hat. Gehe nun hin und überzeuge dich durch ein Experiment, das, zu einem andern Zwecke unternommen, verwerflich wäre – weswegen du nur die Polizei, nicht Gott zu fürchten hast –, daß es Wesen gibt, menschliche, die zu Verbrechern taugten wie sonst keines ihresgleichen, und doch auf vorbildliche Weise des Bösen sich enthalten, allerdings auf ebenso vorbildliche, aber schlechte Weise auch des Guten – weil anders im empirischen Bezirke die Unmöglichkeit der Existenz eines Antigottes oder Demiurgen anschaulicher nicht dargestellt werden kann –; Wesen, die weder gut noch böse, sondern als die wahren Affen des wahren Gottes auf eine so abscheuliche Weise sie selber sind, eitel Subjekt, daß sie zu wirklicher Setzung der Objektwelt nicht und nicht aus sich herauszutreten und demzufolge schon gar nicht die zeitlich ja viel spätere Scheidung des Lichtes von der Finsternis vorzunehmen vermöchten. Aus leeren Augenhöhlen starrt noch die Blindheit des Embryos, und in ihrer Ohrmuschel rauscht noch kein Meer. Gehe also hin, Samariter, und spiele deinen Widerpart, den Räuber. Fall' ihn an, deinen Reisenden, der allein die auch größeste Herberge ausfüllt, der eine Weltverdrängungsfähigkeit besitzt, die unter jedes Füßen den Boden verschwinden macht, ohne aber allen zu Recht gezürnt und ein gerechtes Urteil gesprochen zu haben, wie sein durch ihn blasphemiertes Vorbild, der Herr, zu Noahs Zeit getan hat, sondern aus unendlicher Gier nur nach unendlichem Raum, den sowohl der verdrängte Elefant wie die verdrängte Mücke zu erweitern vermögen; reiße ihn beim Schweife vom hohen Rosse, den zwar unschuldigen, doch gar nicht harmlosen Kometen, der als sein Lebenswerk die Leichen kleinerer Himmelskörper zurückläßt; schlag' ihm den Schädel ein mit einem Steine oder einem Knüppel, daß ein Objekt wenigstens sich rühmen könne, in das absolute Subjekt gedrungen zu sein, und werfe ihn in den Landstreicherstraßengraben, wohin allerdings er so wenig gehört wie auf den fürstlichen Katafalk! Aber: wo hätte der Arme, dieser wirklich Arme, dessen Wesen bloße Ausdehnung und Besitzergreifung um ihrer selbst willen ist, einen bestimmten, in sich gekehrten Ort, wie das Vaterhaus ein solcher, dem die Landschaft in die Stube steht, weil sie da drinnen lieber lebt als dort draußen, bei Hund und Katze, Kuh und Pferd, die gleichfalls vom freien Naturreiche sich abgesondert haben, um auf der punktförmigen Innerlichkeit, wenn auch eng gedrängt, zu verharren, wie auf einer Insel von scharfer Physiognomie in dem gesichtlosen Hochwasser des Werdens und Vergehens. Dann pfeife den räudigsten Kötern, daß sie das edle Blut lecken, mit dem er das deine gemein gemacht hat. Tuend wie geraten, was wirst du sehen in nächster Nähe? Den Bruder, der brechenden Auges erst, aber endlich doch im Brudermörder den Bruder erkennt? Im Feind den Freund? Einen, der mit dem letzten Atemholen alle Unterlassungen auf einmal nachholt wie im Augenblick der Gnade der sterbende Gottesleugner alle nie gelernten Gottesbeweise? Einen, der scheidend von der äußeren Welt jetzt wenigstens nicht umhinkann, sie zu setzen? O nein! Durch das scharfe Fernrohr schließlich doch wachgewordenen Verdachtes, es möchte in dem nur von Ursach und Wirkung, von Blitz und Donner hallenden kosmischen Gebäude eine Stelle geben, wo mit den Polstern abgründig fremder Weltwolken jegliches Echo erstickt wird, siehst du deinen Freund, deinen Reisenden, als einen Stern namens Wissendrum zerspringen in seiner Himmelsraumeinsamkeit, unwissend natürlich des Forscheraugs, das ihn erblickt, und unwissend deswegen auch des Umstands, daß du, der stets nur theoretisch, nie praktisch vorhanden gewesene Nächste, der Unheilstifter bist.

Wissendrum Der Mann sieht aus, als ob er bei seiner Herstellung von unten nach oben geschoppt worden wäre: der Rücken berührt den Hinterkopf, die Brust das Kinn. Und weil zu Auffüllung jener der magere Bauch und die Kuppe der Lenden gedient haben, scheinen die Beine in den Achseln zu wurzeln und wegen dieser ihrer abnormen Länge eigentlich Stelzen zu sein, dank welchen ein Herr ohne Unterleib mit virtuoser und preziöser Steifheit sich bewegt. Gekleidet ist er stets genau nach der Mode von gestern, die aber, von dem so ungewöhnlich gestalteten Manne großartig zu Schau getragen, den Eindruck erweckt, die kühne von morgen zu sein. Und weil ein dienendes weibliches Wesen, das er mit einem wohlwollenden Sadismus auf der untersten Stufe der Subalternität erhält, die Sternenliebe zu dem Fronvogt in dessen Röcke und Hosen bügelt, haben dieselben überdies noch die verdächtige Linienüberschärfe sehr lang im Versatzamt gelegener Stücke, was ihnen jene weihevolle antiquarische Neuheit verleiht, die auch seinen Ansichten eigen ist. Die Aktenmappe, in der, je nachdem, eine Handschrift oder ein Folterinstrument sich befindet, trägt er so hoch unterm Arm und also festgeklemmt, daß jeder, der einen Detektivblick hat, seinen Stolz aufs Geschriebne oder die Intensität, womit er ein Fragwürdiges zu verheimlichen vermag, bemerken muß.

Wissendrum und Brombeer Wissendrum und Brombeer stehen zu- oder gegeneinander als das einfache und das doppelte Leben. Wissendrum ist, was er ist, und das ist (wahrscheinlich) unerlaubt. Ein vorrückender Punkt, der den immer selben Aussagesatz nachschleppt. Brombeer das im jeweiligen Heute immer klarere Urteil über alles Gestrige, dem allein, wie er glaubt, wahre Existenz zukommt; er also *hic et nunc* nicht ist; also nie dort und dann, wo und wann Leute wie Wissendrum ihn zu sehen oder antreffen zu können meinen. Diese nämlich befinden sich niemals in der Potentialität zu was, sondern immer *in actu*, und stürmen durch einen, der ein luftiges Gerüst zu morgigem Bau, Türrahmen ohne Flügel, natürlich hindurch. So kommt, daß Wissendrum und seinesgleichen die Leere zwischen den Stangen für schon den Bau, die Leere im Rahmen für das Bild halten, das Geschäft des Brombeer für den Brombeer selbst. Dies Dürftige, Wenige, Lächerliche oder Verächtliche, bis nur zu welchem Brombeers kümmerliche Gegenwärtigkeit es bringt, gilt ihnen für die Jüdischkeit, und für die ganze. Vom Baume Israel sehn sie nur dies einzige im Hier und Jetzt wurzelnde Würzelchen, daraus er allerdings den Saft für das herrliche Grün seiner unsichtbaren Krone saugt, für das andere, das Hinterstübchenleben, das eine der vielen Arten von Jenseitigkeit in dieser nur einzigen Art von Diesseitigkeit ist.

Wortspiel Im Wortspiel verliert der Gedanke vielleicht ein Vermögen und vielleicht gerade im Wortspiel hätte er eins gewonnen. Wer also will wissen, wann das Wenn für ihn oder wider ihn ist? Daher, bitte, keine Kritik am Ausdruck einer echten Person, auch wenn sie weniger sagt, als sie, wie wir fühlen, sagen könnte oder mehr sagt, als sie, wie wir leider feststellen müssen, sagen kann. Gewiß, das Zusammenfallen von Inhalt und Ausdruck ist ein nie aufzugebendes Postulat. Aber es befreit doch, wenn sie einander nicht vollkommen decken. Das Uff! vor dem einen winzigen Schönheitsfehler, den auch die Venus hat, beweist das. Der Rigorismus *in aestheticis* ist ebenso lebensfeindlich wie der *in ethicis*.

Nachwort

Im VI. Kapitel des Romans Sonne und Mond findet sich die beiläufige Bemerkung: *Dieser Exkurs über Herrn Strümpf, der in ein anhängendes Wörterbuch zu gehören scheint, steht hier doch an seinem Platze, weil…*[1] Als Gütersloh im Herbst 1942, zwanzig Jahre vor der Veröffentlichung des Romans, diesen Satz schrieb, hatte er Konkretes im Sinn: *Dieser Exkurs über Herrn Strümpf, der in das anhängende Wörterbuch zu gehören scheint…* (Betonung hinzugefügt). Diese Bemerkung, original und modifiziert, führt geradenwegs in das Labyrinth der Entstehung und der Publikation des Romans Sonne und Mond und des zu ihm gehörenden Wörterbuchs, in das wir im Folgenden nur so weit eindringen wollen, als notwendig erscheint, die Eigenart des Wörterbuchs zu erläutern, Irrtümer zu klären und seine hier vorliegende Edition zu begründen.

Das erste Indiz für Güterslohs Beschäftigung mit dem Werk, das das Hauptwerk seines reichen Œuvres werden sollte, ist die lapidare Notiz *Sonne u. Mond*, die er im August 1933, während eines Besuchs bei seinem Freund Dr. Franz Blei auf Mallorca, in sein Notizbuch einträgt.[2] Ein Jahr später steht die Grundkonzeption des Romans fest: am *27. July 1934, gegen neun Uhr abends*, beginnt er das erste Manuskriptheft in Folioformat; sein Titel – Sonne und Mond. Ein historischer Roman aus der Gegenwart, von Gütersloh –, der Inhalt des ersten Kapitels und der Anfangssatz mit dem beziehungsvollen Datum – *Die aufgehende Sonne des siebenundzwanzigsten July…* – überdauern alle späteren Überarbeitungen und kehren unverändert im Buch von 1962 wieder. In den folgenden Jahren geht die Arbeit zunächst langsam, doch mit kontinuierlicher Erzählung weiter; als Gütersloh auf der letzten Heftseite notiert: *Heft I, abgeschlossen den 22. Februar 1938*, ist das *5. Capitel* erreicht, das auch Textpassagen enthält, die wenig später dem VI., dem Turmkapitel, zugeordnet werden. 1938 und 1939 sind Jahre intensiver Beschäftigung mit dem Roman, dem sichtlich die Freizeit zugutekommt, die Gütersloh durch seine von den Nationalsozialisten erzwungene Entlassung aus seinem Lehramt an der Wiener Kunstgewerbeschule im April/Mai 1938 gewonnen hat. Am 2. Mai 1938 legt er erstmals ein Folioheft für *Notizen* an, in das er alle möglichen Einfälle einträgt, wie sie, weniger zahlreich, auch in seinen Taschenkalendern und Notizbüchern stehen: die Namen der geplanten Romanfiguren; charakteristische Züge ihres Wesens, ihres Äußeren, ihrer Handlungen; Entwürfe für den Handlungsablauf und für den Aufbau einzelner Kapitel; kurze Textpassagen; chronologische Angaben; graphische Skizzen der Topographie der wichtigsten Orte der Handlung; Aphorismen und Reflexionen zu Kernideen des Romans, besonders zu einem der Leitthemen: die von dem deutschen Staatsrechtslehrer Carl Schmitt (den Gütersloh 1920/1921 in München kennengelernt hatte) übernommene Idee des »Kommissariats« als politisches und soziales Ordnungsprinzip.

Im *July 1939* beginnt Gütersloh ein zweites Folioheft *Notizen zu »Sonne und Mond«*. In diesem Heft, geschrieben etwa in der zweiten Hälfte des Jahres 1939, taucht zum erstenmal die Idee eines WÖRTERBUCHS auf.[3] Am Kopf der Seite 9 steht als eine Art Überschrift: *Systematische Anhäufung von Einzelzügen der Figuren mit der Nebenabsicht Definitionen für das Wörterbuch zu finden.* Es folgen Texte mit dem Stichwort **ANDREE, LUNARIN, WISSENDRUM, DER NOTAR, MURMELSTEEG, MELITTA** und **TILL**,[4] die fast alle, meist in einer erheblich erweiterten zweiten Fassung, nach dem Krieg im Reinschrift-Manuskript des WÖRTERBUCHS wiederkehren. Dasselbe gilt für zwei Texte gleicher Art, die kurz vor dem programmatischen Ansatz der Seite 9 stehen; es handelt sich um die erste kurze Fassung der später **RENÉ** und **DIE VERSUCHUNG** (eine Andree-René-Episode) genannten WÖRTERBUCH-Texte. Allen diesen Texten ist gemeinsam, daß sie Personen des Romans zum Thema haben, Details ihres Charakters oder ihrer Biographie schildern oder sie in kurzen Episoden vorführen, die außerhalb des in jenem Stadium der Arbeit noch zügig ablaufenden Handlungsstroms des Romans zu liegen scheinen. Ihre formale Geschlossenheit, samt ausgeworfenem Stichwort, unterscheidet sie von den inhaltlich oft ähnlichen, formal jedoch mehr skizzenhaften *Notizen*, die auch weiterhin die Arbeit am Roman begleiten. Was Gütersloh mit der *Nebenabsicht, Definitionen für das Wörterbuch* zu finden, im Sinn hat, ja, welche Konzeption er zu diesem Zeitpunkt mit dem Begriff »Wörterbuch« verbindet, ist nicht erkennbar: rund vier Jahre lang fehlt vom WÖRTERBUCH jedes weitere Lebenszeichen.

Die Kriegsjahre erschweren die Arbeit am Roman erheblich – besonders seit Güterslohs Dienstverpflichtung zur Büroarbeit in der Rüstungsindustrie ab August 1942 –, unterbrechen sie jedoch nicht oder nicht für lange. Das TURMKAPITEL wächst weiter ins Überdimensionale und wird schrittweise überarbeitet, wie auch die ersten Kapitel zum Teil revidiert und erweitert werden; gegen Kriegsende liegen die Kapitel I–VI des Romans in ca. 300 Quartseiten Reinschrift vor.

Im Spätherbst 1943 taucht unvermittelt das WÖRTERBUCH wieder auf und zwar nun als eigenständiges Werk mit deutlicher Identität. In demselben *July 1939* begonnenen *Notizen*-Heft, das die ersten Texte enthält, steht auf Seite 17 der Titel, den Gütersloh selbst auch in Zukunft verwenden wird: DAS WÖRTERBUCH ZU SONNE UND MOND.[5] Der erste Text, **WIR**, betrifft ihn selbst, den Autor des Romans, der zweite, **METHODE, UNSERE**, den bildenden Künstler. Es folgen die Titel **SUGGESTIBILITÄT-SUGGESTOR**, **FASCINUM**, **FRIEDEN-GESCHLECHTSFRIEDEN**[6], **ROMAN**, **CHARMEUR**, **ARMUT**[7], **ROMAN, NOCH EINMAL**; mit diesem Text, der mitten im Satz abbricht, kommt das WÖRTERBUCH wieder zum Stillstand.[8] Diese Texte nun sind, anders als die ältere Gruppe, exegetisch-essayistischer Art; ihre Begriffsdefinitionen lassen sich zwar zur einen oder anderen Person, Episode oder Idee des Romans in Beziehung setzen, könnten aber durchaus auch autonom existieren; einige von ihnen stehen ambivalent zwischen Roman und Autor. Eine ähnliche Tendenz von der Handlung zur Reflexion, vom fiktiven oder realen Ereignis zur theologischen, philosophischen oder sprachlogischen Analyse ist in diesen Jahren der Not und der

Isolation auch bei den Neufassungen der Romankapitel und besonders in den ZWISCHENSTUFEN, dem literarischen Tagebuch, das Gütersloh seit Ende 1939 führt, zu beobachten.

Die eigentliche Arbeit am WÖRTERBUCH fällt in die Jahre unmittelbar nach dem Krieg. Vielleicht schon seit Ende 1945, vor allem aber 1946 und 1947 und bis ins Jahr 1948 hinein[9] entstehen rund 150 Artikel, von kurzen Aphorismen bis zu umfangreichen Essays; auch die meisten älteren Texte werden nun überarbeitet und oft erheblich erweitert. Beide früheren Stichwort-Kategorien werden weitergeführt, doch ist die Verklammerung mit dem Roman auch bei Artikeln mit abstraktem Thema häufig recht eng, indem etwa auf Gestalten des Romans Bezug genommen wird oder sich hinter Titeln wie zum Beispiel **EID** oder **VERLUST** wesentlich erzählerische Episoden verbergen. Neben den Prosatexten entstehen nun im Rahmen des WÖRTERBUCHS gelegentlich auch Gedichte, die im Thema und oft schon im Titel mit dem Roman und seinen Personen und Orten verbunden sind.

Während SONNE UND MOND in diesen Jahren keine nennenswerten Fortschritte macht, bieten die Manuskriptseiten des WÖRTERBUCHS den Eindruck hektischer Arbeitsintensität. Selbst lange und gedanklich wie sprachlich höchst komplexe Texte scheinen in einem Zug konzipiert worden zu sein, während auf jedem freien Fleck der Seite erste Skizzen zu weiteren Texten mit Bleistift notiert sind. Fast gleichzeitig beginnt Gütersloh mit der Sammlung der WÖRTERBUCH-Artikel in eigenen Reinschrift-Foliοheften. Das erste trägt in feierlicher Form als Motto das lateinische Bibelzitat Daniel 3.16–18, das, in Übersetzung, auch dem Druck von 1966, dem INNEREN ERDTEIL, vorangestellt ist; die ersten Texte sind die 1943 konzipierten, beginnend mit **ROMAN**, **WIR** und **METHODE, UNSERE**. Im zweiten Heft mit dem Titel DAS WÖRTERBUCH ZU SONNE UND MOND, 2TE REINSCHRIFT, 2. HEFT steht zunächst die 1939 begonnene **RENÉ**-Episode, ihr folgen jüngere Texte wie **GENIUS**, **BEDEUTUNG**, **TREUE**, **SPRACHE**, **EID** und rund dreißig andere. Die wenig später – mit **FREIHEIT** und **HEIL, ZWEIERLEI** – einsetzende Hauptkollektion von WÖRTERBUCH-Texten, die im Laufe der Jahre auf über 160 Titel (zuzüglich fast fünfzig Gedichte) anwächst, hat die Form eines Buches: es handelt sich um einen Blindband des Luckmann-Verlags, in Format, Umfang und Papier identisch mit Güterslohs 1946 dort erschienenem Roman EINE SAGENHAFTE FIGUR. Frau Ilse Luckmann ist es auch, die in diesen Jahren und bis gegen Ende 1948 in mehreren Portionen alle jeweils bis dahin in Reinschrift vorliegenden Texte in Maschinschrift überträgt bzw. abschreiben läßt.[10] Diese Typoskripte werden anschließend in Ordnern gesammelt und vermutlich bei dieser Gelegenheit in eine alphabetische Ordnung gebracht.

In den fünfziger Jahren, als Gütersloh, neben anderen literarischen Projekten und Verpflichtungen, sporadisch sich wieder intensiver seinem Roman SONNE UND MOND widmet, läßt sein Interesse am WÖRTERBUCH merklich nach. Allerdings entstehen auch weiterhin von Zeit zu Zeit, besonders in den Jahren 1951, 1953–1956, mehrere Gedichte und inhaltlich oft gewichtige Prosatexte, häufig mit Bezug auf Figuren des Romans. Der handschriftliche Befund mancher dieser Texte läßt auf intensive Arbeit mit mehreren Skizzen und Entwürfen schließen; andere bleiben jahrelang im Konzept liegen, bis sie ins Reinschriftbuch übertragen werden, ja bei einigen fehlt die emendierte Reinschriftfassung überhaupt oder sie ist auf lose Zettel beschränkt. Die letzten Texte, **NACHHER** und **MANCHE**, entstehen noch im Oktober/November 1961, als die Druckvorbereitung für SONNE UND MOND schon begonnen hat und eine erste Auswahl aus dem WÖRTERBUCH schon erschienen ist.[11]

Daß SONNE UND MOND im Druck erscheinen konnte, ist zwei Männern zu verdanken: dem Germanisten und Lektor Dr. Hansjörg Graf, der sich jahrelang bei verschiedenen Verlagen für »das ominöse Romanmanuskript« einsetzte, und dem Verleger Klaus Piper, der mit Sensibilität und Mut sich für seine Veröffentlichung entschied.[12] Ein »Urwald« ... mit »Schneisen und Lichtungen, besiedelt mit freundlichen Jausenstationen« (Graf), dem aber die verbindenden Trampelpfade und auch

Richtung und Ziel im Dickicht fehlen – so muß der gewaltige Typoskriptberg im Frühjahr 1960 erschienen sein. Denn in den letzten rund fünfzehn Jahren war mit dem Romanprojekt eine grundlegende Veränderung vor sich gegangen: das ursprünglich, trotz aller mäandernden Umwege, durchaus erkennbare Kontinuum der Kapitelfolge, der Handlung, der Personenführung ist mit dem VI. Kapitel abgerissen. Was nach dem Krieg entsteht, sind tiefsinnige und blendend formulierte, aber isolierte Kapitel, Abschnitte und Episoden, vergleichbar großen und kleinen Quadern, die zwar aus einer einzigen, umfassenden Denkmasse gebrochen und jeder für sich in wiederholten Arbeitsgängen glänzend poliert worden sind, die sich aber nicht zu einem geschlossenen Bauwerk fügen und auch dort, wo sie in bestehende Kapitel eingesetzt worden sind, den ursprünglichen Zusammenhang aufbrechen. Nicht wenige dieser Bausteine, auch solche erzählerischer Art, liegen überdies gar nicht für den Roman bereit, sondern stehen im WÖRTERBUCH, einige sogar in den Tagebüchern. Es ist hier nicht der Ort, und es ist vor Veröffentlichung der ZWISCHENSTUFEN und der Materialien zu SONNE UND MOND auch nicht der Zeitpunkt, die Gründe für diesen tiefgreifenden strukturellen Wandel des Romans zu untersuchen. Vieles deutet darauf hin, daß diese Gründe vor allem privater Natur waren und daß eine tiefe Störung in der Beziehung zweier Menschen nicht ohne Auswirkung auf ihr *alter ego* in den Hauptfiguren des Romans und auf dessen inneren wie äußeren Grundplan bleiben konnte. Gegen Ende der Fünfzigerjahre treten überdies bei Gütersloh Alterungserscheinungen auf: ein Nachlassen der geistigen Beweglichkeit und Denkschärfe erschwert in zunehmendem Maße den Entwurf komplexer Zusammenhänge und macht, wie die Manuskripte mit den nun zahllosen Formulierungsversuchen bezeugen, das Schreiben selbst zu einer mühevollen und langwierigen Arbeit.

Im ersten Stadium der Verlagsgespräche seit Ende 1959 ist von einem Manuskript von rund 2000 Seiten die Rede, das heißt, Roman und WÖRTERBUCH gelten noch als Einheit. Am 13.9.1960 jedoch schreibt Gütersloh, offenbar aus Sorge, die

Publikation des Werks könnte an seinem schieren Volumen scheitern: *Von den 2000 Seiten... gehört ungefähr die Hälfte nicht zum Roman, sondern zu einem sogenannten ›Wörterbuche‹ zu diesem. Aber wegen Belastung des erzählenden Teils bin ich von ihr abgekommen.* Allerdings nicht für lange: als am 17.10.1960 in Wien der Vertrag zur Veröffentlichung von SONNE UND MOND unterzeichnet wird, fügt Klaus Piper handschriftlich hinzu: »nebst dem WÖRTERBUCH (gesonderte Veröffentlichung in Auswahl)«. Gütersloh verpflichtet sich im Vertrag, noch rund 150 Seiten für den Schluß des Romans sowie Ergänzungen zu mehreren Kapiteln zu schreiben; Dr. Graf wird mit der redaktionellen Betreuung des Romans beauftragt, einschließlich Texteinrichtung, Streichungen, Umstellungen, sprachlichen Aufhellungen und Übergängen, Kapitellegenden u. a., jeweils mit Zustimmung des Autors. Die redaktionelle Betreuung wird im Laufe des Jahres 1961 von Dr. Otto F. Best unter Mitarbeit von Dr. Klaus G. Riehle übernommen, während in Wien Dr. Heribert Hutter, Güterslohs langjähriger »Sekretär«, als Koordinator, Korrektor, Mädchen für alles und als Paravent für den unter Druck immer mühevoller arbeitenden Autor fungiert.

Die Geschichte der Herstellung von SONNE UND MOND, eine Geschichte der nicht eingehaltenen Versprechungen, der verschobenen Termine, der hektischen Provisorien, ist hier nur soweit nachzuzeichnen, als das WÖRTERBUCH betroffen ist. Soweit erkennbar, scheint schon frühzeitig zwischen Dr. Graf und Gütersloh vereinbart worden zu sein, erzählerische Texte aus dem WÖRTERBUCH in den Roman einzubauen; davon ist im Januar, April und August 1961 die Rede, leider ohne konkrete Angaben. Dieser Plan scheint aber verworfen worden zu sein, als Dr. Graf im September 1961 von einem Besuch in Wien mit dem Versprechen zusätzlicher hundert Seiten bis März 1962 zurückkehrt und selbst im Verlag anregt, eine Auswahl aus dem WÖRTERBUCH, nämlich »Einzeltexte, die unmittelbar Bezug auf den Roman haben«, in der Piper-Bücherei zu veröffentlichen; dieser Vorschlag wird zunächst aufgegriffen, doch schließlich nicht realisiert.

Inzwischen sind im Verlag die Ordner mit den Typoskripten des WÖRTERBUCHS zu einer Art Selbstbedienungsladen zum Zwecke der Promotion des neuen Piper-Autors geworden. Schon im Mai 1961 wird vom Verlag eine Auswahl für den JAHRESRING, die Kulturzeitschrift des deutschen Industriellenverbandes, getroffen und in Druck gegeben; ob Gütersloh, als er zwei Monate später sein Einverständnis dazu gibt, auch den drastischen Kürzungen zustimmt, ist nicht bekannt. Nicht näher befaßt ist er auch mit einer weiteren Auswahl teilweise gekürzter Texte, die 1962 gleichlautend in einer Broschüre zu seinem 75. Geburtstag und in der Weihnachtsgabe des Piper-Verlags erscheint, oder mit jenen Textkollektionen, die 1962 und 1963 für diverse Rundfunksendungen zur Verfügung gestellt werden.

Während man im Verlag in München allmählich den Warnungen der Wiener Gütersloh-Kenner zustimmen muß, daß nämlich dieser »in keinem Fall noch zu irgendwelchen abschließenden Arbeiten und verbindlichen Terminen zu bringen« sei,[13] als alle Helfer nach Episoden und Textpassagen fahnden, die als Überleitungen oder Lückenfüller geeignet wären, und als schon längst die Fahnenkorrekturen im Gange sind, greift das Lektorat Dr. Hutters wiederholte Hinweise auf das WÖRTERBUCH – das sich vollständig nur in München befindet! – endlich auf. Zwischen dem 21. und 31. 8. 1962 wählt Dr. Best in München fünfzehn Texte aus und schlägt ihre Plazierung vor; werden diese Vorschläge von Gütersloh teils akzeptiert (für die Kapitel IV, VI, X, XI), teils verworfen (unter anderem ein irrtümlich dazugeratenes Stück aus der Melitta-Erzählung DER ENGEL), teils modifiziert; werden von Gütersloh und Hutter in überaus strapaziöser, gemeinsamer Wochenendarbeit die Kapitel XII, XIII, XIV und XV aus verschiedenen schon gesetzten Romanpassagen, WÖRTERBUCH-Texten, zum Teil gekürzt, und neuen Überleitungssätzen kompiliert. Von dem Resultat zeigt sich Gütersloh einen Monat später bei Lektüre des Umbruchs »sehr befriedigt«. Am 30. 9. schließlich wird in Wien aus rein technischen Gründen (um einen Textüberlauf zu erreichen) gegen Ende des VI. Kapitels der kurze WÖRTER-

BUCH-Artikel GLAUBEN, leicht modifiziert, eingefügt. Sechs Wochen später beginnt die Auslieferung des Romans, und am 4.12.1962 wird SONNE UND MOND in Wien feierlich der Öffentlichkeit präsentiert.

Diese große und riskante verlegerische Anstrengung, aber wohl auch die Demontage des WÖRTERBUCHS durch zum Teil zweckentfremdete Teilpublikationen und eine gewisse mangelnde Beziehung des Lektorats zu diesem Werk (die unter anderem in der beharrlichen Verwendung des unzutreffenden Plurals WÖRTERBÜCHER zum Ausdruck kommt) haben zur Folge, daß von der bei Vertragsabschluß noch bestehenden Absicht, Roman und WÖRTERBUCH zwar separat, aber doch in einem erkennbaren Zusammenhang zu publizieren, nicht mehr die Rede ist; in diesem Sinne ist schon die eingangs zitierte Änderung des Hinweises in SONNE UND MOND vom konkreten zum unverbindlich-abstrakten *anhängenden Wörterbuch* zu verstehen. Noch Anfang 1964 schreibt Dr. Best, der Verlag halte »den Zeitpunkt für die Publikation der ›Wörterbücher‹ immer noch ein wenig verfrüht... (sie sollten mehr eine Ergänzung zu einem auch in der Breite sichtbaren Opus bilden)...«!! Erst am 29.4./9.5.1965 wird ein Vertrag geschlossen, der dem Piper-Verlag die Rechte »an einer Auswahl AUS DEN WÖRTERBÜCHERN, die vom Verlag getroffen werden soll«, sichert. Gleichzeitig teilt Dr. Best Gütersloh mit: »Die Texte wurden von mir ausgewählt und redaktionell durchgesehen: es handelt sich um etwa 200–250 Seiten von rein Essayistischem. Das Erzählerische sowie die auf die Wörterbücher sich beziehenden Artikel möchten wir vorläufig aussparen. Ich werde Ihnen in den nächsten Tagen eine Kopie des Manuskripts zuschicken.« Dieses Typoskript ist erhalten; es zeigt, daß Best anfangs nur Texte aus den Luckmann-Abschriften der Vierzigerjahre ausgewählt und erst in einer zweiten Phase auch einige der jüngeren Texte hinzugefügt hat; alle Gedichte sind fortgelassen, ausgenommen solche, die mit einem Prosatext unmittelbar verbunden sind (DICHTER, NÄNIE). Es zeigt ferner, daß Gütersloh, der zu dieser Zeit intensiv und sehr mühsam an seinem Faust-Roman DIE FABEL VON DER FREUNDSCHAFT (erschienen 1969 bei Piper) arbeitet, der WÖRTERBUCH-Auswahl nur geringe und ihrem Arrangement gar keine Aufmerksamkeit geschenkt hat: nur auf ganz wenigen Seiten hat er einige Korrekturen, meist nur von Schreibfehlern, angebracht. Anfang 1966 kommt auch das erbetene Vorwort nicht mehr zustande; wohl aber schlägt Gütersloh selbst den Titel DER INNERE ERDTEIL vor, den er von einer seit seiner Jugend geplanten Gedichtsammlung übernimmt.[14] Der gewünschte Hinweis auf SONNE UND MOND im Untertitel allerdings wird von Dr. Best gestrichen und nur in die schließlich von ihm selbst verfaßte Vorbemerkung aufgenommen; diese ist im übrigen unzutreffend: weder war der Autor an der Auswahl beteiligt, noch handelt es sich beim WÖRTERBUCH um »Paralipomena zum dichterischen Werk« Güterslohs...

Erst im Stadium der Korrekturen, im März/April 1966, beschäftigt Gütersloh sich wieder ernsthaft mit dem WÖRTERBUCH, das er am liebsten weitgehend umgeschrieben hätte: als Folge der wiederholten, zum Teil unkorrigierten Abschriften ohne Kollationierung mit den Originalmanuskripten gibt es viele Fehler, die bisweilen den Sinn des ganzen Satzes entstellen; außerdem entsprechen die oft riesigen Gedanken- und Satzkonzentrate nicht mehr seiner inzwischen wesentlich schlichter gewordenen Sprache. Doch der Text ist gleich auf Umbruch gesetzt worden und erlaubt keine größeren Eingriffe. Überdies kann man sich angesichts des erhaltenen Korrekturexemplars des Eindrucks nicht erwehren, daß dem fast Achtzigjährigen der komplexe »lateinische Satzbau« seiner reifen Zeit nicht mehr recht verständlich war. Jedenfalls haben etliche »Korrekturen« und der Versuch, die dreidimensionale Struktur einiger Satzriesen in eine zweidimensionale Abfolge von Teilsätzen aufzulösen, nur dazu geführt, den Sinn erst recht zu verdunkeln. Als Güterslohs damalige Helferin mache ich mir heute den Vorwurf, die Autorität des »Meisters« allzu sehr respektiert und bei den häufigen Korrekturgesprächen nicht energischer versucht zu haben, solche Änderungen zum Nachteil des Werkes zu verhindern. Einige Mängel kommen erst in der Druckerei hinzu, als mehrmals die Leerzeile, die zwei Texte zum gleichen Stichwort trennen sollte, eingespart wird, so daß nun inhaltlich unterschiedliche Texte zu einem einzigen Artikel zusammengerückt sind. Doch unbeschadet dieser – insgesamt nur relativ geringe Teile betreffenden – kritischen Einschränkungen: es ist ein äußerlich ansprechender, inhaltlich höchst gewichtiger Band, der da im August 1966 erscheint. Das durchwegs sehr positive Rezensentenecho und die zahllosen Nachdrucke einzelner Artikel in Anthologien, Zeitschriften und Tageszeitungen machen den INNEREN ERDTEIL zu einem der am besten bekannten Werke Güterslohs.

Einige der im INNEREN ERDTEIL nicht verwendeten Texte, vor allem solche, die auf Gestalten aus SONNE UND MOND Bezug haben, werden in den folgenden Jahren, jeweils in kleinen Kollektionen, in österreichischen literarischen Zeitschriften veröffentlicht, die letzte Gruppe von zwölf Texten erst 1977, vier Jahre nach Güterslohs Tod.[15] Die Vorlagen stammen meist aus seinem Fundus an alten Typoskripten. Nur ein einziges Mal hat Gütersloh sich nochmals mit WÖRTERBUCH-Texten beschäftigt: vier von fünfzehn in den PROTOKOLLEN 1967 publizierten Texten sowie ein unveröffentlichtes Typoskript zeigen, in recht später Handschrift, zum Teil erhebliche Kürzungen und sprachliche Überarbeitungen.[16] Die Gedichte aus dem WÖRTERBUCH werden nur vereinzelt, und selten im gemeinten Kontext, veröffentlicht;[17] einige von ihnen stehen in der von Gütersloh kurz vor seinem Tod vorbereiteten Sammlung (nicht nur) später Gedichte, TREPPE OHNE HAUS, die erst 1974, ein Jahr nach seinem Tod, erscheint.

Die hier vorliegende neue Ausgabe des INNEREN ERDTEILS enthält das vollständige WÖRTERBUCH ZU SONNE UND MOND. Der Begriff »Vollständigkeit« ist allerdings sogleich zu qualifizieren. Von den 272 Artikeln dieses Bandes stehen 146 schon im INNEREN ERDTEIL von 1966. Die 126 zusätzlichen Texte, von denen etwa die Hälfte ebenfalls, in Zeitschriften verstreut, schon publiziert vorliegt, stammen zu einem großen Teil aus den drei oben beschriebenen Reinschriftsammlungen des WÖRTERBUCHS;[18] deren Prosatexte sind damit vollständig ausgeschöpft. Gut fünfzig Texte sind den verschiedenen Konzeptheften und Konvoluten mit losen Zetteln zu SONNE UND MOND entnommen, einige Texte auch den Notizbüchern sowie den Tagebüchern, den ZWISCHENSTUFEN. Das Kriterium für die Einbeziehung dieser Artikel in die WÖRTERBUCH-Edition war nicht so sehr ihr Inhalt – die meisten beziehen sich auf Figuren des Romans – als ihre formale Anlage mit ausgeworfenem Stichwort, meist am Anfang, manchmal am Ende. Anders als bei den zahllosen Notizen, Skizzen und essayistischen Entwürfen ohne Titel kann man im Falle eines Textes mit Stichwort zumindest annehmen, daß Gütersloh ursprünglich die Absicht hatte, ihn in das WÖRTERBUCH aufzunehmen, was immer ihn schließlich daran gehindert haben mag, ihn in die Reinschriftsammlung zu übertragen. Einige Reinschriften sind überdies nachweislich verlorengegangen. Die zusätzlichen Artikel liegen meist in zwei Fassungen (zwei Konzepte oder Konzept und Reinschrift) vor, sind also relativ ausgefeilt, was natürlich nicht ausschließt, daß sie, wie bei Gütersloh üblich, noch weiteren Emendationsprozessen unterzogen worden wären. Von einigen wenigen Texten ist nur ein erster Wurf erhalten, der, sofern er schon eine gewisse gedankliche und formale Geschlossenheit zeigte, ebenfalls berücksichtigt wurde.[19]

Auf der anderen Seite fehlt eine Reihe eindeutiger WÖRTERBUCH-Texte. Von den zwanzig Artikeln, die 1962 in den Roman SONNE UND MOND eingearbeitet wurden, sind nur fünf auch im vorliegenden Band enthalten. Zwei von ihnen, **MALEREI** und **GLAUBEN**, waren schon früher als WÖRTERBUCH-Texte veröffentlicht worden, der eine schon 1955 und seither wiederholt, der andere im INNEREN ERDTEIL von 1966.[20] Drei weitere Artikel, einer **BENITA** und zwei **MELITTA** betreffend, waren als Bestandteil des Romans erheblich gekürzt worden, so daß ihre nun vollständige Publikation gerechtfertigt erscheint. Die übrigen fünfzehn Texte (zu **LUNARIN**, **MELITTA**, **MULLMANN**, **MURMELSTEEG**, **OBDETURKIS**, **TILL**, **TILLS MUTTER**, **WISSENDRUM/DER ABWESENDE ZWEITE** sowie die Andree-René-Episode **DIE VERSUCHUNG**), literarisch sehr wertvolle, aber meist sehr umfangreiche Texte, stehen so gut wie unverändert in SONNE UND

MOND. Ihre Aufnahme in diese WÖRTERBUCH-Edition hätte also eine reine Wiederholung (und Belastung des Bandes mit weiteren 50 Seiten!) bedeutet. Ich habe mich daher damit begnügt, in einem Anhang an den Kommentar alle in SONNE UND MOND eingearbeiteten Texte detailliert anzuführen, so daß sie mühelos identifiziert werden können.[21]

Zwei unter die Reinschriften des WÖRTERBUCHS aufgenommene Texte haben keinerlei erkennbaren Zusammenhang mit diesem oder mit dem Roman. Der eine ist die zum Teil autobiographische, unvollendete Erzählung BOOTES UND STROISOS, die in einen späteren Band der Gütersloh-Edition des Piper-Verlags (mit autobiographischen und autoanalytischen Schriften) aufgenommen werden soll. Der andere ist das schöne Erzählungsfragment LIEBE UND VEREHRUNG, ein orientalisches Märchen um den Nizam von Haiderabad, das meines Erachtens in dem in Vorbereitung befindlichen zweiten Band der Erzählungen eher am Platz ist als im WÖRTERBUCH ZU SONNE UND MOND. Wesentlich schwerer fällt mir die Entscheidung, die Gedichte hier fortzulassen, da sie eindeutig Bestandteil des WÖRTERBUCHS sind. Da aber unter ihnen einige der schönsten Gedichte Güterslohs sich befinden, die in einer zukünftigen Gesamtausgabe der Gedichte nicht fehlen dürfen, galt es wieder, Duplizität zu vermeiden, und so wird hier, wie schon im INNEREN ERDTEIL von 1966, auf die Gedichte verzichtet.

Die in diesem Band enthaltenen WÖRTERBUCH-Texte geben grundsätzlich die Manuskripte des Autors wieder und zwar in der durch Textvergleich bestimmbaren, jüngsten Fassung; das ist also meist die letzte Reinschrift bzw. das am weitesten ausgearbeitete Konzept. In einigen Fällen stand nur ein einziger Text, Reinschrift oder Konzept, zur Verfügung. Gelegentliche Textlücken durch Abschreibfehler Güterslohs wurden anhand voraufgehender Textfassungen stillschweigend geschlossen.[22] Grundsätzlich wurden spätere Bearbeitungen, die manchmal nicht nur auf den Autor zurückgehen, nicht berücksichtigt; das betrifft vor allem die revidierten Fassungen mehrerer Texte im INNEREN ERDTEIL von 1966 und in den PROTOKOLLEN von 1967. Die editorischen Eingriffe beschränken sich auf die Normalisierung von Orthographie und Interpunktion; zugunsten einer leichteren Durchschaubarkeit der Satzkonstruktionen wurden die Duden-Regeln nicht immer starr befolgt.

Die Titel der Artikel entsprechen jeweils den Manuskripten in ihrer letzten Fassung; in diesem Sinne wurde auch die von Gütersloh im Umbruch des INNEREN ERDTEILS von 1966 vorgenommene Änderung von **LIEBE, VEREWIGTE** zu **EWIGKEIT** wieder rückgängig gemacht. Die Reihung der Texte im Band folgt im wesentlichen dem schon 1966 angewandten Prinzip: erstens, eine alphabetische Ordnung nach den jeweils regierenden Substantiven; zweitens, einfache vor kompositen Titeln; drittens – und das ist anders als 1966 –, bei gleichen Titeln eine Abfolge entsprechend der Chronologie der Entstehung der Texte. Die wenigen Ausnahmen von diesen Regeln haben inhaltliche Gründe.[23]

Als Anhang folgt ein Kommentar zu jedem Text dieser Edition des WÖRTERBUCHS. Er besteht aus maximal drei Abschnitten. Der erste **E** enthält Angaben zur Entstehung des Textes, nämlich die aus den Manuskripten ermittelten Daten der Konzepte und Reinschriften, ohne jedoch diese im einzelnen zu beschreiben. Unter **P** sind die Publikationen des jeweiligen Textes aufgeführt und zwar erstens, die WÖRTERBUCH-Texte im INNEREN ERDTEIL von 1966 und die diesem zeitlich vorausgehenden oder von ihm unabhängigen, auf Typoskripten fußenden (Teil-)Veröffentlichungen dieser Texte; zweitens, für nicht im INNEREN ERDTEIL von 1966 enthaltene Texte: die jeweils erste Veröffentlichung bzw. von dieser unabhängige weitere Veröffentlichungen. Reine Nachdrucke aus dem INNEREN ERDTEIL von 1966 in Anthologien und Zeitungen werden nicht erwähnt. Im dritten Abschnitt **K** (Korrektur) werden sachliche Abweichungen der vorliegenden, authentischen Texte von den (überarbeiteten oder auch nur auf fehlerhaften Typoskripten beruhenden) Textfassungen im INNEREN ERDTEIL, in SONNE UND MOND oder in den sonstigen Erstveröffentlichungen registriert; die stillschweigend korrigierten Irrtümer des Autors, zum Beispiel Abschreiblücken oder Fehler bei fremdsprachigen Wendungen und Zitaten, oder die Wiederherstellung mancher sprachlicher Eigenheiten werden nicht eigens vermerkt.

Separat von diesem Kommentar folgen ähnliche Angaben zu den Wörterbuch-Texten, die in Sonne und Mond eingearbeitet sind, und zwar ebenfalls mit Angaben zu den Daten und Phasen ihrer Entstehung. Unter **P** ist der Ort ihrer Einfügung in Sonne und Mond exakt angegeben; allfällige (übrigens geringfügige) Abweichungen von den Manuskripten werden für diese nicht neuerlich reproduzierten Texte jedoch nicht verzeichnet. Den Abschluß des Bandes bildet ein Zwitter aus Titelindex und Inhaltsverzeichnis in der Absicht, die Auffindung der Texte und der Bemerkungen zu ihnen zu erleichtern und damit die zahlreichen Wege, die zwischen dem Inneren Erdteil Güterslohs und seinem planetarischen Universum Sonne und Mond hin- und herführen, zu erschließen.

Anmerkungen

1 Gütersloh, Sonne und Mond, 1962, S. 430.

2 Alle hier und im folgenden zitierten Manuskripte und Typoskripte befinden sich im Gütersloh-Archiv in Wien, betreut von Irmgard und Heribert Hutter.

3 Mit den hier angegebenen, aus den Manuskripten gewonnenen Daten werden alle früheren Angaben über den Beginn der Arbeit an Sonne und Mond und am Wörterbuch, die zwischen den Zwanzigerjahren und ca. 1935 schwanken, hinfällig.

4 Für die Entstehungsdaten aller Wörterbuch-Texte vgl. im einzelnen den nachstehenden Abschnitt »Kommentar«.

5 Geschrieben mit der von Gütersloh häufig gebrauchten Abkürzung »Das Wörterbuch zu S. u. M.«. – Die Datierung dieser Gruppe von Texten, die alle im gleichen Duktus und mit der gleichen Sepiatinte geschrieben sind, beruht auf dem Konzept von **Suggestibilität, Suggestor**, das im Notizbuch von 1943 steht und um den 12. 10. 1943 datiert werden kann.

6 Späterer Titel: **Geschlechterfriede** (*Mit einem einzigen Weib*...).

7 Späterer Titel: **Elend.**

8 Die Seiten dieses und der älteren Manuskripthefte sind zwar vollgeschrieben mit Wörterbuch-Texten und Roman-Passagen, doch stammen diese alle aus einer späteren Phase, wie durch

Schrift- und Tintenvergleiche mit datierten bzw. datierbaren Texten nachgewiesen werden kann.

9 Für diese ersten Jahre nach dem Krieg läßt sich nur eine relative Chronologie ermitteln, gestützt auf die erkennbare Abfolge der Konzepte, Reinschriften und Typoskripte, zum Teil auch auf das verwendete Papier sowie auf einige exakte Anhaltspunkte in Notiz- und Tagebüchern. Nicht ganz so deutlich wie das Ende dieser Arbeitsphase, 1948, ist der Anfang zu bestimmen: 1946 oder schon gegen Ende 1945.

10 Alle diese Texte (wie auch ein Teil der ZWISCHENSTUFEN) wurden auf derselben Maschine mit ungewöhnlich großer Type abgeschrieben, die, so scheint es, bis gegen Ende der Vierzigerjahre in Verwendung stand; anhand von Schreibgewohnheiten können zwei Personen und zwei bis drei Abschreibphasen unterschieden werden, die die aus den Manuskripten gewonnene relative Chronologie zusätzlich stützen.

11 Vgl. unten, S. 370. Die allererste Publikation eines WÖRTERBUCH-Textes fand schon 1955 statt: in der Literaturzeitschrift WORT IN DER ZEIT erschien der wichtige Text **MALEREI**, der später auch in SONNE UND MOND eingearbeitet wurde (S. 735–738), mit dem korrekten Zusatz: »Aus dem Wörterbuch zu ›Sonne und Mond‹. (Der Maler Obdeturkis, eine Figur aus ›Sonne und Mond‹, spricht).« In der gleichen Zeitschrift erschienen im Oktober 1961 unter dem Titel **LIEBE** auch die beiden Texte **LIEBE (GESPRÄCH IM TARTARUS)** und **TILL (IM TARTARUS)**.

12 Einige der Briefe und Gutachten, die der Entscheidung zur Publikation von SONNE UND MOND vorausgingen, sind veröffentlicht in ALLEGORIE UND EROS. TEXTE VON UND ÜBER ALBERT PARIS GÜTERSLOH, ed. Jeremy Adler (Serie Piper Bd. 682). München-Zürich (Piper) 1986, S. 191–204. – Die Mehrzahl der im folgenden erwähnten Briefe und Dokumente (und viele mehr) befinden sich im Gütersloh-Archiv in Wien aus dem Nachlaß Güterslohs und vor allem aus der Korrespondenz zwischen Heribert Hutter und dem Piper-Verlag, in dessen Archiv sich weitere Dokumente (Briefe und Gesprächsnotizen) befinden. Ich danke dem Piper-Verlag für die Erlaubnis, diese Dokumente verwenden zu dürfen, und Prof. J. Adler, London, für die Vermittlung von Photokopien.

13 So Ilse Strobl-Luckmann in einem Telefongespräch mit dem Piper-Verlag am 13.12.1961; vgl. die Gesprächsnotiz im Archiv des Verlags.

14 GEDICHTE AUS DEM ›INNEREN ERDTEIL‹ erschienen in DIE AKTION 4/15 (11.4.1914) Sp. 314–315, und 4/26 (27.6.1914) Sp. 562–568. Noch 1946 kündigte der Luckmann-Verlag, Wien, einen Band **DER INNERE ERDTEIL. LYRIK** als »in Vorbereitung« an.

15 In LITERATUR UND KRITIK 12/113 (April 1977) S. 142–146. – Vgl.

die Literaturangaben zu allen WÖRTERBUCH-Texten im Kommentar.

16 Es handelt sich um die Texte MALER (ANDREE), TILL (*Ehdenn der unglückliche...*), EXISTENZ und GENIUS (*Der einzige Rechtsweg...*) in PROTOKOLLE '67, 1967, S. 130–136, 138–141, sowie um TILL (SPRICHT NACH JAHREN ZU MELITTA), dessen zweite Fassung nur im Typoskript vorliegt.

17 Ein Gedicht steht unter den WÖRTERBUCH-Texten in PROTOKOLLE '67, S. 138: TILL (GEDENKT IM ALTER SEINER JUGEND). Heribert Hutter hat in seine AUSWAHL VON TEXTEN UND MINIATUREN in der Broschüre zu Güterslohs 80. Geburtstag 1967, ZWISCHEN DEN ZEITEN, ebenfalls Gedichte und Prosatexte aus dem WÖRTERBUCH aufgenommen.

18 Vgl. oben S. 366–367.

19 Zwei Texte mit dem Stichwort WISSENDRUM konnten nicht aufgenommen werden, weil bei ihnen nach einem ausformulierten Anfang der weitere Gedankengang nur skizzenhaft angedeutet ist.

20 Zu MALEREI vgl. oben A. 11, zu GLAUBEN S. 370–371.

21 Vgl. unten S. 415–418. – Hier sei noch auf zwei weitere Verflechtungen von WÖRTERBUCH und Roman hingewiesen. Die Metaphern aus dem Text TILLS TRAUM NACH MELITTENS BESUCH (vgl. S. 290) kehren in ähnlicher Weise auch in den – viel später verfaßten – Traumschilderungen des Romans wieder (vgl. SONNE UND MOND, S. 796); der WÖRTERBUCH-Text erschien mir selbständig genug, ihn hier aufzunehmen. – Eine der den Arzt Dr. Torggler betreffenden Episoden des Romans (vgl. SONNE UND MOND, S. 83–96: *Während seine Mutter ihn gebar... dagegen vorbringen mögen!*) scheint ursprünglich, das heißt in einer ersten, wesentlich kürzeren Fassung, für das WÖRTERBUCH vorgesehen gewesen zu sein, da sie 1946 mit dem Stichwort PAUL TORCKLER (!) zwischen anderen WÖRTERBUCH-Texten konzipiert wurde. Die Reinschrift dieses Textes wie auch einiger weiterer Torggler-Episoden steht jedoch nicht mehr im WÖRTERBUCH-Kontext, aus dem offenbar Gütersloh selbst sie im Laufe der Arbeit ausgeschieden hat.

22 Zwei Textlücken in VERLUST konnten mangels Konzept nicht geschlossen werden, vgl. S. 322 und 329. In zwei Fällen konnte ich in dem mit Bleistift nur flüchtig geschriebenen Konzept ein Wort bzw. einen halben Satz nicht entziffern, vgl. MELITTA (S. 212) und VERZWEIFLUNG (S. 332).

23 Wie schon 1966 steht FAMILIE (DIE EINE ANSICHT) und FAMILIE (DIE ANDERE ANSICHT) vor dem simplen Titel FAMILIE, da dieser auf die Vorgängertexte Bezug nimmt. – Der Text HERR VON WISSENDRUM wurde als der wesentlich ältere vor die übrigen Charakterstudien des Ariovist von Wissendrum (*alias* Heimito von Doderer) gereiht.

Quellenverzeichnis für den Kommentarteil

Eröffnungen = Eröffnungen. Magazin für Literatur und bildende Kunst, ed. Hubert Fabian Kulterer und Hannes Schneider. Wien (Kulterer).

Gütersloh. Autor = Albert Paris Gütersloh. Autor und Werk. München (Piper) 1962, S. 41–61: Albert Paris Gütersloh, Aus den »Wörterbüchern«.

Gütersloh, Erdteil = Albert Paris Gütersloh, Der innere Erdteil. Aus den »Wörterbüchern«. München (Piper) 1966.

Gütersloh. Geburtstag = Albert Paris Gütersloh. Zum 75. Geburtstag. München (Piper) 1962, S. 19–39: Albert Paris Gütersloh, Aus den »Wörterbüchern«.

Gütersloh, Menschen = Albert P. Gütersloh, Lasst uns den Menschen machen. Erzählungen. Wien (Luckmann) 1962.

Gütersloh, Paradiese = Albert Paris Gütersloh, Paradiese der Liebe, ed. Alfred Focke (Bücher aus der Schatztruhe, ed. György Sebestyén). Wien (Kremayr & Scheriau) 1972.

Gütersloh, Sonne und Mond = Albert Paris Gütersloh, Sonne und Mond. Ein historischer Roman aus der Gegenwart. München (Piper) 1962. Nachdruck, mit einem einleitenden Essay von Helmut Heißenbüttel (Serie Piper Bd. 305). München-Zürich (Piper) 1984.

Gütersloh, Treppe = Albert Paris Gütersloh, Treppe ohne Haus oder Seele ohne Leib. Späte Gedichte. Eisenstadt (Rötzer) 1974.

Jahresring 61/62 = Jahresring 61/62. Beiträge zur deutschen Literatur und Kunst der Gegenwart, ed. Kulturkreis im Bundesverband der deutschen Industrie, bearbeitet von Rudolf de le Roi, Joachim Moras, Eduard Trier, Hermann Rinn. Stuttgart (Deutsche Verlagsanstalt) 1961, S. 176–184: Paris Gütersloh, Aphorismen.

Literatur und Kritik = Literatur und Kritik. Österreichische Monatsschrift. Salzburg (Otto Müller), Jg. 1 H. 1 (April 1966) S. 7–11: Albert Paris Gütersloh, Aus den Wörterbüchern zu »Sonne und Mond«. – Jg. 7 H. 68 (Oktober 1972), S. 458–466: [sieben Texte aus dem Wörterbuch, ohne Sammeltitel]. – Jg. 12 H. 113 (April 1977) S. 142–146: Albert Paris Gütersloh, Aus den Wörterbüchern zu »Sonne und Mond«.

Protokolle = Protokolle. Wiener Jahresschrift für Literatur, bildende Kunst und Musik, ed. Otto Breicha und Gerhard Fritsch. Wien-München (Jugend & Volk) '67 (1967) S. 130–147: Albert Paris Gütersloh, Wir Materiologen. Unveröffentlichtes aus den Wörterbüchern zu »Sonne und Mond«.

Wort in der Zeit = Wort in der Zeit. Österreichische Literaturzeitschrift, ed. Rudolf Henz. Graz (Stiasny).

Zwischen den Zeiten = Zwischen den Zeiten. Texte und Miniaturen von Albert Paris Gütersloh. Auswahl und Einleitung: Heribert Hutter. Wien (Brüder Rosenbaum) 1967.

Siglen

E	Entstehungszeit des Wörterbuch-Artikels.
K	Korrekturen des Wörterbuch-Artikels, verglichen mit der jeweils ersten vollständigen Publikation; die Verweise auf Seiten und Zeilen (S, Z) beziehen sich auf den vorliegenden Band.
P	Publikation(en) des Wörterbuch-Artikels.

Kommentar

Adel
E: In einem Konzept von 1939 mit dem Titel **Wissendrum** sind, knapper formuliert, die Anfänge der späteren Texte **Adel** und **Herr von Wissendrum** (vgl. S. 357 und S. 414) enthalten. Verselbständigte Neufassung, zwei Konzepte und Reinschrift: 1946. – **P:** Gütersloh. Geburtstag (1962) S. 19. – Gütersloh. Autor (1962) S. 41. – Literatur und Kritik, Jg. 1 H. 1 (April 1966) S. 7. – Gütersloh, Erdteil (1966) S. 7–8.

Alter
E: Konzept und Reinschrift: Sommer 1947. – **P:** Gütersloh, Erdteil(1966) S. 8–9.

Andree
E: Reinschrift: ca. zweite Hälfte 1939.

Ansichten des Herrn von Wissendrum
E: Reinschrift im Manuskriptbuch Zwischenstufen III: Anfang September 1945.

Antinomie
E: Konzept, Anfang: Sommer 1947; Reinschrift I und II: in und nach September 1948. – **P:** Jahresring 61/62 (1961) S. 176–177. – Gütersloh, Erdteil (1966) S. 9–10. – **K:** S. 11, Z. 28–29: *– mehr… weniger –*: eingefügt.

Après
E: Reinschrift I und II: Sommer 1947. – **P:** Gütersloh. Geburtstag (1962) S. 20–21 (Exzerpt). – Gütersloh. Autor (1962) S. 42–43 (Exzerpt). – Literatur und Kritik, Jg. 1 H. 1 (April 1966) S. 7–8. – Gütersloh, Erdteil (1966) S. 11–13.

Aquarius
E: Konzept und Reinschrift: Sommer 1947.

L'art pour l'art
E: Reinschrift: erste Hälfte 1947. – **P:** Jahresring 61/62 (1961) S. 177 (Exzerpt). – Gütersloh. Geburtstag (1962) S. 21–22. – Gütersloh. Autor (1962) S. 43–44. – Gütersloh, Erdteil (1966) S. 13–14.

ASKET
E: Reinschrift: erste Hälfte 1947. – **P:** Gütersloh, ERDTEIL (1966) S. 15.

WELTLICHER ATHEISMUS
E: Konzept und Reinschrift: ca. 1946. – **P:** Gütersloh, ERDTEIL (1966) S. 15–17. – **K:** S. 16, Z. 15: *wieder* eingefügt; Z. 21: *unabtrennbar* (statt *untrennbar*); Z. 26–27: *auf die Aphrodite Urania oder Pandemos* eingefügt; Z. 30: *der Ausdruck* (statt *Ausdruck*); Z. 33: *nach* eingefügt.

ATHEOS
E: Reinschrift: Sommer 1947.

AUFRICHTIGKEIT
E: Reinschrift: erste Hälfte 1947.

AUSSAGE
E: Reinschrift I und II. Sommer 1947. **P:** JAHRESRING 61/62 (1961) S. 178. – LITERATUR UND KRITIK, Jg. 1 H. 1 (April 1966) S. 8. – Gütersloh, ERDTEIL (1966) S. 18.

AUSSAGE (des Prosaisten)
E: Reinschrift I und II: Sommer 1947. – **P:** JAHRESRING 61/62 (1961) S. 177–178. – GÜTERSLOH. GEBURTSTAG (1962) S. 22 (Exzerpt). – GÜTERSLOH. AUTOR (1962) S. 44 (Exzerpt). – LITERATUR UND KRITIK, Jg. 1 H. 1 (April 1966) S. 8. – Gütersloh, ERDTEIL (1966) S. 17–18.

AUTOR, DER (*Er hat durch viele Werke...*)
E: Konzept: ca. Frühjahr 1951; Reinschrift: zweite Hälfte 1951. – **P:** JAHRESRING 61/62 (1961) S. 178. – Gütersloh, ERDTEIL (1966) S. 18–19. – **K:** S. 19, Z. 28–29: *Bekanntheit anstreben* (statt *Bekannten erfreuen*); Z. 29: *Unbekanntheit* (statt *Unbekannten*).

AUTOR, DER (*Du hast mir, o Herr...*)
E: Konzept I: zwischen Juli und September 1951; Konzept II und Reinschrift: zweite Hälfte 1951.

AUTOR, DER (*Ehdenn er Dichter geworden...*)
E: Konzept: Ende 1955/Anfang 1956; Reinschrift: Frühjahr 1956. – **P:** Gütersloh, ERDTEIL (1966) S. 19–20. – **K:** S. 20, Z. 31: *Ehdenn* (statt *Ehedem*); nach *geworden* gestrichen: *ist*; Z. 36: *Gewirkte* (statt *Gewußte*).

BABETTE
E: Reinschrift: erste Hälfte 1947.

BEDEUTUNG (Laetitia-Melitta)
E: Konzept: nach Mai 1946; Reinschrift: ca. 1946/1947.

BEGLEITUNG
E: Konzept und Reinschrift: 1946. – **P:** JAHRESRING 61/62 (1961) S. 179. – Gütersloh, ERDTEIL (1966) S. 20.

BEINAHE
E: Reinschrift: 1946/1947.

BENITA (*Wer ist Benita?...*)
E: Konzept: ca. August 1947; Reinschrift: zweite Hälfte 1947. – **P:** Gütersloh, SONNE UND MOND (1962) S. 172–177 (unvollständig). – **K:** S. 26, Z. 27: *diesem* (statt *einem*); S. 27, Z. 2–S. 28, Z. 5: *Und ist der Verräter... Doktorhut*: einfügt; Z. 31: nach *Melitta* Einschub gestrichen: *von der wir später noch einiges zu hören bekommen werden*; S. 31, Z. 9: vor *Mendelsingers* Einschub gestrichen: *in Kapitel VI auf uns wartenden*.

BENITA (*Benita gehört zu jenen Frauen...*)
E: Konzept, Anfang: Oktober 1956; Reinschrift: erste Hälfte 1957. – **P:** PROTOKOLLE 67' (1967) S. 145–146. – **K:** S. 32, Z. 14: *rollen* (statt *wollen*); Z. 34: *Exempel* (statt *Erzengel*).

BETEN (*Für jemanden beten, ...*)
E: Konzept: Sommer 1951; Reinschrift: zweite Hälfte 1951. – **P:** Gütersloh, ERDTEIL (1966) S. 20–21. – **K:** S. 33, Z. 19: *hoffen* (statt *erhoffen*); Z. 25: *dieselbe* (statt *diese*).

BETEN (*Je schrecklicher...*)
E: zwei Konzepte: Sommer 1951; Reinschrift: zweite Hälfte 1951. – **P:** Gütersloh, ERDTEIL (1966) S. 21–23.

BILDUNG (*Wenn eine so naturgescheute...*)
E: Konzept: 1946; Reinschrift: 1946/1947.

BILDUNG (*Wer wüßte, ob die Metaphysik...*)
E: Reinschrift: erste Hälfte 1947. – **P:** JAHRESRING 61/62 (1961) S. 179 (Exzerpt). – GÜTERSLOH. GEBURTSTAG (1962) S. 22–23 (Exzerpt). – GÜTERSLOH. AUTOR (1962) S. 44–45 (Exzerpt). – Gütersloh, ERDTEIL (1966) S. 23–25. – **K:** S. 36, Z. 8: *so* (statt *die*); Z. 27: *dünkte* (statt *dünkt*); Z. 30: vor *die Kunst* gestrichen: *auch*; Z. 37–S. 37, Z. 1: *wohlerhaltensten* eingefügt; Z. 1: *diese* (statt *die*).

BRIEFMUSTER
E: Reinschrift: 1946/1947.

BROMBEER (*Bist du von der geliebten Frau...*)
E.: Konzept I und II: ca. Februar und März 1955.

BROMBEER (*Du darfst eines andern Weibes wegen...*)
E: Konzept I und II: ca. Februar und März 1955.

BROMBEER (*Wolken türmen sich...*)
E: Konzept: Sommer 1955.

BROMBEER (*Ihr Revolutionäre...*)
E: Konzept: Sommer 1955.

BROMBEER (*Sie werden doch nicht glauben...*)
E: Konzept: zweite Hälfte 1955.

BROMBEER (*Es genügt nicht, Jude zu sein...*)
E: Konzept: Anfang 1956.

BRUNO (*In des Abbas Bruno Gesicht...*)
E: Konzept I, skizzenhaft: zwischen Juli und September 1951; Konzept II, Anfang und vollständig, und Reinschrift: Ende 1951. – **P:** LITERATUR UND KRITIK, Jg. 7 H. 68 (Oktober 1972) S. 462–463. – **K:** S. 42, Z. 17: vor *aufhalten* eingefügt: *nicht*; Z. 22: vor *Gegensatz* eingefügt: *vollen*; Z. 26: *dem* (statt *dann*); S. 43, Z. 17: *ehdenn* (statt *ehedem*); Z. 27: *Vonsichstrecken* (statt *Vonsichstecken*); Z. 37–S. 44, Z. 1: *die über derselben Hin- und Hergehenden in ihren Socken* (statt *die über derselben hin- und hergehenden Socken*).

BRUNO (*Würde wohl in echter Seelennot...*)
E: Konzept: Anfang April 1953; Reinschrift I und II: April und Frühsommer 1953. – **P:** LITERATUR UND KRITIK, Jg. 7 H. 68 Oktober 1972) S. 463–464. – **K:** S. 44, Z. 13–14: *Außen* (statt *Äußern*); Z. 25: *selber* (statt *selbst*); S. 45, Z. 18: nach *so genügt* gestrichen: *es*.

BRUNO (Des Abbas Bruno Brief an Till)
E: Konzept I, Skizze des Anfangs: Sommer 1951; Konzept II, kürzere Fassung, und Konzept III, längere Fassung, vollständig: zweite Hälfte 1951; Reinschrift, zweite Fassung: ca. erste Hälfte 1952. – **P:** ERÖFFNUNGEN, Jg. 7 H. 20 (1967), S. 2–6. – **K:** S. 45, Z. 35: *stützt* (statt *stürzt*); S. 50, Z. 8: *erfüllte* (statt *erfüllt*); Z. 32: *psychologischen* (statt *physiologischen*); S. 51, Z. 7: *desselben* eingefügt; Z. 11: *Sie* (statt *sie*); Z. 34: *niedrigen* (statt *niedrigeren*); S. 53, Z. 5: *schlug* (statt *schlägt*); Z. 25:

Psychologie (statt *Physiologie*); S. 54, Z. 9: *Tatsachenreihe* (statt *Tatsachenweihe*); S. 55, Z. 1: *Mein* (statt *Nein*); Z. 28: *ungewollte* (statt *ungewohnte*); S. 56, Z. 10: *sichereren* (statt *sicheren*); Z. 14: *bestechender* (statt *bestehender*); S. 57, Z. 8: *ehdenn* (statt *ehedem*); Z. 18: *oder unter diesem* eingefügt; Z. 22: *wie Krater* (statt *die Krater*); Z. 36: *wahrhaftig explodiert*, eingefügt.

Bruno zu Torggler

E: Konzept: Frühjahr 1948; Reinschrift im Manuskriptbuch Zwischenstufen III: April 1948.

Busse

E: Reinschrift I und II: 1946/1947. – **P:** Gütersloh. Geburtstag (1962) S. 23 (Exzerpt). – Gütersloh. Autor (1962) S. 45 (Exzerpt). – Gütersloh, Erdteil (1966) S. 26–28. – **K:** S. 59, Z. 8: *dann sollen* (statt *sollen dann*); Z. 11–12: von *ihr vergeblich*... bis... *Unansprechbarkeit* eingefügt; Z. 14: *dessen* (statt *davon*), *sein* (statt *ein*); Z. 26: *Selberzerstörte* (statt *Selbstzerstörte*); Z. 36: *Logen- und* eingefügt; S. 60, Z. 2–3: *hineinschieben* (statt *hineinstoßen*); Z. 10: vor *Kunst* gestrichen: *echte*.

Charmeur

E: Reinschrift I: ca. Herbst 1943; ergänzende Skizze und Reinschrift II: 1946.

Christlichkeit, unerlaubte

E: Konzept und Reinschrift: ca. Sommer und zweite Hälfte 1947.

Cölibat

E: Reinschrift: 1946/1947.

Conditio sine qua non

E: Reinschrift: erste Hälfte 1947. – **P:** Gütersloh. Geburtstag (1962) S. 24. - Gütersloh. Autor (1962) S. 46. – Gütersloh, Erdteil (1966) S. 28–29. – **K:** S. 63, Z. 8: *findet* (statt *entdeckt*).

Dekalog

E: Konzept und Reinschrift: Sommer und zweite Hälfte 1947. – **P:** Gütersloh, Erdteil (1966) S. 29–35. – **K:** S. 63, Z. 14–15: *Abschied, den Reisegefährten endlich oder plötzlich geben und nehmen* (statt *Abschied von den Reisegefährten*); Z. 24: *man nie zu Hause gewesen* (statt *kein Daheim gewesen war*); S. 64, Z. 30: *das dem Menschen keine Ehre machte* eingefügt; S. 65, Z. 9: *des* (statt *eines*); Z. 21–22: *wie möglichst unverpflichtet* (statt *ein*); Z. 25: vor *das Oben* gestrichen: *daß*.

DENKEN
E: Konzept: ca. Sommer 1947.

DETERMINATION
E: Reinschrift: ca. Sommer 1947. – P: GÜTERSLOH. GEBURTSTAG (1962) S. 24–25. – GÜTERSLOH. AUTOR (1962) S. 46–47. – Gütersloh, ERDTEIL (1966) S. 35–36. – K: S. 67, Z. 32–33: *unmöglichen* (statt *unmöglich*); Z. 37: *dann bereute man* (statt *bereute man dann*); S. 68, Z. 3: *solch* (statt *solches*).

DICHTER
E: Konzept und Reinschrift: Sommer 1947. – P: JAHRESRING 61/62 (1961) S. 180–181 (Exzerpt). – GÜTERSLOH. GEBURTSTAG (1962) S. 25 (Exzerpt). – GÜTERSLOH. AUTOR (1962) S. 47 (Exzerpt). – Gütersloh, ERDTEIL (1966) S. 36–40. – K: S. 68, Z. 16: *eigenen Glaubens an sich* (statt *Glaubens an sich selbst*); Z. 22: *der* (statt *welcher*); S. 69, Z. 12: *in künstlichem* (statt *im künstlichen*); Z. 22: *allzeit können einer sein* (statt *können einer allzeit sein*); Z. 25: *vom* (statt *von der*); Z. 30: *Sirene* (statt *Sirenen*); S. 70, Z. 1: *in konkrete Brocken* (statt *ins Konkrete*); Z. 4: *reichen* (statt *weichen*); Z. 6: vor *heißt* gestrichen: *nämlich*.

DILEMMA
E: Konzept, mit Textvariante, und Reinschrift: 1946/1947. – P: JAHRESRING 61/62 (1961) S. 181. – LITERATUR UND KRITIK, Jg. 1 H. 1 (April 1966) S. 9. – Gütersloh, ERDTEIL (1966) S. 40–41.

DISKRETION
E: Konzept und Reinschrift: Sommer 1947. – Trotz des Hinweises (*Fortsetzung*) am Ende der Reinschrift gibt es keinen unmittelbar anschließenden Text, doch vgl. JONAS, S. 150–151.

DU
E: Konzept I und II: Herbst 1953; Reinschrift: Ende 1953. – P: GÜTERSLOH. GEBURTSTAG (1962) S. 27 (Exzerpt). – GÜTERSLOH. AUTOR (1962) S. 48 (Exzerpt). – Gütersloh, ERDTEIL (1966) S. 41–42. – K: S. 74, Z. 7: *dies* (statt *dieses*); Z. 15: *des* gestrichen vor *genauen* und *ungenauen*.

DUMMHEIT (*Wenn Dummheit…*)
E: Konzept und Reinschrift: ca. Sommer 1947. – P: Gütersloh, ERDTEIL (1966) S. 42–46. – K: S. 75, Z. 36–S. 76, Z. 20: von *wenn nicht alsogleich*… bis… *für überwunden zeige*: erhebliche Korrektur (vgl. ERDTEIL, S. 44, Z. 7–S. 45, Z. 5); Z. 32–33: *die außerdem aber bereits übergegangen sein müssen* eingefügt; S. 77, Z. 2: vor *Flüstern* gestrichen…

hörbare; Z. 7: *wohin mit ihr gekommen werde* (statt *wohin man mit ihr komme*); Z. 12: *jede, die ja von dem Übermaße* (statt *jede Kunst, die ja vom Übermaße*); Z. 20: *nur kein Gleichnis für Dezision* hinzugefügt.

DUMMHEIT (*Ein jedes Geschöpf...*)
E: Konzept, zwei Phasen, ca. Sommer und Herbst 1947; Reinschrift: Ende 1947. – **P:** Gütersloh, ERDTEIL (1966) S. 46–50. – **K:** S. 77, Z. 32: *und Vorbedeutungen* eingefügt; S. 78, Z. 3–4: (*was unser Selbst... Nächsten anlangt*), eingefügt; Z. 25–30: von *in dem Augenblicke...* bis... *Schöpfung einzunehmen*: erhebliche Korrektur (vgl. ERDTEIL, S. 48, Z. 15–20): S. 79, Z. 9: vor *ein anderes Wesen* gestrichen: *hingegen*; Z. 29–30: *der subjektiven Stümperei in unversehrter Objektivität* (statt *Stümperei als unversehrtes Subjekt*); S. 80, Z. 6: vor *ausführen* eingefügt: *sowohl sind als*; Z. 7: vor *niemand* eingefügt: *endlich*.

EGOISMUS
E: Konzept I und II: ca. März 1951.

EHE (*»Als mich der Amor zum Weib...*)
E: Reinschrift, zweite Hälfte 1947. – **P:** Gütersloh, PARADIESE (1972) 46, 49, 50. – **K:** S. 80, Z. 27: *geistlicher* (statt *geistiger*); Z. 32: *ankommen* (statt *angekommen*); Z. 35: *Kindertrotz* (statt *Kindestrotz*); S. 81, Z. 9: *so wie* (statt *wie*); Z. 10: *eingegrabenen* (statt *eingegebenen*).

EHE (*Das Weib ist der einzige Mensch...*)
E: Konzept und Reinschrift: Ende 1950/Anfang 1951. – **P:** Gütersloh, ERDTEIL (1966) S. 51.

EHE (*Ehelich leben heißt,...*)
E: Konzept: ca. März 1951.

EHE (*Wer zusammen mit einem Wesen...*)
E: Konzept: Herbst 1953.

EID
E: Konzept: ca. 1946; Reinschrift: ca. 1946/1947.

EINSAMKEIT (*Die echte Einsamkeit...*)
E: Konzept und Reinschrift: ca. 1946/1947. – **P:** Gütersloh, ERDTEIL (1966) S. 51–53. – **K:** S. 94, Z. 10: *echte* eingefügt; Z. 13: *und nur zu sehr* eingefügt; Z. 14: nach *Schultern* gestrichen: *zu haben*; Z. 15: *in jedem Augenblick* eingefügt; S. 95, Z. 8–9: *als Schuld... als unschuldige Schuld* eingefügt; Z. 10: *was* (statt *etwas*); Z. 14–15: *und doch... Seienden* eingefügt; Z. 18: nach *konkreten* gestrichen: *Fall*; *mit ver-*

nichtender Wirkung auf sich selber eingefügt; Z. 19: *wider ihn* eingefügt.

EINSAMKEIT (*Aus Angst und Schauder…*)
E: Konzept I, Skizze, und Konzept II: Mai 1951.

EINSAMKEIT (*O erdmittelpunktwärts strömende Stille!…*)
E: Konzept I und II: Oktober 1953; Reinschrift: Ende 1953. – **P:** GÜTERSLOH. GEBURTSTAG (1962) S. 26 (Exzerpt). – GÜTERSLOH. AUTOR (1962) S. 48 (Exzerpt). – LITERATUR UND KRITIK, Jg. 1 H. 1 (April 1966) S. 11. – Gütersloh, ERDTEIL (1966) S. 53.

ELEND
E: Konzept, Anfang, und Reinschrift I, beide mit Titel ARMUT: 1943; Reinschrift II, mit Titel ELEND: ca. 1946. – **P:** Gütersloh, ERDTEIL (1966) S. 53–54. – **K:** S. 97, Z. 24: *blieben… noch übrig* (statt *blieb… noch vieles übrig*).

ENGUERRAND
E: vermutlich zweite Hälfte 1961; erhalten nur ein Typoskript.

ENGUERRAND UND STRÜMPF
E: Reinschrift: Herbst 1961.

ERINNERN (in Italien)
E: Konzept: Mai 1954; Reinschrift: Sommer 1954. – **P:** Gütersloh, ERDTEIL (1966) S. 54–55. – **K:** S. 99, Z. 15–16: nach *gebietet* eingefügt: *oder nicht gebietet,*; Z. 20: *selber* (statt *selbst*); Z. 23: *zu Mensch* (statt *zum Menschen*).

ERLEBNIS
E: Konzept I, Anfang, und Konzept II: Sommer/Herbst 1957; Reinschrift: erste Hälfte 1958.

ERNST
E: Konzept: ca. Sommer 1947; Reinschrift: zweite Hälfte 1947. – **P:** GÜTERSLOH. GEBURTSTAG (1962) S. 26–27 (Exzerpt). – GÜTERSLOH. AUTOR (1962) S. 48–49 (Exzerpt). – Gütersloh, ERDTEIL (1966) S. 55–56. – **K:** S. 101, Z. 13–14: *sie* nach *käme* entfernt, nach *Augenblicke* eingefügt.

ERNST (weiblicher)
E: Konzept und Reinschrift: ca. 1946/1947. – **P:** Gütersloh, ERDTEIL (1966) S. 57. – **K:** S. 101, Z. 30: *Apelles* (statt *Apollos*); Z. 31: *gläubig* eingefügt.

ERWARTUNG
E: Konzept, mit dem Titel ERWARTUNG (DIE DIENSTLEUTE), und Reinschrift: Sommer 1956.

ESSAY
E: Konzept: April 1950; Reinschrift: Ende 1950/Anfang 1951. – **P:** GÜTERSLOH. GEBURTSTAG (1962) S. 27. – GÜTERSLOH. AUTOR (1962) S. 49. – LITERATUR UND KRITIK, Jg. 1 H. 1 (April 1966) S. 9. – Gütersloh, ERDTEIL (1966) S. 57. – ZWISCHEN DEN ZEITEN (1967) S. 66.

EXISTENZ
E: Reinschrift: 1946/1947. – **P:** PROTOKOLLE '67 (1967) S. 138–140 (zweite Fassung, vermutlich vom Autor gekürzt und durchgehend sprachlich überarbeitet).

FAMILIE (Die eine Ansicht)
E: Konzept: ca. Sommer 1953; Reinschrift: ca. Herbst 1953. – **P:** Gütersloh, ERDTEIL (1966) S. 58–60. – **K:** S. 107, Z. 14: *laiische* (statt *Laische*); Z. 24: *ihr* (statt *ihm*); S. 108, Z. 6–7: *nirgendwohin* (statt *nirgendwo*); Z. 15: *und den Wahlverwandten* (statt *und zu den Wahlverwandten*).

FAMILIE (Die andere Ansicht)
E: Konzept: ca. Sommer 1953; Reinschrift: ca. Herbst 1953. – **P:** Gütersloh, ERDTEIL (1966) S. 60–62. – **K:** S. 108, Z. 26: *zu den eigentlichen Männern* (statt *zu den andern eigentlichen Männern*); S. 109, Z. 4: nach *zukommende* gestrichen: *ist*; Z. 6: *solchen* eingefügt; Z. 22: *hat* eingefügt; Z. 24: *als Gattin und als Geliebte gehandelt haben* (statt *beachtet hat*); Z. 25: *ihn* (statt *sie*).

FAMILIE (*Was also ein wie beschriebener...*)
E: Konzept und Reinschrift: Herbst 1953. – **P:** Gütersloh, ERDTEIL (1966) S. 62–63. – **K:** S. 109, Z. 35–36: *Umgegend* (statt *Umgebung*); S. 110, Z. 16: *Geschehen*, (statt *Geschlechte, ist*).

FAMILIE (*Traue keinem Familienmenschen...*)
E: Konzept I, mit Titel FAMILIE (UND ERFOLGE), und Konzept II: Ende 1953/Anfang 1954; Reinschrift: erste Hälfte 1954. – **P:** Gütersloh, ERDTEIL (1966) S. 63–66.

FASCINUM
E: Konzept und Reinschrift I: ca. Herbst 1943; Reinschrift II: ca. 1946. – **P:** Gütersloh, ERDTEIL (1966) S. 67–68.

FLUCHEN

E: Konzept: 1946; Reinschrift: 1946/1947. – P: Gütersloh, ERDTEIL (1966) S. 68–70. – ZWISCHEN DEN ZEITEN (1967) S. 38 (Exzerpt). – K: S. 114, Z. 22: *doch* eingefügt; Z. 24–25: *nicht gebrauchen* eingefügt; Z. 25: vor *bestimmt* gestrichen: *dazu*; Z. 25–26: *sie nicht zu gebrauchen* (statt *nicht gebrauchen zu dürfen*).

FORM

E: Konzept und Reinschrift: 1946/1947. – P: Gütersloh, ERDTEIL (1966) S. 70. – ZWISCHEN DEN ZEITEN (1967) 20.

FREIHEIT

E: Reinschrift: erste Hälfte 1947. – P: GÜTERSLOH. GEBURTSTAG (1962) S. 27 (Exzerpt). – GÜTERSLOH. AUTOR (1962) S. 49 (Exzerpt). – Gütersloh, ERDTEIL (1966) S. 70–71.

FRÖMMIGKEIT (*Frömmigkeit als verdienstlose...*)

E: Konzept und Reinschrift: 1946/1947. – P: Gütersloh, ERDTEIL (1966) S. 71–73. – K: S. 115, Z. 28–30: von (*und, soweit*... bis... *auch des Leibes*), eingefügt; Z. 32 *der* (statt *zur*).

FRÖMMIGKEIT (*Frömmigkeit ist jene,...*)

E: Konzept und Reinschrift: Sommer und Herbst 1947. – P: GÜTERSLOH. GEBURTSTAG (1962) S. 27 (Exzerpt). – GÜTERSLOH. AUTOR (1962) S. 49 (Exzerpt). – Gütersloh, ERDTEIL (1966) S. 73–74. – ZWISCHEN DEN ZEITEN (1967) S. 30 (Exzerpt).

FÜHRUNG

E: Konzept und Reinschrift: Sommer 1947. – P: Gütersloh, ERDTEIL (1966) S. 74.

GRAMMATISCHE FÜHRUNG

E: Konzept und Reinschrift: 1946/1947. – P: GÜTERSLOH. GEBURTSTAG (1962) S. 28. – GÜTERSLOH. AUTOR (1962) S. 50. – Gütersloh, ERDTEIL (1966) S. 74–75. – K: S. 117, Z. 21: *von* (statt *der*); Z. 26: *wohin* (statt *ohnehin*); S. 118, Z. 3: *lichterstrahlenden* (statt *lichtstrahlenden*).

UNTERLOGISCHE FÜHRUNG

E: Konzept und Reinschrift: 1946/1947. – P: Gütersloh, ERDTEIL (1966) S. 75–76. – K: S. 118, Z. 6: UNTERLOGISCHE (statt INTERLOGISCHE); Z. 9: *unvermuteten* (statt *unerwünschten*); Z. 10: *als* (statt *aber*).

GENIUS (*Der einzige Rechtsweg...*)
E: Skizzen und Konzept: 1946; Reinschrift: 1946/1947. – P: Gütersloh, ERDTEIL (1966) S. 76–79. – PROTOKOLLE '67 (1967) S. 140–141 (Exzerpt, vom Autor überarbeitete, zweite Fassung). – K: S. 118, Z. 31: *womit sie dem Lamme folgen, die Gottesfürchtigen* (statt *mit der die Gottesfürchtigen dem Lamm folgen*); S. 119, Z. 2: *nichts zu beweisende* (statt *keinerlei Beweis zu stützende*); Z. 19–25: von *Aber die fast...* bis... *ästhetischen*: erhebliche Korrektur (vgl. ERDTEIL, S. 78, Z. 1–10); S. 120, Z. 23: vor *noch* eingefügt: *ja*.

GENIUS (*Die gratia gratis data...*)
E: Skizzen, Konzept und Reinschrift: 1946/1947. – P: Gütersloh, ERDTEIL (1966) S. 80–81.

GENIUS (*Gerade dann, ...*)
E: Reinschrift: erste Hälfte 1947. – P: Gütersloh, ERDTEIL (1966) S. 81–84. – K: S. 123, Z. 21: *kann auf ihm sitzen* (statt *kann doch auf ihm ruhig sitzen*).

GESCHLECHTERFRIEDE (*Mit einem einzigen Weib...*)
E: Konzept I und II, mit Titel FRIEDEN-GESCHLECHTSFRIEDEN: in oder nach Oktober 1943; Reinschrift mit Titel GESCHLECHTSFRIEDEN: 1946. – P: Gütersloh, ERDTEIL (1966) S. 85–87.

GESCHLECHTERFRIEDE (*Der zwischen einem Mann und einem Weib...*)
E: Konzept: Sommer 1947; Reinschrift: Ende 1947. – P: Gütersloh, ERDTEIL (1966) S. 84–85. – K: S. 124, Z. 25: *eigentliche* (statt *eigentlichere*); Z. 26: *aethischen* (statt *ethischen*); Z. 29: nach *Liebe* eingefügt: *je*.

GESELLSCHAFT
E: Reinschrift I und II: Sommer 1947.

GLAUBEN (*Jesu Einladung...*)
E: Konzept, ca. 1950/1951.

GLAUBEN (*Für den Glauben, den wir haben...*)
E: Skizze, Konzept: Oktober 1953. Reinschrift: Ende 1953. – P: GÜTERSLOH. GEBURTSTAG (1962) S. 28 (Exzerpt). – GÜTERSLOH. AUTOR (1962) S. 50 (Exzerpt). – Gütersloh, SONNE UND MOND (1962) S. 497–498 (Anfang leicht adaptiert). – Gütersloh, ERDTEIL (1966) S. 87. – ZWISCHEN DEN ZEITEN (1967) S. 74.

GLÜCK
E: Reinschrift I und II: 1946/1947. – **P:** Gütersloh, ERDTEIL (1966) S. 88. – **K:** S. 129, Z. 36: *von* (statt *der*); S. 130, Z. 15: *erworbene* (statt *erworben*).

GLÜCK (in der unglücklichen Liebe)
E: Reinschrift: erste Hälfte 1947. – **P:** Gütersloh, ERDTEIL (1966) S. 88–89.

GRABSCHRIFT
E: Reinschrift: 1946/1947.

DER ALTE GRAF SPRICHT (zu Herrn von Enguerrand)
E: Konzept: Ende 1961.

DER GROSSVATER (des Lunarin)
E: Konzept I und II und Reinschrift: Ende 1959.

GUTE, DAS
E: Konzept und Reinschrift: 1946/1947. – **P:** GÜTERSLOH. GEBURTSTAG (1962) S. 29. – GÜTERSLOH. AUTOR (1962) S. 51. – Gütersloh, ERDTEIL (1966) S. 90.

HEIL, ZWEIERLEI
E: Reinschrift: erste Hälfte 1947. – **P:** Gütersloh, ERDTEIL (1966) S. 90–92. – **K:** S. 133, Z. 31–32: *um eine* (statt *einer*); S. 134, Z. 13: vor *wieder* gestrichen: *immer*; Z. 19–20: *Zerknirschung* (statt *Zerlösung*); Z. 27: vor *noch* gestrichen: *immer*.

HEILIGKEIT (Ein Gedankengang Mullmanns)
E: Reinschrift: Sommer 1956. – **P:** LITERATUR UND KRITIK, Jg. 7 H. 68 (Oktober 1972) S. 466 (fehlerhafter Druck).

HEIMAT
E: Konzept I und II und Reinschrift: Oktober/Herbst 1953. – **P:** Gütersloh, ERDTEIL (1966) S. 92–93. – ZWISCHEN DEN ZEITEN (1967) S. 42. – **K:** S. 135, Z. 17: HEIMAT (statt HEIMAT, O HEIMAT); *O Heimat! Uns angeborne Wege* (statt *Uns angeborene Wege*).

HELD
E: Reinschrift: 1946/1947. – **P:** Gütersloh, ERDTEIL (1966) S. 93–94. – **K:** S. 136, Z. 11: *Ab dem* (statt *Seitdem*); Z. 15: *als* (statt *wie*).

HETÄRE
E: Konzept I: Mai 1953; Konzept II, mit Titel DIRKE, und Reinschrift: Sommer 1953. – **P:** Gütersloh, ERDTEIL (1966) S. 94–97. – **K:** S. 136, Z. 32: *Komparativ* (statt *comparatio*); S. 137, Z. 21: *auf die höchste* (statt *bis zur höchsten*); Z. 22: vor *wieder* gestrichen: *dann*; Z. 29: nach *suchen* gestrichen: *getrachtet.*

HOMO RELIGIOSUS
E: Reinschrift: erste Hälfte 1947. – **P:** Gütersloh, ERDTEIL (1966) S. 97. – **K:** S. 138, Z. 14: *Biene* (statt *Wespe*).

HUMOR (*Der Humor tritt als Zivilist auf...*)
E: Konzept: nach Herbst 1943; Reinschrift: 1946: – **P:** GÜTERSLOH. GEBURTSTAG (1962) S. 29–30. – GÜTERSLOH. AUTOR (1962) S. 51–52. – Gütersloh, ERDTEIL (1966) S. 110–111.

HUMOR (*»Cum ieiunatis nolite fieri...*)
E: Konzept: 1946; Reinschrift: 1946/1947. – **P:** Gütersloh, ERDTEIL (1966) S. 102–110. – **K:** S. 140, Z. 1: *gibt* (statt *ist*); Z. 33–34: *in die Freiheit* (statt *für das Freisein*); S. 141, Z. 1–8: von *diese Schule...* bis... *Lunarins*: erhebliche Korrektur (vgl. ERDTEIL, S. 105, Z. 1–7); Z. 13: *die* (statt *deren Passanten*); Z. 29–S. 142, Z. 4: von *warum man sie...* bis... *dasteht*: erhebliche Korrektur (vgl. ERDTEIL, S. 106, Z. 5–21); Z. 30: *intrauterinen* (statt *intransigenten*); S. 143, Z. 26: *des Vergnügens* (statt *das Vergnügen*); Z. 37: nach *getreten* gestrichen: *haben würde*; S. 144, Z. 5–9: von *ein solches Übermaß...* bis... *stürzen*: erhebliche Korrektur (vgl. ERDTEIL, S. 110, Z. 3–8).

HUMOR (*Von der Vorsehung...*)
E: Konzept und Reinschrift: Sommer 1947. – **P:** Gütersloh, ERDTEIL (1966) S. 100–102. – **K:** S. 144, Z. 26: *logizistischen* (statt *logistischen*); Z. 36: *Kerkers* (statt *Klosters*); S. 145, Z. 7: *gehöre* (statt *gehörte*); Z. 20: *stoßen* (statt *dringen*).

HUMOR (*Wenn einer gute Miene...*)
E: Reinschrift: Sommer/Herbst 1947. – **P:** Gütersloh, ERDTEIL (1966) S. 98–99. – **K:** S. 145, Z. 33: *ihm einreden* (statt *gegen ihn einwenden*); S. 146, Z. 4: nach *gewesen* eingefügt: *sind*; Z. 12: *gegnadete* (statt *begnadete*).

HUMOR (*Der Humor ist eine goldene Schadenfreude...*)
E: Konzept: ca. August 1947; Reinschrift: zweite Hälfte 1947. – **P:** JAHRESRING 61/62 (1961) S. 181. – Gütersloh, ERDTEIL (1966) S. 97–98. – ZWISCHEN DEN ZEITEN (1967) S. 34. – **K:** S. 146, Z. 32: vor *Prometheus* eingefügt: *irgendein*.

ICH
E: Reinschrift I und II: 1946/1947. – **P:** Gütersloh, ERDTEIL (1966) S. 111–112.

IGNATIUS
E: Konzept: 1946; Reinschrift: ca. 1946/1947.

IMMANENZ
E: Reinschrift: erste Hälfte 1947. – **P:** Gütersloh, ERDTEIL (1966) S. 112.

IRONIE (*Die Ironie ist ein…*)
E: Konzept, Anfang: nach Herbst 1943, Fortsetzung: 1946; Reinschrift I und II: 1946. – **P:** Gütersloh, ERDTEIL (1966) S. 113–115. – **K:** S. 148, Z. 36–S. 149, Z. 5: erster Satz erheblich korrigiert (vgl. ERDTEIL, S. 114, Z. 1–7); Z. 19: *inaugurieren* (statt *inaugieren*); Z. 19–20: *von Sokrates bis Kierkegaard und von uns bis* (statt *von Sokrates an und bis*); Z. 33: *des… Nichtgenius – zu dem* (statt *der… Nichtgenien – zu denen*); Z. 37: *dadurch* (statt *durch*).

IRONIE (*Der Geladene…*)
E: Skizze und Konzept: März 1951; Reinschrift: nach März 1951. – **P:** Gütersloh, ERDTEIL (1966) S. 112–113.

JONAS
E: Konzept, mit Hinweis »zu DISKRETION«: ca. August 1947; Reinschrift: zweite Hälfte 1947.

JONAS (Des Jonas Predigt in Ninive)
E: Reinschrift: ca. Sommer 1952. – **P:** DIE FURCHE, Wien, 28. 1. 1967 (Nr. 4) S. 10.

KLAGE (Lunarins über das Reisen)
E: Reinschrift: Sommer 1954. – **P:** ZWISCHEN DEN ZEITEN (1967) 24. – LITERATUR UND KRITIK, Jg. 12 H. 113 (April 1977) S. 143.

KONZILIANZ
E: Konzept und Reinschrift: 1946. – **P:** Gütersloh, ERDTEIL (1966) S. 115.

KRIEG
E: Skizze: nach 1947; Konzept: April 1950; Reinschrift: Ende 1950/Anfang 1951. – **P:** Gütersloh, ERDTEIL (1966) S. 115–116. – ZWISCHEN DEN ZEITEN (1967) S. 46.

KRIEG UND FRIEDEN
E: Konzept I, zwei Passagen, und Konzept II: April/Mai 1954; Reinschrift: ca. Frühsommer 1954. – **P:** Gütersloh, ERDTEIL (1966) S. 116–122. – **K:** S. 154, Z. 26: *schon* eingefügt; S. 155, Z. 3: *Meister* (statt *Maler*); Z. 23: *Abgrunde* (statt *eigenen Abgrund*); S. 156, Z. 7: *verwüstende und vernichtende* (statt *nur... verwüstete und vernichtete*); Z. 32: *oder das* (statt *und*); S. 157, Z. 21–22: hinzugefügt: *er wird sie im Dienste nicht mehr spielen*; S. 158, Z. 4: nach *erlaubt* gestrichen: *ist*; Z. 5: *von Ohngefähr her* (statt *von ungefähr*); Z. 12: *die Einen und die Einzelheiten* (statt *das Eine und seine Einzelheiten*).

KRISIS (*Ein untrügliches Zeichen...*)
E: Konzept I und II: Mai und Frühsommer 1953; Reinschrift: Sommer 1953. – **P:** Gütersloh, ERDTEIL (1966) S. 122–127. – **K:** S. 158, Z. 31–32: *dem Hauptschauplatz* (statt *den Hauptschauplätzen*); S. 159, Z. 12: *ehdenn* (statt *ehe*); S. 160, Z. 19: *den Göttern* eingefügt; Z. 28: vor *geschehen* gestrichen: *und würde nichts*; Z. 34 – S. 161, Z. 8: von *Nun, in der Krisis...* bis... *über ihren Seiten*: erhebliche Korrektur (vgl. ERDTEIL, S. 126, Z. 17 – S. 127, Z. 2); Z. 17: hinzugefügt: *‚das vom Objekte getragen wird‹.*

KRISIS (*Solange die Leiche...*)
E: Konzept: Frühsommer 1953; Reinschrift: Sommer 1953.

KRISIS (*Der Mann in der Krisis...*)
E: Konzept I, einzelne Passagen, und II: Frühsommer 1953; Reinschrift: Sommer 1953. – **P:** Gütersloh, ERDTEIL (1966) S. 127–133. – **K:** S. 164, Z. 24: vor *ein Dort* gestrichen: *das*; Z. 37: *der* (statt *welcher*); S. 165, Z. 5: *noch immer* (statt *immer noch*); Z. 6–7: eingefügt von *und es bedürfe...* bis... *Marmors.*; Z. 14: vor *sich selbst* gestrichen: *für*; Z. 29: *jener* eingefügt; S. 166, Z. 1: *unendliche* (statt *unbeschränkte*); Z. 9: *verortete* (statt *verortbare*); Z. 13–14: *statt mit einer subtilen Insuffizienz* eingefügt.

KÜNSTLER
E: Reinschrift: 1946/1947. – **P:** GÜTERSLOH. GEBURTSTAG (1962) S. 30. – GÜTERSLOH. AUTOR (1962) S. 52. – LITERATUR UND KRITIK, Jg. 1 H. 1 (April 1966) S. 9. – Gütersloh, ERDTEIL (1966) S. 133. – ZWISCHEN DEN ZEITEN (1967) S. 18. – **K:** S. 167, Z. 36: nach *geworden* gestrichen: *sind.*

LÄCHERLICHKEIT
E: Reinschrift: Sommer 1947. – **P:** Gütersloh, ERDTEIL (1966) S. 134. – **K:** S. 168, Z. 17: *Schwerere* (statt *Schwerste*).

Latein
E: Reinschrift: erste Hälfte 1947. – **P:** Gütersloh, Erdteil (1966) S. 135–137. – **K:** S. 168, Z. 32 –S. 169, Z. 3: von *Es ist gewiß*… bis… *sagen zu können*: erhebliche Korrektur (vgl. Erdteil, S. 135, Z. 1–8); Z. 6–7: *Entscheidungen* (statt *Entscheidung*); Z. 12: *Formelungen* (statt *Formulierungen*); Z. 24: *den sie, profeta in patria,* eingefügt; Z. 30: *schon* eingefügt; Z. 36: *armen* eingefügt; S. 170, Z. 1–12: von *Seitdem des Heilands Wort*… bis… *deponieren* (vgl. Erdteil, S. 136, Z. 23–S. 137, Z. 8).

Latinisierung
E: Konzept: ca. Frühjahr 1951; Reinschrift: ca. Sommer 1951. – **P:** Gütersloh, Erdteil (1966) S. 137. – **K:** S. 170, Z. 20: *verbinden* (statt *vermählen*); Z. 27: vor *gemindert* eingefügt: *sie*; Z. 27–28: nach *Volk* eingefügt: *leben und.*

Leben
E: Reinschrift I und II: 1946/1947. – **P:** Gütersloh, Erdteil (1966) S. 138–140. – **K:** S. 170, Z. 31: vor *Leben* eingefügt: *ein*; Z. 35: *Begabung* (statt *Begabtheit*); S. 171, Z. 2: nach *Einsheit* gestrichen: *wegen*; Z. 8–25: von *je aussichtsloser*… bis… *zu setzen*: erhebliche Korrektur (vgl. Erdteil, S. 138, Z. 20–S. 139, Z. 11); Z. 32: *als* (statt *wie*); S. 172, Z. 2: *reinen* eingefügt; S. 5: vor *Sitze* gestrichen: *also*; Z. 7–14: von *und sozusagen*… bis… *annehmen wird*: erhebliche Korrektur (vgl. Erdteil, S. 140, Z. 7–14).

Leben, noch einmal (ad Torgglerem)
E: Konzept: Herbst 1947; Reinschrift: 1947/1948. – **P:** Gütersloh, Erdteil (1966) S. 140–142. – **K:** S. 172, Z. 37 – S. 173, Z. 20: von *Wir halten nämlich*… bis… *niedersitzen zu können*: erhebliche Korrektur (vgl. Erdteil, S. 141, Z. 12–S. 142, Z. 7).

Leistung
E: Reinschrift: erste Hälfte 1947.

Liebe (*Um die Frage, …*)
E: Konzept, Reinschrift I und II: 1946. – **P:** Gütersloh. Geburtstag (1962) S. 30–31. – Gütersloh. Autor (1962) S. 52–53. – Gütersloh, Erdteil (1966) S. 142. – Zwischen den Zeiten (1967) S. 44.

Liebe (*In der psychologischen Interpretation*…)
E: Konzept, erste Skizze: 1946; Reinschrift: 1946/1947. – **P:** Gütersloh, Erdteil (1966) S. 142–144. – **K:** S. 174, Z. 21–27: von *In der psychologischen*… bis… *anzubinden*: erhebliche Korrektur (vgl. Erdteil, S. 142, Z. 24–S. 143, Z. 1); S. 175, Z. 5: nach *liebt*, eingefügt: *nur also,*.

LIEBE (*Alles Gestehen des Üblen...*)
E: Reinschrift: erste Hälfte 1947. – P: Gütersloh, ERDTEIL (1966) S. 144.

LIEBE (*Unsere persönliche Geschichte...*)
E: Reinschrift: zweite Hälfte 1950/Anfang 1951. – P: Gütersloh, ERDTEIL (1966) S. 146. – ZWISCHEN DEN ZEITEN (1967) S. 40. – Gütersloh, PARADIESE (1972) S. 16. – LITERATUR UND KRITIK, Jg. 12 H. 113 (April 1977) S. 143.

LIEBE (*Liebe ist Bruder- und Schwestererkenntnis...*)
E: Konzept I und II: Mai und Frühsommer 1953; Reinschrift: ca. Sommer 1953. – P: Gütersloh, ERDTEIL (1966) S. 144–146. – K: S. 176, Z. 13: *den* (statt *dem*); Z. 25: *dunkleres* (statt *dunkles*); Z. 26: *versinken* (statt *verstricken*); Z. 30: *verschwistert wordene* (statt *verschwisterte*); Z. 35: *von dem* (statt *vom*); S. 177, Z. 7: *der ist* (statt *den gibt's*).

LIEBE (*Tills Unglück...*)
E: Konzept I, Anfang, und Konzept II: Sommer 1953.

LIEBE (*Liebe kann nur behauptet...*)
E: Konzept I und II: Herbst 1953; Reinschrift: Frühsommer 1954. – P: Gütersloh, ERDTEIL (1966) S. 149–151. – ZWISCHEN DEN ZEITEN (1967) S. 28 (Exzerpt). – K: S. 178, Z. 9: *die Form zu verfehlen* eingefügt; S. 179, Z. 18: *was wieder eine Wahrheit ist –,* eingefügt.

LIEBE (*Liebe endet notwendig...*)
E: Konzept I: ca. August 1954; Konzept II: ca. Frühjahr/Sommer 1955.

LIEBE (*Der Morgen der Liebe...*)
E: Konzept I und II: Ende 1956; Reinschrift: Ende 1959. – P: Gütersloh, PARADIESE (1972) S. 24, 27. – K: S. 180, Z. 32: *auf glühendem* (statt *auf dem glühenden*).

LIEBE (*Den Kompromiß...*)
E: Reinschrift: Sommer/Herbst 1961. – P: ZWISCHEN DEN ZEITEN (1967) S. 58. – Gütersloh, PARADIESE (1972) S. 54. – LITERATUR UND KRITIK, Jg. 12, S. 113 (April 1977) S. 143. – K: S. 181, Z. 8: *beide* (statt *Leute*); Z. 14: *unbeantwortbaren Fragen* (statt *unbeantwortbare Frage*); Z. 18: *jach* (statt *auch*).

LIEBE (Gespräch im Tartarus)
E: Konzept I und II: März/April 1954; Reinschrift: Frühsommer 1954. – P: WORT IN DER ZEIT, Jg. 7 H. 10 (Oktober 1961) S. 17–18: LIEBE. – Gütersloh, MENSCHEN (1962) S. 281–282. – Gütersloh, ERDTEIL

(1966) S. 146–149. – **K:** S. 181, Z. 28: nach *beweist* gestrichen: *sozusagen.*

GRIECHISCHE LIEBE
E: Reinschrift: zweite Hälfte 1947. – **P:** Gütersloh, PARADIESE (1972) S. 29: DAS WEIB (Kompilation kurzer Exzerpte).

LIEBE, VEREWIGTE
E: Reinschrift I, ohne Titel, im Manuskriptbuch ZWISCHENSTUFEN IV: nach Oktober 1952; Reinschrift II: erste Hälfte 1953. – **P:** Gütersloh, ERDTEIL (1966) S. 58: EWIGKEIT (Titeländerung durch den Autor in den Korrekturfahnen). – Gütersloh, PARADIESE (1972) S. 6: LIEBE. – LITERATUR UND KRITIK Jg. 12 H. 113 (April 1977) S. 143.

LUNARIN (*Während Lunarin...*)
E: Reinschrift: 1939 oder Anfang 1940er Jahre.

LUNARIN (*Auf seinem letzten Gange...*)
E: Reinschrift: 1939 oder Anfang 1940er Jahre.

LUNARIN (*Die Vögel des Himmels...*)
E: Reinschrift I und II: 1946/1947.

LUNARIN (*»Ich bin meinen alten Opfern...«*)
E: Konzept I und II, erste, kurze Fassung: April 1951; Konzept III, zweite Fassung: ca. Frühjahr/Sommer 1951; Reinschrift: zweite Hälfte 1951. – **P:** LITERATUR UND KRITIK, Jg. 7 H. 68 (Oktober 1972) S. 458–460. – **K:** S. 189, Z. 20: *geehrten Herrn* (statt *geehrter Herr*); S. 190, Z. 12–13: *sich* nach *sie* entfernt, vor *bedienen* eingefügt.

LUNARIN (sagt)
E: Konzept I: Mitte September 1956; Konzept II: Ende 1956.

LUNARINS KLEINE A PARTE BEMERKUNG ZU TILL
E: Konzept I: Juni 1953; Konzept II: Sommer 1953.

MALER (Andree)
E: Konzept I. Anfang: Oktober 1953; Konzept II: Spätherbst 1953; Reinschrift: Ende 1953/Anfang 1954. – **P:** PROTOKOLLE '67 (1967) S. 130–133 (zweite Fassung, wohl vom Autor gekürzt und überarbeitet).

MALEREI (Obdeturkis)
E: Konzept: Januar 1954; Reinschrift: erste Hälfte 1954. – **P:** WORT IN DER ZEIT Jg. 1 H. 3 (September 1955) S. 19–20 (= Jg. 1, 1955, S. 147–148). – Gütersloh, SONNE UND MOND (1962) S. 735–738. – ZWISCHEN DEN ZEITEN (1967) S. 16 (Exzerpt). – **K:** S. 198, Z. 28: *Zu vernehmen vermag* hinzugefügt; S. 199, Z. 2: *unbezweifelbar* (statt *unbezweifelbare*); S. 200, Z. 11: *bemerken* (statt *merken*); Z. 13: *gescheiteste* (statt *geschickteste*).

MANCHE
E: Konzept und Reinschrift: ca. Oktober / November 1961.

MATERIOLOGIE
E: Reinschrift I und II: ca. Sommer 1947. – **P:** Gütersloh, ERDTEIL (1966) S. 151–155. – **K:** S. 202, Z. 17–25: von *nur von der Ruhe*... bis... *sicher wären*: erhebliche Korrektur (vgl. ERDTEIL, S. 153, Z. 24 – S. 154, Z. 4); Z. 30: *das Papier* (statt *dieses Papier*); Z. 34: *schlafende Homeridin... erlaubt* (statt *schlafenden Homeriden... erlauben*).

MELANCHOLIE
E: Konzept: ca. Sommer 1947; Reinschrift: zweite Hälfte 1947. – **P:** GÜTERSLOH. GEBURTSTAG (1962) S. 31 (Exzerpt). – GÜTERSLOH. AUTOR (1962) S. 53 (Exzerpt). – Gütersloh, ERDTEIL (1966) S. 155. – **K:** S. 203, Z. 28: nach *erbärmliches* gestrichen: *ist*.

MELITTA (*Seit dem Erscheinen*...)
E: Konzept I und II: September / Oktober 1951; Reinschrift: Ende 1951. – **P:** Gütersloh, SONNE UND MOND (1962) S. 727–729 (nur die zweite Hälfte des Textes, ab »*Nun pocht niemand unter unseren Bekannten*...«). – **K:** S. 206, Z. 14: *mehr* eingefügt; Z. 19: *bis* eingefügt; Z. 22–32: von *Und wirklich*... bis... *geschadet*: erhebliche Korrektur und Ergänzung (vgl. SONNE UND MOND S. 727, Z. 9–14); S. 207, Z. 8: *bedauerliche* eingefügt; Z. 16: *sie, die* (statt *diese*); , Z. 19: *Inwendigeres* (statt *Innenwendigeres*); Z. 24: *Tugend* (statt *Tugenden*); Z. 28: vor *mit der Treue* gestrichen: *einmal*; Z. 29: *die andre Seite* (statt *diese*); Z. 32: *und ehernen* eingefügt; Z. 36–37: *uns in festen Bahnen nur* (statt *uns den nur in festen Bahnen*); S. 208, Z. 6–10: von: *Daß aber überhaupt*... bis... *Materie*: erhebliche Korrektur (vgl. SONNE UND MOND, S. 728, Z. 25–29); Z. 22: vor *nicht berufen* gestrichen: *sich*; Z. 30–31: *um diese... zu nehmen*: eingefügt; S. 209, Z. 11: vor *begründende* gestrichen: *solchen*; Z. 16–21: von *muß trotz ihrer eigenen Unverbindlichkeit*... bis... *abzufinden*: erhebliche Korrektur (vgl. SONNE UND MOND, S. 729, Z. 33–37).

MELITTA (*Wer Melitten zu Hause sieht...*)
E: Konzept: zweite Hälfte 1955. – Im vorletzten Satz ist ein Adjektiv nicht lesbar.

MELITTA (*Sie hätte Schauspielerin...*)
E: Konzept, Anfang: Oktober/November 1956; Reinschrift: erste Hälfte 1957. – P: Gütersloh, SONNE UND MOND (1962) S. 725–726 (Exzerpt). – K: S. 212, Z. 36: *Sie* (statt *Melitta*); Z. 37: *Melitta* (statt *sie*); S. 213, Z. 10 – S. 214, Z. 13: *Einmal ist die Wahrheit... geht durchs Publikum*: eingefügt; Z. 13: *Und nun wollen wir* (statt *Wir wollen*); Z. 18–31: von *Weil aber an den Strand*... bis... *in zwei Teile?*: erhebliche Korrektur (vgl. SONNE UND MOND, S. 726, Z. 3–15); S. 215, Z. 6: *deutlichen Nichtwillens* (statt *deutlich nichtwillens*); Z. 8: *des Atoms* eingefügt; Z. 11–12: *wie nach vorwärts so nach zurück* und *Träger* eingefügt; Z. 14: *die* (statt *jene*).

MENSCHENVERACHTUNG
E: Reinschrift: erste Hälfte 1947. – P: GÜTERSLOH. GEBURTSTAG (1962) S. 31–32. – GÜTERSLOH. AUTOR (1962) S. 53–54. – Gütersloh, ERDTEIL (1966) S. 156. – K: S. 215, Z. 26: *verleben* (statt *erleben*); Z. 28: *wird es* (statt *wird*).

METHODE, UNSERE
E: Reinschrift I und II: Herbst 1943; Reinschrift III: 1946. – P: JAHRESRING 61/62 (1961) S. 182. – GÜTERSLOH. GEBURTSTAG (1962) S. 32 (leicht gekürzt). – GÜTERSLOH. AUTOR (1962) S. 54 (leicht gekürzt). – Gütersloh, ERDTEIL (1966) S. 156–157. – ZWISCHEN DEN ZEITEN (1967) S. 36 (Exzerpt).

MOTTO
E: Reinschrift I: ca. 1946; Reinschrift II: ca. 1946/1947. – P: Gütersloh, ERDTEIL (1966) S. 157–158. – K: S. 216, Z. 22: nach *Extrakt* gestrichen: *ist*; S. 217, Z. 3: *gemeinsam* eingefügt.

MUTTER (*Der Sohn, wenn er...*)
E: Konzept, Reinschrift I und II: 1946. – P: Gütersloh, ERDTEIL (1966) S. 158–159.

MUTTER (*Man geht zur Mutter...*)
E: Konzept und Reinschrift: Sommer 1947. – P: Gütersloh, ERDTEIL (1966) S. 159–160.

MUTTER (*Den rätselhaften Tatbestand...*)
E: Konzept und Reinschrift: ca. Frühjahr 1951. – P: Gütersloh, ERDTEIL (1966) S. 160–161.

MUTTER (*Welch seltsames Wesen...*)
E: Konzept und Reinschrift: ca. Frühjahr 1951. – P: Gütersloh, ERDTEIL (1966) S. 161–162. – K: S. 219, Z. 11: *auch der männlichste* (statt *der männliche*); Z. 21: *und* eingefügt; Z. 22: *eng* eingefügt; Z. 28–29: von *so wie man*... bis... *zu lesen* eingefügt.

MUTTERLIEBE
E: Reinschrift: Sommer 1953. – P: GÜTERSLOH. GEBURTSTAG (1962) S. 32–33. – GÜTERSLOH. AUTOR (1962) S. 54–55. – Gütersloh, ERDTEIL (1966) S. 162–163.

NACHHER
E: Reinschrift: ca. Oktober/November 1961. – P: PROTOKOLLE '67 (1967) S. 138. – LITERATUR UND KRITIK, Jg. 12 H. 113 (April 1977) S. 144. – K: S. 220, Z. 12: *Verschiedenheiten* (statt *Verschiedenheit*).

NÄCHSTENLIEBE
E: Konzept, einzelne Passagen: Anfang 1956; Reinschrift: Sommer 1956. – P: GÜTERSLOH. GEBURTSTAG (1962) S. 33–34. – GÜTERSLOH. AUTOR (1962) S. 55–56. – Gütersloh, ERDTEIL (1966) S. 163–164. – K: S. 221, Z. 20: *für ihn* (statt *dafür*).

NÄNIE
E: Reinschrift I und II: Sommer 1947. – P: LITERATUR UND KRITIK, Jg. 1 H. 1 (April 1966) S. 9–10. – Gütersloh, ERDTEIL (1966) S. 165–166. – Gütersloh, TREPPE (1974) S. 21 (nur Gedicht: AN EINE KIRCHENGLOCKE). – K: S. 221, Z. 32: *aber* (statt *also*).

NARRETEI
E: Skizze und Konzept: Oktober 1953; Reinschrift: Ende 1953. – P: GÜTERSLOH. GEBURTSTAG (1962) S. 34. – GÜTERSLOH. AUTOR (1962) S. 56. – Gütersloh, ERDTEIL (1966) S. 166. – ZWISCHEN DEN ZEITEN (1967) S. 48.

NICHTENTSCHEIDUNG
E: Reinschrift: erste Hälfte 1947. – P: Gütersloh, ERDTEIL (1966) S. 166–169. – K: S. 223, Z. 15: *einsam verblüht, eh' sie* (statt *die, ehe sie verblüht*); S. 224, Z. 13: *Personsverfassung* (statt *Personverfassung*).

NICHTVORHANDENHEIT
E: Reinschrift I und II: 1946/1947. – **P:** Gütersloh, ERDTEIL (1966) S. 169–170.

DER NOTAR
E: Konzept: 1939/Anfang 1940er Jahre.

OBDETURKIS (*Mußte er wieder...*)
E: Konzept I: November 1953; Konzept II und III: Frühjahr 1954; Reinschrift: ca. Ende 1959. – **P:** PROTOKOLLE '67 (1967) S. 146.

OBDETURKIS (*Heute, wenn ich...*)
E: Konzept: Frühjahr 1956.

OBDETURKIS (*Mitten im Erleben...*)
E: Konzept: zwischen Juni und September 1956.

OBDETURKIS (*Durch dieses Fenster...*)
E: Konzept, Anfang, Ende 1957; Reinschrift: erste Hälfte 1958.

OBDETURKIS (als die Geliebte reiste)
E: Konzept I: Februar 1955; Konzept II und Reinschrift: Frühjahr/Sommer 1955. – **P:** ZWISCHEN DEN ZEITEN (1967) S. 56 (Exzerpt). – NEUE KRONEN-ZEITUNG, Wien, 3.2.1973, Wochen-Feuilleton, S. 12. – LITERATUR UND KRITIK, Jg. 12 H. 113 (April 1977) S. 142.

OBDETURKIS (sagt) (*Hilfe ist, wie bekannt...*)
E: Konzept: Ende 1955.

OBDETURKIS (sagt) (*Seltsam! Nach dem Malen...*)
E: Reinschrift im Manuskriptbuch ZWISCHENSTUFEN V: Sommer 1957.

OBDETURKIS (Selbsterkenntnis)
E: Konzept: Mitte September 1956; Reinschrift: Ende 1956/erste Hälfte 1957. – **P:** PROTOKOLLE '67 (1967) S. 146–147. – **K:** S. 230, Z. 17: *Ich muß nun* (statt *Ich muß*); Z. 22: *nur* eingefügt; S. 231, Z. 4: *erfreut* (statt *gefreut*); Z. 16: nach *unvollendbare* gestrichen: *Figur*; Z. 23: *dem blinden Auge* (statt *den blinden Augen*).

OBDETURKIS (spricht)
E: Konzept: Sommer/Herbst 1957; Reinschrift: erste Hälfte 1958.

OEDIPUS
E: Reinschrift: erste Hälfte 1947. – P: Gütersloh, ERDTEIL (1966) S. 170–174. – K: S. 232, Z. 10: *denen* (statt *jenen*); Z. 12–13: *die nicht... führt?*: eingefügt; Z. 22: *als* eingefügt; Z. 30: *hinaus* eingefügt; S. 233, Z. 8: *als* (statt *wie*); Z. 14–15: *eben älter gewordenen gewesen* (statt *älter gewordenen*); Z. 16: *mit* eingefügt; Z. 22: *ihre* (statt *die*); Z. 37 – S. 234, Z. 1: *– und hiezu muß uns Gott noch wohlwollen –*: eingefügt; Z. 3: *gelangen* (statt *kommen*).

ORTHODOXIE (Brunos Interpretation)
E: Konzept I und II: Sommer 1953; Reinschrift: Herbst 1953. – P: LITERATUR UND KRITIK, Jg. 7 H. 68 (Oktober 1972) S. 465. – K: S. 234, Z. 19–20: *die richtigen* (statt *richtigen*); S. 235, Z. 3: *annähmen* (statt *vernähmen*); Z. 7: *Göttlich-Unbekannten* (statt *göttlichen Unbekannten*); Z. 14: *als* (statt *und*).

PATHOS
E: Konzept und Reinschrift: Sommer 1947. – P: JAHRESRING 61/62 (1961) S. 182–183. – LITERATUR UND KRITIK, Jg. 1 H. 1 (April 1966) S. 10. – Gütersloh, ERDTEIL (1966) S. 174–175.

PERSON
E: Konzept I, Anfang, und Konzept II: März 1951.

PIETÄT
E: Reinschrift: erste Hälfte 1947. – P: Gütersloh, ERDTEIL (1966) S. 175–176. – K: S. 237, Z. 8: *den verkohlten Balken* (statt *dem verkohlten Balkon*); Z. 12: *Mechanismen* (statt *Mechanismus*); Z. 19: *, unterschiedslos, gilt* (statt *gilt unterschiedslos*); Z. 31: nach *gründet* eingefügt: *sich ja*.

RECHTHABEN
E: Reinschrift I und II: 1946/1947. – P: Gütersloh, ERDTEIL (1966) S. 176.

REMEDIUM
E: Konzept I und II, Anfänge, erste Fassung, Titel MALEREI: nach 1947; Konzept III, zweite Fassung: Frühjahr 1951; Reinschrift: ca. Sommer 1951. – P: Gütersloh, ERDTEIL (1966) S. 177–178. – K: S. 238, Z. 5: *Malerei ist die Kunst jener* (statt *Malerei muß die Kunst jener genannt werden*); Z. 9: *wäre* (statt *ist*); Z. 21–35: von *Er jedoch vermöchte...* bis... *Heilmittel absonderte*: erhebliche Korrektur (vgl. ERDTEIL, S. 177, Z. 22–S. 178, Z. 9).

René
E: Konzept I, Anfang, und Konzept II, erste Fassung: Juli 1939; Konzept III, zweite Fassung, und Reinschrift: 1946.

Roman
E: Konzepte I–IV, erste Fassung, zum Teil nur Anfänge: in oder nach Herbst 1943; Konzept V, Anfang, und Konzept VI, zweite Fassung, sowie Reinschrift: erste Hälfte (vor Juni) 1946. – P: Gütersloh, Erdteil (1966) S. 178–183. – K: S. 252, Z. 21–22: *antikisches* eingefügt; Z. 28–29: *der nun schon… zugehört,*: eingefügt; S. 253, Z. 3: *aufs selbe* (statt *auf dasselbe*); Z. 18: *von aller Psychologie:* eingefügt; Z. 22: *mantisch* eingefügt; Z. 23: *entmannter* eingefügt; S. 254, Z. 15–23: von *Das dezidiert Bewußte*… bis… *erhoben hat*: erhebliche Korrektur (vgl. Erdteil, S. 181, Z. 8–14); Z. 32: *erst* eingefügt; S. 255, Z. 4–30: von *nur eine nächste Vergangenheit*… bis… *keine Stätte*: erhebliche Korrektur (vgl. Erdteil, S. 182, Z. 8–S. 183, Z. 10).

Roman (noch einmal)
E: Konzept: in oder nach Herbst 1943; Reinschrift, mit Überarbeitung: nach Herbst 1943 und 1946; Reinschrift der zweiten Fassung: 1946. – P: Jahresring 61/62 (1961) S. 183 (Exzerpt). – Gütersloh. Geburtstag (1962) S. 34–35 (Exzerpt). – Gütersloh. Autor (1962) S. 56–57 (Exzerpt). – Gütersloh, Erdteil (1966) S. 183–184.

Roman (zum letzten Mal)
E: Konzept: in oder nach Herbst 1943.

Scheidung
E: Konzept: Ende 1957; Reinschrift: erste Hälfte 1958.

Schriftsteller (*Der Schriftsteller*…)
E: Konzept, Reinschrift I und II: ca. 1946. – P: Gütersloh, Erdteil (1966) S. 185–186.

Schriftsteller (*Es lehnt einer*…)
E: Reinschrift: erste Hälfte 1947. – P: Jahresring 61/62 (1961) S. 183–184. – Gütersloh, Erdteil (1966) S. 184–185. – K: S. 257, Z. 32: *er* eingefügt.

Segnen
E: Reinschrift I und II: 1946/1947. – P: Gütersloh, Erdteil (1966) S. 186–187. – K: S. 258, Z. 35: *ein echter* (statt *einer*).

SEHEN, FLACHES
E: Reinschrift: 1946/1947. – **P:** Gütersloh, ERDTEIL (1966) S. 187.

SEHNSUCHT
E: Konzept und Reinschrift: ca. August und ca. Oktober/November 1961. – **P:** LITERATUR UND KRITIK, Jg. 12 H. 113 (April 1977) S. 144.

SELBSTBEKEHRUNG
E: Reinschrift I und II: ca. August und Herbst 1947. – **P:** Gütersloh, ERDTEIL (1966) S. 188.

SELBSTERKENNTNIS
E: Konzept: Frühjahr 1951; Reinschrift: Sommer/zweite Hälfte 1951. – **P:** Gütersloh, ERDTEIL (1966) S. 188–191. – **K:** S. 260, Z. 3: *nicht* eingefügt; Z. 15: nach *selber* gestrichen: *ist*; Z. 17: *als mein Verwandter*, und *der Fehlerlose*: umgestellt; Z. 24: nach *aufzuschwellen* gestrichen: *beginnt*; *hangabrollende* (statt *hangabwollende*); Z. 29: *soll* (statt *sollte*); Z. 30: vor *das von ihr* gestrichen: *welches*; Z. 35: nach *unterschreiten* gestrichen: *vermag*; S. 261, Z. 15: *worden* (statt *wird*); Z. 23: *das eine* (statt *daß ein*); Z. 25–26: *was die eigentliche Frömmigkeit*: hinzugefügt.

SELBSTMORD
E: Konzept und Reinschrift: Sommer 1947. – **P:** Gütersloh, ERDTEIL (1966) S. 191–192. – **K:** S. 262, Z. 12: *wesentlich vorchristlicher Begriffe*: hinzugefügt.

SELBSTMÖRDER, DER (spricht)
E: Konzept: Ende 1952; Reinschrift: erste Hälfte 1953. – **P:** Gütersloh, ERDTEIL (1966) S. 192–193. – **K:** S. 262, Z. 20: vor *sterben* gestrichen: *freiwillig*; Z. 32: *dran* (statt *woran*).

SENTIMENTAL
E: Reinschrift I und II: 1946/1947. – **P:** Gütersloh, ERDTEIL (1966) S. 193–197. – **K:** S. 263, Z. 20: *Anerkennung* (statt *Anwendung*); Z. 29: nach *keine* gestrichen: *Idee*; S. 264, Z. 6–8: *– den zwängischen Reiz … verwechselnd –*: eingefügt; Z. 30: *also* (statt *demnach*); Z. 32–33: *gestanden ist* (statt *gewesen war*).

DIE INTERESSANTE SITUATION
E: Konzept: nach Mai 1946.

Solipsismus
E: Reinschrift: Sommer 1947. – **P:** Gütersloh, Erdteil (1966) S. 197.

Sonderling
E: Konzept, Reinschrift I und II: 1946.

Sonntag
E: Konzept I: nach 1947; Konzept II: Frühjahr 1951; Reinschrift: Sommer 1951. – **P:** Gütersloh, Erdteil (1966) S. 197–198. – **K:** S. 266, Z. 22: *knechtische* (statt *knechtliche*); Z. 25: *göttliche* (statt *Gottheit*); Z. 31: *zu wollen* eingefügt; Z. 32: nach *Maße* gestrichen: *zu wollen*: S. 267, Z. 1: vor *echt* gestrichen: *auf eine*; Z. 2: *deren eines Phänomen das Arbeitsethos*, eingefügt; Z. 15: *Sinai* (statt *Horeb*).

Sprache (*Ein Gedanke…*)
E: Reinschrift I und II: 1946/47. – **P:** Gütersloh. Geburtstag (1962) S. 35–36 (Exzerpt). – Gütersloh. Autor (1962) S. 57–58 (Exzerpt). – Gütersloh, Erdteil (1966) S. 198–200. – **K:** S. 267, Z. 19: *als* (statt *wie*); Z. 34: vor *gibt* gestrichen: *Zensur*; S. 268, Z. 23: *dieser einen homologe* eingefügt; Z. 26: *à la longue* (statt *für längere Zeit*).

Sprache (*Es brennt!…*)
E: Reinschrift: 1946/47. – **P:** Gütersloh, Erdteil (1966) S. 204.

Sprache (*Die Sirene Sprache…*)
E: Reinschrift: erste Hälfte 1947. – **P:** Gütersloh, Erdteil (1966) S. 200–201. – **K:** S. 268, Z. 32: *Sirene Sprache* (*statt Sirenensprache*).

Sprache (*Von Zeit zu Zeit…*)
E: Reinschrift: erste Hälfte 1947. – **P:** Gütersloh, Erdteil (1966) S. 203–204. – **K:** S. 269, Z. 25: nach *Gedanken* gestrichen: *ist*.

Sprache (*Das Elend der Philosophie…*)
E: Reinschrift I und II: Sommer 1947. – **P:** Gütersloh, Erdteil (1966) S. 202–203. – **K:** S. 270, Z. 14: *weit* (statt *noch*); Z. 15: *nicht recht denken zu können* hinzugefügt.

Sprache (*Vieles grub ich in Marmor…*)
E: Reinschrift: Sommer 1947. – **P:** Gütersloh, Erdteil (1966) S. 203. – Gütersloh, Treppe (1974) S. 21 (vom Autor überarbeitet zum Gedicht An die Sprache).

SPRACHE (*Über das, was...*)
E: Reinschrift: Sommer 1947. – P: JAHRESRING 61/62 (1961) S. 184. – Gütersloh, ERDTEIL (1966) S. 204. – K: S. 271, Z. 6: nach *sagen* gestrichen: *wollen*.

STERBEN
E: Reinschrift: erste Hälfte 1947. – P: Gütersloh, ERDTEIL (1966) S. 204–205. – K: S. 271, Z. 33: *sei's* (statt *wär's das*).

STRÜMPF
E: Konzept: ca. Sommer 1955.

SUGGESTIBILITÄT, SUGGESTOR
E: Konzept: Oktober 1943; Reinschrift I: nach Oktober 1943; Reinschrift II: ca. 1946. – P: Gütersloh, ERDTEIL (1966) S. 206–207. – K: S. 273, Z. 19: *das* (statt *was*); S. 273, Z. 24: vor *Tag* gestrichen: *den*: Z. 28: *doch* (statt *jedoch*).

SYSTEMATIKER, DER
E: Reinschrift I und II: 1946/1947. – P: Gütersloh, ERDTEIL (1966) S. 208. – K: S. 274, Z. 1–2: *solitären Einfällen* (statt *Einzelfällen*); Z. 10: *penser oblige* (statt *Denken verpflichtet*); Z. 17: *en bloc* (statt *als Ganzes*).

THEORIE
E: Reinschrift: erste Hälfte 1947. – P: Gütersloh, ERDTEIL (1966) S. 208–209. – K: S. 274, Z. 30: *Göttliche* (statt *göttliche*).

TILL (*hat grundsätzlich...*)
E: Reinschrift: 1939 oder Anfang 1940er Jahre.

TILL (*sieht zugleich...*)
E: Reinschrift: 1939 oder Anfang 1940er Jahre.

TILL (*Wenn es den gibt...*)
E: Reinschrift: nach März 1951. – P: LITERATUR UND KRITIK, Jg. 12 H. 113 (April 1977) S. 144–145. – K: S. 275, Z. 25: *meinen* (statt *Meinen*); Z. 27: *daß* (statt *das*).

TILL (*Als einer der wenigen, ...*)
E: Konzept: ca. Sommer 1953.

Till (*O Gott, ich verstehe nicht die Hälfte...*)
E: Konzept: zweite Hälfte 1955.

Till (*Ehdenn der Unglückliche...*)
E: Konzept I, Anfang: Frühjahr(vor Mai 1956; Konzept II und Reinschrift, mit Hinweis auf *Fortsetzung pag.* am Ende: Sommer 1956. – **P:** Protokolle '67 (1967) S. 133–136 (vom Autor leicht überarbeitete zweite Fassung).

Till (*Auf einem Unterbau...*)
E: Konzept: Sommer 1957; Reinschrift: zweite Hälfte 1957. – **P:** Protokolle '67 (1967) S. 137.

Till (sagt) (*Ich bin nun endlich...*)
E: Konzept und Reinschrift im Manuskriptbuch Zwischenstufen III: Juni 1948.

Till (sagt) (*Die einzige, die nicht glaubt, ...*)
E: Konzept und Reinschrift im Manuskriptbuch Zwischenstufen III: Juni 1948.

Till (sagt) (*Melitta ist jenes letzte Stück Welt...*)
E: Konzept: Juni/Juli 1948; Reinschrift im Manuskriptbuch Zwischenstufen III: *Juli* [1948], *in Wagrain.*

Till (spricht nach Jahren zu Melitta)
E: Konzept I und II: Frühjahr 1955; Reinschrift: ca. Frühjahr/Sommer 1955; überarbeitetes Typoskript, zweite Fassung: 1960er Jahre. – **P:** Zwischen den Zeiten (1967) S. 76 (Exzerpt aus erster Fassung).

Till (spricht zu sich)
E: Konzept: Ende 1955/Anfang 1956; Reinschrift: Frühjahr 1956. – **P:** Literatur und Kritik, Jg. 12 H. 113 (April 1977) S. 144. – **K:** S. 285, Z. 11: *verstehend* eingefügt.

Till (Die innere Stimme) (*Seitdem du mit der Einsamkeit...*)
E: Konzepte I und II und Reinschrift: Herbst 1951. – **P:** Literatur und Kritik, Jg. 12 H. 113 (April 1977) S. 145. – **K:** S. 285, Z. 27: *richtiger* (statt *wichtiger*); Z. 35: das *Urbild sich* (statt *sich das Urbild*).

Till (Die innere Stimme) (*Wenn du noch Ehre...*)
E: Konzept: Oktober 1951; Reinschrift: Ende 1951.

TILL (Die innere Stimme) (*Die Tür fällt zu…*)
E: Konzept: November 1951; Reinschrift: Ende 1951/Anfang 1952. – P: PROTOKOLLE '67 (1967) S. 137. – LITERATUR UND KRITIK, Jg. 7 H. 68 (Oktober 1972) S. 461–462. – K: S. 288, Z. 13: *Armer* (statt *Verarmter*).

TILL (Die innere Stimme) (*Gott ist der Ehre…*)
E: Konzept: November 1951; Reinschrift: Ende 1951/Anfang 1952. – P: LITERATUR UND KRITIK, Jg. 12 H. 113 (April 1977) S. 145–146. – K: S. 288, Z. 36–37: *der Religio, denn sie ist deine Vergangenheit* eingefügt; S. 289, Z. 2: *frühesten* (statt *früheren*).

TILL (im Tartarus)
E: Konzept I, im Manuskriptbuch ZWISCHENSTUFEN IV: Juli/August 1952, dazu Hinweis »zu MELITTA« und weitere Skizzen: wohl 1954; Konzept II: April/Mai 1954; Reinschrift: ca. Frühsommer 1954. – P: WORT IN DER ZEIT, Jg. 7 H. 10 (Oktober 1961) S. 18–19: LIEBE. – LITERATUR UND KRITIK, Jg. 7 H. 68 (Oktober 1972) S. 460–461. – K: S. 289, Z. 10: *Hand auf* (statt *auf Hand*).

TILLS TRAUM NACH MELITTENS BESUCH
E: Konzept: Sommer 1953.

TOD
E: Reinschrift I und II: 1946/1947. – P: Gütersloh, ERDTEIL (1966) S. 209–211. – K: S. 291, Z. 10–11: *dem und jenem* (statt *für das oder für jenes*); Z. 24: *herzlichst* (statt *herzlich*); Z. 25–26: von *der kann ein*… bis… *schlagen*: eingefügt.

TORGGLER (*Alles, was den Glauben,* …)
E: Reinschrift: erste Hälfte 1947. – P: PROTOKOLLE '67 (1967) S. 143–144. – K: S. 292, Z. 22: *der* (statt *die*); Z. 25: *nur* eingefügt; S. 293, Z. 15: *zum* (statt *zu einem*).

TORGGLER (*Wenn gelebt wird…*)
E: Reinschrift: erste Hälfte 1947. – P: PROTOKOLLE '67 (1967) S. 142–143. – K: S. 294, Z. 14: nach *geflossen* gestrichen: *ist*; Z. 26: *auch ewig keine* eingefügt.

TORGGLER (*Es gehe eigentlich…*)
E: Konzept und Reinschrift, im Manuskriptbuch ZWISCHENSTUFEN III: Anfang April 1948.

TORGGLER (Brief an Till)
E: Konzept: Mai 1952; Reinschrift: Sommer 1952. – P: ERÖFFNUNGEN, Jg. 7 H. 20 (1967) S. 7–9. – K: S. 295, Z. 31: *Umgegend* (statt *Umgebung*); Z. 35: *ein so* (statt *so ein*); S. 296, Z. 14: *unserer* (statt *unsere*); Z. 19: *wenigen Erfolgen* (statt *wenigem Erfolge*); Z. 25: *Archimedische* (statt *arithmetische*); Z. 32: *allein* (statt *allem*); S. 298, Z. 5: *trachtet* (statt *trachte*); S. 299, Z. 23: *ihre* (statt *die*); S. 301, Z. 14–15: *angebliche* eingefügt.

TRAUM (*Das Unterbewußtsein...*)
E: Konzept, Reinschrift I, mit Titel TILLS TRAUM, und Reinschrift II: ca. 1946. – P: Gütersloh, ERDTEIL (1966) S. 211–214. – K: S. 302, Z. 35: *begehren* (statt *begehrt haben*); S. 303, Z. 25–26: *um etliche Händedrücke stärker* (statt *mit stärkerem Händedruck*); Z. 30: *rein* eingefügt; Z. 35, S. 304, Z. 3: von *daß er es auch...* bis... *stehe*: erhebliche Korrektur (vgl. ERDTEIL, S. 213, Z. 3–8); Z. 10: *überhaupt* (statt *gar*); Z. 11: *dortselbst* (statt *in ihm*); Z. 18: *Jahr Eins* (statt *Jahre*); Z. 20: *als* (statt *wie*).

TRAUM (*Der Künstler Traum...*)
E: Reinschrift I und II: 1946/1947. – P: Gütersloh, ERDTEIL (1966) S. 214–215 (Exzerpt: Anfang).

TREUE
E: Reinschrift I: ca. 1946; Reinschrift II: 1946/1947.

ÜBERWINDER
E: Reinschrift I im Manuskriptbuch ZWISCHENSTUFEN IV: nach Oktober 1952; Reinschrift II: erste Hälfte 1953. – P: Gütersloh, ERDTEIL (1966) S. 215.

ÜBERWINDUNG
E: Reinschrift I und II: 1946/1947. – P: Gütersloh, ERDTEIL (1966) S. 215–216. – K: S. 310, Z. 8: nach *gewesen* gestrichen: *war*.

UNZUCHT
E: Konzept: ca. 1950/1951.

VERFLUCHTSEIN
E: Konzept und Reinschrift I: Mai/Juni 1952; Reinschrift II: Sommer 1952. – P: Gütersloh, ERDTEIL (1966) S. 216–217. – ZWISCHEN DEN ZEITEN (1967) S. 68 (Exzerpt). – K: S. 311, Z. 11: *sprechend* eingefügt; Z. 16: *nämlichen* (statt *nämlich*); Z. 18: *Beziehung* (statt *Beziehungen*); Z. 19: *lassen* (statt *läßt*); Z. 21–22: *aus* (statt *her*); *trifft* eingefügt; vor *in dieses* gestrichen: *trifft*.

VERGÄNGLICHKEIT
E: Reinschrift I und II: Sommer 1947. – **P:** GÜTERSLOH. GEBURTSTAG (1962) S. 36–37 (leicht gekürzt). – GÜTERSLOH. AUTOR (1962) S. 58–59 (leicht gekürzt). – Gütersloh, ERDTEIL (1966) S. 217–218. – **K:** S. 312, Z. 3: *und* (statt *aber auch*); Z. 7: *statthat* (statt *stattfindet*).

VERLASSENHEIT
E: Reinschrift I und II: 1946/1947. – **P:** GÜTERSLOH. GEBURTSTAG (1962) S. 37 (Exzerpt). – GÜTERSLOH. AUTOR (1962) S. 59 (Exzerpt). – Gütersloh, ERDTEIL (1966) S. 218–220. – **K:** S. 312, Z. 16–17: *eisern* eingefügt; Z. 18: nach *Flaches* gestrichen: *auch*; Z. 21: nach *Triumphators* gestrichen: *gewesen war*; Z. 23: *des Herrn* (statt *der Herrin*).

VERLUST
E: Konzept, unvollständig: ca. August 1947; Reinschrift, mit einigen Lücken (wohl durch Abschreibfehler): zweite Hälfte 1947. – Im vorliegenden Text konnten zwei Textlücken nicht geschlossen werden, vgl. S. 322, Z. 36: ein Wort nach *zusammengekehrter*; S. 329, Z. 8: ein halber Satz nach *keinen Deut ablassen*.

VERSTÄNDNIS
E: Reinschrift: zweite Hälfte 1947. – **P:** JAHRESRING 61/62 (1961) S. 184. – GÜTERSLOH. GEBURTSTAG (1962) S. 37 (Exzerpt). – GÜTERSLOH. AUTOR (1962) S. 59 (Exzerpt). – Gütersloh, ERDTEIL (1966) S. 220. – **K:** S. 331, Z. 32: *selbst* (statt *selber*).

VERZWEIFLUNG
E: Konzept I: April 1951; Konzept II, Anfang: in oder nach April 1951. – Der vorliegende Text gibt für die ersten beiden Sätze Konzept II wieder, ab *Der Weg zu sich selber* … Konzept I; ein halber Satz ist unleserlich.

WANDEL (Brombeer interpretiert die Schrift)
E: Konzept I, Anfang, Konzept II mit dem Titel BROMBEER SPRICHT und Reinschrift: Sommer 1956.

WEIB
E: Reinschrift I und II: 1946/1947. – **P:** Gütersloh, ERDTEIL (1966) S. 220–223. – **K:** S. 334, Z. 14: *neuen* eingefügt.

DAS WEIB (Lunarin spricht)
E: Konzept, erste Fassung, im Manuskriptbuch ZWISCHENSTUFEN IV: ca. 1952/1953; Konzept II und III, zweite Fassung: Herbst 1953; Reinschrift: ca. erste Hälfte 1954. – **P:** Gütersloh, PARADIESE (1972) S. 33–34. – **K:** S. 335, Z. 8: *nämliche* (statt *männliche*)

WEIBER (*Selig sind...*)
E: Reinschrift: erste Hälfte 1953. – P: Gütersloh, ERDTEIL (1966) S. 223–224.

WEIBER (*Sie hinterlassen...*)
E: Konzept I und II: April und Frühjahr 1953; Reinschrift: Sommer 1953. – P: Gütersloh, ERDTEIL (1966) S. 224–227. – K: S. 336, Z. 32: *erfundenen* (statt *errungenen*); S. 337, Z. 12: *fortwährend* (statt *fortwährenden*); Z. 15: *eine* (statt *solche*); Z. 27: *bewußt gewordene* (statt *bewußte*); Z. 30: *Zweie* (statt *Zwei*); S. 338, Z. 5: *was er eben... Eros*: hinzugefügt.

WEIBER (*Die berufsmäßigen Zeitvergeuderinnen...*)
E: Konzept I und II: Herbst 1953; Reinschrift: erste Hälfte 1954. – P: GÜTERSLOH. GEBURTSTAG (1962) S. 38. – GÜTERSLOH. AUTOR (1962) S. 60. – Gütersloh, ERDTEIL (1966) S. 238. – ZWISCHEN DEN ZEITEN (1967) S. 26.

WEIBER (*Die Intelligenz...*)
E: Konzept I–V, einzelne Passagen und vollständiger Text: Herbst/Ende 1953 und ca. April 1954; Reinschrift: ca. Frühsommer 1954. – P: GÜTERSLOH. GEBURTSTAG (1962) S. 37–38 (Exzerpt). – GÜTERSLOH. AUTOR (1962) S. 59–60 (Exzerpt). – Gütersloh, ERDTEIL (1966) S. 227–238. – K: S. 339, Z. 7–26: von *Zur Erwerbung...* bis... *das weibliche Erkennen*: erhebliche Korrektur (vgl. ERDTEIL, S. 228, Z. 27–S. 229, Z. 17); Z. 34: *fehlgetroffen* (statt *fehlgeschlagen*); Z. 35: *aller* (statt *der*); S. 340, Z. 8: *wenn* (statt *sobald*); Z. 11: *sein muß* (statt *ist*); Z. 25: *aktive* eingefügt; S. 342, Z. 13–14: vor *Nebenmenschen* gestrichen: *lieben; (lieben Nächsten)* eingefügt; Z. 17: *also nicht* (statt *nicht also*); S. 343, Z. 36: *Geistesauge* (statt *Geisterauge*).

WILLENSFREIHEIT
E: Konzept, Reinschrift I und II: 1946. – P: Gütersloh, ERDTEIL (1966) S. 239. – K: S. 345, Z. 20: *worden* (statt *wurde*).

WIR
E: Reinschrift I: Herbst 1943; Reinschrift II: 1946. – P: GÜTERSLOH. GEBURTSTAG (1962) S. 38–39. – GÜTERSLOH. AUTOR (1962) S. 60–61. – Gütersloh, ERDTEIL (1966) S. 240.

WIRKLICHKEIT (*Steht ein wirklicher Mensch...*)
E: Konzept, mit Skizzen, und Reinschrift: 1946. – P: Gütersloh, ERDTEIL (1966) S. 241–254. – K: S. 346, Z. 14: *und* (statt *noch*); Z. 15–16: (*solchen Subjekts*) eingefügt; Z. 23–32: von *Eine verallgemeinernde Sprache...* bis... *verbirgt*: erhebliche Korrektur (vgl. ERDTEIL,

S. 242, Z. 8–19); S. 347, Z. 5–29: von *ist das schöpferische*... bis... *anstücken zu müssen*: erhebliche Korrektur (vgl. ERDTEIL, S. 243, Z. 2–26); Z. 34: *Jenes wie dieser* (statt *Jener wie diese*); S. 348, Z. 1: vor *beziehungsweise* eingefügt: *überhaupt*; Z. 8: vor *würden* gestrichen: *es*; Z. 14: *avantgardistische* eingefügt; Z. 15: *machen* (statt *erzeugen*); Z. 23–28: von (*der mit dem Schöpfungsakte*... bis... *beigesetzt hat*): erhebliche Korrektur (vgl. ERDTEIL, S. 245, S. 7–13); S. 349, Z. 7–8: *behauptet* (statt *sagt*); nach *Wirklichkeit* gestrichen: *nur*; Z. 13: *rückzuwandeln* (statt *rückzuverwandeln*); S. 350, Z. 9: *ihrer* (statt *der*); Z. 29: nach *Poros* eingefügt: *aber*; Z. 36: vor *Recht* gestrichen: *sind, auch*; S. 351, Z. 23: vor *Anstoßes* gestrichen: *ersten*; Z. 35: vor *geht* gestrichen: *so*; S. 352, Z. 6–18: von *Dieser ist mein*... bis... *ein höheres Sein gibt?!*: erhebliche Korrektur (vgl. ERDTEIL, S. 251, S. 5–20); Z. 26 – S. 353, Z. 15: von *zwischen denen*... bis... *gebrochene Welt*: erhebliche Korrektur (vgl. ERDTEIL, S. 252, Z. 1–S. 253, Z. 2); Z. 26: *nun* (statt *nur*); Z. 35: *errungenen* (statt *erzwungenen*); S. 354, Z. 7: *von* (statt *vor*), Z. 19: *eigne* (statt *eine*).

WIRKLICHKEIT (*Wir legen den allergrößten Wert*...)
E: Reinschrift I und II: 1946/1947. – **P:** Gütersloh, ERDTEIL (1966) S. 241. – **K:** S. 354, Z. 24–26: von *Wir sind nicht*... bis... *Welt*: erhebliche Korrektur (vgl. ERDTEIL, S. 241, Z. 4–6).

WIRKLICHKEIT, DIALEKTISCHE
E: Konzept mit dem ersten Titel **EHEBRUCH** und Reinschrift I: ca. 23.5.1946 und Mai/Juni 1946; Reinschrift II: Sommer 1946. – **P:** Gütersloh, ERDTEIL (1966) S. 255–258. – **K:** S. 355, Z. 2: *gegnadeterweise* (statt *begnadeter Weise*); Z. 17: *sie* gestrichen nach *so sehr*, eingefügt nach *Gottheit*; Z. 27: *konstitutionellen* (statt *konstituellen*); S. 356, Z. 1–2: *sehnend* (statt *sehend*); Z. 18: vor *bin* eingefügt: *wo*; Z. 31: *19.6* (statt *19..*); Z. 32: *und den Turm* eingefügt; Z. 35: *zweien* (statt *zwei*); S. 357, Z. 14: *über sie* (statt *darüber*).

HERR VON WISSENDRUM
E: In einem Konzept von 1939 mit dem Titel **WISSENDRUM** sind, knapper formuliert, die Anfänge der späteren Texte **ADEL** (vgl. S. 7 und S. 382) und **HERR VON WISSENDRUM** enthalten. Verselbständigte Neufassung, Konzept und Reinschrift: 1946. – **P:** PROTOKOLLE '67 (1967) S. 145.

WISSENDRUM (*Weil der Egoismus*...)
E: Reinschrift im Manuskriptbuch ZWISCHENSTUFEN IV: Ende 1952.

WISSENDRUM (*Wenn du auf deinem Lebenswege...*)
E: Konzept I, Anfang, und II, Anfang: Ende 1952/Anfang 1953; Konzept III: Frühjahr 1953; Reinschrift: Sommer 1953.

WISSENDRUM (*Der Mann sieht aus...*)
E: Konzept I, Anfang, und Konzept II: Sommer 1953.

WISSENDRUM UND BROMBEER
E: Konzept: ca. Sommer 1955.

WORTSPIEL
E: Reinschrift I und II: 1946.

Texte aus dem *Wörterbuch*, eingefügt im Roman *Sonne und Mond*

BENITA (*Wer ist Benita?...*)
Vgl. oben S. 26 und S. 384; eingefügt in SONNE UND MOND, S. 172–177 (um ca. eine Seite gekürzt; Überleitungssatz vorangestellt: *Bei dieser Gelegenheit erhalten die Leute...*)

GLAUBEN (*Für den Glauben, den wir haben...*)
Vgl. oben S. 129 und S. 392; eingefügt in SONNE UND MOND, S. 497–498 (der Anfang gekürzt und modifiziert: *In dem Glauben, den wir haben, überragt die Verehrung die Liebe...*)

LUNARIN (*Unterwegs – auf dem Schiffe von Algier...*)
E: Konzept, Anfang: in oder vor 1946; Reinschrift I, Anfang, und Konzept, Fortsetzung: 1946; Reinschrift II: 1946. – **P:** Gütersloh, SONNE UND MOND (1962) S. 166–172 (geringfügig überarbeitet; Ende: ... *wird sie nur versengt zurückziehn.*).

MALEREI (Obdeturkis) (*O Malerei! Flachste und tiefste Kunst...*)
Vgl. oben S. 198 und S. 400; eingefügt in SONNE UND MOND, S. 735–738 (nach dem gleichen fehlerhaften Typoskript wie die Erstpublikation).

MELITTA (*Der neue Handkoffer, allerneuesten Modells...*)
E: Konzept I, erste Fassung: 1939/Anfang 1940er Jahre; Konzept II, zweite, längere Fassung mit dem Titel: **MELITTA** (EIN KLEINES PORTRÄT NACH DER NATUR): ca. Sommer 1947; Reinschrift: zweite Hälfte 1947. – **P:** Gütersloh, SONNE UND MOND (1962) S. 790–795 (Anfang modifiziert: *Vergessen wir nicht: In der »Laetitia« steht immer der neue Handkoffer...*; geringfügig überarbeitet; Ende: ... *die Luft scharrt.*).

MELITTA (*Seit dem Erscheinen...*)
Vgl. oben S. 203 und S. 400; eingefügt in SONNE UND MOND, S. 727–729 (nur die zweite Hälfte des Textes, ab: *Nun pocht niemand unter unseren Bekannten...*; mit Fehlern aus dem Typoskript und teilweiser Überarbeitung).

MELITTA (*Melitta, die Ausreißerin, die Faltbootfahrerin...*)
E: Konzept: ca. April/Mai 1954; Reinschrift: ca. Frühsommer 1954. – **P:** Gütersloh, SONNE UND MOND (1962) S. 806–807 (Anfang modifiziert: *Melitta, bleibt uns nachzutragen, wenn wir – und was täten wir lieber? – verhindern wollen, daß der Leser ein Opfer voreiliger Schlüsse werde, die Ausreißerin, die Faltbootfahrerin...*; Ende: *...Brandmarkungsmale.*).

MELITTA (*Sie hätte Schauspielerin...*)
Vgl. oben S. 212 und S. 401; eingefügt in SONNE UND MOND, S. 725–726 (um ca. eine Seite gekürzt und erheblich überarbeitet).

MELITTENS UND TILLS WAHRES VERHÄLTNIS (*Wenn Melitta dem neuen Geliebten, Till, ein Licht aufsteckt...*)
E: Konzept: ca. Oktober 1956; Reinschrift: erste Hälfte 1957. – **P:** Gütersloh, SONNE UND MOND (1962) S. 807–809 (leicht überarbeitet; Ende: *...eine sie noch übertreffende*; danach zwei Sätze als Kapitelschluß hinzugefügt).

MULLMANN (oder: Wie man Historiker wird) (*Nicht natürlich Historiker von Beruf...*)
E: Konzept: Herbst 1953; Reinschrift: Ende 1953. – **P:** Gütersloh, SONNE UND MOND (1962) S. 700–701 (Anfang modifiziert: *Herr Mullmann war, wie wir noch sehen werden, Historiker: natürlich nicht Historiker von Beruf...*; Ende...... *wie eine Elfe tanzt.*).

MULLMANN (Der Beamte) (*So weit wir sehen können...*)
E: Konzept I, Anfang: nach Mai 1956; Konzept II und Reinschrift: ca. Sommer 1956. – **P:** Gütersloh, SONNE UND MOND (1962) S. 689–691 (Anfang modifiziert: *Somit ist, soweit wir sehen können, unser Regierungsrat...*; Ende: *...das lippennahe Wasser zurückweicht.*). – **P:** PROTOKOLLE '67 (1967) S. 141–142.

MURMELSTEEG (*Herr Murmelsteeg, emeritierter Butler, Gast...*)
E: Konzept I, erste, kurze Fassung: 1939/Anfang 1940er Jahre; Konzept II, zweite, lange Fassung: ca. Sommer 1947; Reinschrift: zweite Hälfte 1947. – **P:** Gütersloh, SONNE UND MOND (1962) S. 647–651 (Anfang leicht modifiziert: *Der emeritierte Butler, Gast,...*; Ende: *...was Murmelsteeg gewesen untergehn!*).

MURMELSTEEG (*Sohn eines Holländers aus Wassenaar...*)
E: Konzept: ca. Sommer 1947; Reinschrift I und II: 1947/1948. – **P:** Gütersloh, SONNE UND MOND (1962) S. 645–647 (Anfang modifiziert: *Herr Murmelsteeg ist der Sohn eines Holländers aus Wassenaar...*; Ende: ...*hat leben können!*).

MUTTER (Tills Mutter) (*Tills Mutter ist in immerhin noch jungen Jahren...*)
E: Konzept I, erste, kurze Fassung: Mai/Juni 1954; Konzept II, Anfang, und Konzept III, vollständig: ca. Juli 1954; Reinschrift: zweite Hälfte 1954. – **P:** Gütersloh, SONNE UND MOND (1962) S. 798–804 (Ende: *die großen Fibelbuchstaben des göttlichen Gesetzes nach.*).

OBDETURKIS (*Des Obdeturkis Absicht war, das Ziel seiner Reise...*)
E: Konzept I, Anfang: ca. Juli 1954; Konzept II, vollständig: ca. Ende 1956; Reinschrift: verloren. – **P:** Gütersloh, SONNE UND MOND (1962) S. 740–741 (Anfang modifiziert: *Des gelegentlich auch heidnisch gesinnten Obdeturkis Absicht nämlich war, das Ziel seiner Reise...*; Ende: ...*Mischungen war unser Obdeturkis.*).

OBDETURKIS (*Wer den Obdeturkis heute beim Malen betritt...*)
E: Konzept I, Anfang, und Konzept II: April/Mai 1956; Reinschrift: Sommer 1956. – **P:** Gütersloh, SONNE UND MOND (1962) S. 733–735 (Anfang modifiziert: *Wer nämlich den Obdeturkis heute beim Malen antrifft...*; geringfügig überarbeitet; Ende: ...*das trotzdem nicht übergeht?*).

TILL (*Wenn Till sich freut, fehlt ihm ein Gran...*)
E: Konzept: ca. Sommer 1947; Reinschrift: zweite Hälfte 1947. – **P:** Gütersloh, SONNE UND MOND (1962) S. 810–811 (Ende: ...*was anderes wichtiger fehlen können als der Eros?*).

TILL (*Sowohl Tills Mutter wie Till selbst...*)
E: Konzept I, erste, kurze Fassung: April 1953; Konzept II, zweite, lange Fassung: Frühsommer 1953; Reinschrift: Sommer 1953. – **P:** Gütersloh, SONNE UND MOND (1962) S. 798, 804–805 (Nach den ersten beiden Sätzen – *Sowohl Tills Mutter wie Till selbst... (Nur der Vater ist ein eindeutiger Sitzer gewesen.)* – folgt zunächst der ursprünglich selbständige Text MUTTER (TILLS MUTTER), vgl. oben; nach diesem wird der TILL-Text fortgesetzt, S. 804–805: *Man besteigt einen Hügel... viel näher steht als Melittens guter.*).

VERSUCHUNG (*Der den Rudigierschen Garten umheckende Rhododendron…*)
E: Konzept I, erste, kürzere Fassung: zweite Hälfte 1939, der Titel DIE VERSUCHUNG später hinzugefügt; Konzept II, zweite, lange Fassung und kurze Skizzen: 1946/1947; Reinschrift in vier mit meist nur geringer Unterbrechung aufeinanderfolgenden Portionen: 1947. – **P:** Gütersloh, SONNE UND MOND (1962) S. 331–341. (Bei der Einfügung des Textes in den Roman wurden die zweite, dritte und vierte Portion vertauscht. Die korrekte Abfolge ist: S. 331–335: *Der den Rudigierschen Garten rings umheckende Rhododendron… warum ich verstanden habe!«* – –; S. 339–341: *Andree biß wütend die sehr schlechten Zähne zusammen… Ein Anblick, der nicht vergessen werden kann;* S. 337–339: *Nun stand der Knabe vor ihm… (dem fast unschuldigen Schulfall des sündigen Menschen) redete.*; S. 335–337: *Ja, nun stand der Knabe vor ihm, …von dem Vorwand, der es selber ist.*; leicht überarbeitet).

DER ABWESENDE ZWEITE (*Herr von Wissendrum, wann immer angetroffen…*)
E: Konzept I, Anfang, Konzept II und Reinschrift: 1946. – **P:** Gütersloh, SONNE UND MOND (1962) S. 713–715 (Ende: *… daß wir ergeben von ihm dependieren.*).

Titelindex

Erfaßt die Titel und Textanfänge aller WÖRTERBUCH-Texte in der Reihenfolge ihres Abdrucks im vorliegenden Band (in kursiven Ziffern) sowie, als Anhang, die lediglich zitierten WÖRTERBUCH-Texte im Roman SONNE UND MOND.

Albert Paris Gütersloh

Die Fabel von der Freundschaft

Ein sokratischer Roman. 231 Seiten. Serie Piper 460

Albert Paris Gütersloh (1887–1973), Maler und Schriftsteller, ist eine der ganz großen künstlerischen Erscheinungen des 20. Jahrhunderts, deren Bedeutung erst langsam erkannt wird. »Die Fabel von der Freundschaft« ist Güterlohs Auseinandersetzung mit dem Faust-Stoff – der Pakt zwischen dem Guten und dem Bösen gewinnt in seiner ironisch-räsonierenden Erzählform eine überraschend neue Gestalt: Da werden die Mühen deutlich, denen sich der Teufel zu unterziehen hat, will er seine diabolische Gestalt ablegen und als Mensch erscheinen, als Freund – und so verführt wird von seinem eigentlichen Opfer.

Vom gleichen Autor liegen vor:

Der Lügner unter Bürgern

Roman. 193 Seiten. Serie Piper 335

Die Menschenfreunde

Erzählungen I.
Herausgegeben und mit einem Nachwort von Irmgard Hutter.
488 Seiten. Serie Piper 559

Eine sagenhafte Figur

Ein platonischer Roman. 313 Seiten. Serie Piper 372

Sonne und Mond

Ein historischer Roman aus der Gegenwart.
Einleitender Essay von Helmut Heissenbüttel.
IX, 822 Seiten. Serie Piper 305

Piper 27/3a

PIPER

